本书编写组

主　编　胡志刚

副主编　郑柳萍　黄紫洋　陈　燕

编写人员　黄宇星　洪艳珍　李勇彬　李祥军
张彩霞　胡路漫　王佳佳

教师教育专业课堂教学技能训练系列教材
2007年福建师范大学重点教学改革与创新项目

化学微格教学

【第二版】

◎胡志刚 主编

厦门大学出版社
XIAMEN UNIVERSITY PRESS
国家一级出版社
全国百佳图书出版单位

图书在版编目(CIP)数据

化学微格教学 / 胡志刚主编. -- 2版. -- 厦门 : 厦门大学出版社，2010.9(2024.7 重印)
(教师教育专业课堂教学技能训练系列教材 / 黄汉升主编)
ISBN 978-7-5615-2913-3

Ⅰ. ①化… Ⅱ. ①胡… Ⅲ. ①化学课-微格教学-师范大学-教材②化学课-微格教学-中学 Ⅳ. ①G633.82

中国国家版本馆CIP数据核字(2007)第157822号

责任编辑 眭 蔚
美术编辑 李夏凌
技术编辑 朱 楷

出版发行 厦门大学出版社
社　　址 厦门市软件园二期望海路39号
邮政编码 361008
总　　机 0592-2181111　0592-2181406(传真)
营销中心 0592-2184458　0592-2181365
网　　址 http://www.xmupress.com
邮　　箱 xmup@xmupress.com
印　　刷 厦门集大印刷有限公司

开本 720 mm×1 020 mm　1/16
印张 23.5
插页 2
字数 418千字
版次 2007年10月第1版　2010年9月第2版
印次 2024年7月第6次印刷
定价 40.00元

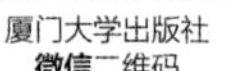
厦门大学出版社
微信二维码

厦门大学出版社
微博二维码

总　序

微格教学在20世纪80年代引入我国，作为训练师范生教学技能的有效方式，目前已广泛应用于高师院校的教师教育专业课程。实践表明，微格教学有助于克服传统的教育类课程偏重理论灌输的局限，使教学理论的学习与操作技能的锻炼得到有机的统一，学生的教育教学实践能力明显提高。十几年来，福建师范大学各学院陆续开设微格教学课程，取得了一定成绩。在此基础上，今年正式将微格教学纳入"福建师范大学2007本科人才培养方案"，在各学院设置以微格教学为基本方式的必修课程——"课堂教学技能"。我们相信，教师教育专业课程体系的改革必将为微格教学质量的提高创造更好的条件。

众所周知，微格教学需要一定的硬件设施。福建师范大学经过十几年的努力，微格教学的基础建设已具一定规模，现有设施较为先进的微格教室6间共390平方米，计划再建5间共280平方米。但是，包括教材在内的课程体系建设也是十分重要的，甚至更加重要。为学习兄弟院校的宝贵经验，学校组织13个学院的学科教学教研室主任分批到北京师范大学、首都师范大学、北京教育学院和陕西师范大学等参观考察。教育科学技术学院和各专业学院的有关教师共同申报了"福建师范大学教师教育专业'微格教学'课程建设"课题，并纳入"2007年福建师范大学重点教学改革与创新项目"。课题组在梳理、总结历年微格教学经验的基础上，制定了各学院教师教育专业"课堂教学技能"课程标准，并编写了这套"教师教育专业微格教学技能训练系列教材"。

这套系列教材的编写者大都是教师教育专业本科教学的一线

教师,编写者既有较厚实的教育理论修养,又有丰富的教学技能训练经验。因此,教材既有精要的理论阐述,又有透辟的实例剖析,理论与实践相结合,易于操作,实用性强。教材还依据我国基础教育课程改革对教师的新要求,拓展了教学技能的外延,增加了说课技能、评课技能、调控技能、多媒体教学技能、教学设计技能等内容,既注意到教学技能的共同规范,又切合基础教育各学科课程的特点。

编写这套教材的初衷是吸收近年来国内外教师教育的研究成果,融入本科教学,使之成为引玉之砖,对我国的教师教育专业"课堂教学技能"类课程的教学有所帮助,对教师教育课程建设的科学化有所借鉴。

当然,在多学科的系列教材中,求得统一体例与学科特点之间的平衡并不是容易的事情,这套教材有些疏失在所难免。但做任何事情,行动是最重要的,只有行动起来,才能在实践中得到检验,在过程中不断完善。

教师教育专业课堂教学技能训练系列教材编写委员会

2007年10月10日

第二版前言

2009年底厦门大学出版社编辑告知《化学微格教学》一书已经售完，商量二次印刷或再版事宜。听到这一消息我们感到欣慰。欣慰之一是这本书出版仅两年时间3 000册就已经售完，速度之快是我们没有想到的。说明目前我国对《化学微格教学》教材有着一定程度的需求量，也说明高师院校化学微格教学的同行们的对我们的信任。欣慰之二是凭心而论，我们对这本《化学微格教学》不想使用的人过多，原因是这本书是我们两年前"打快拳"的产物，有些不满意，可以借二版的机会进行修正和加工。这次我们主要作了以下两方面的修订工作：

1. 增加了"微格教学的指导理论与方法"一节的内容。对于微格教学是否要有理论作指导目前有两种观点：一种观点认为微格教学主要是教学技能技巧的训练，用不着什么理论，理论只是一种形式或摆设，形同鸡肋，可用可不用。另一种观点认为微格教学应该有理论指导。因为每一种教学技能都是一节完整课堂教学行为的分解，体现着教学的规律与艺术。特别是综合教学技能的训练最能体现出有无教学理论指导的差异。因此，我们认为应用教学理论指导微格教学，是重要的、不可或缺的。没有理论指导的教学技能训练只能是低水平的机械训练。

对于采用什么教学理论作指导，要认清目前在我国一定程度上存在着的翻译、介绍、诠释国外理论研究成果，复制别人的思想、理论、定理、观点、结论和假说等的"从属理论"现象，使我国的理论处于"二等公民"、"二等水准"、"食洋不化"的窘境。本着"厚今而不薄古，基中可以融洋"的原则，在我们这次修订中加入了启发式教学、循序渐进、因材施教、练习巩固等我国古代的优秀教学思想，加入了我国近现代陶行知的"知行合一"、蔡元培的美育思想、洋思经验、李吉林的情境教学理论、教学最佳时机理论等；有选择地吸纳西方的有意义学习理论、学习迁移、建构主义教学、多元智能、元认知、最近发展区理论，以及布鲁纳的发现教学、布卢姆的"掌握学习"教学法、暗示教学等；在方法论方面增加了比较、分类、类比、归纳、演绎、分析、综合、假说等逻辑方法。

2.主要在文字、语句和技能评价的规范等方面进行了修订。

由于时间关系第二版的修订也只是小范围的变动，还没有达到我们满意的程度，只好期待能够再有机会做满意的修订了。

参加修订的人员还是原班人马，各自负责第一版编写内容的修订。

"吃水不忘挖井人。"在微格教学系列教材(包括《化学微格教学》)的编写中，得到了很多宝贵的支持和帮助。首先感谢微格教学系列教材编委会主任黄汉升校长，在他的大力支持下第一版顺利出版，并获2009年福建师范大学第六届优秀教学成果奖一等奖！感谢李敏副校长，在2009年12月召开的"福建师范大学第五次教学工作会议"上宣布微格教学系列教材的出版是福建师范大学"十一五"期间教学工作取得的一项重要成绩，并多次鼓励参加微格教学系列教材编写的教师们要在"十二五"规划教材的建设上有所作为！感谢福建师范大学化学与材料学院前任院长张江山研究员、现任院长林深教授对本书编写出版给予的大力支持！感谢参加本书编写的《化学教学论》精品课程的教师和化学教学论硕士研究生们的通力合作！感谢厦门大学出版社的大力支持和眭蔚编辑付出的辛勤劳动！

编　者
2010年8月29日

前　言

采用微格教学手段训练学生的教学技能，解决了多年困扰教师教育专业学生教学技能训练不理想的老大难问题。随着微格教学在我国高师院校的快速普及，及微格教学设备不断完善，微格教学训练教材等教学资源的缺乏，已成为制约学生训练质量的大问题。特别是教育部也把通过采用微格教学手段对教师教育专业学生的教学技能训练作为评估的一项重要内容。为了解决微格教学技能训练中存在的问题，提高训练质量，福建师范大学教务处组织全校13个学院、16个教师教育专业的学科教学论教师，以“福建师范大学教师教育专业‘微格教学’课程建设”为题，联合承担了“福建师范大学重点教学改革与创新项目”，包括这本《化学微格教学》在内的一套几乎涵盖了教师教育各专业的13本教师教育专业系列教材的出版就是该课题拟研究完成的一个主要任务。

本书以教育心理学、教育学和化学课程与教学论的理论知识为基础，紧密结合我国中学化学课堂教学的实际，在参考了有关微格教学以及化学课堂教学技能研究资料的基础上，根据化学学科教学的特点，对化学微格教学最基本的导课技能、提问技能、调控技能、强化技能、变化技能、演示技能、多媒体教学技能、结课技能、板书技能、说课技能、评课技能的概念、特点和实施步骤及评价方案做了详细的阐述；对每个化学课堂教学技能的概念与作用、类型与设计、应用与评价做了可操作性的论述和讲解。其中调控、多媒体教学技能、说课技能、评课技能是我们新的尝试，在同类书中是没有的。全书力求以服务化学新教师教学为出发点，提倡“新课程”、“新理念”、“新方法”，对各个技能进行了全方位的介绍，突出实践性和可操作性，帮助化学教师教育专业学生掌握课堂教学的各项技能，提高教学中的实际应用能力。本教材力图结合当前基础化学教育新课程改革的现状，采用了中学化学新课程改革的一些典型课例作为案例。

本教材的撰写分工是：由黄宇星编写第一、二章，郑柳萍编写第三、四、十三章，李勇彬编写第五、六章，洪燕珍编写第七、八、九章，黄紫洋编写第十章，

胡志刚编写第十一、十二章，陈燕编写第十四章。由胡志刚负责全书的体系构建及统稿工作。参加编写的还有福建师范大学化学与材料学院化学教学论硕士研究生李祥军、张彩霞、胡路漫、王佳佳等。

本教材的付梓，主要归功于福建师范大学化学与材料学院化学教学论教研室全体教师的齐心协力和化学论硕士研究生们的帮助支持。没有这个团结集体的努力，在这么短的时间内完成约四十万字教材的编写是很难的。

本教材在编写过程中得到了本套系列教材编委会主任福建师范大学副校长黄汉升教授，编委会副主任福建师范大学教务处副处长朱锦懋教授，教学实践科长苏明副研究员和教材科长虞永飞同志的大力支持。还得到了福建师范大学化学与材料学院张江山院长，林金火副院长的大力支持。厦门大学出版社在本书的出版中做了大量的工作。在此一并表示真挚的谢意！

本书可作为高等师范院校化学教育专业和各级教育学院的微格教学培训教材或参考书，也可作为中学化学教师的继续教育用书和教学参考书。

由于编写本教材的时间仓促，在编写中出现的错误在所难免，恳请读者批评指正！

编　者

2007.10.10

目录

总序
第二版前言
前言

第一章 微格教学简介……(1)
第一节 微格教学概述……(1)
一、什么是微格教学……(1)
二、微格教学的产生和发展……(2)
三、微格教学的基本特点……(5)
四、微格教学的作用……(6)
第二节 微格教学的指导理论与方法……(8)
一、我国的微格教学指导理论……(8)
二、国外微格教学的指导理论……(10)
三、科学逻辑方法……(16)
第三节 微格教学的开展模式……(21)
一、美国模式……(22)
二、澳大利亚悉尼大学模式……(24)
三、英国模式……(26)
四、对各国微格教学模式的分析……(28)
五、我国的微格教研模式……(30)
第四节 微格教学设计与教案编写……(31)
一、微格教学的教学设计……(31)
二、微格教学教案的编写……(32)
第五节 微格教学过程的组织实施……(34)
一、理论学习和辅导……(34)
二、教学技能分析……(34)

三、组织示范观摩 …… (35)
四、指导备课 …… (35)
五、角色扮演 …… (36)
六、反馈评议 …… (37)
七、修改教案,反复训练 …… (37)
第六节 微格教学技能的评价与反馈 …… (38)
一、微格教学评价的意义和作用 …… (38)
二、评价指标体系的建立 …… (40)
三、微格教学评价的实施 …… (42)
四、微格教学中的反馈 …… (45)
思考与练习 …… (48)
第二章 微格教室的组成与使用 …… (49)
第一节 微格教室的组成 …… (49)
一、微格教室的特点 …… (49)
二、微格教室的设计 …… (50)
三、微格教室常用设备 …… (51)
第二节 福建师范大学微格教室的使用 …… (52)
一、微格教室系统的构成 …… (52)
二、微格教室设备的使用 …… (57)
三、微格教学过程的控制 …… (59)
四、微格教学技能评价软件的使用 …… (66)
思考与练习 …… (70)
第三章 化学教学设计技能 …… (71)
第一节 教学设计概述 …… (71)
一、教学设计的含义 …… (71)
二、教学设计的作用 …… (72)
三、教学设计的特点 …… (73)
四、教学设计的基本要素 …… (73)
五、教学设计模式的构成 …… (74)
第二节 化学教学设计的内容 …… (75)
一、前端分析 …… (75)
二、教学目标的设计 …… (82)
三、教学策略的设计 …… (85)

四、教学评价的设计 …………………………………………… (92)
第三节　化学教学设计案例 ………………………………… (92)
第四节　化学教学设计技能的评价 ……………………… (114)
思考与练习 ……………………………………………… (115)
第四章　导课技能 ……………………………………………… (116)
第一节　导课技能的含义 ……………………………………… (116)
一、什么是导课技能 ……………………………………… (116)
二、化学导课技能的作用 ………………………………… (116)
三、化学导课技能的构成要素 …………………………… (118)
第二节　化学导课技能的设计 ………………………………… (121)
一、借旧引新导入法 ……………………………………… (121)
二、实验导入法 …………………………………………… (122)
三、悬念导入法 …………………………………………… (123)
四、故事引入法 …………………………………………… (124)
五、情感导课 ……………………………………………… (124)
六、实例导课 ……………………………………………… (125)
七、史料导课 ……………………………………………… (125)
八、谜语导课 ……………………………………………… (126)
九、对比导课 ……………………………………………… (126)
十、直接导课 ……………………………………………… (127)
十一、多媒体导课 ………………………………………… (127)
十二、习题导课 …………………………………………… (128)
十三、散文式导入 ………………………………………… (128)
第三节　化学导课技能的应用 ………………………………… (129)
一、导课的基本原则 ……………………………………… (129)
二、导课应注意的几个问题 ……………………………… (130)
第四节　化学导课技能的评价 ………………………………… (131)
思考与练习 ……………………………………………… (132)
第五章　提问技能 ……………………………………………… (133)
第一节　提问技能的含义 ……………………………………… (133)
一、什么是提问技能 ……………………………………… (133)
二、提问的目的与功能 …………………………………… (133)
三、提问技能的构成要素 ………………………………… (135)

四、提问技能的类型 …………………………………… (136)
第二节 提问技能的设计…………………………………… (140)
一、于导课伊始时提问 …………………………………… (140)
二、于重点难点处提问 …………………………………… (140)
三、于教材的衔接处提问 …………………………………… (141)
四、于枯燥乏味处提问 …………………………………… (141)
五、于结尾处提问 …………………………………… (141)
第三节 提问技能的应用…………………………………… (141)
一、提问的原则 …………………………………… (141)
二、提问的要点 …………………………………… (143)
三、提问的方法 …………………………………… (143)
四、提问的技巧 …………………………………… (145)
第四节 提问技能的评价…………………………………… (146)
思考与练习…………………………………… (149)
第六章 课堂调控技能…………………………………… (150)
第一节 课堂调控技能的含义…………………………………… (150)
一、课堂失控与课堂调控的定义 …………………………………… (150)
二、课堂调控的作用 …………………………………… (151)
三、课堂调控的类型 …………………………………… (153)
四、课堂调控的要素 …………………………………… (155)
第二节 课堂调控技能的设计…………………………………… (156)
一、管理性组织课堂教学 …………………………………… (156)
二、对课堂秩序的组织管理 …………………………………… (156)
三、对个别学生的组织管理 …………………………………… (157)
四、指导性组织课堂教学 …………………………………… (157)
第三节 课堂调控技能的应用…………………………………… (159)
一、课堂调控技能的方法和技巧 …………………………………… (159)
二、课堂调控技能的要点 …………………………………… (160)
第四节 课堂调控技能的评价…………………………………… (162)
思考与练习…………………………………… (164)
第七章 强化技能…………………………………… (166)
第一节 强化技能的含义…………………………………… (166)
一、什么是强化技能 …………………………………… (166)

二、强化技能的功能 …………………………………………………………… (167)
三、强化技能的构成要素 ……………………………………………………… (167)
四、强化技能的类型 …………………………………………………………… (168)
第二节 强化技能的应用………………………………………………………… (170)
一、强化技能教案案例 ………………………………………………………… (170)
二、强化技能的应用要求 ……………………………………………………… (172)
三、应用强化技能的原则 ……………………………………………………… (173)
第三节 强化技能的评价………………………………………………………… (173)
思考与练习……………………………………………………………………… (174)
第八章 变化技能……………………………………………………………… (175)
第一节 变化技能的含义………………………………………………………… (175)
一、什么是变化技能 …………………………………………………………… (175)
二、变化技能的功能 …………………………………………………………… (175)
三、变化技能的类型 …………………………………………………………… (176)
四、变化技能的构成要素 ……………………………………………………… (180)
第二节 变化技能的设计………………………………………………………… (180)
一、目的性 ……………………………………………………………………… (180)
二、有效性 ……………………………………………………………………… (181)
三、灵活性 ……………………………………………………………………… (181)
第三节 变化技能的应用………………………………………………………… (181)
第四节 变化技能的评价………………………………………………………… (182)
思考与练习……………………………………………………………………… (183)
第九章 演示技能……………………………………………………………… (184)
第一节 演示技能的含义………………………………………………………… (184)
一、什么是演示技能 …………………………………………………………… (184)
二、演示技能的功能 …………………………………………………………… (184)
三、演示技能的构成要素 ……………………………………………………… (185)
四、演示技能的类型 …………………………………………………………… (188)
第二节 演示技能的应用………………………………………………………… (192)
一、演示技能教案案例 ………………………………………………………… (192)
二、演示技能的应用要点 ……………………………………………………… (193)
第三节 演示技能的评价………………………………………………………… (194)
思考与练习……………………………………………………………………… (195)

第十章　化学多媒体教学技能 …… (196)
第一节　多媒体教学概述 …… (196)
一、多媒体教学的兴起 …… (196)
二、多媒体的分类 …… (197)
三、多媒体教学的作用与影响 …… (197)
四、多媒体教学中存在的误区 …… (199)
五、多媒体教学的原则 …… (201)
第二节　化学复习课中的多媒体教学 …… (203)
一、梳理化学知识 …… (203)
二、阐释微观理论 …… (204)
三、巩固化学实验 …… (204)
四、再现化工生产过程 …… (205)
五、增强复习测试功能 …… (205)
第三节　多媒体教学的方法与技巧 …… (205)
一、教学课件的制作 …… (205)
二、多媒体的应用 …… (206)
第四节　多媒体教学技能的评价 …… (238)
思考与练习 …… (238)
第十一章　化学结课技能 …… (239)
第一节　化学结课技能的含义 …… (239)
一、什么是化学结课技能 …… (239)
二、化学结课技能的作用和功能 …… (240)
三、化学结课技能的构成要素 …… (241)
四、化学结课技能的类型 …… (242)
第二节　化学结课技能的设计 …… (248)
第三节　结课技能的应用 …… (249)
一、结课技能教学案例 …… (249)
二、化学结课技能的方式和方法 …… (251)
三、把握结课时机 …… (254)
四、化学结课技能的原则与注意事项 …… (257)
第四节　化学结课技能的评价 …… (260)
思考与练习 …… (261)
第十二章　化学板书板画技能 …… (262)
第一节　化学板书板画技能的含义 …… (262)

一、什么是化学板书板画技能 …………………………………… (262)
二、化学板书板画技能的作用、特点、功能和原理 ………………… (263)
三、化学板书板画技能的类型 …………………………………… (268)
四、化学板书板画技能的要素 …………………………………… (273)
五、化学板书板画的使用形式 …………………………………… (275)
第二节 化学板书板画的设计…………………………………… (276)
一、化学板书板画的设计 ……………………………………… (276)
二、化学板书板画的书写 ……………………………………… (277)
三、板书设计原则 ……………………………………………… (277)
四、化学板书板画的设计要求 …………………………………… (278)
五、把握好多媒体课件与化学板书板画的关系 ………………… (280)
六、教学化学板书板画的心理影响 ……………………………… (280)
第三节 化学板书板画技能的应用……………………………… (282)
一、化学板书板画的书写 ……………………………………… (282)
二、化学板书板画技能 ………………………………………… (285)
四、化学板书板画板技能的训练 ………………………………… (289)
五、化学板书板画技能的应用要点 ……………………………… (290)
六、化学板书板画技巧 ………………………………………… (290)
七、化学教师课堂板书常见错误分类 …………………………… (291)
八、化学板书板画的原则 ……………………………………… (293)
第四节 化学板书板画技能的评价……………………………… (295)
思考与练习……………………………………………………… (295)
第十三章 说课技能……………………………………………… (296)
第一节 说课技能的含义………………………………………… (296)
一、什么是说课 ………………………………………………… (296)
二、说课的特点和作用 ………………………………………… (297)
三、说课的类型 ………………………………………………… (298)
第二节 说课的设计……………………………………………… (299)
一、说教材 ……………………………………………………… (299)
二、说教法 ……………………………………………………… (300)
三、说学法 ……………………………………………………… (301)
四、说教学程序 ………………………………………………… (301)
第三节 说课技能的应用………………………………………… (302)
一、说课的技巧 ………………………………………………… (302)

二、说课的基本原则 …………………………………………………… (310)
三、说课的注意事项 …………………………………………………… (311)
第四节　说课的评价…………………………………………………… (313)
一、评价说课的原则 …………………………………………………… (314)
二、说课量化评价表 …………………………………………………… (314)
三、说课评价案例 …………………………………………………… (315)
思考与练习…………………………………………………… (332)
第十四章　评课技能…………………………………………………… (333)
第一节　评课技能的含义…………………………………………………… (333)
一、什么是评课 …………………………………………………… (333)
二、评课的作用 …………………………………………………… (334)
三、评课的类型 …………………………………………………… (334)
第二节　评课的内容和要求…………………………………………………… (337)
一、评教学思想 …………………………………………………… (337)
二、评教学态度 …………………………………………………… (338)
三、评教学目标 …………………………………………………… (338)
四、评教材处理 …………………………………………………… (339)
五、评教学程序 …………………………………………………… (339)
六、评教学方法和手段 …………………………………………………… (340)
七、评学法指导 …………………………………………………… (341)
八、评教学实效 …………………………………………………… (341)
九、评教师教学基本功 …………………………………………………… (341)
第三节　评课的程序和方法…………………………………………………… (342)
一、准备阶段 …………………………………………………… (342)
二、听课阶段 …………………………………………………… (347)
三、课后调研、整理阶段…………………………………………………… (348)
四、评课阶段 …………………………………………………… (349)
第四节　评课技能的评价…………………………………………………… (352)
一、评课技能评价量表 …………………………………………………… (352)
二、评课案例 …………………………………………………… (353)
思考与练习…………………………………………………… (360)

参考文献…………………………………………………… (361)

第一章

微格教学简介

第一节　微格教学概述

一、什么是微格教学

微格教学来自英文 Microteaching，可译为“微型教学”、“微观教学”、“小型教学”等，国内称之为“微格教学”，是一种利用现代教学技术手段来培训教师教学技能的教学方法。通常，让参加培训的学员（师范生或在职教师）分成若干小组，在导师的理论指导下，对一小组学生进行 10 分钟左右的“微格教学”，并当场将实况摄录下来。然后在指导教师引导下，组织小组成员一起反复观看录制成的视听材料，同时进行讨论和评议，最后由导师进行小结。让所有学员轮流进行多次微格教学训练，使他们的教学技能、技巧有所提高，提高教师的整体素质。

微型教学的创始人，美国斯坦福大学爱伦（Dwght W. Allen）教授将它定义为：“它是一种缩小了的可控制的教学环境，它使准备成为或已经是教师的人有可能集中掌握某一特定的教学技能和教学内容。”其实，微格教学是一种通过“讲课→观摩→分析→评价”的方法，借助音视频记录装置和实验室的教学练习，对需要掌握的知识、技能进行选择性的模拟，使师范生及在职教师的各种教学行为的训练可被观察、分析和评价。

结合我国实际，可定义为：“微格教学是一个有目的、有控制的实践系统。它使师范生和教师能集中解决某一特定的教学行为，或在有控制的条件下进行学习。它是建立在教育教学理论、视听理论和教学技术基础上，系统训练教

师教学技能的方法。”[①]

二、微格教学的产生和发展

(一)微格教学的产生

第二次世界大战后,直到20世纪50年代中期,美国的教育状况没有多大改观。1957年10月苏联第一颗人造地球卫星上天,引起美国朝野和教育界的极大震惊。于是,美国从20世纪50年代末开始,开展了较大规模的教育改革运动,其主要目标是为了改变教育状况,使美国的教育水平与现代科学技术的发展相适应。改革涉及教育思想、教育结构、教育评价、教师培训、教学管理以及课程现代化等方面。作为培训教师手段的微格教学,便伴随着现代科学技术的应用,在美国教育改革浪潮中应运而生。

作为教育改革的一部分,美国大学的教育学院对师范生的培训方法进行改革。斯坦福大学的爱伦和他的同事们认为,师资培训的科学化、现代化是师范教育改革的主要任务之一。多年来,师范生在毕业前都要进行教育实习,要像教师一样到课堂上去授课,再由指导教师提出指导意见。爱伦教授和他的同事发现师范生的“角色扮演”(相当于我国的实习试讲)过程中存在许多问题,主要有:(1)初登讲台的实习生很难适应正式的教学环境;(2)每个实习生试讲时间太长,指导教师很难自始至终地认真听讲、记录和评估;(3)给实习生评价意见多属印象性的,较笼统,实习生难以操作和改正,一般也没有机会立即改正;(4)试讲学生对自己的教学没有直观感受,难以进行客观的自我评估。

爱伦和他的同事们经过多次反复试验,由师范生自己选择教学内容,缩短教学时间,并用摄像机记录教学过程,以便课后对整个过程进行更细致的观察和研究。1963年,斯坦福大学爱伦教授第一个将手提式摄像机带入课堂,应用于师资培训,创立了微格教学。

(二)微格教学的发展

微格教学出现后,迅速在美国各地得到推广、应用和研究。20世纪60年代末传入英国、德国等欧洲各国,20世纪70年代又传入日本、澳大利亚、新加坡等国家和我国的香港地区,20世纪80年代开始传入中国大陆、印度、泰国、印尼以及非洲的一些国家。

在英国,微格教学得到了教师们的支持,该课程的每部分都引起了教师的广泛兴趣。微格教学课程通常被安排在第四学年,学生在教育实习前先学习

---

① 孟宪恺.微格教学基本教程.北京:北京师范大学出版社,1992

“微格教学概论”、“课堂交流技巧”的理论和实践，及“课堂交流与相互作用分析”。微格教学课程共安排42周，每周5学时，共计210学时，师范生接受了微格教学训练后，再到各中学进行教育实习。20世纪70年代初，澳大利亚悉尼大学教育学院注意到微格教学对师范教育和在职教师进修的促进作用，在初步实践的基础上，由国家投资进行了微格教学课程的开发项目，并编写出版了一套（共五册）《悉尼微格教学技能》教材，在国内外引起了强烈反响，并得到广泛推广。经进一步应用实践，悉尼大学微格教学项目小组又将第一、二分册重新编写，并于1983年出版。教材中的培训技能包括强化技能、基本提问技能、变化技能、讲解技能、导入和结课技能及高层次提问技能，对以上六项技能还配以完整的录像示范资料，使微格教学培训课程更加生动、有效。

微格教学在发展过程中，吸收了许多新的教育思想和方法，使之不断系统化并日趋完善。譬如，美国著名教育心理学家布鲁姆的“教育目标分类”和“掌握学习”理论，加涅的“学习的条件”、“学习的分类”等学习与教学的著名原理，均为微格教学中教学目标的制定、教学技能的划分、教学设计的思想方法提供了理论基础和依据。弗朗德的“师生相互作用分析”为分析教师教学和学生学习行为提供了记录范畴和分析方法。录像机、电子计算机等教育新媒体的运用，为行为的记录和分析创造了更为理想的条件。目前，许多国家不仅已将微格教学列为师资培训的必修课程，而且还应用于其他教育类别的技能训练中，如职业技术教育、特殊教育、医学、军事、体育、戏剧、舞蹈等，并获得了良好的效果。

（三）我国微格教学的发展

20世纪80年代，微格教学开始传入我国，北京教育学院80年代中期首次从英国引进了微格教学。从此，微格教学开始在全国各地推广开来。

1.微格教学培训的开展

自1983年起，北京教育学院受国家教委师范司的委托，举办了两期外国专家微格教学讲习班、五期国内微格教学讲习班，培养了一批我国开展微格教学的实践和研究人才。1986年原上海教育学院开始运用微格教学开展在职教师的教育培训，并取得很好的效果。按照国家教育委员会师范教育司的意见和要求，1989年三四月间，在北京教育学院举办了两期“微格教学研讨班”，全国有70多所教育学院的教师参加学习和研讨。

1991年6月至7月，受国家教育委员会外资贷款办公室委托，在北京举办了“世界银行贷款项目院校教师教育与微格教学讲习班”，聘请了澳大利亚悉尼大学教育学院的科力夫·特尼（Cliff Turney）和肯·阿尔提斯（Ken El-

tis)两位教授任主讲教师,两位专家介绍了师范教育中微格教学课程的地位、微格教学的基本教学技能分析及实施。1992年1月,同样性质的讲习班在原北京师范学院举办,聘请了英国诺丁汉大学的乔治·布朗和帕丁顿夫妇三位专家来为我国的高师教育工作者介绍微格教学课程在师范教育中的应用,促进了微格教学在国内高等师范教育中的发展。

1992年2月,全国性的教学研究组织——"世界银行贷款中学教师培训项目"微格教学协作组在海南教育学院正式成立,协作组挂靠在北京教育学院下,并定期出版《微格教学研究》专刊。1992年12月,由北京教育学院和四川教育学院联合举办的全国首期微格教学高级研讨班在成都举行,会议讨论了微格教学的理论和实践问题。微格教学的实践活动已从全国教育学院系统和师范院校发展到中师、幼师、小学,国内一些院校已开发出各具特色的微格教学示范录像带,探讨了微格教学的某些理论问题,开始编写适应不同层次教育工作者的培训教材和分学科的微格教学教材。

1994年4月及1997年4月,分别在海南省琼山市及湖南省常德市召开微格教学现场会暨全国微格教学研究会年会,各地市教育局在会上介绍了在中小学推广微格教学的经验,并作了实地考察,交流了国内外微格教学理论研究和实践方面的经验,促进了我国微格教学研究的发展。

1998年10月,全国微格教学协作组年会在云南教育学院召开,来自美国的微格教学创始人之一——爱伦教授作了"关于微格教学新旧模式对比"的报告,展示了新型微格教学的实习与评价模式;来自香港的任伯江教授作了"优质教学,以微格教学为首"的演讲。大会交流的论文从数量到质量均超过以往各届,表明我国的微格教学研究经过十多年的探索,已不断深入,成效显著。

2.微格教学实验的开展

20世纪80年代中期,随着我国电化教育的重新崛起,微格教学在国内开始受到重视。1988年10月,中国第一次派代表参加联合国教科文组织在香港举行的"亚太地区微格教学国际交流会",正式把微格教学列入国内研究项目,随之各地逐步开展了微格教学实验。如北京丰台区教科所从1989年秋季开始,首先在一所条件较差的农村小学进行"利用微格教学培训教师掌握教学技能、提高教学水平实验"的实验,取得了较好的效果。几年来,他们不断扩大实验范围,充实实验内容,探索培训规律,积极摸索适合该区特点的微格教学培训模式。又如海南省琼山市教育局教研室从1992年10月开始,共举办了六期微格教学骨干培训班,先后选定了四所小学和教师进修学校、琼山中学作为微格教学的实验点。通过试点，总结经验教训。1993 年下半年全市逐步推广微格教学。

3. 微格教学研究的深入

我国开展微格教学十几年来，大、中专院校及广大中、小学的教育工作者撰写出了一批质量较高的科研论文。先后出版了《微格教学初步》(孙文杰)、《微格教学与教学测量》(陈献芳等)、《微格教学》(王维平)、《微格教学数学教程》(金井平)、《教师教学技能》(郭友)等一批专著。

1991 年，由全国微格教学协作组秘书长孟宪恺主编的《微格教学基本教程》出版。1992 年，北京教育学院与河南平顶山矿务局教师进修学校合作出版了《微格教学(示范带)》5 集，并先后在该院学报上刊登了《微格教学研究》专刊 5 期，为全国从事微格教学研究和教学者提供了参考资料。1997 年，北京教育学院孙立仁主编的《微格教学理论与实践研究》以及配套的中小学各学科微格教学教程的出版，标志着微格教学的研究和实践在我国不断地深入开展，为教师的专业化发展发挥重要的作用。

三、微格教学的基本特点

微格教学将复杂的教学过程作了科学细分，并应用现代化的视听技术，对细分了的教学技能逐项进行训练，帮助师范生和在职教师掌握有关的教学技能，提高他们的教育、教学能力。微格教学具有如下特点：

(一)技能单一集中性

微格教学是将复杂的教学过程细分为容易掌握的单项技能，如导入技能、讲解技能、提问技能、强化技能、演示技能、组织技能、结课技能等等，使每一项技能都成为可描述、可观察和可培训的，并能逐项进行分析研究和训练，以提高培训效能。

(二)目标明确可控性

微格教学中的课堂教学技能以单一的形式逐一出现，使培训目标明确，容易控制。课堂教学过程是各项教学技能的综合运用，只有对每项细分的技能都反复培训、熟练掌握，才能形成完美的综合艺术。微格教学培训系统是一个受控制的实践系统，要重视每一项教学技能的分析研究，使培训者在受控制的条件下朝着明确的目标发展，最终提高综合课堂教学能力。

(三)参加的人数少

在训练过程中学生角色一般由 7～10 名学生组成，而且学生可以频繁地调换。实践表明，这样便于机动灵活地实施微格教学，深入进行讨论与评价。

（四）上课时间短

微格教学每次实践过程的时间很短，通常只有5～10分钟。在这期间集中训练某一单项教学技能，如讲解技能或板书技能，以便在较短的时间内掌握这项技能。

（五）运用视听设备

借助现代视听设备真实记录课堂互动细节，使受训者获得自己教学行为的直接反馈，并可运用慢速、定格等手段，在课后进行反复讨论、自我分析和再次实践，以行为结果确定个别进度，强调合格标准。

（六）反馈及时全面性

微格教学利用了现代视听设备作为记录手段，真实而准确记录了教学的全过程。这样，对执教者而言，课后所接收到的反馈信息有来自于导师的，也有来自于听课的同伴的，更为主要的是来自于自己的教学信息，反馈是及时而全面的。

（七）角色转换多元性

微格教学突破了传统的教师培训的理论灌输或师徒传带模式，运用了现代化的摄像技术，对课堂教学技能研究既有理论指导，又有观察、示范、实践、反馈、评议等内容。在微格教学课程中，每个人从学习者到执教者，再转为评议者，如此不断地转换角色，反复地从理论到实践，经过实践再进行理论分析、比较研究，这种角色转换多元化的培训方式，既体现了教学方法、教学模式的改进，又体现了新形势下教育观念的更新。

（八）评价科学合理

传统训练中的评价主要是凭经验和印象，带有很大的主观性。微格教学中的评价因参评者的范围广，评价内容比较具体，评价方法比较合理，可操作性强，使评价结果包含的个人主观因素成分减少，因此，比较科学合理。

（九）心理负担小

由于微格教学上课持续时间短，教学内容少，而且班级人数不多，这样，可以使受训者的紧张感与焦虑感减少到比较弱的程度，从而减轻受训者的实质性心理紧张。又由于评价既指出不足，更要肯定优点，会增加受训者自信心与成功感。另外，微格教学的环境是特殊安排的，是在一定控制条件下进行实践活动，避免了学生的干扰，因而也减轻了受训者的心理负担。

四、微格教学的作用

从以上的特点我们可以看到，微格教学具有理论联系实际、目的明确、重点突出、反馈及时、自我教育、利于创新、心理压力小等特征，容易被受训者接受。其次，微格教学培训是在微型课堂中进行的角色扮演。其过程是在事前对微格教学理论进行了学习和研究，确定了培训技能，又在观看了教学示范录像的基础上，编写教案，然后进行微格教学实践。在教学实践的过程中用现代化手段准确记录教学实况，再经过重放录像、自我分析和讨论评价后，对教案进行修改。如果微格教学实践中存在的问题较多，还可以再反复进行实践，直到达到预期的效果。这些过程都为受训者提高教学技能创造了和谐的氛围和条件。微格教学还具有以下方面的作用：

（一）完善和丰富了培训内容

多年来，师范院校对未来的教师进行职前的技能训练，主要措施是开设教学法课程。然而，传统的教学法在培训师范生教学技能方面，目标笼统、不具体，师范生不能很好地掌握这些技能。微格教学让学生感到有兴趣、有意义、有价值，而且容易学习。微格教学训练目标的完成，是通过具体的内容细节和实际的操作步骤进行的。而且，对这些细节和步骤的了解和掌握，是通过受训者亲自参与实践活动来实现的，培训内容具体、有效。

（二）培训方法科学合理

传统的培训方法主要是通过教师的言传身教，使师范生理解教学、学习教学，但由于言传身教的粗犷性和随意性，师范生很难把握教学的原理和原则。而微格教学则将日常复杂的课堂教学分解简化，创造出一种可操作、易重复、易观测的教学环境。师范生在学习、把握教学时，不再仅靠心领神会，而是通过不断学习、实践，不断改进来进行。同时，微格教学按照人类行为的形成规律来设计整个教学过程。它的训练前提是：人类行为的塑造和改进是一个逐步实现或达到的过程。一个从未登过讲台的人，必须经过多次反复的训练，才能培养成为一个训练有素的职业教师。

（三）理论联系实际

微格教学把传统的以理论灌输为特点的教师培训，改变为以技能训练为主体的教师培训，这就抓住了提高教师教学能力的关键。但是，微格教学的技能训练并没有脱离理论的指导。培训对象在学习每一项教学技能的开端，都要学习有关的理论，在微格教学的每一个步骤中，都有教育专家或专职教师的理论指导，这就使技能更容易地与教学理论相结合。

（四）真实反馈与过程的有效调控

微格教学把传统的脑记、笔录为主要根据的反馈，改变为以摄像、放像为主要手段的反馈，为技能评价提供了真实而全面的反馈信息。有了这种反馈

信息就可以非常客观、准确地评价,使评价更为有效。在此基础上,被评价者可以提出更好的改进措施,以调控自己的教学行为,迅速地掌握教学技能。

总之,微格教学实践,能够更快更好地促进教师课堂教学能力的提高,促使教师尽快从"生手"型变成"熟手"型教师,并向专家型教师发展。

第二节　微格教学的指导理论与方法

对于微格教学是否用理论作指导目前有两种看法。第一种看法认为微格教学主要是技能技巧训练,用不着什么理论,理论只是一种形式和摆设,形同鸡肋,可用可不用。第二种观点认为微格教学应该有理论指导,因为每个教学技能只是课堂教学行为的分解,体现着教学的规律。特别是综合技能的训练,有教学理论的指导要明显高于缺少理论指导的训练效果。因此,微格教学要有教学理论作指导,而且是重要的、不可或缺的。没有理论指导的教学技能训练只能说是低水平的机械训练。

目前在我国一定程度存在着的"从属理论"现象。这种"从属理论"现象表现在教学研究中主要是翻译、介绍、诠释国外理论研究成果,复制别人的思想、理论、定理、观点、结论和假说等。如果对外国教学理论的"尊奉"、全盘照搬,对我们本土教学理论漠视及否定的现象不加以澄清和分辨,我国的教学理论的认识就不能摆脱处于从属地位的窘境。我们在利用微格教学手段进行教学技能的研究与训练时应该坚持"厚今而不薄古,基中可以融洋"的原则。就是说,对于西方的教学理论要有选择地接受和吸纳。我国几千年悠久历史创造的优秀的教学思想要继承和弘扬,对于当前我国新课程涌现出来的理论、方法要学习和借鉴。

一、我国的微格教学指导理论

(一)古代优秀的教学思想

1. 启发式教学

孔子是我国最早提出启发教学的教育家。他在《论语》中这样总结道:"不愤不启,不悱不发,举一隅不以三隅反,则不复也。"(《论语·述而》)学习离不开启发诱导,关键是要使学生"举一反三","学一而知十","告诸往而知来者"。主动通过"启"去促进"思"。

引导师范生在教学技能的训练中使学生达到"愤"和"悱"的状态,进行有效的启发引导。《学记》对于启发教学法论述："导而弗牵，强而弗抑，开而弗达"，师范生应学会进行启发引导，让学生自觉学习，而不要被动地牵着学生走，不代替学生得出结论。

2.循序渐进

朱熹提倡"循序渐进"教学(《学规类编》)，提示我们进行教学技能训练，不能一口吃个胖子。一开始就进行综合技能训练效果是不好的。"伤其十指不如断其一指"，要一个技能一个技能地练，做到"循序渐进"，才能取得好的训练效果。

3.因材施教

根据学生的不同素质、特长进行训练。

4.练习巩固

孔子说："温故而知新。"(《论语·为政》)又说："学而时习之，不易悦乎?"(《论语·述而》)用于微格教学就是教学技能的训练要做到有一定有效的练习量，才能巩固提高训练的效果。

(二)近现代教学理论

1.陶行知的"知行合一"的教学思想

它指导我们不要把教学技能停留在书本上，要学以致用。微格教学要把重点放在对学生进行技能的训练上，尽可能地为师范生提供教学技能训练的机会和时间等。

2.蔡元培的美育思想

教学既然是一门艺术，就要给学生以美的体验和享受。如对师范生的教学训练不仅仅停留在几个技能技巧的熟练上，还要在训练中把语言美、仪表美、体态语美、板书板画美、多媒体课件美、教学内容美等放在重要位置。

3.洋思经验

蔡林森创造的"先学后教，以学定教，当堂训练"教学法的一大亮点是把学生的学放在了首位，解决了学生如何学的问题。因此，指导学生如何学是一个技能和方法问题，也是师范生应该训练和掌握的一项教学技能和基本功。如何指导学生学会学习，"洋思经验"为我们提供了很好的示范和成功的经验。①

4.情境教学理论

李吉林的情境教学为微格教学提供了可以借鉴的做法：(1)创设情境，进行片段语言训练；(2)带入情境，提供作文题材；(3)运用情境，进行审美教育；

① 蔡林森.教学的革命.北京：首都师范大学出版社，2010

(4)凭借情境,促进整体发展。[①]

5.教学最佳时机

“把握最佳教学时机事半功倍,失去最佳的教学时机则事倍功半。”[②]如何把握课堂教学的最佳时机也应视为教师应该具备的一项基本功。《学记》中把教学时机作为一条教学原则:“大学之法……,当其可之谓时;……时过然后学,则勤苦难成。”要求师范生要不失时机地给学生以启发诱导,时过则勤苦难成。

二、国外微格教学的指导理论

(一)有意义学习理论

奥苏贝尔(David P. Ausubel)的有意义学习理论指导教学技能训练是颇具意义的。

(1)学习者必须积极主动地使具有逻辑意义的新知识与他认知结构中有关的旧知识发生相互作用。具有启发性的有意义的接受学习(言语讲授教学)是学生在教师的指导和传授下获得知识的最经济、最快捷、最有效的学习方式。学生正是用这种既省时又省力的方式在较短的时间里获得大量有用的知识。

(2)学习者认知结构中必须具有适当知识联系。

(3)具有逻辑意义的学习指学习材料本身与人类学习能力范围内的有关观念可以建立非人为的和实质性的联系。

(4)对于学习单个符号或一组符号的意义易导致机械学习,因此要采取谐音或打油诗等方式进行教学。

(5)对于概念学习,实质上是掌握同类事物共同的关键特征的学习。

(6)对于类属学习,要使新知识与个人的原有认知结构中的某一适当部位相连,使新知识归属于某一适当部位并使之相互联系。

(7)对于总括学习,强调在认知结构中已经形成了几个观念,要在这几个观念的基础上学习一个包摄程度更高的命题。

(8)在并列结合学习中强调认知结构中原有的特殊观念既不能产生从属关系又不能产生总括关系时,它们在有意义学习中可能产生联合意义。

---

① 李吉林.李吉林情境教学理论与实践.北京:人民日报出版社,1996

② 胡志刚.教育时机论.哈尔滨:黑龙江人民出版社,2003

(二)学习迁移理论

在微格教学中借鉴学习迁移理论,力求使“一种学习对另一种学习起促进作用”。利用好正迁移、负迁移、顺向迁移、逆向迁移、垂直迁移、水平迁移、特殊迁移和非特殊迁移。利用相同要素说和概括化迁移理论使学习者在原有知识结构的基础上,辨别当前的课题与已有经验的关系,概括出新旧事物的相互联系,揭示本质联系,实现学习的迁移。

教者要善于在已知与未知之间架起适当的“认知桥梁”。

(三)建构主义教学理论

建构主义被人们视为对我国基础教育新课程改革起重要作用的理论。瑞士心理学家皮亚杰(Piaget,J.)和苏联心理学家维果茨基(Vogotsky,L. S.)分别奠定了建构主义的两大主要流派的基础——认知建构主义和社会建构主义。① 建构主义基于认知是一种以已有知识和经验为基础的主动建构活动。个体在一定的社会背景下与周围环境交互作用的过程中,逐步建构起关于外部世界的知识,并在“平衡—不平衡—新的平衡”的循环中得到不断丰富、提高和发展。②

建构主义认为,知识不是通过教师传授得到(问题),而是学习者在一定的情境即社会文化背景下,借助其他人(包括教师和学习伙伴)的帮助,利用必要的学习资料,通过意义建构的方式而获得;学习者是学习的中心,是信息加工的主体,是意义的主动建构者。

建构主义学习理论认为“情境”、“协作”、“会话”和“意义建构”是学习环境中的四大要素。

建构主义的主要教学模式:

(1)支架式教学。支架式教学事先要把复杂的学习任务加以分解,以便于把学习者的理解逐步引向深入。支架式教学有以下几个环节:搭脚手架(按“最邻近发展区”的要求建立概念框架)—进入情境—独立探索—协作学习—效果评价。

(2)抛锚式教学。这种教学要求建立在有感染力的真实事件或真实问题的基础上。确定这类真实事件或问题被形象地比喻为“抛锚”,因为一旦这类事件或问题被确定了,整个教学内容和教学进程也就被确定了(就像轮船被锚

---

① 王文静.维果茨基“最近发展区”理论对我国教学改革的启示.心理学探新,2000,20(2):17～20

② 顾明远,孟繁华.国际教育新概念.海口:海南出版社,2002

固定一样)。抛锚式教学有这样几个环节:创设情境—确定问题—自主学习—协作学习—效果评价。

(3)随机进入教学。学习者可以随意通过不同途径、不同方式进入同样教学内容的学习,从而获得对同一事物或同一问题的多方面的认识与理解。主要包括以下几个环节:呈现基本情境—随机进入学习—思维发展训练—小组协作学习—学习效果评价。

(四)多元智能理论

美国哈佛大学教授、发展心理学家加德纳(Howard Gardner)提出了"多元智能理论"(Multiple Intelligences Theory,MIT)。加德纳认为,智能与一定社会和文化环境下人们的价值标准有关。加德纳的多元智能框架中相对独立地存在着八种智能:言语—语言智能、逻辑—数理智能、音乐—节奏智能、视觉—空间智能、身体—运动智能、自我内省智能、人际交流智能和自然观察者智能。

多元智能理论在化学学习活动中的应用见表1-1。

表1-1　多元智能理论在化学活动中的应用

智能的形式	学习活动或策略
言语—语言	化学概念、原理、化学用语的掌握和运用,有效地描述化学反应的现象和过程;阅读,写作,网络检索,电子邮件收发,新闻报道;环境污染、元素的发现、科学家小传等相关主题的小说故事
逻辑—数理	化学计算、物质的鉴别与推断;善于使用类比、对比、因果和逻辑等关系;与环境相关的主题探究(如水资源短缺等);使用多媒体软件(Excel, Authorware, Spss, Photoshop, Chemdraw, Mindmanager, Dreamweaver, Frontpage, Multimedia)来调查大气污染等
视觉—空间	根据经历或观察的事物及现象画出图或图表;制作模型(原子、分子、晶体结构、有机物的空间结构……);化学反应的变化(颜色变化、气体放出、沉淀生成);将信息以概念图、思维图、图表、表格、图片等加以提炼和呈现;设计和使用录像、幻灯片、多媒体
身体—运动	访谈,计划,动手探究,野外考察;模仿,化学概念、原理、化学用语等的读、说、写、练,听课记笔记,实验仪器的组装及操作;借助于舞蹈或角色扮演来阐述污染对环境的影响等
音乐—节奏	创作化学歌诀或谐音打油诗、口诀、顺口溜等;创造记忆方法,多媒体的使用;对声音的敏感力(氢气爆鸣实验);元素在周期表中排列的周期性、原子核外电子排布的规律、聚合物中结构单元重复出现的现象、晶体中晶胞的排列方式、化学实验中的声、光、电(能量)现象、仪器组装的顺序、取用药品的先后、实验过程及时间的控制

续表

智能的形式	学习活动或策略
人际关系	与他人之间的理解与交往，领导或参与小组讨论，提出问题；小组合作，小组游戏，社团活动，社区参与；同其他学校、地区、国家的同伴合作，交流环境污染和空气质量等有关主题的数据资料
自我内省	元认知能力、自我反思和自我评价或日志写作，独立学习，自定教学进程和个性化的学习方案
自然观察者	观察并记录实验现象；对化学变化中能量变化的观察与感受；对晶体空间构型的观察与理解；根据自然环境、及来源对目标、事物和现象进行分类（如对一组给定的物质，根据单质、化合物和混合物进行分类）

（五）元认知理论

20 世纪 70 年代中叶美国的心理学家弗拉威尔（J. H. Flavell）首先使用了元认知（metacognition）的概念。

元认知是指人类对其自身认知活动的认知，即认知主体对自己的认知能力、任务、目标、认知策略、心理活动等方面的认识。其实质是认知主体对自己的认知活动的自我意识、自我监控和自我调节。元认知能力则是指认知主体对自己获得知识和解决问题的过程进行调节和监控的能力。因此，元认知理论对微格教学中的自我意识、自我监控和自我调节是非常有意义的。

1. 元认知知识

指认知主体在认知实践活动中积累起来的关于认知活动的一般性知识，包括：(1)有关认知主体的知识。它是认知主体对于人的认知规律，对于自身的认知能力、自己与他人以及自己内部各种认知能力相似和差异的认识。(2)有关认知任务的知识。是指认知主体对认知活动的要求和任务的认识。(3)有关认知策略的知识。它是认知主体在进行认知活动，完成认知活动的任务和要求时，对所采取的有效的认知方式或方法的认识，也就是说，在认知活动中，应采取什么样的认知策略才能更好地完成认知任务。

2. 元认知体验

它是认知主体在认知活动中所产生的认知体验和情绪体验。元认知体验可能出现在认知活动的每一个环节。它可以是对成功时喜悦的体验，也可以是对失败时沮丧的体验；可以是对知的豁然体验，也可以是对不知的困惑体验。认知主体对这些体验有时可能清楚地意识到，有时可能是下意识的；有时可以持续很长时间，有时稍纵即逝。元认知体验在认知活动中起着重要的作用，愉快、喜悦的体验可以引导认知活动进一步深化，进而圆满地完成认知任

务，而失败、沮丧的体验可能会导致认知活动的终止。

3. 元认知监控

它是指认知主体在进行认知活动的过程中，把自己正在进行的认知活动作为意识对象，不断地对其进行自觉监控、调节的过程。在具体的认知活动中，它表现为通过不断地对认知结果进行检测，形成反馈机制，对认知计划、认知策略等进行修正，使顺利地达到认知目标，完成认知任务。

在认知活动中，元认知知识、元认知体验和元认知监控三种元认知成分是互相联系、互相影响的。元认知知识可以指导人们根据自己的认知特点和能力确定认知目标，选择恰当的认知策略，进行有效的认知活动。在这里元认知知识既为形成积极的元认知体验提供了条件，又给实施元认知监控打下了基础。在认知活动中，持续稳定的元认知体验可以发展成为元认知知识，同时积极参与元认知监控过程，对认知活动起着导向作用。元认知监控所产生的每一结果也都会对元认知体验产生着这样或那样的影响，而且在元认知监控过程中不断被调整、修正后的认知策略又会成为元认知知识的内容。

从元认知理论看学习的过程如图 1-1 所示。

问题→收集有关信息→分析信息→提出解决方法→得到结果→检验结果→得到结论

反馈

图 1-1　从元认知理论看学习的过程

(六)“最近发展区”理论

20 世纪 30 年代初，苏联心理学家维果茨基将“最近发展区”概念引入心理学的研究。最近发展区(Zone of Proximal Development)是指“是介于儿童自己实力所能达到的水平(如学业成就)，与经别人给予协助后所可能达到的水平，两种水平之间有一段差距，即为该儿童的可能发展区”。维果茨基认为，教学必须符合儿童的年龄特征，必须以儿童一定的成熟为基础，但教学应当走在发展的前面，教学的重要任务是创造最近发展区。

“最近发展区”的课堂教学的程序如图 1-2 所示。

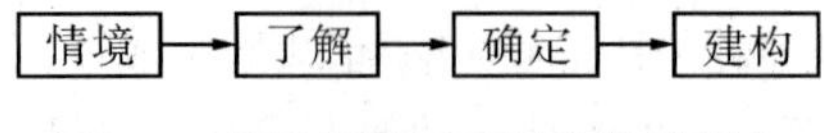

图 1-2　最近发展区的课堂教学程序

师范生在进行教学技能训练时也要把握好教学对象的“最近发展区”进行施教。

（七）布鲁纳的发现教学

20 世纪 50 年代末期，美国心理学家布鲁纳（Brunet J. S.）再次倡导“发现法”教学。所谓发现法就是在教师的启迪下，让学生自己发现、回答、解决问题的一种方法，它的理论基础是认知结构学说。布鲁纳认为：“在学习任何一门学科时，常常有一连串的情节（指关键性的单元内容），每个情节涉及获得、转换和评价三个过程。”他主张让学生主动地参加到学习的过程中去，亲自探索和研究事物的属性和变化规律。把学生当作教学领域的小科学家，使他们像科学家工作那样去进行学习。所以，应用发现法的教师，在教学过程中并不直接提示要讲的概念或原理，只是把事实、实例和问题交给学生，让学生独立去工作，并自行去发现问题。

发现法基本教学模式是：

提出问题—创设情境—建立假设—进行验证—作出结论

采用发现法培养学生的探究意识是值得微格教学借鉴的。

（八）布卢姆的“掌握学习”教学法

布卢姆（B. S. Bloom）是美国当代著名的心理学家和教育学家。布卢姆整个教学理论的核心内容是“掌握学习”理论。所谓“掌握学习”，就是在“所有学生都能学好”的思想指导下，以集体教学（班级授课制）为基础，辅之以经常、及时的反馈，为学生提供所需的个别化帮助及所需的额外学习时间，从而使大多数学生达到课程目标所规定的掌握标准。

定向后教师便进行为掌握而教的工作，一般有以下几个主要环节：

按最初的教学计划实施团体教学—进行单元形成性测验—已掌握者从事其他有关的活动—未掌握者接受矫正—再次测验予以认可—进入下一单元的循环

一般来说，如果多数学生（50%以上）对掌握某些学习任务有困难，必然反映教师教学中存在着问题。教师要重新进行经过改进的再次教学。对个别学生的困难则采用有针对性的个别矫正。

因为反馈—矫正工作需要占用一定的时间，因此教师可以采用两种方法来控制教学进度。如果矫正工作安排在课外进行，那么教师便可按往常常规教学的进度实施；如果矫正工作需部分或全部占用课堂时间，教师则可以调整教学进度，先慢后快，即借用后一单元的时间。如果前一单元的学习达到掌握，那必然为后一单元的学习创造极为有利的先决条件，后一单元的学习进度便可适当加快，时间总量并不会增加很多。

微格教学中师范技能训练的教学诊断、问题评价和反馈矫正对提高微格

教学的质量有很重要的指导意义。

（九）暗示教学

暗示教学法是由保加利亚的心理学家洛扎诺夫于20世纪60年代末70年代初创立的一种学习语言的方法。暗示教学法“创造高度的动机，建立激发个人潜力的心理倾向，从学生是一个完整的个体这个角度出发，在学习交流过程中，力求把各种无意识结合起来”。微格教学也可以运用暗示教学的“基本原则”和“应用策略”提高教学效果。

暗示教学的基本原则：(1)学生要有自信心，愉快而不紧张；(2)情感调节理智，无意识调节有意识；(3)设置情境，采用交际性练习，短期内学习大量教材；(4)借助母语翻译对比外语；(5)师生相互信任和尊重。

暗示教学的应用策略：(1)教师与教材的权威化；(2)稚化(infantilization)；(3)双重交流；(4)高超的教育艺术。

暗示效应有时在微格教学中发挥着神奇的功效。

三、科学逻辑方法

科学逻辑的方法在课堂教学中时时处处都会用到，会起到事半功倍的教学效果，当然对于微格教学训练学生教学技能也同样至关重要。

（一）比较法

比较是确定对象之间差异点和共同点的逻辑方法，也就是把两个或两类事物加以对比，确定它们之间的相同点和不同点的一种思维方法。

有几种不同的类型：

空间上的比较：是在既定形态上的比较。例如，比较实验室制取氯气和氯化氢气体的发生装置，就是一种空间上的比较。

时间上的比较：时间上的比较是在历史形态上的比较。如比较儿童、少年、青年的心理发展，就是时间上的比较。又如铅与稀硫酸的反应，随着时间的推移，反应速度在逐渐变化，就是一种时间上的比较。

此外，在化学教学中多采用的还有：新知识与旧知识进行比较；旧知识和旧知识比较；利用分类法，复习巩固所学的知识；利用理论预言的事实与实际情况比较等。

（二）分类法

分类是根据被分类对象的共同点和差异点，将对象区分为不同种类的逻辑方法。通过比较，识别出事物之间的共同点和差异点，然后根据共同点将事物归属为较大的类，根据差异点将事物划分为较小的类，从而将事物区分为具有一定从属关系的不同等级的系统。

分类法的作用：利用分类法，把学生所学的内容进行分类，为教与学提供了方便的条件；复习巩固所学的知识；使学生逐步学会整理资料的方法，提高学习水平；有利于学生知识结构的形成；常常能简化学习者的思维；培养学生“抓本质”的能力。

分类应注意的事项：

(1)分类必须是相称的，避免犯“子项不全”或“多出子项”的逻辑错误。

(2)分类后的各子项必须相互排斥，避免犯“子项相容”的错误。

(3)每次分类必须按照同一个标准。

(4)分类必须要按层次进行，不能犯越级分类的错误。

(三)类比法

类比是根据两个或两类对象之间在某些方面相似或相同，从而推出它们在其他方面也可能相似或相同的一种逻辑方法。

例如，A 对象具有 a、b、c、d 属性，B 对象具有 a'、b'、c'属性，推出 B 对象也可能具有 d'属性(其中 a 与 a'，b 与 b，c 与 c'相同或相似)。

例如：

氯化氢：气体，在水中溶解度很大(1∶500)，可以做喷泉实验；

氨：气体，在水中溶解度很大(1∶700)。

推出：氨也可以做喷泉实验。

在教学中应用类比，具有启发性。在类比推理的过程中，以学习者原有的知识为基础但又不受已有知识的限制，是获得新知识、新方法的一种有效的探索方法。它可以提供线索，启发思路，起到举一反三、触类旁通的作用。

应用类比的方法，常常可以使学习者获得新的发现和新的发明。类比是培养学生独立思考、自学能力、创造性思维的有效方法之一。

通过类比，常常可以进行思维活动中的移植工作，将一类事物中发现的新原则、新方法应用到研究教与学的过程中来，使这一研究领域的方法大大扩展。苏联巴班斯基的论教学最优化思想，就是通过类比，将最优化的思想移植到教学中来，把教学论的研究工作向前推进了一步。

(四)归纳法

归纳是从个别事物的性质、特点和关系中概括出全体的性质、特点和关系的推理形式。归纳也称为归纳法。根据在归纳过程中是否考察了某类事物的所有对象，将归纳法分为完全归纳法和不完全归纳法。不完全归纳法又分为简单枚举归纳法和科学归纳法。完全归纳法是根据某类事物中的每一个对象

具有或不具有某种属性，从而断定该类事物的全体对象都具有或都不具有某种属性的推理方法。不完全归纳法是根据某类事物中的部分对象具有或不具有某种属性，断定该类事物中的全部对象具有或不具有某种属性的推理。

科学归纳法：通过对某类事物中的部分对象进行研究，在找出这些对象与某种属性间的必然联系的基础上，得出该类事物的全部对象都具有某一属性的推理。

科学归纳法结构：

S_1 是或不是 P

S_2 是或不是 P

S_n 是或不是 P

$S_1,S_2,\cdots,S_n$ 是 S 类的部分对象，它们具有或不具有属性 P，而 S 类与 P 属性之间存在着必然的联系。

所以，所有 S 都是或都不是 P。

科学归纳法的特点：虽然结论断定的范围超出了前提的范围，但是若对事物的内在联系、分析是正确的，那么结论是可靠的。结论是在找出了对象和属性之间必然联系的基础上而得到的，加深了对事物的认识。

结论所依据的事实的数量不具有重要意义。只要我们能抓住典型事例进行科学分析，揭示事物的本质，就可以对同类事物概括出一般性的结论。典型事例可以少到一例。

科学归纳法是值得提倡使用的一种有效的方法。

（五）演绎法

演绎是从一般到个别的推理，是根据一类事物都有的一般属性、关系、本质来推断该类中的个别事物也具有这种属性、关系、本质的推理形式。也就是从已知的某些一般原理、法则、定理、公理或概念出发，推出新结论的一种思维方法。

演绎推理的主要形式——三段论。如：

大前提：卤素可以和氢气反应；

小前提：溴是卤素中的一种元素。

结论：所以，溴可以和氢气反应。

大前提：所有的 M 都是 P；

小前提：所有的 S 都是 M。

结论：所以，所有的 S 都是 P。

（六）分析法

分析就是在思想中把被研究的对象分解为各个部分、方面、层次等，并分别地加以考察、研究的认识活动。

分析的基本环节：

（1）把整体加以“解剖”，把它的各个部分从整体中“分离”出来。

（2）深入分析各个部分的特殊本质。

（3）进一步分析各个部分相互联系、相互作用的情况，阐明它们各占何种地位，各起何种作用，各以何种方式与其他部分发生相互作用的规律性。

分析方法的局限性：对事物进行必要的分割，孤立地分析研究，虽然可能把人的认识引向深入，但也可能将人的眼光限制在片面、狭窄的领域里。因此，人们认识事物，不仅要认识它的部分，更要认识它的整体，就要用到综合方法。

（七）综合法

综合，就是在分析的基础上，把事物的各个方面在思维中结合成一个统一整体进行考察、研究的逻辑方法。

分析和综合是辩证统一的，是相互依存、相互渗透的。综合必须以分析为基础，没有分析，认识就不能深入，认识也只能是空洞的、抽象的；只有分析而无综合，认识是分割的，不能统观全局。

分析和综合是互相转化的。

（八）假说法

“假说”是指根据已知的科学事实和科学规律，对未知的科学事实和科学规律所作的一种推断和解释。假说不仅是一种方法，还是一种结果、一种思想。所谓“方法”，是指根据已知对未知进行推断和解释的思维过程；所谓“结果”，是指由推断所得到的假定性结论；所谓“思想”，是指要用发展变化的观点来看待科学理论。随看科学技术的发展，当前被认为是正确的理论也有可能被进一步修正，甚至被推翻。正是在这个意义上，恩格斯才说：“只要自然科学在思维着，它的发展形式就是假说。”假说是培养学生的探究能力的一个有效方法。

1.假说的特征

一是科学性；二是预见性；三是可检验性；四是推测性。

2.化学假说的类型

根据假说是否创造了新的化学知识，可以将其划分为化学科学研究中的假说和化学教学中的假说。

根据假说之间的关系，可以将其划分为平行式假说和递进式假说。平行式假说是指针对某一个科学问题，在一定科学事实和科学规律的基础上，同时

提出若干不同的假说，假说之间是相互并列的平行关系。如对于“盐溶解在水里，溶液显什么性”这一问题，可以同时提出“显酸性、显碱性和显中性”三种平行式假说。

递进式假说是指针对某一个科学问题，在一定科学事实和科学规律的基础上，先后提出若干不同的假说，先提出的假说往往是后提出的假说的基础，后提出的假说是对先提出的假说的修正和提高，因而更加科学和完善，假说之间是递进关系。如对于“原子的结构”这一问题，从化学发展史考察，曾先后出现了“西瓜模型”、“核式模型”、“玻尔模型”三种递进式假说。

根据假说在化学教学中的具体应用，可以将其划分为有关物质组成的假说、有关物质结构的假说、有关物质性质的假说、有关物质变化的假说和有关物质应用的假说等。

3. 应用假说的流程

(1)假说的流程见图 1-3。

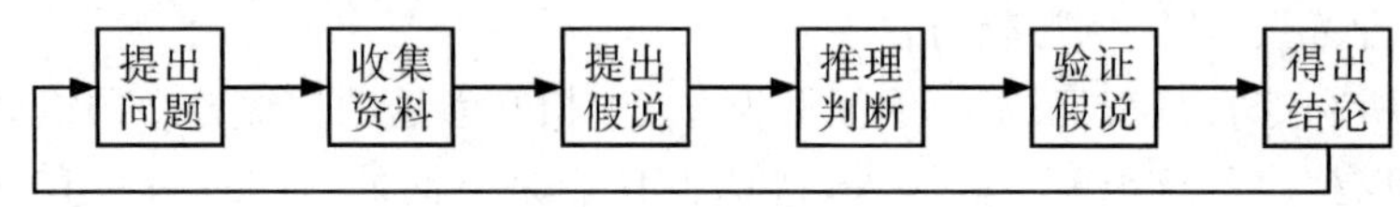

图 1-3　假说的流程

(2)假说流程在化学教学中的运用案例

有关物质结构的假说，如表 1-2 所示。

表 1-2　苯的分子结构的推断

提出问题	收集资料	提出假说	推理判断	验证假说	得出结论
苯分子的结构如何?	①分子式 C_6H_6 ②不饱和度: Ω = 4	① $HC{\equiv}CCH_2CH_2C{\equiv}CH$ ② (凯库勒式苯环) ③ (含圆圈的苯环)	①式能使溴水退色 ②式碳碳键的键长不等 ③式碳碳键的键长相等	实验①:向盛有苯的试管中滴加溴水，溴水不退色 资料②:苯的一元取代物只有1种 资料③:苯分子碳碳键的键长相等	苯的结构是③

（九）认识论

1. 认识论的基本过程

训练师范技能要运用认识论时，可遵循下面的基本过程，见图 1-4。

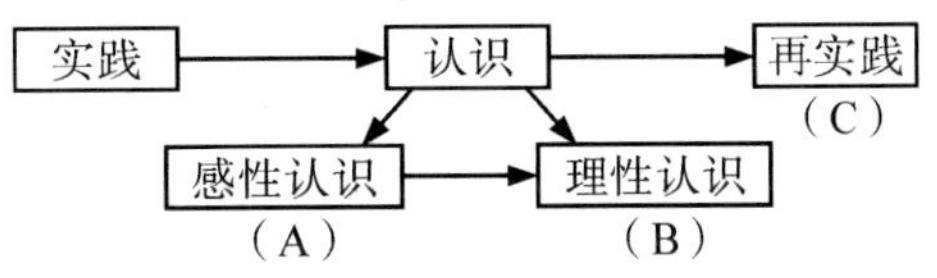

图 1-4　认识论过程

在化学教学中，(A)阶段的完成可以通过演示化学实验、观察模型和实物乃至参观工厂等；(B)阶段的完成必须经过思维加工（如分析、研究）；(C)阶段的完成是将学到的概念和理论进行实际应用，从应用中不断提高知识水平。

2. 自然科学方法论将认识论的具体化过程

图 1-5 中（Ⅰ）和（Ⅱ）在本质上是一样的，只是过程（Ⅱ）运用了假设。从马克思主义的认识论的角度来分析上述过程，发现或明确要解决的问题，收集有关资料、文献和数据的过程属于感性认识阶段；分析、研究和处理资料、文献、数据，进行抽象概括、推理，完成认识上第一个飞跃，是过渡阶段；发现问题的规律性，得出结论，则上升到理性认识阶段。

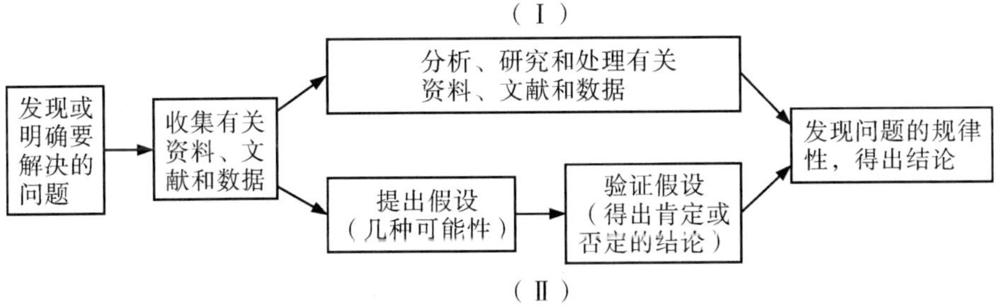

图 1-5　自然科学方法论将认识论的具体化过程

第三节　微格教学的开展模式

微格教学从 20 世纪 60 年代初产生至今已有 30 多年的历史，培训对象从师范生发展到在职教师及许多其他行业的从业人员，应用地域也已发展到世

界各国。微格教学在发展应用的过程中，实践者结合了本国的国情，融入了各种教育观念和思想，由此产生了多种模式。

一、美国模式

(一)斯坦福大学的“行为改变”模式

美国的斯坦福大学是微格教学的起源地。爱伦和他的同事们经过数年的探索、试验、研究，在1963年确立了微格教学的基本模式，从此微格教学从美国迅速走向世界。微格教学在世界各国推广、应用的过程中，逐渐产生了一些变化模式，尤其是20世纪80年代初在非洲一些国家的应用中，由于当地教育环境较差，教育资源匮乏，必须在新的环境资源条件下，对较复杂、正规的早期微格教学模式进行改革，由此产生了新的模式。新旧微格教学模式的主要变化对比如下：

1. 教学时间

微格教学实习片断的时间从原来长达20分钟缩短为5分钟，新模式认为5分钟即可形成单一概念的片断课。实际上教学时间的长短是根据班级人数、课时安排、场地环境等多种因素而定的。

2. 微格教学的学生

过去在微格教学实习时，要从中小学请来真正的学生，这会带来接送、管理、资金等一系列的问题，在新模式中启用同伴，即由教师扮演者的同伴来扮演学生。目前，这种同伴训练方法的效果已被证实是切实可行的。

3. 小组规模

从原来全组约20人减为4～5名学生一组。爱伦认为若小组规模大到约20人，则要19人去听1人讲课，每人要听19次，这样的方式使学员听课过多，反而会使学员感到疲劳，抓不住重点，而且因为时间太长，使重教困难。新模式的5人小组规模小，导师布置好训练任务后，即让学生自己管理。学生可以自选课题，自找实习场地，即使没有正规的微格教学室，只要有摄像机即可，还能实行重教。小组规模小，能使每个学员得到多次重教机会。当然，小组的活动记录和反馈意见要及时交给指导老师。

4. 教学技能

爱伦和他的同事们根据经验和参考有关的教育理论文献，以统一意见的方式提出14项课堂教学技能，它们是：

(1)变化刺激(stimulus variation)；

(2)导入(set induction)；

(3)结束(closure);

(4)非语言暗示(silence and nonverbal cues);

(5)强化学生参与(reinforcement of student participation);

(6)流畅的提问(fluency in asking questions);

(7)探查性提问(probing questions);

(8)高水平组织的提问(higher-order questions);

(9)发散性提问(divergent questions);

(10)确认(recognizing attending behavior);

(11)举例说明(illustrating and use of examples);

(12)讲演(lecturing);

(13)有计划的重复(planned repetition);

(14)完整的交流(completeness of communication)。

5. 反馈与评价

原来的微格教学模式对每项技能有完整的评价表,评价项目多到有时连执教者的衣着也在评价之列,以至于在重教时,执教者往往失去方向,抓不住重点。在微格教学新模式中,爱伦教授提出了"2+2"的重点反馈方式,即小组每位成员听完课后要提出2条表扬性的意见及2条改进性建议,最后指导教师根据这些反馈信息,总结出2条表扬性意见和2条改进性建议。这种评价指导方式操作简单,目标明确,重教效果显著。

(二)芝加哥大学的"动力技能模式"

美国芝加哥大学的高奇(Guiltier)和詹科森(Jackson)等人在1970年提出了"动力技能模式",他们批评斯坦福模式"很大程度上忽略了各技能之间的关系和技能的恰当组织形式与某一特殊的教学情境的关系"。他们认为"教学是一种有目的的活动,技能在这种有目的教学过程中的应用同样是重要的。在技能训练中,教学内容本身也需要同时考虑在内,这样才能使学生获得恰当的综合使用技能的决策经验"。

芝加哥模式考虑教学中的两个方面——教学内容和教师行为,强调在教学计划中依据学科内容,设计应用各项教学技能的教学过程,这样,教学技能(如强化技能、课堂组织技能等)被作为子系统,而不是彼此孤立的行为来运用。麦可格瑞指出:"动力技能模式的基础是基于学科内容分析的系统化教学计划。它强调所训练的技能必须小心地编排到教学计划中,在课程逻辑结构中,师范生能够将教学活动集中于重要的师生相互作用中。在这个意义上,教学技能被认为是促进中小学生学习的动力因素,提出这些师生间的相互作用,

对于促进中小学生学习的逻辑发展是必要的。”

二、澳大利亚悉尼大学模式

微格教学由克利夫·特尼(Cliff Turney)等人在 20 世纪 70 年代初引入澳大利亚的悉尼大学。他们开设的“悉尼微型技能”(Sydney micro skills)课程基本上坚持了“细分”和“可观察的行为改进”的斯坦福模式的做法,但作了一些改进。特尼指出:“教学是一个非常复杂的过程,对于刚刚开始从事这一职业的人来说,它需要被分解为有意义的和可获得的各个部分。涉及其中的某些部分,经过特殊的选择,这些部分是可观察的教学行为或技能,而且是建立在有效教学的基础上的。这些技能的构成表现为将复杂的教学过程分解为相对分立的、便于定义的行为,而且可以迁移到大多数的课堂教学中,并适合于各种有目的的不同组合。”

悉尼大学的微格教学是以教学技能的训练为主线展开的,教育思想和教育教学的理论及实验研究融合在各项教学技能之中。整个微格教学课程分成五个系列,前两个系列包括六项基本的教学技能,后三个系列是三项小综合式的教学技能:

系列 1:(1)强化(reinforcement);
(2)基础提问(basic questioning);
(3)变化(variability);

系列 2:(4)讲解(explaining);
(5)导入和结束(introductory procedures and closure);
(6)高层次提问(advanced questioning);

系列 3:(7)纪律和课堂组织(treats classroom management and decipher skills);

系列 4:(8)小组讨论、小组教学和个别化教学(treats skills of guiding small group discussion, small group teaching and individualized teaching);

系列 5:(9)通过发现学习和创造性学习,发展学生思维能力(deals with skills concerned with developing pupils' thinking through guiding discovery learning and fostering creativity)。

澳大利亚悉尼大学对微格教学的开发应用及研究是很有成效的。澳大利亚悉尼的微格教学模式有以下特点:

(1)开发出完整的微格教学教材。悉尼大学开发的微格教学教材在世界上享有一定声誉,《悉尼微格教学技能》一书被许多国家采用。对教材中列出的六项课堂教学基本技能——强化技能、一般提问技能、变化技能、讲解技能、导入和结课技能及高层次提问技能,都从教育学和心理学的理论出发加以论述,并且对每项技能都配以生动形象的示范用录像资料。

(2)重视学生的自我发展。澳大利亚是一个多民族的移民国家,在学校教育中十分注意尊重每个人的个性,重视发现个人的特点,并给以引导发展,希望每个人都获得成功。学校教育对学生个性差异和心理健康发展颇有研究。在微格教学课程的第一周先安排每个学生在摄像机镜头前做一二分钟的自我介绍或表演,内容自选,轻松自然,然后再让同学们在愉快的气氛中观看评论。这样的活动既提高了学生对微格教学的兴趣,又使师范生消除了面对摄像镜头的紧张心理,为扮演角色时的正常发挥打下良好的基础。

悉尼模式还在充分研究学生认知心理的基础上建立了微型观察室。如新南威尔士大学教育学院内的一组微型观察室,每间只有约 2 平方米大小,导师们考虑到师范生在角色扮演后,希望自己先看到自己的表演录像,或找一位最信得过的好朋友一起观看评议,而微型观察室正好仅供一二位学生闭门观看。执教者可以先与"好朋友"边看边商量,先听取他的看法和意见,在心理学上这时的意见无疑是一个"强刺激",是最容易接受的,也是印象最深的。根据这些意见,学生先写出对自己扮演的角色的评价,这一做法充分体现了微格教学中重视学生自我发展的教育原则。

(3)自我评价贯穿微格教学始终。澳大利亚的微格教学模式中,评价是很重要的。评价方式是贯穿于整个过程之中的。评价不是由别人来对某位学生的录像加以评论、分等级打分数,而是通过学生自己在微型观察室中的观看,根据微格教学过程中各个环节的反馈及"好朋友"的反馈信息,自己来评价自己。导师经常以肯定、表扬为主,对存在的问题以提示、暗示等方式启发学生自己发现。最后让学生在评价单上做自我评价,做到的项目画一记号,还没有做到的不画,再根据整个微格教学过程中来自各方面的反馈信息认真地写自我评价,从而提高学生的教学技能和教学实习效果。

澳大利亚的微格教学主要步骤有:

(1)师范。播放教学技能的示范录像,讲解教学技能的构成、有关理论知识及要求,帮助师范生认识教学技能,有重点地观察,用不同的类型示范同一技能,促进对技能的掌握。

(2)角色扮演。为师范生提供实践机会,增强自信心。

(3)反馈。为师范生改进自己的教学行为提供明确、具体的帮助。

(4)重教。在师范生对自己的教学行为非常不满意时才进行,对大多数师范生来说这一步可取消。

从上述步骤可以看出,澳大利亚的微格教学强调四个环节:示范、角色扮演、反馈和重教。没有列出评价这一环节,因为评价是贯穿于全过程中的,而且主要是启发学生自我评价,这正体现了尊重学生的教育原则。

三、英国模式

(一)新乌斯特大学的"社会心理学模式"

20 世纪 60 年代末微格教学引入英国时,当时的一些模式已受到了一些批评。斯通斯(Stones)和莫里斯(Morris)指出:"微格教学的目的和作用需要重新澄清,应该将方向转移到加强教学理论与教学实践的联系上来。"他们两人都认为,"微格教学是一种有价值的革新,比一般的教学有更大程度的可控性,所以强调理论与实践的关系可以挖掘出更大的潜力,可以使师范生掌握教学模式"。

莫里斯等人发现,有社会能力的教师在教学中表现得更为突出,并从社会心理学的角度看待教学,认为教学是一种社会活动技能,教学依赖于人际关系和师生间的交流。将社会心理学的观点引入微格教学,首先对教学中的社会技能进行定义,并且对师范生进行分技能的训练,然后将各项社会技能综合在一起,整体地运用到完整课的教学中。

布朗(Brown)在 1975 年将这一模式引入了新乌斯特大学,哈奇(Hargie)于 1977 年在乌斯特学院进行了这一模式的微格教学。他们认为微格教学需要集合三个方面的要素——计划、角色扮演和反馈认知。

(1)计划的方法,是通过课堂讲授和小组研讨来学习的。师范生学习如何将一个课题分解为各个概念成分,并将这些组织成一个序列;同时,选择合适的教学方法。

(2)角色扮演,首先是训练斯坦福大学模式中的各项技能,如提问、强化、刺激变化、讲解、导入和结束,然后把各项技能综合起来运用到完整课的教学中去。

(3)反馈和认知,是师范生与指导教师一起讨论微型课的录像,使师范生学习在与中小学生相互作用时自己所应充当的角色。这种对师生相互作用的认知将使师范生的教学行为得到改进,并影响序列计划和完整课的教学行为。取消了重教,但师范生在微格教学的各个环节都要进行充分的讨论。

哈奇还强调了与技能相关的理论的重要性,各项教学技能的教学不仅提

供音像示范，而且还要说明依据社会心理学所建立的各项技能的理论基础，这样才能使师范生不仅知道如何应用技能，而且还知道什么时候使用它。微格教学不只是关于行为的改进，而且也应该是关于认知结构的改进。

由于新乌斯特大学在微格教学中强调技能的综合应用，强调学员在微格教学中形成对教学的认知结构，以及依据社会心理学，强调在微格教学中的人际间相互作用的情感因素，所以教学技能只是作为微格教学课程的组成部分而没有单独列出来进行训练。

现将他们的微格教学的课程介绍如下，从中可以分析出他们所重视的教学技能成分：

(1)微格教学的理论(以学员小组的组织方式)(microteaching)(group organization)

(2)教一个概念(设备操作训练)(teaching a concept)(equipment operation)；

(3)教学计划(教学员小组中的同伴)(lesson planning)(teaching peers)

(4)导入和结束(教实际的学生)(set and closure)(teaching pupils)；

(5)教师解释(教实际的学生)(teacher explanation)(teaching pupils)；

(6)教师的生动活泼(教实际的学生)(teacher liveliness)(teaching pupils)；

(7)学生强化(教实际的学生)(pupil reinforcement)(teaching pupils)；

(8)学生参与(教实际的学生)(pupil participation)(teaching pupils)；

(9)提问中的流畅(教实际的学生)(fluency in questioning)(teaching pupils)；

(10)高水平组织的提问(教实际的学生)(higher order questioning)(teaching pupils)；

*(11)综合的教学技能(教实际的学生)(integrating the skills)(teaching pupils)；

*(12)师生相互作用、环境要素(教实际的学生)(teacher/pupil interaction,environmental factors)(teaching pupils)。

(*最后两项内容是以综合教学技能的形式设定的。)

(二)斯特灵大学的“认知结构模式”

1969年，斯坦福大学的模式被引入斯特灵大学的微格教学，经过几年的实践和研究，在20世纪70年代中期，麦克因泰尔(McIntyre)等人提出了“认知结构模式”。他们发现斯坦福大学模式中的技能描述和反馈评价只停留在

技能行为上，“这些只能给师范生若干个作为假定的教学技能的特殊教学行为方式”(麦克因泰尔、马克莱德，1977)。然而，在这些特殊的教学技能的有效性方面存在着相当程度的不确定性。在课堂教学的经验性研究中，相关的心理学理论和有经验教师的一致意见只能当作合理化的建议，而不是权威性的评价表述。于是，在斯特灵大学，这些教学技能只是作为教学大纲的组成部分，而不是作为理论基础。

斯特灵大学的研究者们认为，师范生关于教学的认知结构在他们的教学活动中起决定性的作用。技能训练和反馈的重要性，在于使师范生的认知结构发生改变，这种改变是通过将各项技能中的认知概念有机地结合在一起而形成的。在研究的基础上，他们对师范生在微格教学中认知结构的形成过程进行了如下的推论：

(1)在进入微格教学之前，每个师范生都具有彼此不同的复杂的教学概念的图式(schemata)，这些图式与对教学的评价有很大的关系。

(2)个人的图式之间存在着较大的差异，但通过将这些图式与教学内容体系相结合，仍然存在很多的共同之处。

(3)这些图式表现出较高程度的稳定性，但通过微格教学的学习和实践，从中可获取新的结构和概念原则，这些图式将会逐渐发生变化。

(4)师范生的这些图式很大程度上控制着他们的教学行为，并且图式的改变导致教学行为的改变。

建立在这些推论基础上的“认知结构模式”，将微格教学对师范生所起的作用解释为使师范生的教学认知结构产生变化，并帮助他们形成自己的作为教师的概念结构。为此，他们强调教学技能应该用“可组织的概念”这些术语来定义，这些术语可以描述由复杂的课堂相互作用所产生的信息过程，而不是由可描述的教学行为来定义教学技能。师范生可以运用这一概念结构，对在教学中什么时候应该用什么教学技能进行决策，并能帮助他们在实际教学活动中感知教学技能，从而形成对技能表现的价值评价。技能示范可以帮助师范生将各项技能的概念有组织地纳入他们的认知结构中。微格教学中的反馈可以提供师范生现已存在的教学认知结构的信息，从而改进和扩充这一认知结构。

四、对各国微格教学模式的分析

由于各国各大学进行微格教学的培养目的不同，所依据的理论观点和理论基础不同，各个微格教学模式之间存在着一定的差异，现分析如下：

斯坦福大学所开展的微格教学，是建立在对宏观教学活动的分解，以及进行行为描述的基础上，强调在有控制的条件下对单项技能的训练，强调音像示范和反馈评价的作用。

芝加哥大学的微格教学，强调教学技能应实现教学目的、发挥教学功能。他们认为斯坦福模式在这方面存在的缺陷，是由于技能训练没有很好地与教学内容相结合，没能系统地综合应用各项教学技能所造成的，所以他们强调将各项技能作为子系统经过结合应用到教学中，并强调在应用技能时与教学内容结合在一起进行系统分析，在这种系统计划中获得应用技能的决策经验。芝加哥大学微格教学的目的，是在完整课的教学中培养结合教学内容、综合应用各项教学技能的决策能力和实践能力。

悉尼大学所开展的微格教学，仍然强调对宏观教学活动的分解和对可观察的教学行为进行描述，但对教学技能中的行为在有效性方面进行了较深入的实验研究，使所提出的教学技能，满足澳大利亚教育工作者对师范教育的理论观点和实验研究的检验。强调了基于某些教学观点的几项小综合型的教学技能训练，并通过控制实现从单项技能到小综合技能训练的过渡。

新乌斯特大学微格教学的特点是：先进行分技能的训练（同时强调控制变量），后综合到完整课教学中；强调用社会心理学作为各项技能的理论基础，以此来保证技能应用的有效性；在完整课的综合应用中，强调以社会心理学为基础，通过计划决策和实践形成认知结构。可以看出，新乌斯特大学微格教学的培养目的是建立以社会心理学为基础的课堂教学综合能力。

斯特灵大学微格教学的特点是，指出了斯坦福模式中的技能行为描述在有效性方面存在很大的不确定性。为此，提出用心理学理论和成功的教学经验的概念来描述技能，并形成对技能的价值评价；强调了内部心理机制对外部教学行为的调节和控制作用。基于以上观点，认为微格教学主要是通过改进认知结构来实现对教学行为的改进，并认为认知结构的改进是通过各项技能中的认知概念有机结合在一起而形成的，认知结构可以促进应用教学技能时的决策能力，促进在实际教学中感知教学技能，从而形成对技能的价值评价。由此可见，斯特灵大学微格教学的目的是在综合应用各项教学技能的实践中建立教学的认知结构。

综上所述，我们可以看出各国开展微格教学的情况虽不尽相同，但斯坦福模式中的教学技能成分和体现科学方法论的一些做法，在各国的微格教学中基本上被保留了下来。同时我们还可以看出各大学在对斯坦福模式进行改进时所共同关心的问题，即这些改进或发展很大程度上都源于对行为描述的教

学技能，发现其在教学中的有效性存在着很大程度上的不确定性，从而使实施技能时的目的性和在评价中的价值判断出现困难。但各大学对这一问题的解决方法是不同的，在保证教学技能的目的性、有效性和价值判断方面，芝加哥大学是强调技能与教学内容的结合，从教学内容的系统分析上来实现的；悉尼大学是通过对所提出来的技能行为进行实验验证来实现的；新乌斯特大学是从师生相互作用的角度，强调以人际交往的社会心理学理论作为教学技能的理论基础来解决技能价值不确定的问题；斯特灵大学强调用心理学和成功教学经验的概念原则系统作为技能的理论基础，从而保证技能应用的目的性、有效性和价值判断。

对斯坦福模式的发展还表现出将各项教学技能综合应用到完整课教学中去的趋势，某些大学已经把微格教学深入到综合教学能力的培养这一较为广泛的领域，但对于"综合教学能力"的理解和所依据的理论观点，各大学有较大的差异，但各种综合应用教学技能都是建立在对各技能成分的训练的基础上，或建立在对宏观层次的教学活动分析的基础上的，在这一点又是比较一致的。[①]

五、我国的微格教研模式

微格教学自 20 世纪 80 年代中期引入我国后，先后在一些教育学院以及高等、中等师范院校和许多中小学展开了积极的研究和实践，并进行了广泛的交流。起初研究和实践主要集中在吸收借鉴国外微格教学的做法，并在实践中移植到自己的微格教学中。随着研究的深入，各地院校也提出了一些共同关心的问题，即微格教学与传统教法之间的区别及微格教学中的科学方法论问题，教学技能中的教育学、心理学理论基础的问题，适合我国国情的教学技能分类的问题，微格教学的技能训练与完整课教学能力之间的关系问题等。这些问题实际上与国外微格教学所提出的问题是类似的，反映出微格教学中的共性问题。北京教育学院微格教学研究室在引进、借鉴国外微格教学的基础上，对以上问题进行了认真的研究，取得了系列研究成果。

各地教育工作者在应用微格教学时，都结合了本地区本学校的实际情况，对微格教学的基本模式有所变通和发展，使之成为发展我国师资培训教育的有效方式。上海市华东理工大学附属中学推行的"微格教研"活动就是微格教学的一种变通模式。该模式采用了微格教学的合理内核，提取微格教学流程

① 孙立仁.微格教学理论与实践研究.北京:科学出版社,1997

中的重要环节,采取摄录像方式,供教研组在教研活动时进行局部的定格研讨。这样,既学习了有关理论,也探讨了具体操作方法,从而获得完整的认识,提高了教师的整体能力和素质。微格教研的基本结构是:先进行在特定课题理论指导下的实际教学的现场观摩与实况录像;再重放录像,观摩录像,进行自我反思与直观再现式同伴研讨;然后进行理性总结、理论升华;最后还要将理论运用到教学实践中去予以检验、拓展。在一所学校的各个教研组中,推行微格教研活动,将教学技能研究的要求与教研组活动结合起来,首先是增强了研究气氛。过去教研组活动,由于教师们担任不同年级的课,共同的话题较少,在教研组中的微格教研活动,则形成了浓浓的研究气氛。其次,运用了微格教研的方法,给教研组活动定位于教法、学法研究。录像的形象性和再现功能,使教研活动丰富生动,又因为每次活动只研究一项技能,使研究问题的切入点小,所以开掘就会更深一些。随着资料的积累,更便于做纵向及横向的比较研究。微格教研活动对于经验不足的青年教师是有实际意义的,对于有经验的老教师,也可自我提炼、概括和总结教学特点,互相交流,共同提高,起到精化教学的作用。

第四节　微格教学设计与教案编写

教学设计是微格教学过程中的一个重要环节,也是踏入教学实践的第一阶段。

微格教学的教学设计是建立在学习理论、传播理论、系统科学理论基础之上的对教学过程和方法的描述。

师范生在学习完每一项教学技能之后,紧接着要通过一个简短的微型课对所学的教学技能进行实战训练,使其理论在实践过程中得到提高和完善。如何根据教学内容和技能训练目标,对微型课的教学方案和教学过程进行设计,将要训练的教学技能恰如其分地运用于课堂教学过程,是微格教学训练中极其重要的工作。这项工作几乎贯穿于微格教学训练的全过程,我们要求师范生在教学改革实践中从教学设计的高度认识并操作整个过程,使微格教学的训练方案更加科学有序。

一、微格教学的教学设计

微格教学的教学设计是根据课堂教学目标和教学技能训练目标,运用系

统方法分析教学问题和需要，建立解决教学问题的教学策略微观方案、试行解决方案、评价试行结果和对方案进行修改的过程。它以优化教学效果和培训教学技能为目的，以学习理论、教学理论和传播理论为理论基础。

微格教学的教学设计与一般的课堂教学设计既有联系，又有区别。一般的课堂教学设计对象是一个完整的单元课，教学过程包括导入、讲解、练习、总结评价等完整的教学阶段。而微格教学通常都是比较简短的，教学内容只是一节课的一部分，便于对某种教学技能进行训练。因此，不能像课堂教学设计那样主要从宏观的结构要素来分析，而是要把一个事实、概念、原理或方法等当作一套过程来具体设计。所以，在微格教学教学技能训练的过程中应有两个教学目标，一是使被培训者掌握教学技能；二是通过技能的运用，实现中小学课堂教学目标。教学技能是实现教学目标的方法和措施，而课堂教学目标所达到的程度是对教学技能的检验和体现，二者紧密联系，互相依存。由此，微格教学的教学设计既要遵循课堂教学设计的原理和方法，又要体现微格教学的教学技能训练特点。

二、微格教学教案的编写

在微格教学中，教案的编写是教师的一项重要工作，它是根据教学理论、教学技能、教学手段，并结合学生实际，把知识正确传授给学生的准备过程。微格教学教案的产生是建立在微格的教学教学设计基础之上的，以“设计”作指导，具体编写微格教学的计划。

（一）微格教学教案编写的内容和要求

(1)确定教学目标。片断教学内容教学目标的确定和整堂课教学目标的确定方法一样，只不过对象是一个片断，所以教学目标的确定应立足于本片断当中。

(2)确定技能目标。即教师课堂教学技能训练目标，针对不同的学员可以有不同的技能要求。

(3)教师教学行为。要求教师把教学过程中的主要教学行为，及要讲授的内容、要提问的问题、要列举的实例、准备做的演示或实验、课堂练习题、师生的活动等，都一一编写在教案内。

(4)标明教学技能。在实践过程中，每处应当运用哪种教学技能，在教案中都应予以标明。当有的地方需要运用好几种教学技能时，就要选其针对性最强的主要技能进行标明。标明教学技能是微格教学教案编写的最大特点，它要求受训者感知教学技能，识别教学技能，应用教学技能，突出体现微格教学以培训教学技能为中心的宗旨。不要以为把教学技能经过组合就是课堂设计，而要根据教学目标结合教学实践决定各种技能的运用，这对师范生来说尤为重要。

(5)预测学生行为。在课堂教学设计中，对学生的行为要进行预测，这些行为包括学生的观察、回答、活动等各个方面，应尽量在教案之中注明，它体现了教师引导学生学习的认知策略。

(6)准备教学媒体。对教学中需要使用的教具、幻灯、录音、图表、标本、实物等各种教学媒体，按照教学流程中的顺序加以注明，以便随时使用。

(7)分配教学时间。每个知识点需要分配的时间预先在教案中注明清楚，以便有效地控制教学进程和教学行为的时间分配。

(二)微格教学教案设计案例

微格教学教案设计的具体格式可以是各种各样的，但大致应该包括教学目标、教师的主要教学行为、对应的教学技能、学生的学习行为、演示器材、媒体和时间分配等项目，导师可以设计好表格(表 1-3)，发给学生用于教案设计。

表 1-3　微格教学教案设计

学科：　　　执教者：　　　年级：　　　日期：　　　指导老师：

<table>
<tr><td colspan="2">教学课题</td><td colspan="3"></td></tr>
<tr><td colspan="2">教学目标</td><td colspan="3">1.
2.
3.</td></tr>
<tr><td colspan="2">技能目标</td><td colspan="3">1.
2.
3.</td></tr>
<tr><td>时间分配</td><td>教师行为</td><td>教学技能</td><td>学生行为</td><td>所用教具仪器和媒体等</td></tr>
<tr><td></td><td></td><td></td><td></td><td></td></tr>
</table>

第五节 微格教学过程的组织实施

微格教学是一项细致的工作，要有效地提高教师的教学技能，关键是要紧紧抓好微格教学全过程所包含的理论学习、示范观摩、编写教案、角色扮演、反馈评价和修改教案等环节。这些环节，环环相扣，联系密切，削弱其中任何一个环节，都会影响培训的效果。我们应针对被培训者的实际情况，落实每一个实施步骤，如图 1-6 所示。

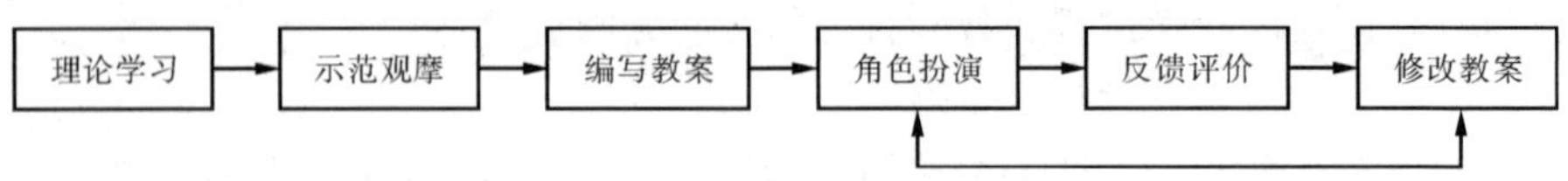

图 1-6 微格教学实施过程

一、理论学习和辅导

在微格教学实践和发展的过程中，融入了许多新的教育观念、教育思想和方法，如布鲁姆的"教育目标分类学"及"掌握学习法"、弗朗德的"师生相互作用分析"理论。具体实践中又有美国爱伦教授的双循环式和英国布朗教授的单循环式等。微格教学培训是一种全新的实践活动，也有其深刻的理论基础，因此，学习和研究新的教学理论是十分必要的。理论辅导的内容包括微格教学的概念、微格教学的目的和作用、学科教学论、各项教学技能理论。理论研究和辅导阶段要确定好教学的组织形式。通常在学习教学理论时，导师以班级为单位作启发报告，讨论和实践则以小组为单位。小组成员 6 人左右，最好是同一层次的教师或师范生。指导教师要启发小组成员尽快相互了解，对所研讨的问题有共同语言，互相成为"好朋友"。

二、教学技能分析

微格教学的研究方法就是将复杂的教学过程细分为单一的技能，再逐项培训。导师可以根据培训对象的不同层次和需要，有针对性地选定几项技能。一般说来，对于师范生和刚踏上讲台不久的青年教师来说，经过微格教学实践可以及早掌握教态、语言、板书等方面的基本技能；对于有一定教学经验的教师，可以通过微格教学实践，深入探讨较深层次的技能，有利于总结经验、互相交流、共同提高教学能力，以达到提高教师整体素质的目标。在技能分析和示范阶段，导师要作启发性报告，分析各项技能的定义、作用、实施类型、方法及运用要领、注意点等，同时将事先编制好的示范录像给学员观看。

三、组织示范观摩

针对各项教学技能，提供相关的课堂教学片断，组织学生进行示范观摩。观看录像后经过小组成员讨论分析，取得共识。这样，学员不仅获得了理论知识，也有了初步的感知。

（一）观摩微格教学示范录像

(1)教学示范录像片断的选择。在选择示范录像时要遵循两条原则，一是水平要高，二是针对性要强。示范的水平越高，学员的起点就越高；针对性越强，该技能的展现就越具体、越典型。

(2)提出观摩教学示范录像片断的要求。在观看示范录像片断时，指导教师要先提出具体要求，明确目标，突出重点，边观看边提。提示时要画龙点睛，简明扼要，不可频繁，以免影响学员观看和思考。

（二）组织学习、讨论、模仿

(1)谈学习体会。各自谈观后感：哪些方面值得学习；对照录像，检查自己的教学与其存在哪些差距。师范生注重前者，在职教师注重后者。

(2)集体讨论。重点交换各自的意见，在要学习的方面形成共识。指导教师也要参加讨论，重点指导。

(3)要点模仿。示范的目的是使受训者进行模仿。许多复杂的社会型行为往往都能通过模仿而获得。实际上，受训者在观看录像时，就已渗透着模仿的意义。这里讲模仿，主要是在指导教师指导下进行重点模仿。此外，指导教师的亲自示范或提供反面示范，对学员理解教学技能也会起到十分重要的作用。

四、指导备课

（一）组织学员钻研某项教学技能

(1)充分备课，熟悉教材。熟悉教材是至关重要的，如果对教材理解不透彻不深入，甚至出现片面性或错误，就无法体现教学技能。

(2)根据指定教材，针对某项教学技能进行钻研。在熟悉教材的基础上，重点应该考虑教学技能的运用。要正确运用教学技能，对该教学技能的钻研是先决条件，指导教师要正确引导学习者钻研教学技能的理论，联系教材，把

理论用于实践。

(二)学员备课

(1)在钻研指定教材和该项教学技能的基础上,编写出教案。教案的格式如表1-3所示。

(2)在指导教师的指导下,交流备课情况,取人之长,补己之短。

(3)对在职教师和师范生要求有别。钻研教材,熟悉教材,理解教材,并结合教学技能备课,对在职教师来说,问题不是很大,但对在校的师范生来说,则是一个比较大的问题。师范生应先接受教学基本理论和教材分析的培训。指导教师在给他们指定教材时,还要对教材进行适当的分析,以帮助师范生正确理解教材,从而结合教学技能的运用进行备课。

五、角色扮演

(一)角色扮演的意义

角色扮演是微格教学的中心环节,是受训者训练教学技能的具体教学实践活动,在活动中每个受训者都要扮演一个角色,进行模拟教学。它改变了传统的老师讲、学生听的教学模式,给受训者以充分的实践机会,从而使师资培训工作上了一个新台阶。

(二)角色扮演的要求

培养教学技能,必须通过真实的练习与训练,否则就难以形成技能。微格教学中的角色扮演,给学生提供了上讲台的机会,使他们能把备课时的设想和对单项技能的理解通过自己的实践表现出来,同时进行录像。师范生由原来的被动听课者,变为教学活动的参与者,充分发挥了学生的主体作用,体现了微格教学的优势。

在微格教学实习室内,有教师、学生和摄像人员。教师由接受培训的学员轮流担任,学生也由学员扮演。每节微格教学课的时间控制在10分钟左右。为了使"角色扮演"的效果更佳,微格教学实践应该注意以下几点:

(1)在角色扮演前,指导教师要向师范生说明有关角色扮演的规定。

(2)除了执教者和学生以外,减少模拟课堂上其他无关人员,这样当执教者面对摄像镜头时,能减少紧张情绪。

(3)扮演"教师"者要把自己当成一个"纯粹"的教师,要把自己置身于课堂教学的真情实境之中,一切按照备课计划有控制地进行教学实践活动,训练教学技能。

(4)扮演"学生"者要充分表现学生的特点,自觉进入特定情境。有时也可以让学员扮演一位常答错题的学生，以培训执教者的应变能力。“学生”最好是执教者平时的好朋友，这样初登讲台的执教者能获得一种安全感。

六、反馈评议

反馈评议阶段，首先由执教者将自己的设计目标、主要教学技能和方法、教学过程等向小组成员进行介绍，然后播放微格录像，全组成员和导师共同观摩。观看录像后进行评议，可以由执教者本人先分析自己观看后的体会，检查事先设计的目标是否达到，及自我感觉如何；再由全组成员根据每一项具体的课堂教学技能要求进行评议。评议过程由以下三个环节构成：

（一）学员自评

（1）照镜子，找差距，由教师角色扮演者分析技能应用的方式和效果，看是否达到预期目标。

（2）列出优、缺点，肯定成绩，找出不足之处。如果自己认为很糟、非常不满意，可以申请重新进行角色扮演和录像。指导教师可根据条件和时间，决定是否重录，尽量做到不挫伤学员积极性。

（二）组织讨论，集体评议

评议时应以技能理论作指导，分析优、缺点，进行定性评价；

根据量化评价表给出成绩，进行量化评价；

提出建设性意见，提出如何做可能会更好。指导教师要注意引导，营造一种学术讨论的氛围。

（三）指导教师评议

学习者对指导教师的评价是十分重视的，指导教师的意见举足轻重。因此，指导教师的评价应尽量客观、全面、准确。对于扮演者的成绩和优点要讲足，缺点和不足要讲准、讲主要的。要注意保护学习者的自尊心和积极性，要以讨论者的身份出现，讨论“应该怎样做和怎样做更好”，这样效果会更好些。

七、修改教案，反复训练

（一）学员修改教案

根据本人录像，参考技能示范录像和技能理论，对照评议结果，针对不足之处，由学员自己修改教案。

（二）进行重教

根据评议情况，学员进行第二次实践，重复上述过程。

（三）再循环或总结

是否再循环，可以根据培训对象的具体情况及课时安排而定。当然，在课堂教学过程中，各项技能是交织在一起的，任何单项的教学技能都不会单独存在。如培训导入技能，重点研究导入的方式、新旧知识的联系、情境的创设等问题。但导入过程必然用到语言技能，还可能用到提问、板书、演示等技能，只是对这些技能暂不考虑，只重点考虑导入技能的应用情况。

因此，当各项教学技能都经过训练并达到一定水平以后，指导教师应安排学习者进行各项技能的综合训练，也只有对教学技能进行综合训练，才可能最终形成教学能力。

第六节　微格教学技能的评价与反馈

微格教学中的评价是对教学技能的评价，是以一定的目标、需要、期望为准绳的价值判断过程。它通过对各项教学技能指标的考查与分析，对教学构成、作用、过程、效果等进行科学的价值判断，从而评价受训学员的课堂教学技能水平。在教学技能的学习和形成过程中，评价起着重要的作用，没有评价就不能通过微格教学进行技能改进。

一、微格教学评价的意义和作用

教学评价是依据预定的教学目标，把学生在知识、技能及能力等方面所达到的实际水平同事先确定的教学目标进行对照比较。为此，首先要在教学过程中为评价提供信息，信息包括知识信息和改进信息。其次，教师的各种综合能力对本教学系统的控制起着决定性的作用。

（一）微格教学评价的意义

微格教学的评价是微格教学的一个重要组成部分。评价的重点是课堂教学的技能技巧方面，评价的目的就在于考查学员对各项课堂教学技能的掌握和提高程度。微格教学评价的意义有以下几方面：

（1）通过评价来比较、区分受训学员的教学能力，获得学员是否掌握某项技能的证据，以便及时指导。

（2）通过评价可以让被评价者看到自己的成绩和不足，好的地方得到强化，缺点和错误得到纠正，从而提高课堂教学技能。

(3)教学技能评价目标的制定一般都体现了方向性和客观性，通过评价目标、评价体系的指引，可以为教学指明方向。因此，教学技能评价具有促进受训学员提高教学技能水平的导向作用。

(二)微格教学中评价的作用

1. 及时全面获取反馈信息

从控制论的观点来看，反馈是很重要的。教育学上的传统反馈形式是执教老师上完课后通过回忆听取来自评课者的反馈和来自学生的反馈。但有时执教者很难理解这些评议，因为他想象不出自己教学行为的形象是如何的。微格教学则利用了现代化的设备，记录下全面的现场资料。执教者可以反复观看自己的微格课录像，因而不仅可以得到上述来自评课者和学生的反馈，而且得到了来自执教者自身的反馈，执教者可以自己发现教学行为中的优缺点。从心理学的观点出发，这一反馈无疑是一个强刺激，最能强化行为人的优点，并改变行为人的缺点，所以在微格教学的评价中所接受到的反馈信息是及时全面的。

微格教学又是一个受控制的实践系统。微格教学的评价使师生双方及时全面地获得反馈信息，因而使培训者在有控制的条件下进行教学实践，控制沿着有目标的、正确的方向进行。

2. 理论与教学实践紧密结合

从信息论的观点来看，让学员观看示范录像是对复杂的教学过程的一种形象化解释。学员从各种风格的教学示范中得到的是大量有声有像的信息，而这种信息是最易被接受的，因为视觉神经的信息接受能力要比听觉神经的信息接受能力大得多。在微格教学的理论学习阶段，学员已经从理论上学习分析了各项课堂教学技能的作用、方法和要领；在角色扮演阶段又亲自运用了某项教学技能进行微格课的实践；在微格教学的评价过程中，通过讨论评议，将各项教学技能的理论和实践科学地结合起来，从观察、模仿到综合分析，形成了完整的课堂教学艺术。

3. 相互交流，促进提高

微格教学通常采用定性或定量的评价方式。定性评价根据反馈信息，结合课堂教学技能的理论，由小组成员提出各种个人的观点和建议。微格教学的组织形式已使全组师生成了研究教学技能的知己，每位成员都可以直率地提出意见，互相取长补短。微格教学的评价也为执教者本人提供了充分的发言权。这与传统的评课是不同的，这种评价既不是简单地打分，也不是单看教

学实践成绩的高低，而是在整个评价过程中发挥集体的智慧，对提高课堂教学质量起了重要作用。

对于师范生来说，微格教学评议的重点是能让学员对照课堂教学的基本技能要领，看到自己课堂教学的不足之处，从而加以改进，使自己尽快掌握课堂教学基本技能。对于有一定经验的中学教师来说，微格教学要求参加培训的教师能发挥个人教学特长。评议的重点是经验交流，同时在微格教学中暴露出来的不足之处也将在和谐的气氛中得以解决。通过评价使本来已具有一定教学经验的教师在课堂教学技能的掌握运用方面更上一个台阶。

4.促进教学理念与技能的提升

随着时代的发展、科技的进步，在教育改革不断深化过程中，新教材、新思想、新观点、新方法会不断引入到课堂教学中，教师会面临传统的教学观念与现代化课堂教学观点的矛盾。微格教学融进了国内外许多现代教学理论的观点、技能和方法。经过微格教学的理论研究、课堂教学技能分析示范、微格备课、实习记录等环节，学员对这些新的理论观点、技能方法已有了一定的认识。微格教学评价过程，充分综合了来自各方面的反馈信息，这种全新的评议方法能激发学员学习。在微格教学中应用新理论、新方法，钻研新教材，运用新的课堂教学技能，从而使每位受培训者的职业技能和素质在原有的基础上有所提高、有所发展，并使之适应教育改革的新形势，加快实现现代化课堂教学的进程。

二、评价指标体系的建立

（一）微格教学评价的性质

微格教学的全过程中既有诊断性评价，也有形成性评价。

在微格教学活动中，导师和学员通过各种活动形式，如理论学习研究、技能观摩讨论、相互听课、角色扮演等，得到了来自多方面的反馈信息，从而对学员的课堂教学特点及基本技能运用程度有了一定认识，这就是诊断性评价。

所谓形成性评价，即在微格教学的评价阶段，通过具体的系统性评议讨论，导师和全体成员努力开发对这个过程最为有用的各类证据，探寻并记录下形成这些证据的最为有用的方式。这是微格教学活动群体中每一成员都积极参与的结果。信息反馈和改正提高是形成性评价的必要因素。

微格教学的活动过程中，反馈信息是多方面的，有来自小组同伴的反馈，有来自导师的反馈，也有来自执教者自我的反馈，而且与其他教学活动不同的是微格教学的反馈信息能做到因人而异，既有针对性又有比较性，并通过活动中的特有交流方式达到改正提高的目的。参加微格教学学习的个人能学会以前没有掌握的技能要领，能纠正过去尚未察觉的缺点和错误，并明确今后努力提高的方向。微格教学的评价结果不是单纯看被评者的统计得分，而是强调从诊断性评价和形成性评价的比较中来判断价值。无论参与者是师范生还是有一定教学经验的教师，最重要的是提高和发展。

（二）微格教学评价量表的制定

微格教学是以提高课堂教学技能为主要任务的教学研究活动，评价的重点应该以达到技能训练的目标要求为标准，经过比较，判断价值。因此，如何建立合理的课堂教学技能评价量表对于微格教学评价工作来说是十分重要的。

微格教学的评价指标就是根据每项技能的目标要求分解确定的。这些指标必须是具体的、可观察的、可比较的、易操作的，并尽量注意相互间的独立性。下面以教学语言技能的评价为例加以说明（表 1-4）：

表 1-4 语言技能评价记录表

课题： 执教：

评价项目	好	中	差	权重
1. 讲普通话，字音正确	□	□	□	0.10
2. 语言流畅，语速、节奏恰当	□	□	□	0.20
3. 语言准确，逻辑严密，条理清楚	□	□	□	0.15
4. 正确使用学科名词术语，无科学性错误	□	□	□	0.15
5. 语言简明形象、生动有趣	□	□	□	0.05
6. 遣词造句通俗易懂	□	□	□	0.10
7. 语调抑扬顿挫	□	□	□	0.05
8. 语言富有启发性	□	□	□	0.10
9. 没有不恰当的口头语和废话	□	□	□	0.05
10. 音量恰当	□	□	□	0.05

根据教学语言技能的作用、方法和要领，确定了评价记录表中的 10 项具体指标。每一条指标在该指标体系中的重要程度，用权重系数表示，各项权重系数之和应该等于 1。每一条指标的评价等级可分为好、中、差三等。

三、微格教学评价的实施

(一)分等评价法

导师准备好小组角色扮演的录像资料和各项技能的评价记录表。在播放某一段微格教学的录像资料前可以先请执教者向小组全体成员介绍自己设计这一教学片断的意图,包括教学目标、教学技能方法等。然后导师和全组成员一起观看录像。小组观摩完毕,开始讨论评议。执教者本人可以做观看后的自我评议,评述自己原来设想的教学目标哪些达到了,哪些没有达到。小组评议可以根据每一项课堂教学技能的评价量表来对照分析讨论。导师要启发和鼓励每位学员积极参加小组评议,让学员懂得对课堂教学技能的评价能力的提高对于提高课堂教学质量是很有帮助的。通过讨论,大家一起定性地评述运用某项教学技能的情况,肯定优点,提出改进意见。在定性评价的同时,也可以采用定量评价的方式。在观摩微格教学片段时,每位小组成员都是评价员。学员可以利用事先设计好的各种微格教学技能评价记录量表,在每一评价项目旁边的对应等级处划上"√"。然后,利用教学评价统计软件,将每份评价表的量值逐一输入计算机,经过计算机运算处理后可以打出一定的分数值。这种分等评价法运用了定性和定量评价结合的方式,相对客观。最后,由导师根据小组评议情况和定量结果进行小结,书写评语。

在采用分等评价法时,应注意以下几点:

(1)每位学员在微格教学实习前要了解每项技能的要点。

(2)每位学员在观摩微格教学片断前要仔细阅读有关技能的指标体系中的各项评价内容。

(3)在观摩评价过程中,对微格教学片断中没有涉及的项目以评中间等级为宜。

(4)不必将各个项目的等级相加,因为它们没有可加性。必须强调的是微格教学的评价目的不是看最后得分多少,而是看学员在整个微格教学实施过程中对运用课堂教学技能的理解和掌握程度。

(二)评价统计的方法

评价统计是在评价记录表完成后,由统计员完成以下步骤:

1.填写统计表格

我们以教学语言技能为例,参阅表1-4,统计方法说明如下:

统计员先制定好统计用的表格,如表1-5所示,假如有10人参加评课,对第一项"讲普通话,字音正确",评好的有2人,占总人数2/10;评中等的有6

人，占总人数的 6/10；评差的有 2 人，占总人数的 2/10，在统计表格的第 1 项右边等级比率栏内，分别填入 0.2、0.6、0.2，依次将每个评价项目的等级比率分别填入统计表（表 1-5）。

表 1-5　等级比率统计量表

项目	权重	等级比率		
		好	中	差
1	0.10	2/10=0.2	6/10=0.6	2/10=0.2
2	0.20	3/10=0.3	7/10=0.7	0
3	0.15	1/10=0.1	7/10=0.7	2/10=0.2
4	0.15	5/10=0.5	5/10=0.5	0
5	0.05	0	5/10=0.5	5/10=0.5
6	0.10	2/10=0.2	6/10=0.6	2/10=0.2
7	0.05	4/10=0.4	5/10=0.5	1/10=0.1
8	0.10	1/10=0.1	6/10=0.6	3/10=0.3
9	0.05	1/10=0.1	8/10=0.8	1/10=0.1
10	0.05	2/10=0.2	5/10=0.5	3/10=0.3

2.统计运算

根据表 1-5 中的数据，可以得到两个矩阵，其中矩阵 **A** 是由各项目的权重组成：

$$\mathbf{A}=[0.10\ 0.20\ 0.15\ 0.15\ 0.05\ 0.10\ 0.05\ 0.10\ 0.05\ 0.05]$$

等级矩阵 **R** 由各评价项目的等级比率组成：

$$\mathbf{R}=\begin{bmatrix} 0.2 & 0.6 & 0.2 \\ 0.3 & 0.7 & 0 \\ 0.1 & 0.7 & 0.2 \\ 0.5 & 0.5 & 0 \\ 0 & 0.5 & 0.5 \\ 0.2 & 0.6 & 0.2 \\ 0.4 & 0.5 & 0.1 \\ 0.1 & 0.6 & 0.3 \\ 0.1 & 0.8 & 0.1 \\ 0.2 & 0.5 & 0.3 \end{bmatrix}$$

矩阵 **A** 和矩阵 **R** 的乘积为矩阵 **B**，矩阵 **B** 是对教学语言技能的评价矩阵：

$\mathbf{B}=\mathbf{A}\times\mathbf{R}$

$$=[0.10\ 0.20\ 0.15\ 0.15\ 0.05\ 0.10\ 0.05\ 0.10\ 0.05\ 0.05]\times\begin{bmatrix}0.2 & 0.6 & 0.2\\0.3 & 0.7 & 0\\0.1 & 0.7 & 0.2\\0.5 & 0.5 & 0\\0 & 0.5 & 0.5\\0.2 & 0.6 & 0.2\\0.4 & 0.5 & 0.1\\0.1 & 0.6 & 0.3\\0.1 & 0.8 & 0.1\\0.2 & 0.5 & 0.3\end{bmatrix}$$

矩阵乘法是矩阵 **A** 的每一行(横为行,当前只有一行)与矩阵 **R** 的每一列(竖为列,当前有三列)对应元素的积作为新的矩阵之积的各元素。

$$\begin{aligned}即:B=[&0.10\times0.2+0.20\times0.3+0.15\times0.1+0.15\times0.5+\cdots+0.05\times0.2\\&0.10\times0.6+0.20\times0.7+0.15\times0.7+0.15\times0.5+\cdots+0.05\times0.5\\&0.10\times0.2+0.20\times0.0+0.15\times0.2+0.15\times0.0+\cdots+0.05\times0.3]\\=[&0.235\ 0.615\ 0.15]\end{aligned}$$

矩阵 **B** 的结果显示,参加评价的 10 人中,对执教者的课堂教学语言技能各项指标全面评价后,有 23.5%的人认为好,61.5%的人认为中等,15%的人认为差。设每个等级与一百分制分数的对应关系为:好=95 分,中=75 分,差=55 分,则组成分数矩阵 **C**:

$$\mathbf{C}=\begin{pmatrix}95\\75\\55\end{pmatrix}$$

用矩阵 $\mathbf{B}'=\mathbf{B}\times\mathbf{C}$,得出最终评价结果:

$$\begin{aligned}\mathbf{B}'&=[0.235\ 0.615\ 0.15]\times\begin{pmatrix}95\\75\\55\end{pmatrix}\\&=(0.235\times95+0.615\times75+0.15\times55)\\&=76.7\end{aligned}$$

即被培训者的教学语言技能为 76.7,属于中等水平。

以上方式要用到矩阵计算,或利用计算机运行专门编制的程序,若条件不具备,也可以用下列方法加以简化。

以前面介绍的教学语言技能为例，假设各项评价的等级为：好(95 分)、中(75 分)、差(55 分)。可填写出表 1-6：

表 1-6 语言技能评价记录表

课题： 执教：

评价项目	好	中	差	权重
1. 讲普通话，字音正确	√	□	□	0.10
2. 语言流畅，语速、节奏恰当	□	√	□	0.20
3. 语言准确，逻辑严密，条理清楚	□	√	□	0.15
4. 正确使用专业名词术语	√	□	□	0.15
5. 语言简明、生动有趣	□	√	□	0.05
6. 遣词造句通俗易懂	□	√	□	0.10
7. 语调抑扬顿挫	□	√	□	0.05
8. 语言富有启发性	√	□	□	0.10
9. 没有不恰当的口头语和废话	√	□	□	0.05
10. 体态语配合恰当	□	√	□	0.05

那么某一评价者对试讲者的评分为：用各项所给等级对应的分数乘以各项所对应的权重，统计各项目的得分之和，即

$95\times0.1+75\times0.20+75\times0.15+95\times0.15+75\times0.05+75\times0.10+75\times0.05+95\times0.10+95\times0.05+75\times0.05=83$(分)

按以上方法，逐张统计出每位评价者的评分，最后计算出平均分即可。

这种方法也能在一定程度上反映出试讲者运用技能的情况。

2. 统计程序设计

使用人工计算微格教学的评价统计比较繁琐，有条件的地方可以采用计算机数据处理的方法实现。根据上述原理使用 FoxPro 数据库程序或其他计算机语言编制微格教学评价统计软件，其程序设计思想流程如图 1-7 所示。

四、微格教学中的反馈

(一)微格教学反馈的意义

反馈是控制系统的基本方法和过程。教学中的反馈可以有效地强化动机，促进行为的改善。一般教法课的试讲活动，因为在事后评定，反馈环节很微弱，控制调节作用更小，达不到强化的效果。微格教学中的反馈弥补了教法课的不足。借助录像，采用自评、互评、点评相结合的方式对被训者进行真实、

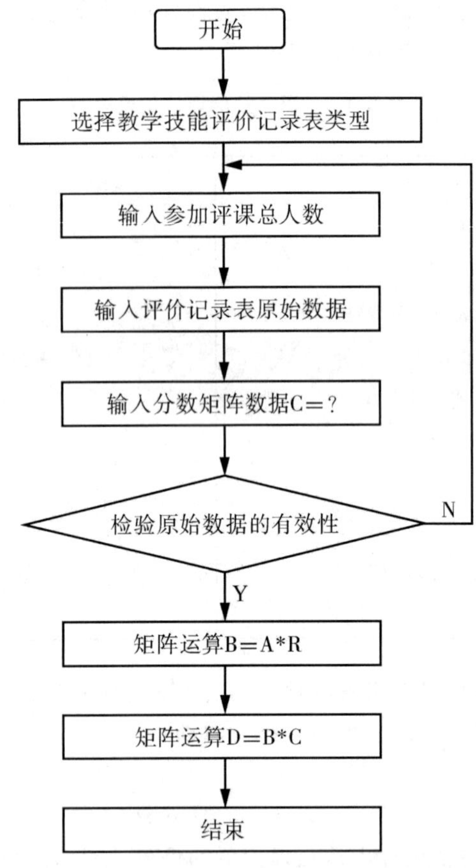

图 1-7　教学评价统计程序设计流程

及时的反馈，能很好地发挥反馈的控制调节作用，强化效果好。由于微格教学的技能评价是形成性评价，其理论依据就是反馈原理，因此微格教学的反馈是根据过去的操作情况来调整未来行动的。它根据形成性评价提供的信息，肯定教学技能、理论知识的优势，并诊断出问题，及时改进，提高教学，具有很大的调整和矫正作用。微格教学中的反馈是及时反馈，信息量大。在教学技能实践之后，立即以重放录像的形式，给被培训者提供了自我观察教学过程和分析自己教学行为的条件，让学员能够找出自己的优缺点。同时"学生"、"评价人员"和指导老师也给被培训者指出优缺点和改进意见。通过反馈，被培训者获得大量的信息，并在此基础上进行调控。被培训者能在集思广益的基础上，经过自己的分析、加工和重组，修改完善原有的方案。在多次修改和反复练习的基础上，受训者的教学技能得到了明显的提高。

（二）微格教学中反馈的方式

反馈的方式按时间分为及时反馈、短时反馈和长时反馈。微格教学采用的是形成性评价中的及时反馈或短时反馈，以充分发挥评价的改进功能，做到及时调整和矫正。反馈的方式按信息来源分为他人反馈和自我反馈。微格教学把他人反馈与自我反馈相结合，把来自同行和指导老师的意见与对自身教学行为的分析结合起来，有效地改进教学行为。就教学中的教师而言，自己不易觉察自己的某些行为，如语速太快，面孔呆板，语调低而平淡，知识量过大，行走过于频繁等，他人反馈对解决这些问题比较有效。受训者观看自己的授课录像，这种自我反馈的形式能产生较强的信息刺激，使对诊断出的问题的有效矫正成为可能。在反馈评议的过程中，小组的学员们在一起充分讨论，共同献计献策，提出改进方案，受训学员可再次修改、讲课、录像、评价，使评价反馈起到了改进和提高教学技能的强化作用。

（三）微格教学反馈中应注意的问题

1.加强组织，用好录像

在反馈评价中，指导老师要给予恰当的组织和安排，被评价者要通过重放录像观察审视自己的教学行为，根据自己确定的目标找出教学中存在的问题，进行自我分析、自我反馈。与此同时，评价人员包括指导教师要根据录像提供的信息，按照一定的评价要求，定性定量地分析被评价对象的教学行为，以他人反馈的方式，给被评价者提供大量的反馈信息。在这个过程中，被评价者获得了非常有效的改进教学的意见，学员评价者提高了评价能力和鉴赏水平，指导教师掌握了学员的训练情况。

2.反馈意见要具体、集中、可行

微格教学强调具体、集中的反馈，并能在重教中立即得到利用。评价人员可根据爱伦教授的“2＋2”教学指导法，即对每个被评价者一般只提出两条赞扬性意见和两条改进性意见，反馈意见限制两条。目的在于使评价者和被评价者把注意力集中在最主要、最容易改进的方面，因此针对性强，重点突出，有利于被评价者抓住关键问题，诊断和改进教学行为。

3.选用恰当的反馈形式

评价目标达到程度的反馈信息，对被评价者来说，是一个极为敏感的问题。被评价者的自信心、自尊心和情绪都会受到评价结果反馈的影响。特别是简单的否定，可能会使被评价者的自信心动摇，情绪不稳定，甚至产生一些消极的心理行为。因此要注意选择恰当的反馈方式，以避免使被评价者感到

焦虑。如多采用启发式，引导学员自我客观认识；或采用讨论作为反馈方式，转移过分关心分数的注意力；还可采用小范围的反馈，或将评价分数、直方图结果和相互作用分析的结论在讨论时交给被评价者本人，防止扩散否定性的评价结果。

思考与练习

1.什么是微格教学？

2.微格教学有哪些基本特点和基本功能？

3.简述微格教学实施的基本步骤及要点。

4.微格教学评价的分类、过程和方法如何？

5.微格教学教案编写有哪些项目？试就一个中学化学教学片断撰写微格教学教案。

第二章

微格教室的组成与使用

第一节　微格教室的组成

微格教学是一个有控制的实践系统，为了顺利地完成微格教学的任务，必须筹建与之配套的符合其特点规律的微格教室。

教学组织形式的小组化是微格教学的重要特征，它决定了微格教室的小型化，其面积一般在20平方米左右，能容纳6～20名学生。微格教室是一个具有真实课堂情境的模拟教室。它除了常规的教学设备如黑板、讲台、学生课桌、计算机、多媒体投影机之外，还要有进行技能学习、实践、评价的现代化视听设备。微格教室应尽量减少外界的干扰，防止受训者受到非智力因素的影响，同时也有利于提高传声器的录音质量。此外，如有条件，还应为微格教室建立配套的资料室，用于保存教学技能的示范资料和被培训者角色扮演的资料，供指导教师、研究人员教学和研究使用。

微格教室的建设可与其他电教用房综合考虑。微格教室视听设备与其他电教设备具有相关性和相似性，因此微格教室的控制室可以和卫星教育电视、闭路电视系统、电视节目制作的控制室合并，把它们有机地联系起来形成一个相互关联的网络，还可把微格教室建设成一个多功能的音像资料视听室。一般情况下，微格教室的教学全貌，可以通过具有良好封闭隔音性能的单向玻璃进行观察，这样有利于研究人员分析讨论，也可通过闭路电视的大屏幕或彩电观察教学。

一、微格教室的特点

随着现代教学理论以及信息技术的发展，新型的现代微格教学系统应该是一个集多媒体教学、视频点播、数字化现场直播、远程监控与评价和信息化

综合管理为一体的数字化网络系统。整体上它应该具备以下的特点：

(1)多媒体微格教学；

(2)教育技术技能操作与实训；

(3)微格各室之间交互学习以及视频广播；

(4)基于网络的评价与监控；

(5)基于校园网络的微格系统管理平台。

二、微格教室的设计

(一)现代微格教学系统的设计原则

现代微格教学系统的设计包括实验室设计和教学设备设计两方面内容。因此，现代微格教学系统的设计原则应该从实验室和设备需要两方面出发，遵循以下几个原则：

1. 易控性原则

现代微格教学系统是一种智能化、数字化的系统，对它的设计应当满足使用人员操作的真实性、有效性和便利性。整个系统的操作简洁明了，即使系统本身，就技术而言，可以是相当复杂的，但是它最终面向用户的交互界面应该是简洁的，容易操作的。易控性在很大程度上满足了教学的需要，简化了学生和在职教师提高教学技能的程序。

2. 开放性原则

主要是指硬件设备的通用性，即设备的指标是否和国内外认可的标准相一致或相接近。如在视频的截取录入时，所保存的格式是否具有通用性；监视器的输入输出接口是否与主流的线制一样；设备的开放性是否有利于日后设备的更新或升级等。同时，在设备的选择上也应当顺应时代发展的需要，对微格教学发展趋势做出科学的预测，并予以实现。

3. 实用性原则

它是指设计应该注意整个系统的性价比，在保证教学、训练需求的同时，微格教学系统的构建还需要考虑适当的性价比。在设计的过程中，不能一味地选择先进的、价格高的设备，应讲究实用。如视频传输系统，不是越贵的系统整体性能就越好，更多的是体现在个别方面。

(二)现代微格教学系统的设计要求

根据现代微格教学系统的特点和设计原则，现代微格教学系统的设计必须满足下列要求：

(1)微格教学系统必须具有全面的信息化教学环境配置，如多媒体计算

机、实物投影机等,为学生提供真实的信息化教学环境,让学生通过实践掌握信息技术与课程整合的专业技能。在微格教学训练的过程中,指导教师根据现代教学理论与方法诱导学生利用信息化教学手段贯穿教学过程,并通过教学设计使学生深入探讨信息技术与学科课程整合的方法与策略。

(2)具有信息化的微格教学过程管理与评价管理平台。微格教学的过程是一个不断修正教学设计与教学方法的实践过程,所以需要改变传统的实践与评价方式,使用信息化的手段与方法,将学生教学实践过程用文件夹方式管理起来,运用过程性评价的方法,通过学习文件夹的评价方法有机地将教学、学习与评价结合起来。评价过程中着重学生自评、学生互评和小组评价,教师还可以借助"教学过程管理与评价管理平台"监控学生的微格训练过程,并组织不同小组、不同班级的学生进行实时或通过学习文件夹开展研讨与互评活动。

(3)指导教师能够基于网络实现现场实时观察、指导与分时个别指导。在微格教学中往往是多组同时进行,教师通过网络双向性,观察每组学生教学过程,针对教学过程出现的问题,及时进行指导,并对优秀的教学方法或出现的常见问题,组织全体学生进行观看、交流、对话。同时,将学生施教过程记录存档。指导教师通过网络随时浏览学生文档,并将评价意见批注在学生的文档中,供学生参考。

(4)学生自我演练、自我修正的管理模式。现代微格教学系统应具有开放性,允许学生反复演练,指导教师与学生之间、学生与学生之间不断沟通、评价,以使学生迅速掌握教学方法与教学技能。因此,管理平台是基于校园网络的,每次微格教学过程,师生可以实时或分时将评价意见批注在视频记录中,学生可以通过网络进行浏览,自己对比,自我评价,不断修正教案,提高教学水平。

三、微格教室常用设备

(一)摄、录、放设备

1. 摄像设备

摄像设备的好坏,直接影响角色扮演情况记录的好坏,应该选用质量较好、性能稳定的摄像设备。(1)摄像镜头。摄像镜头有变焦、定焦,自动光圈和手动光圈之分,要根据实际情况选配。(2)摄像机。一般采用低照度,水平分辨力至少在 30 线以上,信噪比在 46 dB 以上的电荷耦合 VCD 摄像机。

2. 录像、放像设备

(1)录像设备。一般采用带高频头的 VHS 录放机,而现代微格教学系统则广泛使用硬盘录像系统。(2)放像机。放像设备要具备有利于教学分析的慢速重放、逐帧重放和完全静止等功能。现在 VCD 和 DVD 比较实用,可作为放像设备使用,或直接通过计算机系统将硬盘系统中的数字化音像资料播放出来。

(二)传声设备

微格教室对传声器的要求是失真度小,灵敏度高,指向性强。一般采用高级拾音器,但采用这种拾音器要有专用电源。现在普遍采用一间微格教室中,师生共用一个固定在天花板或黑板上方墙壁上的拾音器的传声方法,效果较好。

(三)控制设备

一般的控制设备是机械式面板控制,但它有如下弱点:一是操作不便,二是一个面板控制器只能控制有限几个摄像头。目前,已开发研制出新一代控制设备,即键盘控制系统。它操作简便,只用一个控制键盘就可控制多个摄像头。另外,还出现了更先进的多媒体控制设备,配置辅助信息沟通系统,使得微格教室和主控室的信息沟通变得更为方便,主控室和微格教室之间距离比较大时,也能迅速沟通,不受任何干扰。

(四)照明设备

角色扮演时,要把整个过程用摄像机拍摄下来,要求微格教室有较好的自然照明条件,以保证画面应有的层次。为了补充自然光线的不足,可在微格教室中加装新闻灯。微格教室要避免日光灯的镇流器的蜂鸣声,应该采用工作时无噪音的节能型电子镇流器,如用线圈镇流器,则要把它安装在室外。

(五)多媒体计算机

多媒体计算机上安装有各种视音频采集、非线性编辑系统及音频处理系统等应用型软件。多媒体计算机可以由一台或多台计算机组成,安放在控制室内,负责整个设备系统的控制、管理和音像制作,并充当视音频展示器。

第二节　福建师范大学微格教室的使用

一、微格教室系统的构成

福建师范大学微格教学系统由主控室+多间微格教室组成,其中每间微格教室背后配有观察室,系统构成如图 2-1 所示。

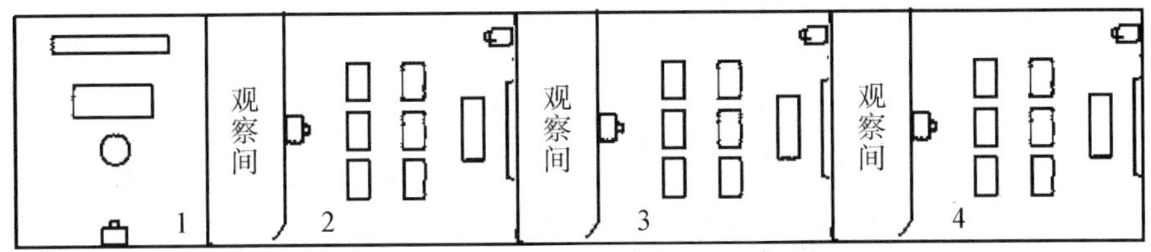

1. 主控室;2、3、4. 微格教室

图 2-1 福建师范大学微格教学系统构成示意图

(一)主控室(图 2-2)

图 2-2 主控室

主要配置设备:监控台、主控计算机、摄像头、录像机、VCD、监视器、对讲机等。

主控室设计功能:

(1)控制任一微格教室中的摄像云台和镜头,可以监视和监听任一微格教室的图像和声音。

(2)对微格教室播放教学录像与电视节目。

(3)可以把某个微格教室的情况转播给其他的微格教室。

(4)可以录制某个微格教室的教学实况供课后讲评。

（二）微格教室（图 2-3、图 2-4、图 2-5）

图 2-3　微格教室(1)

图 2-4　微格教室(2)

图 2-5　微格教室——教师控制台

主要配置设备：

(1)多媒体投影机：用于投放教学课件资源。

(2)学生摄像机：用于拍摄在座观摩学生的情况。

(3)教师摄像机：用于拍摄试讲者的教学情况。

(4)教师工作台(讲台)：用于控制投影机及屏幕的工作，并配备计算机进行多媒体辅助教学，同时记录和播放课堂实录。

(5)回放音箱：用于播放音频声音。

多媒体微格教室设备连接如图 2-6 所示。

微格教室设计功能：

(1)在微格教室中可以呼叫主控室，经允许与主控室对讲。

(2)微格教室中可以控制本室的摄像系统，录制本室的声音和图像，以便对讲课情况进行分析和评估。

(3)分控机可以遥控选择主控室内的哪一台录像机、VCD 机等其他影像输出设备进行工作，并能遥控已选择设备的播放、停止等操作。

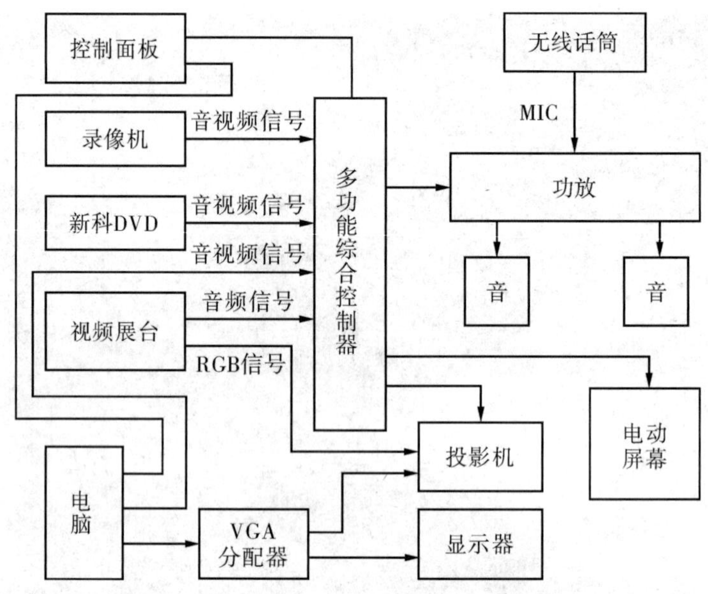

图 2-6 福建师大多媒体微格教室设备连接图

(三)微格教学系统整体功能设计

福建师范大学现代微格教学系统是一个集多媒体影音编辑制作、视频点播、网络现场直播为一体的微格教室系统,系统整体功能设计如下:

(1)该系统采用智能网络控制方式进行系统的控制和管理,可通过系统分别控制各摄像机的动作,选择观看各微格教室的现场教学情况,对各教学现场的学生、老师进行远程教学评估和观摩。

(2)该系统可将各种音视频信号和计算机信号切换到电视机上进行显示。

(3)整个系统可与校园网络有效连接,用户通过校园网也可点播服务器的视频内容。

(4)系统采用数字化录像 MPEG4,实时压缩成 asf 和 mp4 文件格式,两种格式同时存储微格教学内容于服务器上,可用多种方式进行剪辑和合成。

(5)各微格室可以方便地自行控制摄、录、放、存、删除等全部操作(对资源库文件的修改或删除须经授权方可)。

(6)系统可将各微格教室的现场情况调到中控室的主控计算机上进行观看,同时各微格室通过网络也可方便地播放其他微格教室现场情况,无需中控室进行转播。

(7)管理员不仅可以在系统总控室对整个系统进行控制,同时也可进行远程控制。

(8)控制室能观看到任一间微格室的教学情况(通过显示器)。每间微格室除可观看到本微格室的教学情况外,还能通过电视机看到其他微格室的教学情况。

二、微格教室设备的使用

(一)总控制室操作步骤

(1)打开配电箱里的主控室电源。

(2)打开稳压电源的总开关。

(3)打开 UPS 电源:按 UPS 上的 ON 键(长按 2 秒)打开 UPS 电源。

(4)打开控制设备电源(总线控制器、视频处理器、音频处理器、电源控制器)。

(5)打开电脑电源。

(6)打开电视墙电源。

(7)打开操作台上的控制开关。按遥控器上的"TV/AV"键使各电视为 AV 状态。(从右至左:101～103 前、LED 显示屏和活动监视器、101～103 后、104～106 前、104～106 后、备用。)

(8)启动主控服务器程序。双击主控电脑桌面上的主控服务器,启动主控服务器程序,选择"隐藏窗口"。

(9)打开教室电源:双击主控电脑桌面上的电源控制,选择教室,按"电源打开"按钮。

(10)打开 CMNS-2000 客户端 CMNS-2000 客户端,对各教室微格教室的上课情景进行控制、录像。

(二)多媒体微格教室的使用操作步骤

打开 MFC-VS 型多功能综合控制器的电源即可使用系统。MFC-V 多媒体综合电教室控制系统的全部设备应用资源均由 MFC-V 电教室多功能控制面板统一控制管理,操作直观、快捷。控制面板界面分为设备电源控制和切换区、设备功能控制区(图 2-7)。

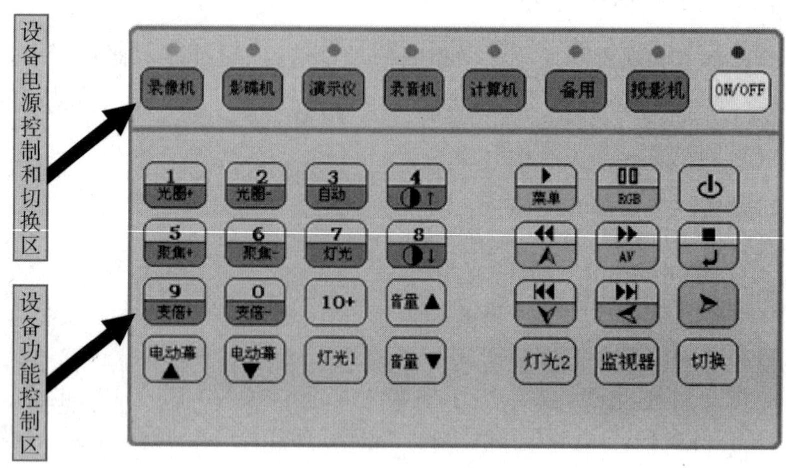

图 2-7 MFC-V 电教室多功能控制面板

1. 设备电源控制

通过控制面板的按键操作,可控制多媒体电教室所有设备的供电电源,并可控制一个电动幕的升降运动,及两组环境灯光的电源通断。

(1)在整个系统的供电电源打开后,ON/OFF 按钮上方的指示灯为红色,按 ON/OFF 按钮一下,其上方的指示灯变为绿色,这时就可以对面板上其他按钮进行操作。

(2)按下设备电源控制区内的按键,该键上方指示灯点亮,表示对应该键的设备供电电源打开,同时该设备的音视频信号被切换到音视频输出的第一路,当再次按下设备按键时,只起音视频切换功能。

(3)环境设备(电动幕和灯光)的控制有四个键,分别是"电动幕▲"、"电动幕▼"、"灯光 1"、"灯光 2"。按"电动幕▲",电动幕做上升运动,再按"电动幕▲"电动幕停止运动;按"电动幕▼"电动幕做下降运动,再按"电动幕▼"电动幕停止运动。电动幕在运动过程中,按反方向的按键可使电动幕停止后马上反方向运动。灯光的控制方式是按一下开,再次按下即关。

(4)设备电源的关断:设备的电源不能单独切断,需按住 ON/OFF 按键不动,等其上方的红绿灯交替闪烁时即松开,再等待十秒钟左右后全部设备的电源即切断。在全部关断前,控制面板自动执行如下动作:

①发出投影机遥控关机命令,先实现软关机,让散热风扇运转几分钟,保证了投影机的正常关机,提高投影机的使用寿命。

②发送电动幕上升命令,保证关机前投影幕全部收上。

2. 音视频切换控制

（1）直接按设备电源控制和切换区的前六个选设备按键“录像机”、“影碟机”、“演示仪”、“录音机”、“计算机”、“备用”，控制该设备的音视频信号切换到音视频输出的第一路。

（2）按下选设备按键后，再按“切换”键，可将该设备信号切换到音视频输出的第二路；若按下选设备按键后，再按“监视器”键，可将该设备信号切换到音视频输出的第三路。

（3）若需直接将电脑信号切换到投影机，先按“投影机”键，再按“RGB”键或“AV”键即可。

3. 设备播放功能控制

（1）录像机控制。按选设备键“录像机”，在设备功能控制区的右边即可控制录像机的各种动作，功能控制按键的灰色按键即对应录像机的各功能键。在输出通道 1 可监视到调节状况。

（2）影碟机控制。按选设备键“影碟机”，在设备功能控制区的左边即可控制影碟机的各种动作，功能控制按键的灰色按键即对应影碟机的各功能键。在输出通道 1 可监视到调节状况。

（3）演示仪控制。演示仪若为遥控控制方式则可通过读码后采用控制面板集中控制，先按下“演示仪”键，设备功能控制区左边的深灰色按键对应演示仪的各功能键。

（4）录音机控制。录音机若为遥控控制方式则可通过读码后采用控制面板集中控制，先按下“录音机”键，设备功能控制区右边的灰色按键对应录音机的各功能键。

（5）投影机和音响的控制。音响的音频信号和投影机的视频信号应是一对输出信号，音量控制键是指控制遥控播放的音量或者控制投影机自带音响的音量。按“投影机”可实现对投影机的控制，设备功能控制区右边的蓝色按键对应投影机的各功能键。

三、微格教学过程的控制

（一）讲课录制操作

第一步：调整拍摄对象的大小位置

（1）打开微格录制平台（软件）。左键双击桌面“CMNS-2000 客户端”图标。

（2）进入 CMNS-2000 客户端管理界面（图 2-8）。

（3）单击“锁定”按钮，可对教室内教师摄像机的拍摄角度及镜头进行控制（图 2-9）。

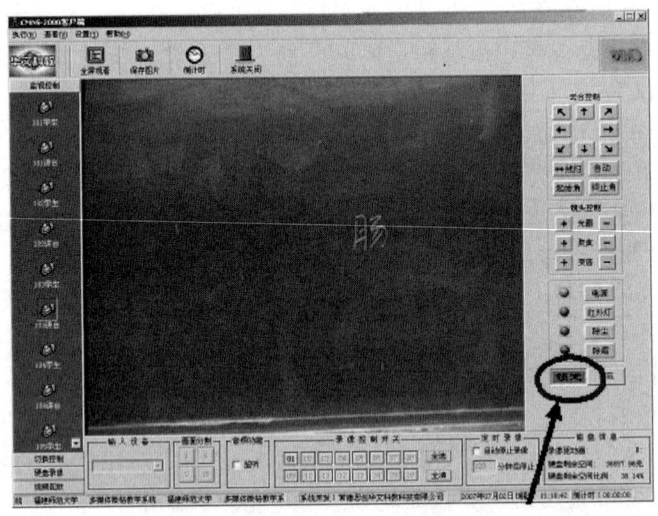

图 2-8　CMNS-2000 客户端管理界面

"锁定"后方可调节摄像机角度、调焦、大小;调整到试讲者及屏幕的大小、位置适当为止,如图 2-9 所示。

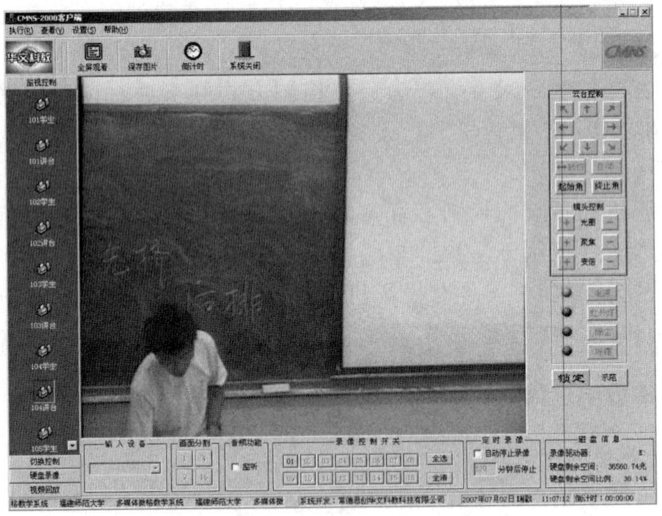

图 2-9　调整画面到合适的位置和大小

(4)再单击"锁定"取消调节,准备录像。

第二步:开始录制

(1)单击下方的"01"录像控制开关，显示"输入"对话框(图 2-10)。

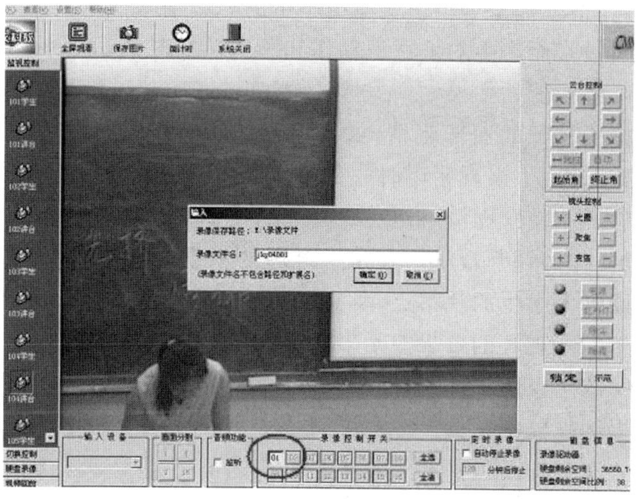

图 2-10　输入对话框

(2)输入文件名：jky04001，单击"确定"，开始录像。

(注意所在路径为 E:\录像文件，以便课后拷贝)

(3)单击确定，开始录像。

(4)录像毕，再次单击"01"停止录像。文件被录于：E:\录像文件 jky04001 文件中。

(二)同步录制的拍摄技巧(在主控制室中进行)

现场录像既可由各微格教室自行控制，也可由主控制室来控制。在主控室可以完成一些精细镜头组接过程的示教片段和示范教学片段的录制。同步录制应遵循微格教学同步录像真实性原则，使声音、图像得到准确还原。如果采用多媒体投影仪教学，应拉上窗帘，关闭教室照明灯等。声音则用固定机上的机内话筒来拾取，让周围的环境声和教师语言一同进入麦克风，真实还原教室当时的声音环境。同步录像要准确、及时，抓住人物细节，将试讲者的自身习惯，及不易察觉的地方，如多余的动作、习惯性的口头语等捕捉下来，以便进行后期反馈和评价。录像人员注意力要高度集中，根据教师在课堂上随时的变化及时做出反应，使教师各方面技能完美无缺地记录下来。

1. 引入技能的拍摄

引入是教师如何引导学生进入所学内容的过程。开始时一般以全景反映教室的环境气氛，然后将镜头推向教师的特写，重点拍摄教师如何引起学生的

注意，留给学生的第一印象如何，捕捉教师的表情、手势等；接着用摇镜头扫过学生的表情，观察教师是否很快就能把学生的思绪引入课堂情境，同时把青年教师开始时因紧张而产生的下意识动作和不自然及时抓拍下来。

2. 教师讲解技能的拍摄

用近景拍摄教师的面部表情，如讲课时习惯性的视觉方向、目光和口型等，教师在语言运用上出现错误时立刻推至特写；教师用多媒体课件讲解，应该调整景别、光圈，使画面清楚地反映其中的文字、公式，让听课教师后期能看清楚画面，以便作为评判教学内容是否合理的依据。但有时听课教师看到的画面并不是课堂中学生的观察点，可穿插用全景拍摄的画面，确定光圈，使画面明暗与学生实际观察的效果差不多，作为教室中的学生视点，以“他”的观看效果评判教师的多媒体课件是否合理。

3. 教师提问技能的拍摄

提问主要表现的是教师和学生相互交流的情况，除了教师行为外，还要拍摄学生的行为，体现交互的活动过程。一般用近景拍摄教师提问，用特写表现学生的回答，用中景并摇镜头拍摄其他同学的反应。

4. 演示技能的拍摄

演示技能是教师给学生演示的某种技能技巧，这个过程中的主体是教师。比如拍摄化学老师演示课堂教学实验，用特写镜头跟着其手部动作，用中近景表现整个演示过程，拍摄仪器部件是否讲清楚，仪器调整是否到位，并将出现的错误或不当的操作及时拍摄下来，作为听课教师评判和纠正的依据；同时也以教室内学生的角度，穿插全景镜头，观察是否都能看清楚演示过程。

5. 教师的板书技能

板书技能包括两个方面，一方面以黑板和教师为中心，另一方面是多媒体画面内容的布局。一般用全景来表现教师对整个黑板的安排；在教师进行板书的过程中，从教师板书的全景推至近景，突出教师板书细节；以中景或近景拍摄多媒体画面，观察字体选择是否美观，大标题、小标题是否分明，反差是否得当，文字、图片、动画等组合运用是否合理；用中景跟镜头表现教师如何运用板书、多媒体内容进行讲解。

6. 教师课堂组织技能的拍摄

组织技能包括两个方面：一是教师组织整个教学内容的能力，它贯穿于整个教学过程中，是教师多方面技能要素的整合；二是教师组织学生、调动学生的情绪的能力。用全景表现课堂气氛，用跟镜头表现教师如何进入学生之中，创设问题情境，组织学生讨论。

7. 结课技能的拍摄

用近景或特写表现下课铃响之前，教师对本节课内容的总结，或者对未授完内容的控制，为下一课的讲解做铺垫，并将镜头渐渐拉至全景，表现下课气氛。

（三）试讲回放操作（在微格教室中进行）

（1）单击左下脚的“视频回放”按钮，进入回放界面（图 2-11）。

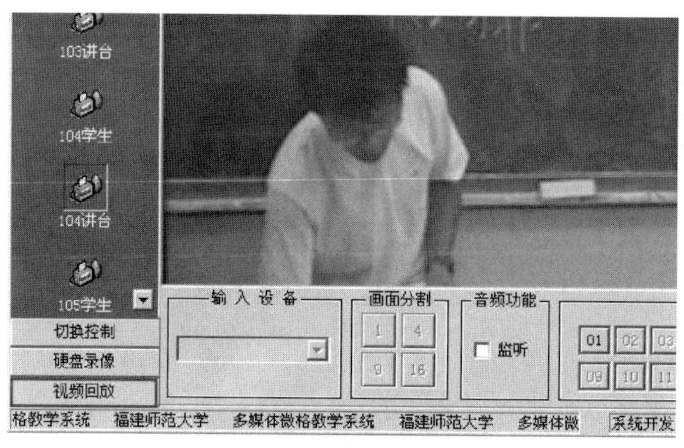

图 2-11　“视频回放”按钮（左下角）

（2）单击右边的“文件”下拉按钮，并从下拉文件名列表中选择本人的文件即可（图 2-12）。

图 2-12　视频回放界面

(3)单击右边的“播放”按钮,即可回放。并可进行暂停、快放、慢放、停止、备份及刻录等操作(图 2-13)。

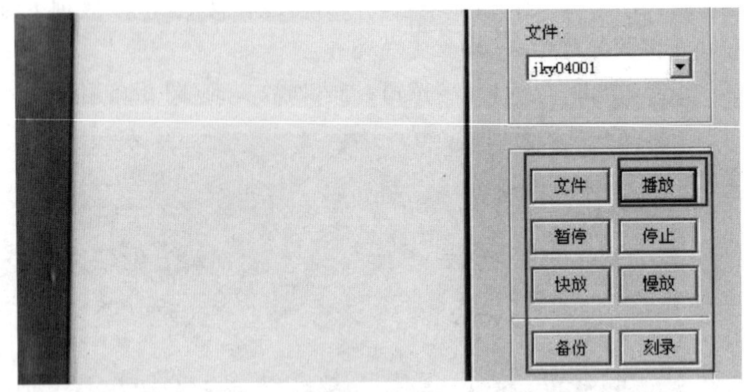

图 2-13　回放过程可进行的操作

(4)还可通过屏幕下方的进度钮,进行选择性的播放(图 2-14)。

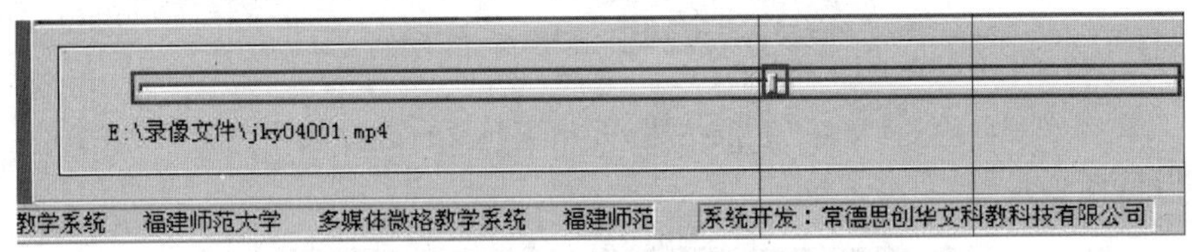

图 2-14　播放进度钮

(四)音视频导播与点播操作

1. 音视频导播服务

总控制室通过软件可实现对每个微格教室中的多媒体设备进行远程操作控制。在总控制室的电视墙上,可以观看到任一间微格教室的教学情况。教室可通过不同的用户名登录 CMNS-2000 客户端,观看到其他教室的教学情况。总控室可将音视频处理器的任一输入信号强制性地送到每一教室。通过该功能教师可以对所有班级或指定某年级的学生讲解教学内容,实现教学实况转播;也可以把某个教室的实况,转播给所有的班级或指定的某几个班级,从而实现转播教学。在总控制室中,还可以通过 CMNS-2000 客户端与各微格教室进行可视对讲,教室和教室之间也可以进行可视对讲。例如要在 101 教室和 102 教室进行对讲,则可在 101 教室用 102 用户名登录客户端软件,采集到102的图像和声音，而在102教室用101用户名登录客户端软件，采集到101的图像和声音，从而实现教室和教室之间的对讲。

2.监视图像切换

主控软件可将系统中的任意一路音视频输入切换到系统中的任意一或多路音视频输出。通过监视图像的切换，在操作过程中，所选中的监视器和摄像头将以蓝底白字反相显示。主控室可指导某个微格室与另一个微格室互相观摩学习，进行教学经验交流。其操作方法如下：

(1)点击"监视"按钮，将系统控制状态切换到监视状态。

(2)选择输出的监视器(02、微格一)：在软件的主控界面上的"监视器窗口"中选择需要输出的监视器，例如选择"02、微格一"。

(3)选择需要观看的摄像头(03、微格二)：在"摄像头窗口"中选择需要监视的摄像头，则该摄像头的图像会显示在所选择的监视器上，例如选择"03、微格二"。

(4)点击"监视"按钮，将系统控制状态切换到监视状态。

(5)选择输出的监视器(03、微格二)：在软件的主控界面上的"监视器窗口"中选择需要输出的监视器，例如选择"03、微格二"。

(6)选择需要观看的摄像头(02、微格一)：在"摄像头窗口"中选择需要监视的摄像头，则该摄像头的图像会显示在所选择的监视器上，例如选择"02、微格一"。

(7)至此，某个微格室(02、微格一)与另一个微格室(03、微格二)即可以互相观摩学习。

3.VOD视频点播服务

微格教学系统采用网络交换机进行网络连接，并可与校园网络有效连接，试讲者可将微格技能训练的片段及使用的课件，通过该系统的节目录入和编排功能模块编制成VOD点播目录(该步骤可由技术人员完成)。这样老师和学生即可通过校园网点播服务器上的节目内容。在任一台校园网的终端机的IE浏览器中，输入VOD视频点播服务器的IP地址219.220.110.148，打开主界面(图2-15)。

在此画面中有"视频选播"、"课件选播"、"首字选播"、"字数选播"、"分类选播"、"编码选播"六个主菜单，将鼠标箭头移到需选的主菜单，该菜单变红色。如要进行视频选播，单击鼠标左键，弹出视频菜单(图2-16)，选择所需的视频文件，单击鼠标左键，进入播放界面。

图 2-15　VOD 点播界面

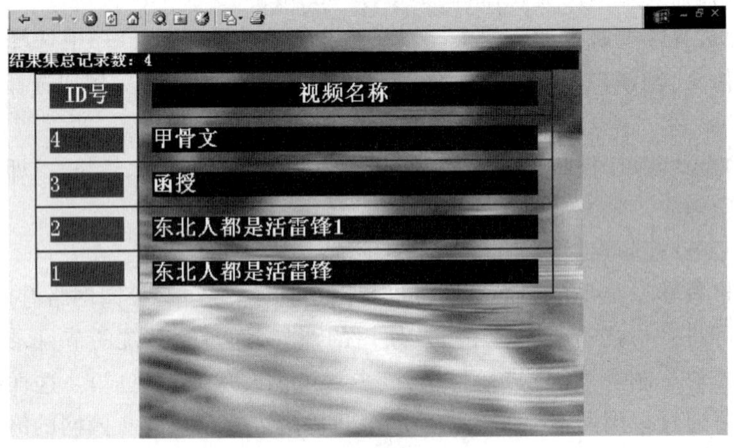

图 2-16　VOD 点播视频菜单

四、微格教学技能评价软件的使用

(一)软件介绍

福建师范大学现代微格教学系统采用先进的电脑软件进行教学技能评

价，通过该软件系统可以全方位地进行微格教学，并且对教学结果进行准确的记录和合理的评估，从而促进受训者不断地完善教案，提高教学水平与教学效率。该评价软件界面如图 2-17 所示：

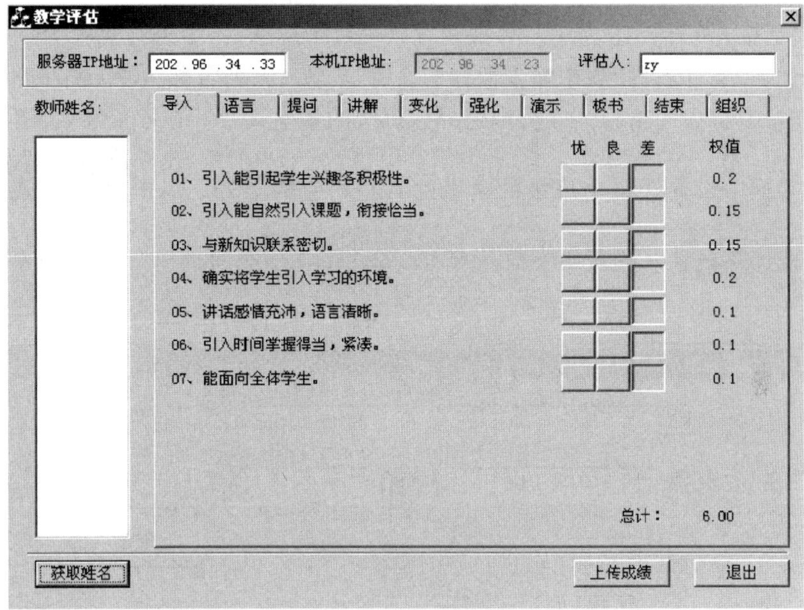

图 2-17　评价软件界面

在服务器 IP 地址栏输入服务器 IP 地址，本机 IP 地址栏输入本机 IP 地址，在评估人一栏输入评估人姓名，再点击“获取姓名”按钮即可。

1. 教学评估内容

该软件系统对教师进行评估的内容严格按照微格教学标准来制定，主要有“导入技能”、“语言技能”、“提问技能”等 10 项评估标准，10 项标准根据权值定为“优”、“良”、“差”三等级，然后系统自动统计进行数字分析，产生评估值。

2. 评估方法

进入系统控制窗口，切换到指定示范点，鼠标左键单击教学评估菜单中的教育评估选项，进入教学评估窗口，填入教师名称和评估人，然后根据微格教学要求对教师进行教学评估，根据教学的实际情况选择权值(优、良、差)。如果评估人要查看各项教学指标，左键单击“统计图”或者“报表”按钮，系统可自动进行数字化统计。

（二）软件使用

1. 评课设置

点击菜单栏中的“评课”菜单项中的 S评课设置 菜单项，弹出“评课设置”对话框，如图 2-18 所示。评课设置以班级为单位，一个班级保存为一个文件夹。在“文件名称”项中输入保存的文件名，在“班级名称”项中输入班级名称，在“人数”项的下拉列表框中选择该班级的学生人数。在学生姓名、学号参数输入框中设置好整个班级的学生姓名和相应的学号。点击 保存文件 按钮以保存设置好的班级参数。点击 退 出 按钮退出“评课设置”对话框。

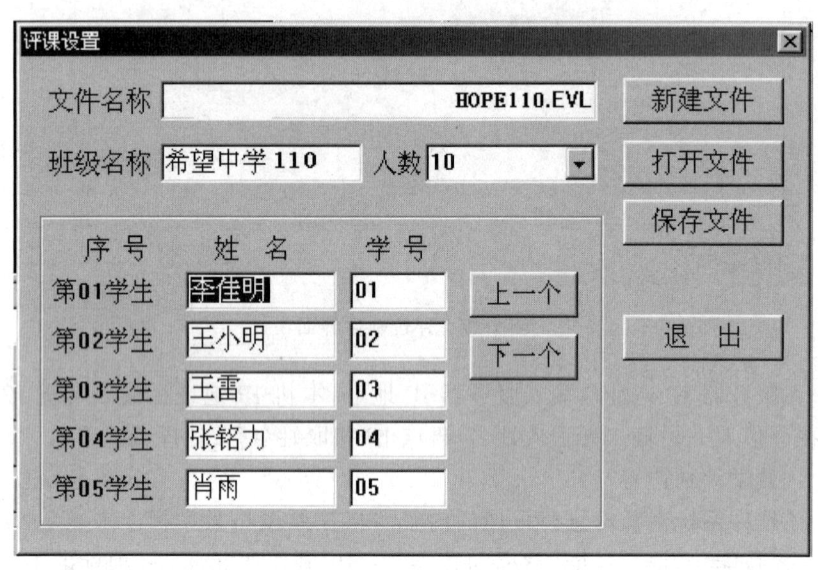

图 2-18　评课设置界面

2. 评课数据输入

点击菜单栏中的“评课”菜单项中的 D评课标准 菜单项，弹出评课对话框（图 2-19），在“学生姓名”和“标题”项中的下拉列表框中，选择被评的学生和技能。在“评课技能”框中对各项进行评课。评课完毕后点击 保存文件 按钮以保存评课结果，点击 退 出 按钮退出评课对话框。

D:\flj\jxglcom\128x64zk\Hope.evl

班级名称 希望中学　　打开文件　　保存文件

学生姓名 01. 01. 李佳明　　退 出

标　　题 01.导入技能

评课技能

评 课 标 准	差 中 好	权
01.引入能引起学生兴趣和积极性。		0.20
02.引入能自然引入课题，衔接恰当。		0.15
03.与新知识联系密切。		0.15
04.确实将学生引入学习的环境。		0.20
05.讲话感情充沛，语言清晰。		0.10
06.引入时间掌握得当，紧凑。		0.10
07.能面向全体学生。		0.10

合计：8.00

图 2-19　评课数据输入对话框

3. 评课结果分析处理

点击菜单栏中的"评课"菜单项中的 C评课成绩 菜单项，弹出"评课成绩"列表框，列表框中将会详细地显示各个学生各部分技能的成绩(图 2-20)。

评课成绩

No.	学...	姓 名	总分	名次	A	B	C..	D..	E..	F..
01	01	李佳明	80.0	5	8.0	8.0	8.0	8.0	8.0	8.0
02	02	王小明	79.90	10	7....	8.0	8.0	8.0	8.0	8.0
03	03	王雷	80.80	3	8....	8.0	8.0	8.0	8.0	8.0
04	04	张铭力	80.0	5	8.0	8.0	8.0	8.0	8.0	8.0
05	05	肖雨	00.90	1	8....	8.0	8.0	8.0	8.0	8.0
06	06	李伟峰	80.90	1	8....	8.0	8.0	8.0	8.0	8.0
07	07	张丽	80.70	4	8....	8.0	8.0	8.0	8.0	8.0
08	08	王刚	80.0	5	8.0	8.0	8.0	8.0	8.0	8.0
09	09	安冒雷	80.0	5	8.0	8.0	8.0	8.0	8.0	8.0
10	10	张立	80.0	5	8.0	8.0	8.0	8.0	8.0	8.0

图 2-20　评课成绩列表

点击"评课"菜单项中的 A评课分析 项，弹出"评课分析"柱形图框，该框以柱形坐标显示该班级各个技能的对比情况。

思考与练习

1.微格教学系统的组成是什么?

2.微格教室的常用设备有哪些?

3.练习使用福建师范大学微格教室的操作和使用方法。

4.练习使用福建师范大学微格教学技能评价软件。

第三章

化学教学设计技能

第一节 教学设计概述

一、教学设计的含义

所谓教学设计，就是运用系统科学的方法，以学习理论(教学理论)和传播理论的研究为基础，依据相关学科的理论和研究成果，来计划、安排教学的全过程(包括教学目标确定、教学活动的组织、教学信息传递、教学管理和评价)，以期取得最优化的教学效果。[①] 教师通过教学设计，将对化学课程标准的理解、对具体的教学内容和教学对象的分析等加以整合，做出对教学的整体规划、构想和系统设计，形成一种思路，对一系列具体的操作层面的教学事件做出整体安排，形成一个个体现一定教育思想观念、具有可操作性的教学方案。从某种意义上来说，教学设计实际上是课程实施过程中的一个决策过程，教师要回答"为什么教"、"教什么"、"怎么教"、"教得怎么样"等问题，对教学做出整体安排。

教师在教学中都自觉或不自觉地进行着教学设计。考虑教学的总体安排，备课、写教案都是教学设计的一部分。随着教育的发展、教学工作的进步，教学设计的指导思想、内容和设计方法发生了重大变化，教师对教学设计的自觉性也逐步提高。

从最原始的教学设计到现代教学设计，经过了漫长的阶段。最原始的教学设计只是任课教师个人凭主观愿望和自身感觉进行的讲课准备，有人称为"直觉设计"。用照本宣科的方法教书，依靠读、讲、背、练，加上简单的教学组织，就可以完成教学，教学设计只能是最简单的讲课准备。

---

① 谢百治等主编.多媒体技术与教学设计.北京:中央广播电视大学出版社,1999

教学管理开始出现之后，用教师们行之有效的教学经验作范本的经验型教学设计开始盛行。强调师傅带徒弟、集体讨论备课的教学管理模式，把经验设计正统化、规范化。在同一学校或同一学区乃至同一地区，教相同课程的教师要统一教学要求、统一教学进度、统一教学范例、统一练习、统一试题，用经验规范统一设计。经验本身的局限性和科学性的不足使这种教学设计的质量难以得到保证，无法使教学设计符合不同程度、不同学习水平学生的需要，也扼杀了教师的创造性和个性。

在教师的感性经验被某些教育研究者用教学理论加以归纳、分析和论证之后，形成了许多教学的经验规律。这些规律被理论化并加以推广，有的以教学常规的面目出现，规范教学设计，使教学设计演变为某个教学理论的"实验设计"。

真正属于教师个人的教学设计，应当是教师在开放的教学系统中，在先进的教学理念和现代教育理论的指导下，在特定的教学环境下所进行教学活动的总体规划和课时教学活动的构思和设计。它是符合教育科学的，有独特个性的可实施的教学构想，是教师教学艺术的体现。①

二、教学设计的作用

(1)教学设计能充分体现学习者的主体地位。现代教学论认为，在教与学双边活动中，学生是认知活动的主体，学习者在认知活动中发挥着主体作用。教学设计是在对学习者进行全面及时的了解和分析之后进行的设计活动，它以学习者的学习为出发点确定教学目标，选择教学策略，设计教学媒体，以学习者为中心，围绕学习者在学习过程中遇到的学习问题而展开教学设计，充分体现了学习者的主体地位。

(2)教学设计使教学工作走上了科学化的道路。教学设计从教学的科学规律出发，采用了系统的观点和分析的方法对教学问题的确定、分析，对解决教学问题的方案的设计、实施以及评价和修改策略进行客观的分析，从而摆脱了教学活动设计中的纯经验主义，使教学工作走上了科学化的道路。

(3)教学设计能提高教学效率和教学效果。教学设计首先要对学习需要、学习内容和学习者进行分析，称为教学设计的前端分析。在教学设计前端分析的基础上可以明确教学目标，这样就可以减少许多不必要的重复内容或活动。另外，在分析的基础上还可以科学地制定教学策略，合理地使用教学媒体，科学地拟定教学进度，准确地评价教学效果，提高教学效率。

---

① 王云生.新课程化学教与学.福州：福建教育出版社，2003

(4)教学设计可以调动学习者的积极性。教学设计通过对学习者的分析能充分了解学习者的特点,这样就可以针对学习者的特点运用相应的教学策略,采取相应的教学方法和教学形式,灵活地应用教学媒体。在这种富有吸引力的教学活动中,学习者乐学、会学,大大减轻了学习者的负担,使学习者在轻松愉快的教学活动中增强学习兴趣,提高学习的积极性。

三、教学设计的特点

(1)教学设计强调运用系统方法。教学设计将教学过程或教学对象作为一个系统来对待。因此,教学设计要用系统的思想和方法对参与教学过程的各个要素及其相互关系做出分析、判断和操作。

(2)教学设计以学习者为出发点。教学设计从"教什么"入手,分析学习需要、学习内容和学习者,因此,特别重视对学习者不同特征的分析。教学设计强调充分挖掘学习者的内部潜能,调动学习者学习的主动性和积极性,突出学习者在学习过程中的主体地位。教学设计注重学习者的个别差异,着重考虑的是对个体学习者的指导作用,目的是使每个学习者都得到最佳的学习效果。

(3)教学设计以教学理论和学习理论为基础。教学设计依赖系统的方法,使教学过程设计的完整性、程序性和可操作性得到了保证。但教学过程设计的科学性必须依赖教学理论和学习理论,只有这样才能设计出科学的教学目标、教学内容、教学策略和教学媒体,才能保证教学效果的最优化。

(4)教学设计是一个问题解决的过程。教学设计是以促进学习者学习为目的的,所以,教学设计要以学习者所面临的学习问题为出发点,确定问题的性质,寻找解决问题的办法,最终达到解决问题的目的。也就是说,教学设计是先寻找学习者所面临的问题,然后寻找解决问题的方法。

四、教学设计的基本要素

(一)教学对象

以谁为中心进行教学系统的设计,是教学设计的根本问题,也是在教学设计之前必须认真考虑和回答的问题。长期以来,在传统教学思想影响下,过分注重教师的教,忽视学生的学;过分强调教师教的过程,忽视学生学的过程,结果导致无论是理论研究还是教学实践活动,总是从教师角度出发,以教师为中心展开。实际上教学系统的服务对象是学习者,为了搞好教学工作,必须认真分析、了解学习者的情况,掌握他们的一般特征和初始能力,这是做好教学设计的基础。必须以学习者为中心进行教学设计,要分析学习者的特点,评定学

习者的初始状态，预测学习者发展的可能空间。

（二）教学目标

通过精心设计的教学活动和学习活动，对要使学习者学习和掌握哪些知识和技能，智力获得怎样的发展，培养什么样的能力，达到什么水平，培养什么样的态度等有关学习者发展的问题，在教学设计时，都必须用具有可观察、可测定性的术语精确地加以表述。即在分析学习需要、学习内容和学习者的基础上，确定教学目标，编写行为目标。确定教学目标是教学系统设计的一项基本要求。一旦教学目标确定，其他方面的设计便围绕教学目标展开。

（三）教学策略

教学目标确定之后，我们就要选择教学策略，以期实现我们的预期目标。教学策略的设计包括许多方面，主要有采用何种经济而有效的教与学的形式，安排什么样的教师教的活动和学习者学的活动，设计何种教的方法和学的方法，选择什么样的教学媒体及怎样进行设计，怎样利用现有的教学资源及挖掘潜在的教学资源，安排什么样的课型，设计怎样的教学环节和步骤等一系列问题在这部分展开。此外还有一些更具体的问题需要加以分析和考虑。在整个教学设计过程中，教学策略的设计具体而详细，发挥着十分重要的作用。

（四）教学评价

经过以上步骤，就会完成一个教学设计的“产品”。其“产品”是否符合教学目标的要求，是否符合学习者的实际，能否保证取得最优的教学效果，是高耗低效还是低耗高效，以及所采用的教学形式、教学方法，安排的教学活动、步骤是否具体、可行等一系列问题必须进行检验。这就需要对教学设计的成果进行评价，并根据评价结果进行修正。根据实际需要和可能，可进行实施前的评价、实施中的评价。

对象、目标、策略和评价四个基本要素相互联系、相互制约，构成了教学过程设计的总体框架。

五、教学设计模式的构成

一般来说，组成教学设计的因素有八个方面，即学习需要的分析、学习内容的分析、学习者的分析、教学目标的设计、教学策略的设计、教学媒体的设计、教学过程的设计、教学设计的评价。

上述八个方面所构成的教学设计过程，可用下面的流程图表示（图 3-1）：①

① 徐英俊. 教学设计. 北京：教育科学出版社，2001

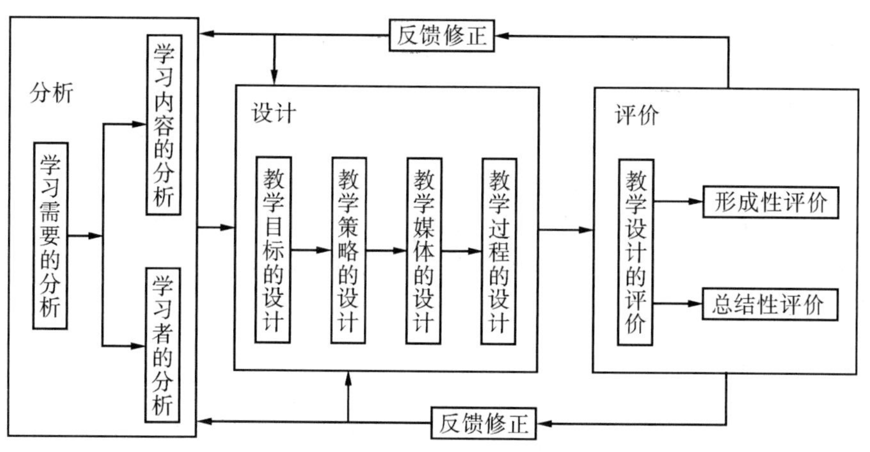

图 3-1　教学设计过程模式流程图

第二节　化学教学设计的内容

一、前端分析

(一)学习需要的分析

1.学习需要的概念

学习需要在教学设计中是一个特定的概念,是指学习者在学习方面目前的状况与所期望达到的状况之间的差距。也就是说,学习需要是学习者目前状况与期望达到的水平之间的差距。目前的状况是指学习者在能力素质方面已经达到的水平,期望达到的状况是指学习者应当具备什么样的能力素质。而差距揭示了学习者在能力素质方面的不足,指出了学习者在学习中实际存在的问题和将要解决的问题。差距就是学习需要,有差距就有教学的必要。在当前我国新一轮的基础教育课程改革中,学习需要主要是着眼于学生全面发展和终身发展的需要。

2.学习需要分析的概念

学习需要分析是一个系统化的调查研究过程,这个过程的目的就是要揭示学习需要,从而发现学生学习中实际存在的问题。教学设计是问题解决的过程,学习需要分析是问题解决过程的第一步,这个过程的结果是提供充分的

资料和数据，帮助形成要进行教学设计项目的总的教学目标。

学习需要分析是组成教学设计过程的要素，它和其他要素共同完成教学设计优化教学效果的使命。学习需要分析是一种差距分析，其结果是提供尽可能确切可靠和有代表性的差距资料和数据，从而形成教学设计项目的总目标，为教学设计的后续工作提供基础。学习需要分析可以理顺问题与方法、手段与目的之间的关系，也就是说，教学设计以学习需要分析开始，可以从问题的分析和确定出发形成总的教学目标，然后寻找相应的解决问题的方法，从而最终解决问题。

3.学习需要分析的方法

(1)内部参照需要分析方法。内部参照需要分析方法是由学习者所在的组织机构内部以已经确定的教学目标对学习者的期望与学习者学习现状作比较，找出两者之间的差距，从而鉴别学习需要的一种分析方法。这种方法是以接受既定的目标作为期望值来分析学习需要的，在化学课堂教学设计中既定的目标体现在化学课程标准中。如果目标的制定可以充分反映机构内外的要求，可以充分考虑学生自身发展的特点和要求，内部参照需要分析方法进行的学习需要分析就是有效的，否则不能揭示真正的需要，就要进行修改。

(2)外部参照需要分析方法。外部参照需要分析方法是根据机构外的要求来确定学习者的期望值，以此为标准来衡量学习者学习的现状，找出差距，从而确定学习需要的一种分析方法。这种方法是以社会目前和未来发展的需要为准则和价值尺度来揭示教学中存在的问题，寻找学习者目前的状况与社会实际要求存在的差距，制定教育、教学的目标。它是对机构内部目标的合理性进行论证的有效方法，如新的化学课程标准的研制。对于学校教育尤其是基础教育来说，学习需要分析必须着眼于学生全面发展和终身发展的需要。传统的教学由于受“应试教育”的影响，培养出来的学生创新能力差，实践动手能力弱，不能适应社会发展的需要和未来发展的需要。因此，必须改变旧的教学模式，修改旧的化学教学大纲，制定新的化学课程标准，倡导新的学习方式，使机构内部的目标趋向合理。

(二)学习内容分析

1.学习内容分析的概念

学习内容是指为实现教学目标要求学生系统学习的知识、技能和行为经验的总和。学习内容分析就是对学习者从初始能力转化成教学目标所规定的能力所需要学习的所有从属先决知识、技能和态度以及各项先决知识、技能和态度之间的纵向和横向关系进行详细剖析的过程。通过学习内容的分析，我

们将规定达到教学目标所需要的学习内容的广度(范围)、深度和结构(各组成部分的内在联系)。

2.学习内容确定和选择的基本原则

中学化学课堂教学学习内容的确定和选择,必须是从大量的现代化学的宝库中选择那些既适合中学化学教学目的和要求,又适合学生发展水平的基础知识和技能的内容。因此,确定和选择学习内容时必须遵循下列原则:

(1)适应学生发展的原则。随着科技的发展和人们的生活水平不断提高,学生可以从很多渠道获得化学知识。以前在中学才能学到的知识,现在在启蒙阶段就有可能通过电视、广播和少儿读物获得。我们应正确地评估学生的知识基础和智力发展水平,否则估计过低,学生对所选内容已经有所了解,激发不起学习兴趣;估计过高,学生认为所选内容太抽象、太陌生,同样激发不起学习兴趣。

(2)适应化学科学发展的原则。化学科学是一门发展很快的科学,一方面化学科学出现许多新的分支,同时与物理、生物、地理等学科的交叉也越来越显著。确定和分析学习内容时,在保证基础知识的前提下,要选择一些化学科学新成就,使学生了解化学科学的发展状况,产生强烈的求知欲和紧迫感。

(3)适应社会需求的原则。当前和未来人类所面临的许多复杂问题,如食品短缺、能源减少、环境污染、人类健康等,都与化学知识有关,人们的日常生活也与化学学科知识密切相关。确定和分析学习内容时,考虑学习内容与社会和学生日常生活的关系,对那些将来不从事化学专业学习和研究的学生的现在和将来的实际生活都很有意义。

3.化学学科知识点的分析

知识点是学习内容中所包含的知识类型,也就是说学习内容中都包含哪些方面的知识。要进行课堂教学设计,首先必须能将学习内容中的知识点抽出来,明确知识点的数量和范围;其次对每个知识点进行目标分析,准确地预定要求学生所达到的教学目标,明确学生学习内容的范围和深度。

4.化学学科知识类型的分析

化学知识的类型很多,分类也比较复杂。根据知识的性质来划分主要包括四大类:

(1)事实性知识。指描述各种化学具体科学事实或现象的感性知识以及有关化学科学术语的知识,包括术语、具体事实、化学科学现象三部分。

(2)方法性知识。是组织、处理和研究各种化学学科事实和现象的基本方法、步骤、技术和准则的知识;是学生认识化学现象的客观存在,将感性认识上升到理性认识或将理性认识具体化所采取的方法;是学生掌握化学技术,形成化学学科能力的知识。

(3)概括性知识。是把各种事实、现象以及观念等组织起来的知识。它集合了大量的具体事实,描述了这些具体事实之间的关系,是经过一定的科学思维方式上升到理性认识的抽象知识,是比较抽象和复杂的知识。

(4)应用性知识。是将方法性知识和概括性知识转化为指导具体实践活动的知识。

知识类型不同所要求达到的教学目标不同,所选用的教学方法和教学媒体也不同,教学策略的设计和教学时间的安排也不同。

5. 重点内容和难点内容的分析

(1)重点内容的确定和分析。课时重点内容是一节课中最本质、最重要的知识内容,是这节课的核心和基础,是教师组织教学的主线,是课堂教学过程中师生共同的主攻方向,例如重要的事实、共性的知识、概括性和理论性比较强的知识、与学生的生活联系比较紧密的知识、具有经济价值的知识。对重点内容的确定和分析有利于知识结构的优化,抓住了重点知识也就抓住了各个知识点编织的"网"中的"纲",使内容体系有了一个好的结构,有利于一般内容的理解和记忆。

(2)难点内容的确定和分析。难点内容是指那些学生比较难以理解和不容易掌握的内容,如太抽象的知识、离生活实际太远的知识、过程太复杂的知识、理论太深奥的知识等等。难点内容不能一概而论,它随着学生的年龄、知识水平和生活经验的不同而不同。对于同一个知识点来说,有可能城市中学的学生认为是难点,而乡村中学的学生不认为是难点;普通中学的学生认为是难点,而重点中学的学生不认为是难点。

在大多数情况下,教学内容的重点和难点是相同的。但是,有时候难点不一定是重点,重点也不一定是难点。当重点和难点相同时,在教学的过程中必须先突破难点才有利于重点的解决。如果难点与重点无关,对难点就不必花费太多的时间。

6. 章节学习内容的系统分析

主要分析本章节在课程和单元中所处的位置,即本章节在整个教材中的地位、本章节与前后章节内容的关系及化学课程标准对本章节教学内容的具体要求。

学习内容确定并组织好以后，需对整个内容的选择和组织做初步的评价，即进一步考察选择和组织的教学内容的效度和对学生的适合性。首先要考虑所选定的学习内容是否为实现教学目标所必需，还需要补充什么，有哪些内容与目标无关需删除。这有助于在学习内容上保证教学效率。其次还要考虑学习内容顺序的安排是否符合有关学科的逻辑序列结构，是否能反映知识的基本结构。这有利于保证学习内容组织的科学性。最后要考虑的是学习内容的选择和结构安排是否符合学生的学习实际和学生的认知结构。这有利于揭示学习内容分析和学生特征分析的相互作用、相互依存的关系。现代心理学告诉我们，当学习内容的结构和学生原有的认知结构相符合时，可以促进学生学习的快速发展。因此，在分析了学习内容之后，对学习者还要进行分析。

（三）学习者分析

1. 学习者一般特征的分析

学习者一般特征是指学习者学习有关学科内容时对学习者产生影响的心理和社会特征。它们与具体学科内容虽无直接联系，但影响教学设计者对学习内容的选择和组织，影响教学方法、教学媒体和教学组织形式的选择与运用。教学设计的目的是为了突出学习者在学习过程中的主体地位，发挥和调动学习者学习的积极性和主动性，有效地指导学习者获得学习上的成功。从教学角度来说，教学目标能否实现，教学任务能否完成，主要取决于我们对学习者学习情况的掌握程度。只要以学习者原来具有的认知结构为基础，通过精心设计的教学活动，指导学习者重建自己的认知结构，就能使教学获得成功。学习者的一般特征有其共性，也存在着差异。相同年龄的学习者有大致相同的感知能力和信息处理能力，有相同的智力、心理和语言的发展过程。但是相同年龄的学习者也存在着智商的差异、社会和家庭背景的差异。

例如，根据皮亚杰的认知发展阶段理论，初中阶段的学生正处在抽象逻辑发展阶段，认知发展由具体逐渐向抽象过渡，能够理解并使用相互关联的抽象概念。因此初中化学教学中的一些复杂的概念，只要教学方法得当，是能够被学生接受的。由于这一阶段学生的形象思维能力比较强，因此在化学教学中运用直观手段会收到比较好的效果。特别是在知识学习方面，当面临新任务时，实际经验成为学习的支柱，因此化学教学设计由具体到抽象的教学顺序能提高学习效果。而在态度方面，初中生则表现出双重特点：一方面他们愿意接受自己敬重的教师的指导；另一方面他们又有较强的独立性，需要通过教育和自身的体验来培养或转变态度。

因此，在教学设计中要对学习者进行充分的分析，体现教学设计面向全体

学生的教学理念，使教学设计具有较强的针对性和实用性。

2.学习者学习风格的分析

学习风格是指学习者感知不同刺激，并对不同刺激做出反应这两个方面产生影响的所有心理特征。也就是说，是学习者在学习过程中经常喜欢采用的某些特殊学习方式、学习策略的倾向。学习者是生活在社会中的人，每个学习者都有自己独特的个性和心理特征。他们在信息接受、信息加工、信息输出方面有差异，在认识方面有差异，在个性意识方面有差异，在生理结构方面有差异。另外，他们对学习环境和学习条件的需求也不同。每个学习者都是带着一定的心理、生理结构和认知结构进入学习环境的。在各种学习环境中，每一个学习者都必须自己感知信息，并对信息进行加工。而不同的学习者学习风格不同，对信息的感知和处理也就不同。在进行教学设计时，要充分考虑学习者的学习风格，针对不同的学习者确定不同的学习内容，选取不同的教学媒体，制定不同的教学策略，使每个学习者的潜能都得到开发，真正体现面向全体学生的教学理念。

克内克提出的教学中应该掌握的学习风格有五类：信息加工的风格、感知或接受刺激所用的感官、感情的需求、社会性的需求、环境和情绪的需求（实际需求和感觉到的需求）。只有在教学设计中充分考虑和照顾到不同学习风格学生的特点，才能收到良好的教学效果。

3.分析学习者的初始能力，确定教学起点

教学活动和其他活动一样，知道出发点和目的地就明确了活动的方向，就能很好地完成这项活动。通过对学习需要的分析，已经确定了总的教学目标即目的地，而对学习者初始能力的分析就是要确定教学的出发点。

（1）学习者初始能力的分析。学习者初始能力的分析一般包括三个方面：①对已具备的知识和技能的分析：主要是了解学习者是否具备了进行新的学习所必须掌握的知识与技能，这是从事新的学习的基础。②对技能目标的分析：主要是了解学习者是否已经掌握和部分掌握了教学目标中要求学习者学会的知识和技能。③对学习者所学内容所持态度的分析：主要是了解学习者对所学内容所持的态度是否存在偏差和误解。

例如，“能正确书写简单的化学反应方程式”这一教学目标规定的是一定的教学活动完成之后学生应习得的终点能力。这一终点能力的达成，需要以下先决能力：①会书写常见物质的化学式；②知道质量守恒定律。这两种能力就构成了学生获得新知识所必需的初始能力。初始能力是学生学习新知识的必要条件，它在很大程度上决定着教学的成效。学生在学习新知识之前，由于

遗忘或者是有关的知识不清晰、不准确，势必会给新知识的学习带来困难。为此，教师在进行教学设计时，要准确分析学生必须具备的初始能力，并通过诊断测验、作业批改和提问等方式，确定学生的初始能力水平，以便能在学习新知识时，采取复习、讲授等相应的措施，确保学生具备接受新知识所必需的初始能力。①

再如，学生在正式学习科学知识之前，往往通过日常生活中的观察和实践获得了一些经验性的知识，这些经验性的知识称为生活概念或前科学概念。学生的生活概念有一些是正确的，与科学概念相一致，有一些则是错误的，与科学概念不一致。如学生通过日常生活中木柴、蜡烛的燃烧，认为物质燃烧以后质量减少了，甚至消失，质量怎么能守恒呢？研究表明，学生已有的生活概念直接影响到学生对科学概念的理解，特别是那些错误的生活概念在学生头脑中往往是根深蒂固的，会对学生理解科学概念起到阻碍、消极的作用。这就要求教师在设计时，必须要了解学生对所学的知识已经知道了什么，特别是要找出学生头脑中存在的错误的生活概念，在此基础上，采取一定措施，帮助学生澄清头脑中的错误概念，建立起科学的概念，即实现学生头脑中的“概念转变”。②

(2)学习者初始能力和教学起点的确定方法。对于学校教育来说，由于课程标准、课程计划有一定的规律性和连续性，学生的成绩和各方面的表现都有记载，因此大部分采取一般性了解的方法获取信息。但这种方法获取的信息不太准确。当课程内容和学生的情况有变化时，要用预测的方法。预测是以内容分析为依据，在通过一般性了解获取学生初始能力的大体信息的基础上精心设计测试题，从而客观准确地鉴定学生的初始能力。

4. 其他特点

学生的文化背景差异、性别差异、家庭的社会地位差异，都会引起学生在学习中爱好和能力倾向上的差异。当学生中的这种差异越小时，教学设计就越容易。

学生的基本素质差异——智商、情商和身体素质的差异，也会引起学习兴趣的差异。其中情商是日益受到重视的基本素质，可以通过设计合作学习的形式促进学生情商的发展。

① 王祖浩主编. 全日制义务教育化学课程标准解读. 武汉：湖北教育出版社，2002

② 同①

(四)化学课堂教学环境分析

教学环境是时刻围绕在学习过程周围的背景因素,它的构成非常复杂,有些是社会方面的,有些是自然方面的,在教学中不同的教师对环境的选取往往有很大的差别,如在植树节前后教师可能选择出板报的方式进行宣传创设环境,教学时将有关内容引入课堂,也可以将社会上的活动、宣传直接引入课堂等等。只有对教学环境的作用进行正确分析,才能在教学设计中有效地利用环境因素使教学设计达到最理想的效果。

教学环境分析的一般程序为:

(1)明确课堂教学中的环境因素。

(2)确定对教学和迁移产生阻碍的关系因素,如课堂教学组织形式不当,教学设备条件不足,师生关系不融洽,学生受到不良信息影响等。

(3)确定缺失的关键背景因素,如没有动机,缺乏环境信息,缺少正确的舆论等。

(4)确定关系的有利因素,如学生对教师有较高的期望,教学地点的自然状况良好等。

(5)明确阻碍因素、缺失因素、有利因素三者间的关系,为环境因素的设计提供参考。

二、教学目标的设计

教学是以教学目标为定向的活动,教学目标引导和制约着教学设计的方向。教学目标是预期的学生学习的结果。所谓“学习结果”就是指预期学生学习之后所发生变化的行为领域。制定教学目标,应反映学习结果的多样性和层次性。一般应包括科学素养的三个维度,即知识与技能、过程与方法,情感态度价值观。教学目标应陈述通过一定的教学活动后,学生的行为变化,而且陈述应该明确、具体,可以观察和测量。最后,要对各方面的教学目标进行整合,协调好各目标之间的关系,做到既突出重点又兼顾全局,使学生通过学习确实能学有所获,学有所成。化学教学目标的设计是化学教学设计的关键部分,它关系到课堂教学选择、教学策略和教学媒体与环境的合理组合和运用,以及对教学成果的合理评价,也关系到化学课程目标的实现和国家基础教育培养目标的落实。

(一)教学目标设计的依据

从教育目的、培养目标、课程目标和教学目标的关系来看,制定教学目标的直接依据无疑是课程目标。《化学课程标准》是在教育部的领导和布置下有计划完成的一个全新的化学课程文件，它描述了我国在新世纪化学课程发展的方向和教学要求。《化学课程标准》中的课程总目标和具体目标都规定了学习者通过学习后应该发生的变化。《化学课程标准》虽然在技能和情感态度等目标方面进一步具体化了，但作为课程目标，仍是相对概括的。因此，进行教学目标设计时必须深刻地领会课程标准的精神，用课程标准指导教学目标的设计。

化学教学目标设计应当落实化学课程目标，体现化学课程的学术取向、社会取向和学生取向。对学科知识的分析主要是依据化学课程标准提供的教学内容及其要求，结合学生对已学过知识的掌握情况的分析，设计出知识教学目标，在对知识内容和实验、实习内容分析的基础上进行能力目标分析。选择哪一个或哪几个方面作为本节目标，还要考虑学生的需要、社会需求和后续课程的需要。

由于能力培养和思想教育必须与学习相应的知识内容和方法相适应，所以能力培养和思想教育目标的设计除必须在对具体教学内容进行分析的基础上进行外，还应结合对学生情况和社会情况的分析。

总之，学科知识、学生、社会因素三者是交互作用的，任何单一因素都不足以成为确定教学目标的依据。要设计好教学目标，做好对课程目标的理解、研究工作，对学生和社会的全面分析是不可缺少的。

(二)教学目标的表述

1. 表述的要求及表述方法

教学目标是学生通过学习应达到的行为结果，是学生以前所不能做的而学习后能做的事情。教学目标的表述是对结果达到的程度的表述。因此，教学目标的表述措辞要准确，所采用的行为动词不能有多义性，也就是说要将学生的学习结果以一种特定的行为方式来陈述，使教学目标变得清晰、明确，具有可操作性。例如：有关“质量守恒定律”的教学目标是：(1)认识质量守恒定律，能说明常见化学反应中的质量关系；(2)能正确书写简单的化学反应方程式，并进行简单的计算；(3)认识定量研究对于化学科学发展的重大作用。

用这种方式表述教学目标时，教学目标直接注意的是学生和作为学习过程的结果所表现出来的行为类型。在这里行为的具体类型是“说明”、“书写”等术语，这些具体的行为术语指出了学生通过学习之后发生了哪些改变，使教学意图变得清晰，避免了用传统方法制定教学目标的含糊性，使学生知道了“如何学”、“学什么”、“学会什么”等等。另外用这些具体的行为术语来表述教学目标还有助于教学测量和教学评价。但是这种教学目标的表述也有它的缺陷，它只强调行为结果而忽视了内在的心理过程。因此，这种教学目标的表述

也不是完美无缺的，它适用于比较简单的技能和比较低层次的知识。

用内部过程和外显行为相联系的方式表述教学目标。学习的实质是内在心理的变化，因此教育的真正目标不是具体的行为变化，而应是内在能力和情感的变化，而内在的心理变化是不能直接进行观察和测量的。教学目标的表述采用内部过程和外显行为相结合的方式，可以用具体的行为样本间接测量和观察内在的心理变化，这样既保留了行为目标表述的优点，又避免了行为目标只顾及具体行为变化而忽视内在心理变化过程的缺点。例如，培养学生学习化学知识的兴趣，理解化学能与电能的相互转化：①给原电池、电解池下定义；②区别原电池与电解池的异同；③联系实际说明化学能与电能的相互转化的意义。这种教学目标的表述，第一句话"培养学生学习化学知识的兴趣，理解化学能与电能的相互转化"是对内部过程的表述。后面的几句话是为了说明内部过程而表述的可观察、可测量的外显行为。这种教学目标的表述既适合认知目标的表述，也适合情感目标的表述。通过实践，人们认为这种教学目标的表述适用于比较复杂的技能和比较深层次的知识。

要使教学目标陈述清晰、操作性强，关键是以学习之后学生的行为陈述为中心，选择不同的行为动词对教学目标进行表述。《化学课程标准》中已经引入了行为目标，在其附录中列出了供选择使用的行为动词。

在使用行为目标时，应注意以下几个问题：一是行为的主体应是学生；二是行为的结果必须表达，而且应是学生经过努力可以实现的；三是应给出实现行为的限制性条件；四是应附有评价行为的标准，标准的确定应主要根据学生的实际情况。

2.传统表述方法的缺陷

由于制定目标的价值取向不同，目标的表述方法也不同。传统表述教育目标的方法具有一定的缺陷，具体表现在：

(1)将教师要做的事情作为教学目标来表述，却没有陈述期望学生发生什么变化。例如，培养学生的实验观察能力，培养学生的科学探究能力，培养学生的实验动手能力等等。这种教学目标的表述只是把目标集中在教师的活动上，将教师要做的事情作为教学目标来表述，而缺少经过教学后学生应该达到什么样的学习结果的表述，使学生的学习行为没有目的性。教学目标是学生通过教学活动后要达到的预期学习结果，也就是说教学活动的真正目的不在于教师的执教过程，而在于学生的学习结果。因此，教学目标的表述一定要将学生经过教学活动后在认识、理解、技能、态度和情感等方面的行为上的变化用具体的、可测量的术语来表述。

(2)将学生的学习过程作为教学目标来表述,却没有学生在学习之后发生了什么变化的陈述。例如,掌握离子键的概念,掌握原电池原理。这种教学目标的表述只是表述了学生的学习过程,而缺少学生在学习之后所应达到的预期学习结果的陈述。教学目标是教师为之努力的、学生学习的收获,并不是学生学习的过程。教学活动的真正目的在于学生的学习结果,而并不在于学生的学习过程。因此,教学目标对学生在学习之后的变化方面的表述应该是明确而清晰的。

(3)将教材中的知识点作为教学目标来表述,只是表示教材中的知识点或一节课的主题,而没有学生学习之后行为有什么改变的陈述。教学目标是教学活动的开始和归宿,是实施教学测量和教学评价的依据,用知识点作为教学目标来表述,老师、学生、教学测量者和教学评价者对教学目标的理解不可能达到一致,使教学测量和教学评价不容易操作。因此,教学目标的表述必须是具体的、可测量的。

(4)用过于概括性的词语来表述教学目标,却没有具体指出这种行为所适用的领域。例如,激发学生实验学习的兴趣,调动学生实验学习的积极性等等。这种教学目标的表述既缺乏具体内容又没有可观察的行为。教学目标不是对教师的教学行为的描述,而是指学习者的学习结果。所以这种教学目标的表述对学生学习结果的描述是不明确的。

三、教学策略的设计

教学策略是对完成特定教学目标而采用的教学活动的程序、方法、形式和媒体等因素的总体考虑。不同的教学目标需要不同的教学策略,不同的教学环境需要不同的教学策略。教师只有掌握不同的策略才能根据学生的实际情况制定出不同的有良好教学效果的教学方案,并根据环境的变化而调整教学策略。没有一种教学策略能够适用于所有的教学情景。有效的教学需要选择各种策略因素来实现不同的教学目标,最好的教学策略是在一定情况下达到特定目标的最有效的方法论体系。

(一)教学方法的设计

1.教学方法的分类

常用的教学方法有:

(1)以语言传递信息为主的教学方法。是指以教师运用口头语言向学生传授知识和技能,学生独立阅读书面语言为主的教学方法,包括讲授法、问题法、读书指导法和讨论法。

(2)以直接感知为主的教学方法。是指教师通过对实物、直观教具或实验的演示和组织教学性参观等,使学生利用感官直接感知客观事物或现象而获得知识的方法,包括演示法和参观法。

(3)以实际训练为主的教学方法。是指通过练习、实验和实习等实践活动,使学生巩固和完善知识和技能的方法,包括练习法、实验法和实习法。

(4)以激发情感为主的教学方法。是指教师在教学活动中创设一定的情境,或利用一定的教材内容,使学生通过体验产生兴趣,形成动机和培养正确态度的教学方法,包括情境教学法、联系实际教学法和故事教学法。

(5)以引导探索为主的教学方法。是指教师组织和引导学生通过独立的探索和研究活动而获得知识的方法。

2.常用的化学教学方法

化学教学方法是在化学教学情景中,化学教师和学生为了教和学而进行的以化学科学为内容的教学活动方式。既包括教师教的方法,也包括学生学的方法,是师生之间相互作用的方式方法。常用的化学教学方法有讲授法、谈话法、实验法、演示法、练习法、参观法、实习法、阅读法、讨论法、探究法、复习法等。

3.教学方法选择的依据

(1)教学目标。不同的教学目标与学习任务需要不同的教学方法去实现和完成。如果是完成传授新知识的教学任务,一般选择语言传递信息的方法和直接感知的方法;如果要使学生形成技能或完善技能,一般选择以实际训练为主的方法;如果是为了发展学生的智力,形成一定的能力,一般采取探索、研究的方法。

(2)教材内容的特点。一般来说,学科不同,教学方法也有差异;某一学科中的具体内容不同时,要采取不同的方法与之相适应。有些部分可以用讲授法,有些部分要用讨论法,还有的部分需用演示或实验法等。总之,必须根据学科的性质和教材内容的具体特点,选择适当的教学方法。

(3)学生的实际情况。教师的教是为了学生的学,教学方法要适应学生的基础条件和个性特征。所以,选择教学方法时,教师要考虑学生对使用某种方法在智力、能力、学习方法、学习态度、班级的学习纪律及学习风气诸方面的准备水平。但这并不意味着只是消极地适应学生的现实水平,而是应当注意从学生的实际出发,选择那些能促进和发展学生独立性学习的方法。

(4)教师本身的素质。任何一种教学方法的选用,只有适应教师本身的素质条件,才能为教师所理解和掌握,才能发挥作用。有的方法虽好,但如果教师缺乏必要的素质，自己驾驭不了，仍然不能在教学实践中产生良好的效果。因此，教师的某些特长、弱点和运用某种方法的实际可能性，都应成为选择教学方法的重要依据。

(5)各种教学方法的功能。每种教学方法都有局限性。某种教学方法对某个学科或某个课题是有效的，但对另一个学科、另一个课题或另一种形式的教学可能是完全无用的。

(6)教学时间和效率的要求。教学方法的作用是为了使教学顺利有效地进行，在较少的时间内使学生获得较多的知识，取得良好的效果。所以，在选择教学方法的时候，应考虑到教学过程效率的高低。好的教学方法应使教学在较少的时间内完成教学任务，实现教学的目标。

例如，“化学能转化为电能”第一课时中关于原电池概念的教学可以这样设计：

1. 创设情境。演示“音乐贺卡”实验；学生展示实践活动成果(各种不同的电池)，引出问题，指出生活、生产劳动和科学探索均离不开电池，那么，电池是如何产生电的呢？

2. 设计方案，进行推论。自主探究、实验验证引导学生探究：

(1)锌与稀硫酸反应的现象并分析反应的电子得失情况。

(2)铜放入稀硫酸中有无反应，为什么？

(3)如果将锌片和铜片用导线连接后，再一起放入稀硫酸中，会有什么现象出现？你能假设出产生此现象的原因并设计相应的实验证明它吗？

3. 合作学习，组织学生交流讨论。

4. 展示用Flash制作的模拟锌与稀硫酸反应的实验、铜放入稀硫酸中的现象和锌与稀硫酸反应的微观过程，及将锌片和铜片用导线连接后，再一起放入稀硫酸中的实验现象和微观过程。归纳并板书原电池的概念、工作原理、反应本质。

(二)教学媒体的设计

1. 教学媒体的概念

媒体是指信息的载体和传递信息的工具。当媒体直接加入教学活动，在教学过程中传输有关的教学信息时，人们把它们称为教学媒体。现代媒体能够同时获取、处理、编辑、存储、展示包括文字、图形、声音、动画等不同形态的信息，它进入课堂，超越了教育、教学的传统视野，使课堂冲破了时空限制，丰

富了教学内容，增加了教学的密度和容量，能创造出使知识、学问来源多样化的文化教育环境，为学生个性、素质的发展提供了无限广阔的天地。

2.教学媒体的分类

随着科学技术的发展，教学媒体的种类越来越多。为了快速有效地选择教学媒体，有必要对它们从各个角度加以分类。

(1)单通道知觉媒体和多通道知觉媒体。单通道知觉媒体指仅可借某一感官来接受信息的媒体，如挂图、幻灯片。多通道知觉媒体指可以同时利用两种或更多感官来接收信息的媒体，如电影、电脑。

(2)单向传播媒体和双向传播媒体。单向传播媒体指学生无法及时向信息源反馈信息以影响信息源后续输出的媒体，如广播。双向传播媒体指可使信息源根据学生的即时反馈及时调整后续输出，构成交互作用系统的媒体，如计算机辅助教学系统。

(3)真实信息媒体、模拟信息媒体和符号信息媒体。真实信息媒体指实物等。模拟信息媒体指图片、模型、计算机模拟等。符号信息媒体指教科书、图表、图示等。

(4)远距离教学媒体、课堂教学媒体和个别化教学媒体。远距离教学媒体指不受空间限制的媒体。课堂教学媒体指供一个班级同时分享信息的媒体。个别化媒体指在特定时间内只供一个学生享用信息的媒体。

3.教学媒体的选择

在化学课堂教学设计中，教学媒体的选择是非常重要的部分。多年来，教育工作者一直在思考这样一个问题：对于化学学科的不同内容选择什么样的媒体最合适呢？化学教学实践中发现，同一种化学教学媒体在不同的化学教学情景中效果可能是完全不同的。教学媒体的选择主要依据：

(1)教学目标。每堂课都有每堂课的教学目标。在课堂教学过程中为了达到教学目标的要求，教师在课堂教学设计中就必须依据教学目标选择适当的教学媒体。例如，要学习事实性的信息，可选择模型等实物演示的教学媒体。

(2)教学内容。教学内容不同所选用的教学媒体就不同。对于认知类的学习内容可以选择动画图片等教学媒体。对于情感类的教学内容可以选择电视、多媒体课件等表现手法多样、艺术性和感染力强的媒体。

(3)学生特点。不同年级的学生对事物有不同的接受能力，选择教学媒体时必须考虑到他们的年龄特点。小学低年级学生的认知特点是以直观形象思维为主，抽象逻辑思维远不如中学高年级学生强，注意力不持久。因此，选择教学媒体时，教学设计者应该首先考虑那些直观性强、表现手法简单、图像画面对比度大、易于分辨事物主次的媒体，如幻灯、投影、模型、录音、图片等。对于中学生来说，随着年级的升高，学生的感知经验不断丰富，逻辑抽象思维能力不断提高，注意力加强。因此，选择教学媒体时，教学设计者应该考虑那些表现手法复杂、展示教学信息连续性强的媒体，如电视录像媒体、电影媒体等。

(4)媒体特性。每种教学媒体都有不同的特性和功能，在色彩、立体感、运动表现、声音表达、可控性、反馈机制等方面各种媒体都是不同的。因此，选择教学媒体时，教学设计者应该考虑教学媒体呈现教学信息的功能和能力，使教学媒体能够发挥最大的教学效益。

(5)媒体的易获得性。在实际的教学过程中，如果选择的教学媒体不能获得，所选用的教学媒体再有效也是不切合实际的。有些学校的有些教室配备有多媒体投影机、银幕、视频展示台、多媒体计算机等设施，而有些学校就没有多媒体教室。但是也要注意，不能因为某种媒体容易获得就经常使用。

(6)使用者的媒体操作技能。教学媒体的选择最终是要在课堂上使用的，如果媒体的使用者操作不了媒体，媒体再有效也发挥不了作用。媒体选择时应该考虑使用者对该媒体的利用能力，如果使用者对媒体的操作利用能力强，则可以选择一些功能较全、价格较贵、操作较复杂的媒体。否则应选择一些操作简单的媒体。

(7)媒体的成本。媒体选择时除了要考虑上面的六个因素外，还要考虑媒体的成本问题。要优先选择那些既能达到最佳教学效果又容易获得，使用者能操作成本又低的媒体。

需要说明的是不存在“万能媒体”。各种教学媒体都有它自己的特性和功能，没有一种教学媒体能够适应所有的教学内容和教学对象。媒体选择时要扬长避短，优化组合，使教学媒体在低成本、低消耗的前提下取得最佳的教学效果。

(三)教学过程的设计

所谓教学过程的设计就是用流程图或表格等形式简洁地反映分析和设计阶段的结果，表达教学过程，直观地描述教学过程中教师、学习者、学习内容、教学媒体等基本要素之间的关系，给教师提供一个有重要参考价值的教学设计方案。

1. 教学过程设计的原则

(1)发挥教师主导、体现学习者为主体和利用媒体的优化作用。教师的主导作用应体现为引导学习者自行获取知识和培养能力，而不是灌输知识；学习者的主体应体现在能充分发挥学习者的学习积极性，让他们有更多的参与机会，真正做到动脑、动口、动手，使他们不仅学会，更重要的是会学，从被动接受知识转变为主动获取知识；各种媒体应各施所长，互为补充，相辅相成，形成优化的媒体组合系统。

(2)遵循学习者认知规律和学习心理。学习者的认知规律和特点，取决于他们的年龄心理特征。年龄越小，知识、经验少，感知能力差，依赖性比较强，无意注意占主导地位，以具体形象思维为主。随着年龄不断增大，知识、经验增加了，感知能力提高了，能通过一定的意志努力集中注意力参与学习活动，其思维也由具体形象思维逐步过渡到抽象思维。在设计教学过程中，必须遵循这些认知规律，符合学习者特有的认知要求，才能获得满意的效果。

(3)体现一定的教学方法。教学方法是教师和学习者为共同实现教学目标而采取的方式。它包括教师教的行为和学习者学的行为，两者相辅相成。具体说来，应依据学科特点和学习内容、教学目标、学习者的特点及选用媒体的特点选择教学方法。

2.教学过程流程图的编制

传统的课堂教学过程是采用教案的形式来体现教学过程各要素之间的关系。教学设计则是采用类似于计算机流程图的形式，把复杂的教学过程分解为相对简单的几个环节，明显地显示了教学过程各要素之间的关系。这样有利于教学过程有序地展开，有利于教学过程的最优化。具体说来，采用流程图方式表示课堂教学流程的优点是：可以直观地显示整个课堂活动中各个要素之间的关系、比重；教师可以依据学习者不同的反应情况做出相应的教学处理，灵活性大，目的性强；教学过程流程图是浓缩了的教学过程，层次清楚，简明扼要，一目了然。

使用流程图应注意：

①在框内，简要说明此步的内容。

②在框图上可注明需了解的信息。

③反馈回路应是闭路循环，不能断开。

图3-2为原电池教学流程图。

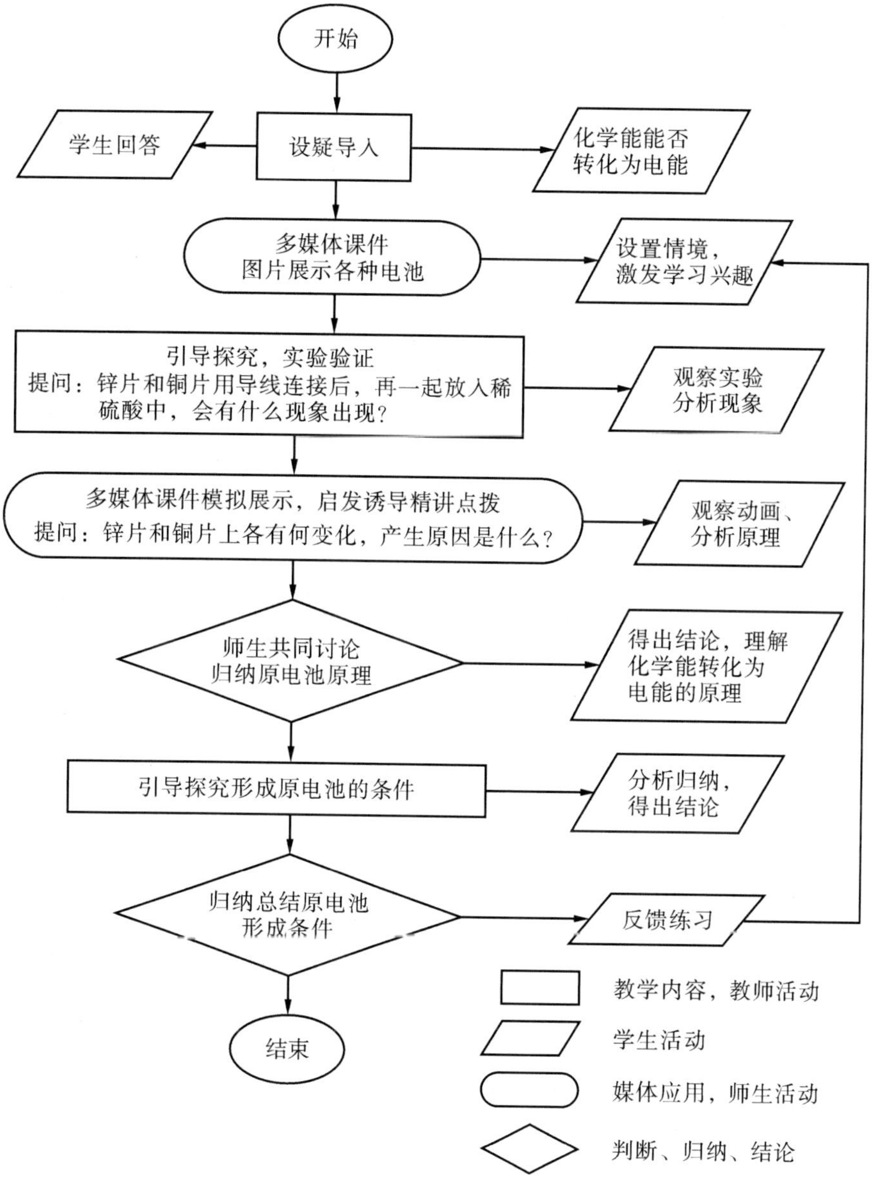

开始

设疑导入 → 学生回答；化学能能否转化为电能

多媒体课件
图片展示各种电池 → 设置情境，激发学习兴趣

引导探究，实验验证
提问：锌片和铜片用导线连接后，再一起放入稀硫酸中，会有什么现象出现？ → 观察实验　分析现象

多媒体课件模拟展示，启发诱导精讲点拨
提问：锌片和铜片上各有何变化，产生原因是什么？ → 观察动画、分析原理

师生共同讨论
归纳原电池原理 → 得出结论，理解化学能转化为电能的原理

引导探究形成原电池的条件 → 分析归纳，得出结论

归纳总结原电池
形成条件 → 反馈练习

结束

（矩形）教学内容，教师活动
（平行四边形）学生活动
（圆角矩形）媒体应用，师生活动
（菱形）判断、归纳、结论

图 3-2　原电池教学流程

四、教学评价的设计

教学评价是教学系统的重要组成部分，它不仅是检测教学目标是否达到的手段，更是达成教学目标必不可少的重要步骤之一。教学评价主要包含两部分：

(1)教学过程的评价。教师在教学过程中通过课堂教学问题的设计来评价教学目标实施的效果；根据实际情况，对学生的表现适时进行鼓励性评价，尤其对学生的思维成果的鼓励性评价，对于更好地完成教学任务，具有重要的意义。

(2)一节课的终端评价。通过反馈练习，巩固重点知识，突破难点知识，来评价学生获得和掌握知识的情况。练习的设计要遵循由简到繁、由易到难、循序渐进的原则，面向全体学生，使大多数学生都有获得知识的成功感；从教材的要求和学生的实际出发，遵循因材施教的原则。通过练习，教师可以收集反馈信息及时补救教学，同时可以使学生巩固所学知识、强化记忆并运用所学知识分析解决实际问题。

第三节　化学教学设计案例

案例 3-1　化学能转化为电能的教学设计

——苏教版《化学 2》专题 2 第三单元

一、教材分析

本节内容是电化学中的重要知识。学生已经对金属活动性顺序、氧化还原反应、电解质的电离、离子反应以及化学反应的能量变化等知识有了一定的了解，具备了学习电化学知识的基础。本节内容理论性较强，涉及的化学原理与学生的生活经验有一定距离。教学时要注意把握知识内容的深广度，利用生活中的有关化学能与电能的转化的事例作为学习素材，激发学生的学习兴趣，尽量给学生提供“做科学”的机会。

本节教材设置了大量的探究教学素材，富有深刻的探究教学思想内涵。首先，新课的引入是通过生活中的实例为教学创设问题情景，紧接着，通过(2～6)实验为学生提供“实证性”材料，当学生观察到“铜片上产生气泡”这一反常的实验现象，就会情不自禁地提出一系列问题，产生强烈的探索欲望，并提出各种各样的假设；然后根据实验现象，经过严密的逻辑推理，得出相关结论；当学生理解了原电池的原理，教材讲述了原电池的正负极的判断之后又设置了一个讨论题，让学生自己归纳钢铁腐蚀的原理，从而得出原电池反应的实质。同时，课本后面化学电源的“家庭小实验——水果电池”，习题中的“用铜、银和硝酸溶液设计一个原电池”都是本课时探究教学内容的应用和延伸。

二、教学目标

1. 知识目标：理解原电池原理，掌握构成原电池的条件，会进行简单的原电池设计。

2. 情感目标：培养学生的探究精神和依据实验事实得出结论的科学态度，培养学生的团队协作精神。

3. 能力目标：培养学生观察能力、实验能力、实验设计能力、语言表达能力。培养学生正向思维、逆向思维、发散思维能力。

三、设计思路

指导思想：以学生为主体，让学生自主地参与知识的获得过程，并给学生充分的表达自己想法的机会。学生初次接触电化学知识，对原电池的工作原理有神秘感和探索欲望。要充分利用学生的好奇心和求知欲，设计层层实验和问题情境，使学生在自主实验、积极思考和相互讨论中自己发现问题、分析问题和解决问题。

在教学内容的安排上，按照从易到难，从实践到理论再到实践的顺序，首先通过一组实验，引入课题。在实验—观察—讨论—推测—验证的过程中，学习和理解原电池的概念和原理。在此基础上，通过实验探索和讨论组成原电池的条件。最后，让学生自己设计一个原电池以检验学生对所学知识的实际应用能力。

根据学生的知识结构、心理特点和教学内容的实际需要，采取了启发、讨论、实验探究等教学方法，并结合多媒体进行教学。

为了更好地实施探究教学，还需对本节教材内容作必要的处理和补充。

(1)变教材中的教师讲述引入为学生展示实践活动成果引入。这样不仅使学生观察到明显的现象，还能使学生直接参与知识的获得过程，获得直接的体验。

(2)对于原电池正负极的判断，教材是以叙述的形式提出的，这不利于学生对概念的理解和记忆。可以利用探究实验让学生自己探究得出结论。这比直接提出正负极的判断方法更有利于启发学生的思维，提高学生的实验设计能力。

(3)教材中“组成原电池的条件”泛泛而谈，考虑到学生的知识迁移能力和概括能力还不是很强，单纯的讨论可能会无从谈起，因此教学中设计了一组学

生实验习题(以教材后面的一个习题为蓝本),让学生通过实验获得直接经验,再通过对比分析,归纳出规律,最终得出组成原电池的三个必要条件。

(4)将课本后面的家庭小实验——水果电池,移到探讨"组成原电池的条件"的课堂教学中,不仅能帮助同学理解组成原电池的其中一个必要条件——电解质溶液,而且能达到学以致用,使学生觉得化学就在我们的身边,从而激发学生学习兴趣,启迪学生思维。

(5)在完成上述内容后,可以让学生自己设计一个原电池,将刚学的内容进行应用和巩固,有利于培养学生的知识迁移能力和发散思维能力。

这样处理教材内容后,教学就可以按照"设置问题情景—学生提出问题—进行假设和推理—通过实验验证—得出相关结论—引发新的问题情景—提出新问题—实验提供直接经验—对比分析,总结规律—应用原理、规律"的程序进行。

四、教学重、难点

1. 教学重点:第一课时的主要内容:原电池的概念、原理、组成条件,原电池原理、组成条件和科学探究的基本步骤是本节课的重点。

2. 教学难点:原电池原理是本节课的难点。

五、教学方法

"情景—探究"导学法。

六、教学准备

1. 对学生进行分组:四人为一个小组。

2. 实验准备:每组一个灵敏电流计、两片铜片、两片锌片、一根石墨电极、一节干电池、两杯相同浓度的硫酸、一杯硫酸铜溶液、一杯无水乙醇、一杯水、一颗葡萄(或小西红柿等水果)。

3. 制作铜锌原电池工作原理的模拟动画。

4. 场地:有多媒体放映设备的实验室。

七、教学过程

程序	教师行为	学生行为
创设情境	1. 演示"音乐贺卡"实验。 2. 学生展示实践活动成果(各种不同的电池),引出问题。指出生活、生产劳动和科学探索均离不开电池,那么,电池是如何产生电的呢?	思考问题,进入学习情境,解决问题。说出电动车、应急灯、照相机、手机、手表等许多物品都需要用电池。

程序		教师行为	学生行为
概念形成	1.设计方案，进行推论；2.自主探究、实验验证	引导学生探究的问题： 1.锌与稀硫酸反应的现象并分析反应的电子得失情况。 2.铜放入稀硫酸中有无反应，为什么？ 3.如果将锌片和铜片用导线连接后，再一起放入稀硫酸中，会有什么现象出现？你能假设出产生此现象的原因并设计相应的实验证明它吗？	探究实验1:锌、铜分别放入稀硫酸中。 问题分析1:对上述实验现象进行分析并对发生的反应进行电子得失分析。 探究实验2:锌、铜用导线连接后同时放入稀硫酸中。 问题分析2:对上述实验产生现象的原因提出自己的假设。 探究实验3:对自己提出的假设，设计出实验进行验证。 问题分析3:得出自己对电流形成的解释和对这套装置的理解。
	合作学习	创设合作学习的环境： 1.选择有代表性的结论。 2.组织学生交流。	1.展示自己的探究结果。 2.相互质疑、修正、补充。
	揭示本质	1.展示用 Flash 制作的模拟锌与稀硫酸反应的实验、铜放入稀硫酸中的现象及锌与稀硫酸反应的微观过程。 2.展示用 Flash 制作的模拟将锌片和铜片用导线连接后，再一起放入稀硫酸中的实验现象和微观过程。 3.归纳并板书原电池的概念、工作原理、反应本质。	1.观看模拟的实验现象和微观过程。 2.整理自己的学习和思考过程。 3.建构原电池的概念。
情景分析	自主学习	通过对铜、锌原电池的分析，请同学判断电池的正、负极，电子的流向，书写电极反应和总反应。	根据自己对铜、锌原电池的理解，判断电池的正、负极和电子的流向，书写电极反应和总反应。
	合作学习	1.组织学生分组讨论。 2.组织小组发表观点。	1.学生将得出的结论在小组中交流。 2.通过对各小组结论的修正和补充，完成原电池知识体系的建构。
	表达交流，巩固深化	简介伽伐尼电流和伏打电池，激发学生探索自然科学奥秘的兴趣，同时让事实告诉大家："科学就在你的身边"，但"科学发明"需要科学的研究方法和为科学献身的精神。	1.学生认识世界上第一个电池的发现史。 2.思考原电池的构成条件。
自主探究、实验验证、揭示本质		1.引导学生探究。 2.归纳并板书原电池的构成条件。	活动与探究二　原电池组成条件

程序	教师行为	学生行为
巩固应用	1.引导学生思考、解决问题、复习巩固。 2.按板书的内容,归纳本节的内容和要点。	学生思考、解决课件中提出的应用问题。
拓宽搜索	用多媒体展示搜集到的有关电池与科学、技术和社会相联系的课外阅读材料。	了解电池与科学、技术和社会相联系,学会一些电池的使用知识。
布置作业	1.课本习题及自编习题。 2.研究性课题:回家搜集废干电池并拆开,弄清它的构造及原理。	

八、教学反思

本课时为实验探究教学模式,力求采用启发、思考、合作实验、自主探究的方法。由学生"听"所产生的疑问(创设问题),引导学生探索原电池的存在(自主探究),研究原电池的原理(科学思维),并由实验结论讨论原电池的形成条件(科学论证)。运用"研究成果"设计新的原电池,解释自然现象(科学创造)。通过伏打的生平简介,激发学生探索自然科学奥秘的兴趣,同时让事实告诉大家:"科学就在你的身边",但"科学发明"需要科学的研究方法和为科学献身的精神。本课时教学是否成功,笔者认为,应从以下几个方面综合考虑:

1.教材处理是否合理。探究性教学要对教材内容有所扬弃。探究性教学要以大纲为依据,教材仅仅是本参考书。因为现有教材的知识大都是以陈述性方式直接呈现,而探究性教学要求教材提供问题情景和解决问题所必需的事实材料,而不只是结论的堆砌,因此,探究性教学首先要求对现有教材作适当处理。

2.教学过程是否优化。优化的教学过程就是灵活机智地运用各种教学策略。如激励性策略,即使用鼓励性语言,肯定学生任何一个微小的闪光点;自主性策略,即要求设计的问题有一定思维含量,讨论要注重实效性,讨论过程要注意学法指导,并培养学生善于思考、勇于提出问题的习惯;诊断性策略,即教学过程中经常注意学生的学习情况,根据反馈的信息调整教学程序;创造性策略,即鼓励学生大胆质疑,发表不同意见尤其是创造性的意见。

3.教学效果是否显著。教学效果就是教学目标的达成度。首先,学生要有良好的学习状态,如学生学习兴趣浓厚,思维得到很好的启发,教学过程中学生参与面广、参与时间长、参与空间大等;其次,好、中、差不同水平层次的学生的知识目标、能力目标、情感目标要基本达成或得到一定程度的发展。

(设计者:厦门一中　杨志鹏)

案例3-2　高中化学新课程"离子反应"的教学设计

一、教材分析

离子反应的教学既能让学生认识电解质在水溶液中反应的本质，又能加深对复分解反应的理解，同时为后续学习离子检验、离子共存、盐类水解、电化学等打下基础，让学生从一个新的角度来认识化学反应。本节课的内容有强、弱电解质、离子反应、离子方程式等概念，常见离子反应的判断及离子方程式的书写方法。

离子反应作为一个重要的反应类型，在整个中学化学学习中是循序渐进地加以介绍的。初中化学介绍了酸、碱、盐在水溶液中能导电，但不要求写电离方程式；"必修1"要求知道"酸、碱、盐在水溶液中能电离，通过实验事实认识离子反应及其发生条件，了解常见离子的检验"；"必修2"介绍离子化合物与共价化合物、化学电池；"化学反应原理"选修模块才涉及弱电解质的电离平衡、盐类水解。所以，离子反应属于高中起步阶段的教学，学生知道的离子反应不多，不应"一步到位"。本节课只讨论酸、碱、盐在水溶液中进行复分解反应时的离子反应，对于弱电解质概念只以一水合氨、醋酸为例简单介绍，离子方程式的书写只涉及简单的离子反应，不宜涉及有离子参加的氧化—还原反应，对离子反应条件只讨论"沉淀、气体或有水、一水合氨、醋酸等常见的弱电解质"生成，随着后续的学习，再逐步加深。

二、学情分析

在初中化学中已介绍过酸、碱、盐在水溶液中能导电，学生在专题1中已认识了电解质、非电解概念，电解质在水溶液中或熔融状态下能导电的原因，并初步具备了用电离方程式表示常见酸、碱、盐电离过程的技能，这些都为他们认识本课时的电解质强弱、强弱电解质的电离、推导电解质在水溶液中反应的实质以及离子方程式书写打下基础。

三、教学目标

1.知识与技能

(1)了解根据电离程度不同把电解质分成强、弱电解质；

(2)会判断常见的强、弱电解质，知道水、弱酸、弱碱属于弱电解质；

(3)知道酸、碱、盐在水溶液中是离子参加反应，学会判断离子反应；

(4)学会书写常见的离子方程式。

2.过程与方法

让学生了解通过实验观察、透过现象看本质的方法，通过实验、分析、启

发、引导、激疑、释疑，师生、生生互动交流，培养学生的动手能力、合作学习能力，体验探究的过程。

3. 情感、态度与价值观

通过实验创设情境，激发学生的探究兴趣，培养学生重实验、重事实的科学精神。

四、教学重点、难点及课标要求

重点：离子反应的判断和离子方程式的书写。

教学难点：离子方程式的书写。

课标要求："让学生通过实验事实认识离子反应。"

五、教学方法

采用小组合作、实验探究法。

离子反应的微观过程很抽象，为了降低学习难度，本节课在教学的三个主要环节分别借助动画模拟、实验来增加学生的感性认识。

1. 通过观察酸、碱、盐在水溶液中的导电实验，及动画模拟微观过程，让学生直观地"看到"酸、碱、盐在水溶液中能"电离出自由移动的离子而导电"，认同"酸、碱、盐是电解质"。

2. 通过硫酸分别与氢氧化钡、氢氧化钠溶液反应过程中溶液导电性变化的实验，让学生"看到"酸、碱、盐在水溶液中是"离子"参加反应，引出离子反应、离子方程式概念，并分析、比较、判断，让学生了解离子反应是有条件的。

3. 通过对氯化钡、硫酸、碳酸钠溶液两两混合是否发生离子反应，先判断后实验验证，让学生"看到""哪些离子之间会发生反应"，让学生体验推理、判断、实验验证的探究过程，了解酸、碱、盐在水溶液的复分解反应是离子互换反应以及离子互换条件。

六、教学过程

教学活动	学生活动	设计意图
引入：【演示】向六个小烧杯中分别加入约 20 mL 等浓度的氢氧化钠、氯化钠、醋酸、蔗糖溶液、氨水、盐酸，接通直流电源，观察现象。 （活动 1）观察哪些物质是电解质？哪些物质是非电解质？ 动画模拟：氯化钠、氢氧化钠、蔗糖溶于水的变化情况。	观察、思考、判断。	通过实验让学生"看到"哪些物质是电解质。动画模拟让学生直观"看到"氯化钠、蔗糖溶于水的不同变化，认同电解质导电是因为溶于水电离出自由移动的离子。

教学活动	学生活动	设计意图
(活动2)讨论为什么醋酸、氨水的导电能力比氢氧化钠差？动画模拟醋酸溶于水的电离情况。	思考、议论、观察、体会。	加深对强弱电解质的理解。
(活动3)如何通过实验验证电解质在水溶液中是离子参加反应？ 教师演示：分别向滴有酚酞的 $Ba(OH)_2$、NaOH 溶液中慢慢加入稀硫酸，观察溶液导电性和颜色的变化。	讨论、设计实验方案。观察、思考、领会、感悟。	通过实验“看到”电解质在水溶液中是以离子参加反应的。 体验推理、实验验证的科学研究过程。
(活动4)讨论：电解质在水溶液中电离出的离子是否全部参加反应？ (迁移应用)现有 Na_2CO_3、CH_3COOH、$BaCl_2$ 三种溶液，如果两两混合，请你分析一下它们之间能否相互反应？然后通过实验观察，证实你的判断。	分析现象，证实“酸碱盐电离出的离子不一定都参加反应”。	体会提出问题、设计实验、现象观察、分析推理、得出结论的科学研究方法。
(活动5)请写出 Na_2CO_3、$Ba(NO_3)_2$、HNO_3、NaOH 在水溶液中的电离方程式，并判断哪些离子之间可以相互反应，根据你的判断直接写出离子方程式。	迁移练习，加深对离子反应的理解。	使离子方程式的书写建立在对离子反应的判断基础上，而不是按“写、拆、删、查”机械模仿。
(活动6)讨论如何判断离子反应和书写离子方程式？ 结论：先明确电解质在水中电离出哪些离子；然后找到能结合生成沉淀、气体或水的微粒，用实际参加反应的微粒符号表示离子反应；最后要检查原子个数和电荷是否配平，是否符合反应实际。	按组交流、讨论，得出离子方程式的书写方法。	通过师—生、生—生之间的讨论与交流，使离子方程式的书写是建立在对离子反应理解的基础上，书写离子方程式又能加深对离子反应的理解，起到知识的升华作用。

【作业】

1. 列举一些你熟悉的电解质，写出它们的电离方程式。
2. 分析氯化钡溶液与硫酸铜溶液反应的实质，写出反应的离子方程式。
3. 离子方程式可以表示一类化学反应，请列举出2～3个与上述反应实质相同的化学反应。
4. 课本P56页第5题的(1)、(4)、(5)。

【板书设计】

一、强电解质与弱电解质　1. 强、弱电解质的定义；2. 电解质的电离特点。

二、离子反应　1. 离子反应的定义；2. 离子方程式的定义；3. 离子反应的条件；

4. 离子方程式的书写方法：先明确电解质在水中电离出哪些离子；然后找到能结合生成沉淀、气体或水的微粒，用实际参加反应的微粒符号表示离子反应，参加反应的离子用离子符号表示，而单质、氧化物、沉淀、气体、水等不是大量以离子形式存在于溶液中，则用化学式表示；最后要检查原子个数和电荷是否配平，是否符合反应实际。

七、教学反思

在新课程教学中，要改变过去只关注教师的教而忽视学生的学，要让学生主动参与、合作探究、自主建构、体验知识的生成过程，这无疑要给学生更多的时间和空间，而摆在教师面前的突出问题是课时的有限性与课程教学内容不确定性之间的矛盾，如果教师无法正确把握教学内容的阶段性以及探究内容的选择性，就会使教与学都陷入被动。离子反应这一教学内容涉及的知识有强、弱电解质定义，强、弱电解质的电离方程式书写，离子反应概念及离子方程式书写，传统教学中这些内容至少得2课时教完，再加上练习巩固，有时要花三四个课时，而现在要在一课时内完成离子反应从无到有的教学，内容和度的把握就成了教学设计的关键。本案例中的“教学对象分析”、“教材分析”设计，让教师了解教学对象的起点及初、高中教学内容之间的联系；对教学内容中度的把握作较详细的说明。教学目标的制定，紧紧围绕课标要求，力求体现教学的层次性和递进关系。对教材的处理也体现“用教材教”而不是“教教材”，比如教材中的演示实验是根据教学需要有选择地做，而自己设计的“氢氧化钡与硫酸反应过程中溶液导电性的变化”实验能让学生更清楚地体会到是“离子”参加了反应，对教材中弱电解质的电离方程式，可当作拓展知识“酌情”处理，不要求学生会书写弱电解质的电离方程式。笔者已采用这一设计给不同层次的学生上过课，都达到预期的目标，教学效果受到专家和同行的肯定（本课时的教学设计和课堂教学已被中央电教馆实录，刻成光盘正式发行，并在中央四套教育电视台播出）。

（设计者：福建省莆田市第六中学　张国兰）

案例3-3　乙醇的教学设计

（鲁科版高一化学必修2第三章重要的有机化合物第3节饮食中的有机化合物第一课时）

一、教材分析与教法说明

（一）本章各节内容的关系

1. 本章教材承接初中《化学》（下册）第8章“食品中的有机化合物”的内容，学生已初步认识了糖类、油脂、蛋白质、酒精、醋酸等物质，了解了有机化合物与人类生活的密切联系。

2. 本节教材在九年级有机物常识的基础上，进一步从结构的角度适当深化学生对乙醇的认识。为了帮助学生认识乙醇的结构、性质与用途等知识，教材采用了从科学探究或生活实际经验入手，充分利用实验来探究乙醇的性质，帮助学生了解有机化学的主要研究方法，激发学生深入学习的欲望，促使学生积极地参与到教学过程中来。

3. 本节是继烃之后对有机化合物的进一步探索，在教学过程中，“结构对性质的影响”仍是学生学习烃的衍生物的主要学习方法。

4. 本节教学内容还会在鲁科版选修教材《有机化学基础》的第二章第2节“醇和酚”中，更全面介绍醇的物理性质和化学性质，因此，在教学中不要随意拓宽，以免增加学生的负担。

总之，本章内容既是必修的重要内容，也为《有机化学基础》选修内容的学习打下良好的基础。

（二）新教材的主要特点

新教材不拘泥于以往的知识体系，单一地从官能团及其衍变进行展示，而是从生活中的营养物质切入具体有机物，按“结构—性质—重要应用—回归人体中的作用”这样的明线展示，将它们之间的衍变作为暗线隐含于教材或习题之中。这样的编写，贴近学生的生活，不仅可以使他们通过本节的学习认识了一些重要的烃的衍生物的典型代表物，而且可以丰富他们的生活常识，有利于他们自觉形成良好的饮食习惯，正确对待卫生、健康等日常生活问题，提高自身的科学素养。

（三）本节教学建议

本节课可从乙醇在生活中的应用引入，通过观察、实验使学生了解乙醇的物理性质；将乙醇与水在结构上比较，引导学生预测乙醇与金属钠反应的可能断键位置；运用比较的方法探索官能团对有机化合物性质的影响。

二、教学目标

（一）知识与技能目标

1. 使学生认识教材所涉及乙醇、乙酸重要有机化合物的组成、主要性质和主要应用。

2. 引导学生常识性地了解与人类生命、营养、健康密切相关的知识。

（二）过程与方法目标

1. 通过“联想·质疑”引导关注学生食品中的营养成分，激发他们对相关物质的组成、结构、性质等知识学习和探究的兴趣。

2. 通过“观察·思考”、“活动·探究”培养学生的观察能力、思维能力、动手能力、设计能力。

(三)情感态度与价值观目标

1.通过"迁移·应用"、"交流·研讨"、"活动·探究"活动,激发学生探索未知知识的兴趣,让他们享受到探究未知世界的乐趣,提高他们的科学素养。

2.帮助学生学习和树立辩证唯物主义的基本观点。

三、教学重点、难点

重点:

1.乙醇、乙酸的化学性质及与分子结构的关系。

2.酯化反应。

难点:

1.乙醇、乙酸的化学性质及与分子结构的关系。

2.制取乙酸乙酯的实验。

3.结构决定性质的探究。

四、教学方法

采用实验—探究—引导—多媒体辅助的方法。

五、教学过程设计

程序	师生活动		设计意图说明及教学中可能出现的情况
	教师活动	学生活动	
引入新课	布置学生查阅各种饮料和调味品的说明,并在课堂上以实物的形式展示出各种饮料和调味品中含有酒精。 【教师讲述】酒精、食醋、油脂、糖及蛋白质等有机物与我们人类的生命活动息息相关,它们在分子组成上的共同点是均含有C、H、O元素,现在,我们开始学习这几种重要的有机物,学习他们的重要性质和重要作用。 【教师板书】第三节 饮食中的有机物	展示出含有酒精的饮料和调味品。	学生展示出含有酒精的饮料和调味品,通过实物培养学生的观察能力,同时使学生了解乙醇在生活中的作用。
物理性质教学	【思考提问】:你能从中得到酒精的哪些物理性质? 教师也取出一瓶无水乙醇,请学生观察颜色、状态,并闻其气味,然后让学生归纳出一部分物理性质。最后通过演示乙醇与水、乙醇与碘单质、乙醇与苯的溶解实验,总结出乙醇的溶解性。 【教师引导】那你认为乙醇的沸点高还是低,为什么?	观察、总结、记录乙醇的物理性质。 【学生回答】低,因为很远就能闻到酒味,说明其沸点低,易挥发。	从中得到酒精的一些物理性质:如呈液态,可溶于水,有香味。 从生活走进化学。

程序	师生活动		设计意图说明及教学中可能出现的情况
	教师活动	学生活动	
展示模型结构分析	【展示】展示乙醇的比例模型和球棍模型。演示或动手装拆乙醇分子模型，引导学生分析乙醇分子结构：在乙醇分子中存在哪些我们熟悉的原子团？ 【讲述、板书】从乙醇的分子结构不难看出：乙醇分子既可以看成是乙烷分子中氢原子被水分子中羟基（—OH）取代，又可看成是水分子中氢原子被乙基（$-C_2H_5$）取代。因此，乙醇既具有与有机物相似的性质，又具有与无机物相似的性质。 一、乙醇 1. 分子组成与结构 化学式：C_2H_6O 结构式：$\begin{array}{ccccccc} & & H & & H & & \\ & & \mid & & \mid & & \\ H & — & C & — & C & — O — & H \\ & & \mid & & \mid & & \\ & & H & & H & & \end{array}$ 结构简式：CH_3CH_2OH 或 C_2H_5OH 【过渡】分析乙醇分子中存在哪些化学键，推测发生化学反应时，乙醇分子中的哪些化学键可能发生断裂。 【媒体播放】乙醇分子结构中可能断键的位置。	【讨论、交流】学生分析得出：在乙醇分子中存在 $-C_2H_5$ 和—OH。 【质疑】这些原子团还存在于哪些分子中？它们与乙醇在结构上有何不同？ 【讨论、交流】学生分析得出：在 C_2H_6 中存在 $-C_2H_5$，在 H_2O 分子中存在—OH。 【讨论、交流】在乙醇分子中存在C—O键、O—H键、C—H键。	加深对乙醇分子结构中既有有机碳链结构（$-C_2H_5$）又有—OH原子团的认识。 通过引导使学生关注到 CH_3CH_2OH 与 CH_3CH_3 和 H_2O 在结构上的相似与不同。 培养学生从结构预测化学性质的能力，进一步树立结构决定性质的思想。 使学生认识到乙醇分子中可能断裂的化学键，为探索乙醇的化学性质奠定基础。
活动探究	【实验分析、讨论】 1. 你认为在上述实验中乙醇分子可能断键位置在哪儿？ 2. 实验中出现了哪些现象？ 3. 上述现象与你的预测是否一致？你如何解释这些现象？ 4. 什么事实可以说明断键的位置不是C—H、C—C键呢？（金属钠保存在煤油中） 【媒体播放】投影金属钠与乙醇反应。与水对比，乙醇与金属钠的反应要缓慢得多，说明了什么？	【活动、探究】实验1：无水乙醇与金属钠的反应。实验前，请学生预测实验中可能的断键位置及可能出现的现象，再动手实验、观察、记录，检验生成的气体，解释实验中可能出现的现象。	四人一组，组内合作；探究乙醇与金属钠反应，培养学生合作精神与动手能力。

程序	师生活动		设计意图说明及教学中可能出现的情况
	教师活动	学生活动	
交流归纳	【思考提问】根据刚才的实验现象,完成反应的化学方程式,并指出该反应的类型。 【板书】2. 化学性质 (1)与 Na 反应(置换反应或取代反应) $2CH_3CH_2OH+2Na \rightarrow 2CH_3CH_2ONa+H_2\uparrow$ 乙醇钠 【媒体播放】播放动画,模拟金属钠与乙醇反应本质的微观过程。	【讨论、交流】学生根据水与乙醇结构具有一定的相似性及金属钠与水反应的原理,预测可能的断键位置及可能出现的现象。 【讨论、交流】通过与水结构的比较,使学生注意到烃基对羟基的影响。学生完成该反应方程式,并指出该反应为置换反应。学生认真观看。	运用比较的方法,预测金属钠与乙醇反应结果,培养学生分析问题的能力。 落实化学用语的教学,夯实双基。 使学生能从微观理解金属钠与乙醇反应本质。
联想质疑	【质疑提问】1:实验 1 说明乙醇分子中的 O—H键易断裂,那么 C—H、C—C 键能否断裂呢?如果可以,请你举例。 2:燃烧属于什么反应? 【交流、板书】(2)氧化反应 ①燃烧 $C_2H_5OH+3O_2 \xrightarrow{点燃} 2CO_2+3H_2O$ 【过渡】现在我们改变实验条件,布置学生完成教材实验 2,观察铜丝的变化并闻液体的气味。 【质疑提问】1. 铜丝开始变黑是什么变化?后又变红又是什么变化?你怎样看待铜丝的作用? 2. CuO 被还原,乙醇被氧化成什么物质了呢?	学生根据实验室乙醇作为燃料来分析燃烧反应。 【活动、探究】实验 2。 【讨论、交流】铜丝在酒精灯外焰加热后变黑,伸入乙醇中变成亮红色,在试管口闻到刺激性气味。 【讨论、交流】学生回答:铜丝在外焰上加热后变成黑色的 CuO;伸入乙醇后又变成 Cu,说明铜丝在反应中充当了催化剂的作用。	将乙醇的燃烧与催化氧化反应放在一起,引导学生分析比较反应的异同点,关注在有机反应中,反应条件不同,产物不同。

程序	师生活动		设计意图说明及教学中可能出现的情况
	教师活动	学生活动	
交流归纳	【教师讲述】在这个反应中，CH_3CH_2OH 中与—OH 相连的 C—H 键发生断裂，插入 O 原子，这样在同一个 C 原子上就连接了两个—OH，是一个不稳定的结构，脱去一个水分子后，形成了这样一个原子团—HC═O，称之为醛基，生成的有机物含有两个碳原子，故称之为乙醛。乙醛是一种有刺激性气味的液体。我们用化学方程式来表示这个反应的过程： 【教师引导】引导学生分析乙醇的催化氧化反应过程。 $H-\overset{H}{\underset{H}{C}}-\overset{H}{\underset{H}{C}}-O-H+O_2 \longrightarrow H-\overset{H}{\underset{H}{C}}-\overset{O}{\overset{\Vert}{C}}-H+H_2O$ 【教师板书】 ②催化氧化 $2Cu+O_2=2CuO$ $CuO+CH_3CH_2OH \rightarrow Cu+CH_3CHO+H_2O$ 总反应方程式： $2CH_3CH_2OH+O_2 \longrightarrow 2CH_3CHO+2H_2O$ 乙醇　　　　　　　乙醛	【讨论、交流】乙醇催化氧化反应与燃烧反应的共同点：这两个反应都是放热反应，在反应中碳元素的化合价都升高了，故都称为氧化反应。不同点：不同的反应条件使得前者是部分氧化，后者是完全氧化。	从乙醇的结构出发，理解乙醇的催化氧化。 让学生掌握反应的本质是与醇羟基相连的碳原子有氢才能被局部氧化形成碳氧双键。
迁移应用	【教师提问】在乙醇的催化氧化生成乙醛的反应中，从乙醇到乙醛消去了 H 原子，碳元素的化合价有何变化？此反应与乙醇的燃烧反应有何异同？ 【质疑提问】1：除了做调味品和饮料，你知道乙醇在生活中还有哪些用途吗？2：你了解工业酒精吗？ 【教师提问】根据乙醇的性质，同学们推测乙醇有哪些用途。	【阅读与交流】学生阅读本部分教材 P78～79 最后三段内容以及固体酒精、乙醛、酒的度数、酒精的快速检测等资料，形成它们的应用领域以便展开讨论。 学生阅读 P79 页第三自然段归纳出乙醇的用途。	使学生了解固体酒精和工业酒精。 让学生建立起有机物"组成结构—性质—用途"的认识关系，了解学习和研究有机物的一般方法。

<table>
<tr><td rowspan="2">程序</td><td colspan="2">师生活动</td><td rowspan="2">设计意图说明及教学中可能出现的情况</td></tr>
<tr><td>教师活动</td><td>学生活动</td></tr>
<tr><td>自我评价</td><td>【课堂小结】本节课我们主要学习了乙醇的物理性质，化学性质只讲了乙醇的氧化反应和与活泼金属的取代反应，通过本节课的学习，同学们有哪些收获？
【课堂思考与训练】
见“七、思考与练习”，仅供参考；建议根据实际选择相应习题。
【布置作业】
1. 结合最近机动车驾驶员酒后驾车造成的严重事故案例，谈谈饮酒的利与弊。</td><td>由学生小组代表发言归纳小结，相互补充。
【完成作业】
课后反思，自我教育。</td><td>让学生体会收获成功的喜悦。
通过课堂练习与课后思考，巩固所学知识。
对学生进行交通法规教育，同时培养他们对事物辨证认识的观点。</td></tr>
</table>

六、板书设计

第三节　饮食中的有机化合物——乙醇

(一)乙醇的物理性质

(二)乙醇的结构

分子式：C_2H_6O　结构简式：CH_3CH_2OH　结构式：

$$H-\overset{\displaystyle H}{\underset{\displaystyle H}{\overset{|}{\underset{|}{C}}}}-\overset{\displaystyle H}{\underset{\displaystyle H}{\overset{|}{\underset{|}{C}}}}-O-H$$

官能团：$-OH$

(三)乙醇的化学性质

1. 取代反应：$2Na+2CH_3CH_2OH \rightarrow 2CH_3CH_2ONa+H_2\uparrow$

2. 氧化反应

①燃烧

$$C_2H_5OH+3O_2 \xrightarrow{点燃} 2CO_2+3H_2O$$

②催化氧化

$$2CH_3CH_2OH+O_2 \xrightarrow{催化剂} 2CH_3CHO+2H_2O$$

乙醇　　　　　　　　乙醛

(四)乙醇的用途

七、思考与训练

1. 检验酒精中是否含有少量水，应选用的试剂是(　　)。

A. 金属钠　　　　B. 无水硫酸铜

C. 新制的生石灰　　D. 无水氯化钙

2. 决定乙醇主要化学性质的原子或原子团是(　　)。

A. 乙基　　B. 羟基　　C. 氢氧根离子　　D. 氢离子

3. 等物质的量的下列有机物完全燃烧，消耗氧气最多的是(　　)。

A. C_2H_6　　B. C_2H_4　　C. C_2H_2　　D. C_2H_5OH

4. 将等质量的铜片在酒精灯上加热后，分别插入下列溶液中，放置片刻铜片质量增加的是(　　)。

A. 硝酸　　B. 无水乙醇　　C. 石灰水　　D. 盐酸

5. 质量为 a g 的铜丝，在空气中灼烧变黑，趁热放入下列物质中，铜丝变为红色，而且质量仍为 a g 的是(　　)。

A. 盐酸　　B. 一氧化碳　　C. 硝酸　　D. 乙醇

6. 1998 年山西朔州发生假酒案，假酒中严重超标的有毒成分主要是(　　)。

A. $HOCH_2CHOHCH_2OH$　　B. CH_3OH

C. $CH_3COCH_2CH_3$　　D. CH_3CH_3

7. 下列物质混合后，会分层的是(　　)。

A. 苯和 $KMnO_4$ 溶液　　B. 硝基苯和水

C. 酒精和溴水　　D. 酒精和苯

8. 将弯曲成螺旋状的铜丝放在酒精灯外焰上加热，趁热将其插入盛有乙醇的试管中，这样反复多次，能闻到有刺激性气味。反应的化学方程式是____________________，铜丝在反应中起________作用。

9. 司机是否酒后驾车，可通过对其呼出的气体进行检验而查出，所利用的化学反应如下：

$2CrO_3$(红色)$+3C_2H_5OH+3H_2SO_4 = Cr_2(SO_4)_3$(绿色)$+3CH_3CHO+6H_2O$

被检测的气体的成分是________，上述反应中的氧化剂是________，还原剂是________。

(答案：C_2H_5OH　CrO_3　C_2H_5OH)

10. (能力提高)5%的酒精溶液与 15%的酒精溶液等体积混合，所得溶液的质量分数为。

(结合“必修 1”的知识，考查乙醇的密度与质量分数的关系)

(设计者：南平市高级中学高一化学备课组　魏美珍、黄彪、黄建华、陈赛清)

案例 3-4 “氮氧化物的产生及转化”网络交互教学设计

——苏教版《化学 1》第四专题第二单元

一、设计背景

创新意识、创新能力、实践能力是 21 世纪对人才的要求。网络互动教学为培养学生创新意识、创新能力、实践能力提供了可能。网络上的知识日新月异,通过上网学生可及时了解世界,跟上时代的步伐,并从中受到启发,萌生出创新的欲望和意识。通过动手还可培养创新的能力和实践能力。传统教学中最多只能使用教科书、录音带、录像带等知识载体形式,而互联网是世界上最大的知识库、资源库,它集图、文、音、像于一体,因而特别适合学生进行“自主发现、自主探索”式学习,为学生发散性思维、创造性思维的发展和创新能力的孕育提供沃土。网络环境还可以实现个别教学或协作学习,信息技术以其强大的网络功能、多媒体服务功能为培养学生的主题意识提供了可能性,从而真正为因材施教提供了可能。

本节课正是试图通过这种教学实践,来建构一种全新的教学模式。它既要发挥教师的主导作用,又要充分体现学生的认知主体作用,从而调动教与学两个方面的主动性、积极性。

二、教学分析

(一)教材内容

(对教材内容做适当的处理:为了学生更系统地掌握氧化还原反应的知识把氨的合成放到本节来学习。)

知识体系:空气中 N_2→雷雨、氨的合成、化工、汽车→NO→NO_2→HNO_3。

核心知识:从两个方面(自然和人工)产生氮的氧化物和氮的氢化物,以及氮氧化物的转化对生产和生活的影响。教材以空气资源的利用和空气污染问题作为切入点,关注化学与社会的关系,并将 STS 的思想引入。

(二)教材的地位和和作用

“氮氧化物的产生及转化”这节内容是在高中化学苏教版《化学 1》必修模块的最后一个专题最后一个单元的第一课时,即在学生学习了 Cl、Br、I、Si、S、Na、Mg、Al、Fe、Cu 及其化合物的基础上,进一步学习氮气及其含氮化合物性质和应用,使学生更加全面、系统地了解元素和化合物知识,形成元素及其化合物的知识网络;同时起巩固氧化还原反应的载体作用,训练学习元素及化合物的一般方法,为元素周期律的形成积累感性材料。另外,通过一氧化氮、二氧化氮的应用引发酸雨和光化学烟雾的相关内容的教学,让学生认识到化学物质在造福人类、促进人类物质文明发展的同时，不合理的使用也可能引起环境污染等社会问题，只有掌握物质的性质并加以合理应用，方可避免出现某些负面影响，进而使学生树立科学应用化学物质促进社会可持续发展的科学发展观。

（三）教学方法分析

采用创设问题情境来激发学生学习兴趣、引发学生思维；通过实验探究来学习了解氮的转化及氮的氧化物的主要性质；通过阅读教材提供的信息和对教师提供的材料的分析，在完成教师给出的学习任务的活动中发现氮和氮的化合物相互转化中的规律，构建知识网络，掌握正确学习元素化合物知识的方法，使元素和化合物的学习不再是零散、死记硬背的。同时还通过对一氧化氮、二氧化氮在生产中的应用和对生态环境的影响，渗透辩证唯物主义观点的教育和环境保护意识的教育。当然学生仅仅了解书本的知识点是不够的，在瞬息万变的信息时代，教师必须补充内容，丰富课堂教学，特别是环境问题。环境污染和环境保护已成为世界性的问题，必须加强网络知识的链接，增加阅读材料，让学生开阔视野，了解世界环境的现状。

（四）教学对象分析

（1）知识技能方面：学习已掌握了一些非金属的性质，在初中化学中也已经对 N_2 的性质、N_2 在生活生产中的应用有了一定的了解，并具有一定的氧化还原理论基础。

（2）学习方法方面：学生通过前面几个专题内容的学习，对采用试验探究法学习化学已有一定的基础。在含硫化合物的性质和应用这一单元也学习过环境污染和防治的方法，具有一定的方法基础。

（3）计算机操作方面：高一学生的使用电脑的能力相对较弱，在计算机操作和知识引擎方面必须要进行课前培训。在该教学过程设计中，学生自行查找的网络信息较少，一般是在教师的引导下，学生自行阅读指定的网页内容，学生通过“自主发现、自主探索”式学习，自主建构获取的知识点，然后对知识进行梳理，通过网络论坛进行反馈，教师进行评价和总结。这样学生对知识的印象特别深刻，也促进学生的计算机操作技能和信息素养方面得到提高，培养学生网络自主探究的能力。

（五）教具分析

应用网络教室，服务器与 Internet 相连；应用多媒体网络课件，登录网络论坛。

三、三维目标

1. 教学目标

（1）知识与技能

①认识氮氧化物的性质和用途，知道含氮化合物的应用对社会产生的积极作用和对人类环境的影响。

②知道氮氧化物对环境的污染和防治方法。

③了解世界环境现状，及目前世界上防治环境污染的措施和方法。

(2)过程和方法

①通过氮气和氧气的反应的实验探究，使学生体验实验探究的过程和乐趣。通过交流研讨、观察、思考等过程训练科学的学习方法。

②通过网络了解哈伯合成氨的过程，体会科学家进行科学探究的方法。

③培养通过网络获取知识的能力和自主学习的能力。

④通过学习，培养小组合作、交流表达及科学探究的能力

(3)情感态度与价值观

讨论氮气及其化合物的各种应用的科学价值，由此带来的问题，及克服与解决这些问题的途径。培养学生的社会责任感、环境保护意识，形成与自然友好相处，促进对可持续发展的正确认识，感受科学地使用化学物质的意义，逐步树立珍惜美好大自然，爱护环境，合理使用化学物质的观念。

2.教学重难点

(1)教学重点：氮及氮的氧化物的性质、相互转化及汽车尾气的防治；网络环境下学会自主学习。

(2)教学难点：N_2 与 O_2 反应转化成为 NO 的实验探究；网络获取知识的能力和自主学习的能力。

四、学习方法

应用实验探究法、启发式教学法；自主、探究、合作学习；利用多媒体、网络辅助教学。

五、设计思路

随着科学技术的进步，尤其是计算机网络的发展，人类将进入信息社会，因而我们的生活方式、思维方式、工作方式、学习方式以及教育方式都将随之而改变。网络与教育的结合，将会彻底改变传统的教育思想、观念、内容、方法，改变传统的人才培养模式。

由于网络环境能为学习者提供图文音像并茂、丰富多彩的交互式人机界面，能为学习者提供符合人类联想思维与联想记忆特点的、按超文本结构组织的大规模知识库与信息库，因而很易于激发学习者的学习兴趣。在设计网络课件时首先采用丰富的图片信息，如人体中的血红蛋白、一望无际的稻田、电闪雷鸣等情景，为学习者实现探索式、发现式学习创造有利条件，从而有可能

真正达到让学习者主动建构知识意义，实现自己获取知识甚至创造新知识的理想目标。

网络环境中教师提供丰富的网络资源，如“哈伯的一生”的相关资料、目前世界环境现状以及目前人类对环境治理的措施和方法等网络资料。学生在教师指导下，根据学习的要点，利用网络调用信息资料，自由浏览，或者针对某一问题进行探讨，相互交流形成共识。主要是在自学的基础上开展讨论、争论甚至辩论，以此掌握知识，升华自己的认识。教师也可调用某一学生的资料进行点评。这样，学生与学生、教师与学生的协作可在网络环境中实现，达到较好的教学效果。

创新意识、创新能力、实践能力是21世纪对人才的要求，网络互动教学为培养学生创新意识、创新能力、实践能力提供了可能。本教案设计了让学生讨论如何净化汽车尾气，对生产化肥、硝酸的工厂排放的废气的处理方法，以及如何更加有效的解决环境污染问题。另外，对哈伯是天才还是魔鬼，让学生提出自己的看法。讨论产生环境问题的根源是什么。让学生充分发挥辩论才能，培养想象力和创造力。

网络突破了时空的界限，增加了人们交往的机会。大量而丰富的第一手资料，再加上即时交互式的探讨和宽松的研究环境，使认知的创新成为可能。在现代教育过程中，教师活动不再是机械重复地传授知识的活动，而是培养学生创新能力，挖掘学生个人潜力，发展学生个体的创新活动。教学过程中，要让学生能够敏捷地接受新知识，同时培养学生将新知识与已学的知识结合、重组、转换、迁移解决问题的能力。

对于网络交互式教学设计主要按照以下四步进行：

（一）问题情景导入

展示氮元素的重要作用的图片，如人体中的血红蛋白、一望无际的稻田等，让学生感受氮在生活、生产、科学研究领域的广泛应用的基础上提出问题：氮元素在地球上主要以 N_2 存在，非常稳定，不易转化为化合物的氮，而动植物生长需要的是化合态的氮，在人类还无法将 N_2 转化为化合态氮之前，自然界是如何实现这一转化的呢？在电闪雷鸣的条件下游离的氮是如何转化成化合态氮的？

（二）实验探究并提出问题

1. 通过实验观察和教材的信息提示，分析讨论氮的氧化物的产生和转化及 NO、NO_2 的性质和用途，解释“雷雨发庄稼”的原理

2. 分析氮的氧化物的产生和转化中氮元素是被氧化，还是被还原，并从中

找出氮元素相互转化的规律；思考将游离态氮转化成化合态氮的另一途径。

3. 通过网页资料了解哈伯生平和哈伯研究合成氨的历程后，对哈伯是天才还是魔鬼，提出自己看法。

4. 提出目前的世界环境现状的问题以及目前人类对环境治理的措施和方法

(三)在自主学习中分析问题

通过网页提供给学生哈伯的生平、目前世界环境现状的问题以及目前人类对环境治理的措施和方法等网络资料；进入学生论坛发表自己的见解，教师在论坛中及时给予解释和评价。

(四)在讨论学习中解决问题

在学生论坛中，对哈伯是天才还是魔鬼进行辩论；提出治理氮的氧化物所带来的污染及汽车尾气的净化方案，教师在论坛中及时给予评价。培养学生辩证唯物主义观点、创新能力和表达能力，挖掘学生个人潜力，发展学生个体的创新活动能力。

(五)在研究性学习过程中深入研究问题

利用课文中提出三个研究性学习的课题，对学生分组进行调查研究，并要求定时完成小论文。

六、教学流程

本课时教学流程设计如下：

步骤	教师活动	学生活动	目标说明
学习任务布置	1. 引导学生浏览网站。 2. 下载课件，介绍课件使用。 3. 课前教师先让“演示实验”进行5分钟(该实验时间较长)。	浏览网站，下载课件。 检查所需的实验仪器和药品。	为本节课的顺利开展做好基础工作。
情景导入	1. 打开网络课件：展示氮元素的重要作用的图片，如人体中的血红蛋白、一望无际的稻田等。 2. 氮元素在地球上主要以 N_2 存在，非常稳定，不易转化为化合态的氮，而动植物生长需要的是化合态的氮，在人类还无法将 N_2 转化为化合态氮之前，自然界是如何实现这一转化的呢？ 3. 在电闪雷鸣的条件下游离的氮是如何转化成化合态氮的？	观看图片让学生感受氮在生活、生产、科学研究领域的广泛应用，思考游离态的氮是如何转化成化合态氮的，在电闪雷鸣的条件下究竟发生了什么反应。	激发学生的好奇心和求知欲，营造探索、讨论的课堂气氛，给予学生一个思维环境，培养学生的科学探索精神。

步骤	教师活动	学生活动	目标说明
实验探究并提出问题、分析问题	1. 教师演示课本 P97 N_2 和 O_2 在放电情况下反应的实验，请学生用简洁的语言描述观察到的实验现象。 2. 通过实验观察和教材的信息提示，分析讨论氮的氧化物的产生和转化及 NO、NO_2 的主要性质和用途。 3. 解释"雷雨发庄稼"的原理。 4. 分析氮的氧化物的产生和转化中氮元素是被氧化，还是被还原，并从中找出氮元素相互转化的规律；思考将游离态转化成化合态氮的另一途径。	1. 观察实验，记录实验现象，描述观察到的实验现象。 2. 阅读教材的信息提示，完成相应的化学方程式。口述 NO、NO_2 的主要性质和用途。 3. 分析上述三个化学方程式，指出氮元素是被氧化，还是被还原，并从中找出氮元素相互转化的规律。 4. 应用已有的知识，回答让游离态转化成化合态氮的另一途径，并思考人类应采用哪一种途径来转化。 5. 写出 N_2 与 H_2 反应的化学方程式，指出该途径中氮气体现什么性（氧化性还是还原性）。	
阅读网页资料 提出问题 发表观点	教师提供给学生三份材料： 1. 哈伯和哈伯研究合成氨的历程。（网络资源，打开友情链接目录） 2. 目前的世界环境现状的问题，氮氧化物来源、对环境的危害及治理的措施和方法。 3. 自然界氮的循环相关内容。 （打开氮氧化物的污染目录，学生可在里面的 4 个小目录和 4 个链接中学习相关的知识） 教师在学生阅读完相关资料后，要求学生在论坛中对以下两个问题发表观点：1. 在了解哈伯和哈伯研究合成氨的历程后，对哈伯是天才还是魔鬼，提出自己看法。2. 提出目前世界环境现状的问题以及目前人类对环境治理的措施和方法。随着经济的发展，酸雨、光化学化学烟雾的污染越来越大，那么我们如何解决这一难题？提出你的建议。 （从论坛中得到学生的讨论情况，对学生的思考和问题做出适当的反馈）	1. 通过超级链接转入不同的知识点：了解有关哈伯和哈伯研究合成氨的相关信息；目前世界环境现状的问题及氮氧化物的来源，由此引发的酸雨、光化学化学烟雾对环境造成的危害事件，及目前国际上提出的治理环境的措施和方法。 2. 浏览教师所提供的网络论坛，讨论教师所提出的问题。 3. 通过超级链接，了解知识，回答教师的问题。 4. 以网络论坛的形式与教师、同学进行交流，展示自己观点、看法和创想。	培养学生分析问题、独立思考、与同学合作交流及表达的能力。

步骤	教师活动	学生活动	目标说明
学以致用	1. 运用所学的知识，提出如何净化汽车尾气？（教师要引导学生思考问题的方法：要排放到空气中的气体应该是什么样的气体，应该选择什么样性质的物质） 2. 对生产化肥、硝酸的工厂排放的废气的处理方法。 3. 如何更加有效地解决环境污染问题？ 4. 讨论产生环境问题的根源是什么。你应该怎么做？ （即时反馈，进行学习效果的评价） （教师引导学生观看网络课件，展示目前人类环境污染的来源和国际上一些防治措施和方法，激发学生的求知欲，更深入地了解环境问题）	以网络论坛的形式与教师、同学进行交流，展示自己观点、看法和创想。	培养学生开发创新思维和关心社会、服务社会的责任感。
课后深入研究问题	1. 通过网络课件的网页了解全球环境的最新动态。 2. 要求学生分组进行调查研究，完成课本第P98页三个课题之一。	1. 了解环境的最新动态。 2. 进行研究性学习（课后）。	拓宽学生视野，培养学生从互联网上获取信息的能力和进行研究性学习的能力。

（设计者：泉州九中　张淑珍）

第四节　化学教学设计技能的评价

表3-1为化学教学设计技能评价表。

表3-1　化学教学设计技能评价表

课题：　　　　　　　　　　　　　　执教：

评价项目	好	中	差
1. 体现新课程所倡导的理念	□	□	□
2. 教学目标全面适宜，学情分析客观实际	□	□	□
3. 教学模式选择适当，课程资源运用合理	□	□	□

评价项目	好	中	差
4.善于创设科学有趣的教学情境	□	□	□
5.注重揭示知识的发展过程和解决问题的方法	□	□	□
6.注意指导学生掌握科学的学习方法	□	□	□
7.有效使用直观教学手段和现代教育技术	□	□	□
8.师生、生生之间进行平等和多向的思维交流	□	□	□
9.设计方案内容全面,重点突出,策略得当	□	□	□
10.设计思路风格独特,体现出一定的创造性	□	□	□

思考与练习

1.前端分析对教学设计有何重要意义?

2.一般来说,教学设计应包含哪些主要内容?各有何具体要求?

3.从当前的课程教学内容中任选一节,练习并完成新授课教学设计的全过程并作分析评价。

4.选择合适内容,练习并完成实验课教学设计全过程并作分析评价。

5.参考案例,任选一节合适的内容设计一个探究性教学的方案,并与同伴一起讨论。

6.自己设计一个与化学有关的研究性学习或科技活动的案例,并与同伴一起交流。

7.如何对教学设计方案进行评价?选择典型的教学案例或课堂教学实录进行观摩并作分析评价。

第四章

导课技能

第一节 导课技能的含义

一、什么是导课技能

俗话说：良好的开端是成功的一半。教师对新教材的讲授，学生对新知识的学习，都是从引入新课开始的。“转轴拨弦三两声，未成曲调先有情。”一个好的开头是师生间建立感情的第一座桥梁，精彩的导语将会成为教学乐章的优美序曲，犹如乐曲中的“引子”、戏曲中的“序幕”，起着酝酿情绪、集中注意、渗透主题和带入情景的作用，能调动学生学习的激情、探索的勇气，使学生从一开始就能拥有最佳的学习心境，这对于学生圆满掌握新课知识有着举足轻重的作用。

化学导课技能就是通过巧妙、别致、恰到好处的新课引入，引起学生的兴趣，激发学生的求知欲，诱导学生进入教师预先精心设计的情境之中，为整节课的学习打下良好的开头，使整个教学活动进行得生动、活泼、自然。

二、化学导课技能的作用

所谓“万事开头难”，开好了头就等于成功了一半。教学导课，就好比提琴家上弦、歌唱家定调，第一个音定准了，就为整个演奏或歌唱奠定了良好的基础。导课艺术讲求的是“第一锤就敲在学生的心上”，像磁石把学生吸引住，后边的课上起来就顺了。从教育心理学分析，导课在化学教学中有以下几种功能。[①]

① 吴颂安．化学教学中导语的作用与设计．中学化学教学参考，1999(1～2)：84～85

（一）引起兴趣，集中注意

新的一课开头怎样，对上好整节课关系重大，直接影响学生的学习兴趣、情绪、注意状态等。如在讲到有机化学“酯”一节时，可以这样问学生：“在酒的商标中，常见到有XO、VSOP等符号，有谁知道它代表什么意义？”学生的注意力一下子集中起来，七嘴八舌地讲XO即代表贮存了50年的酒，而VSOP即代表贮存了30年的酒。接着提问，为什么酒越陈越好呢？这样学生一下子被问住了，都急切地等待老师揭开谜底。由此可见，导语具有引起兴趣、集中注意的强大力量，起到了组织教学的作用。

（二）开启思维，诱发思考

化学不是死记硬背的学科，化学教学中各种能力的提高不能只靠教师的讲授、点拨、引导，更应激发学生的思考，才能使学生有所得。那么怎样调动学生全身心地投入到课堂中去呢？思因疑而起，有疑才有思，所以设疑导课就能起到开启思维、诱发思考的作用。如讲到“盐类水解”时就可以这样设计导课：酸由于能在水溶液中电离出氢离子（H^+），溶液呈酸性；碱由于能在水溶液中电离出氢氧根离子（OH^-），溶液呈碱性。那么盐在水溶液中既不电离出氢离子又不电离出氢氧根离子，盐溶液一定呈中性吗？这样马上将学生的思维一下子引入到新课中，使学生思考盐溶液呈中性吗？接着可以做一些辅助实验，测量一些盐溶液的pH值，可知盐溶液不一定呈中性。然后问学生为什么盐溶液有些呈酸性，有些呈碱性，而又有一些呈中性呢？这样使学生带着问题听课，既提高了他们听课的兴趣，又使新知识能牢固掌握。这种问题式的导课会使学生的思维跟着老师讲授的疑点而转动起来。

（三）承上启下，架桥过渡

在讲授新课时，可以按照课本内容设计出联系旧知识、提示新内容、承上启下的导语，这样的导语如同在新旧知识间架起了一座桥梁，使学生既复习了旧知识，又激起了对新知识的探索欲望。

如在讲原电池时，可以设计这样的导课内容：在一只盛有稀盐酸的烧杯中，插入一块锌片与一块铜片，有什么现象发生？学生用以前学过的知识不难回答出：铜片上无现象，锌片上有气泡产生。接着又提问，如果用一根导线将铜片和锌片连接起来，又会出现什么情况呢？这下学生中产生了分歧，大部分回答现象不变，有些说不反应了。接着又提问，为什么锌片上的气泡会转移到铜片上去呢？然后讲授原电池的原理。这样经过教师指导、点拨，通过新旧知识的联系、对照，起到了承上启下、引导过渡的作用。

（四）画龙点睛，突出重点

任何一节课，都有它的重点、难点，而课本中的难点、重点又恰恰是授课的关键。如果在授课时能设计好导语，对学生掌握重点、难点都是相当重要的。

例如在讲到氯气的性质一节时，可设计以下问题导入新课：

氯原子的核外电子如何排布？请画出氯原子的原子结构示意图。观察氯原子的原子结构示意图，推测它的化学性质。

通过以上问题的解答，既解决了课本中的重点，即氯气的性质，同时也有利于学生思维能力的培养，并为后续内容的探究做铺垫。

综上所述，我们不难看出，在化学教学中，导课有多种功能，设疑布障，画龙点睛，逢水架桥，展现意境，是化学教师开启新课、训练思维、培养能力、发展智力的一把钥匙。

三、化学导课技能的构成要素

从化学导课技能的功能和目的出发，结合导课的过程，可以将化学导课技能分解为引起注意、激发动机、建立联系、指引方向四项构成要素。我们可以分别从这四项构成要素出发，去研究、学习、训练化学导课技能。①

（一）引起注意

化学导课技能中的引起注意，就是能用有效的方式引起学生注意，将学生的注意力集中于课堂，专注于特定的问题情境。

注意有有意注意和无意注意之分。有意注意就是预先有一定的目的，并需要有一定意志努力的注意，如记忆某物质的性质。无意注意就是没有预定的目的，不需要意志努力的注意，如新奇的教学媒体展示立即唤起学生的注意。在导课活动中，教师应创造条件努力集中学生的有意注意和无意注意于教学情境中。

生理心理学研究认为，通过一定的手段刺激大脑皮层，导致“觉醒”状态，是产生注意力集中和其他意识活动的基础，没有这种“觉醒”，任何感觉都不会产生。在导课阶段唤起学生“觉醒”，集中学生注意的主要因素是导课活动的新异性、情感性和学生的兴趣。凡能引起差异的刺激都能唤起人的注意。任何新奇的事物都能引起差异，极易成为人无意注意的对象，而刻板、单调、陈旧的事物就不易引起人们的注意。教师经常变换导课的方式，以新奇的实验、实物、故事等引导都能有效地集中学生的注意。

---

① 文庆城．化学课堂教学技能训练教程．桂林：广西师范大学出版社，2002，9

某些刺激能唤起人的情绪反应，影响注意。教师亲切的微笑、有吸引力的语言会从情感上感染学生，把注意力集中在教师身上；学生坐好后教师说“同学们，上新课之前我给大家讲一个有趣的故事……”，或“请大家先看一个有趣的实验……”等，能引起学生兴趣，集中注意力；教师既关心而又严肃的指令性语言，如“请同学们注意”、“请大家回忆”等，都能从情绪上感染学生，集中学生的注意力于学习情境之中。

兴趣是人们力求认识某种事物或爱好某种活动的倾向。因此，注意与兴趣密不可分。心理学研究表明，无意注意主要依赖于人的直接兴趣（由事物或活动本身引起），有意注意主要依赖于人的间接兴趣（由事物所导致的结果引起）。故教师导课中新奇、引人入胜的事物都易成为无意注意的对象。有意注意的关键是培养学生的间接兴趣。导课中培养学生间接兴趣的有效方法，就是让学生明确学习该内容的重要性。联系日常生产、生活、社会实际应用和日后的学习导课，可使学生认识和体验到该学习内容的价值所在。

（二）激发动机

学习动机是推动学生进行学习的一种内部动力。它是在学习需要的基础上产生的。化学导课技能中的激发动机就是要激发学生学习知识、技能，阐明、解决学业问题的需要，推动学习活动的进行。这种指向学习任务的动机、求知欲望，称为认知内驱力。心理学研究告诉我们：认知内驱动力既与学习的目的性有关，也与认知兴趣有关。因此，化学导课技能中的激发动机应主要从学习内容的目的性与认知兴趣着手。

学习的目的性可从教学目标的透明化和明确学习活动意义两个方面去认识。因为当学生清晰地意识到自己的学习活动所要达到的目标与意义，并用它来推动自己的学习时，这种学习的目的就成为一种有力的动机。

激发认知兴趣的有效方法之一就是创设问题情境。教师在导课中依据导课目的和学生实际，提出与本课内容有关的问题，可引起学生的好奇与思考，激发学生的求知欲。导课阶段有效的问题情境，就是要在教材内容与学生的认知之间制造一种“不协调”，使学生处于心求通而不解，口欲言而不能的“愤”、“悱”状态，急切地要去学习，这时就会激起浓厚的认知兴趣和强烈的学习欲望。认知兴趣也可通过教师导课活动本身的趣味性来激发。教师有趣的实验，新奇的教学媒体，丰富多样、生动活泼的教学方法都可以引起学生的直接兴趣，激发学生的求知欲。认识兴趣还可以通过让学生明确学习内容的重要性而激发。心理学研究告诉我们：认识兴趣与学生的基础知识有关。只有那些学生想知道而又未知的东西才能激起学生的学习兴趣。因此，导课内容

应贴近学生实际，在学生原有知识的基础上进行，立足于学生的“最近发展区”。

（三）建立联系

著名的美国教育心理学家奥苏贝尔指出：“影响学习的唯一重要因素，就是学习者已经知道的东西，要探明它，并据此进行教学。”化学导课技能中的建立联系，就是教师在导课活动中要采取一些有效的方式，促使学生在新旧知识间建立有效的联系，让新学知识在原有知识结构的基础上进行，使学习成为有意义的学习。古人云：“以其所知，喻其不知，使其知之。”也说明了新知识和旧知识联系的重要性。

建立联系的关键有两点：一是要明确新学知识的基础，二是要设计有效联系的桥梁。这就要求教师首先要钻研教材，明确重点、难点知识的生长点及结构体系，这样才能有针对性地建立有效联系；其次就是采取有效的方法，自然而又巧妙地使旧知识成为新知识的铺垫，使新知识的学习在导课活动的基础上展开。例如，“物质的量”导课中的可以这样来建立联系：首先抓住“物质的量”与“摩尔”这对重点与难点知识的生长点是“物理量”与其“单位”。因而导课要从“物理量”及“单位”这两个概念出发，通过引导学生回忆过去学过的常见物理量，如质量、长度等，以及它们的单位——千克、米等开始。然后联系微观粒子，如分子、原子、离子、电子等，提出：用什么样的物理量来量度这些微观粒子数目呢？其单位又是什么呢？

上述新知识与旧知识的有效联系不仅使旧知识成为新知识的铺垫，而且激发了学生的求知欲望，使学生既轻松而又迫切地开展学习。有时化学导课技能中的建立联系主要是激发学生的求知欲望，让新学知识在有趣的导课活动中展开。例如，对“二氧化碳性质”的导课，可以通过讲述神秘峡谷中狗与人晕倒的故事，让学生产生悬念。在学生迫切想解开这个谜团的时候，联系本节内容指出：这个使狗和人晕倒的罪魁祸首就是本节要学习的内容——二氧化碳，从而点题。

（四）指引方向

指引方向就是指引学生明确该课的学习目的、任务与方法。明确目的是人们做好任何事情的首要任务，课堂教学也不例外。化学导课技能中的明确目的应包括明确学习内容、任务和要达到的目标要求。因为教学目标是预期的教学效果，具有指向、激励和标准的作用。具体而明确的教学目标，能够引导学生围绕该目标有效地展开学习活动，并能在教学过程中，以此为标准检测学习的效果。指引方向往往是在激发学生求知欲的基础上，通过教师讲解，配以课题板书，以及不失时机地提出教学目标、指引学习方法来实现的。例如，“物质的量”导课中的指引方向，是在前述“建立联系”设问：“用什么样的物理量来量度微观粒子的数目？其单位又是什么？”的基础上而点题：“这就是今天我们要学习的又一新的物理量——物质的量及其单位——摩尔”，并板书课题。接着在学生产生强烈求知欲的时候提出本课时的教学目标和学习方法。这样，学生在明确学习内容的同时，带着明确的学习目标进入下一阶段新知识的学习。

上述化学导课技能的四项构成要素是互相联系、彼此依存的，它们以各自的功能共同作用于化学导课技能。建立联系、指引方向都是在激发动机的基础上进行的，而建立联系与指引方向往往又密不可分。后三项技能可作用于注意力的集中，建立联系、指引方向又能促使学习动机的激发。化学导课技能的高低有赖于上述四项构成要素，教师应从发挥每一构成要素的功能出发，寻求提高化学导课技能的途径与方法。

第二节 化学导课技能的设计

导课有借旧引新导入法、实验导入法、悬念导入法、活动引入法、偶然事件引入法、事例引入法、直观导入法、直接导入法等。在这些方法中，教师要根据自己的个性特点、教学内容的性质和学生的心理特点选取一种或几种来精心设计课的导入，异曲同工才是真正的课的导入。

一、借旧引新导入法

有效学习应当充分调动、激发学生的已有经验，并使学习沉浸其中。就本质而言，学生是从他们正在经历的完整经验中展开学习的，他们总是把信息镶嵌在大脑中，并与其他的当前经验、过去的知识和将来的行为联系起来。而导课恰能吸引学生的注意力，激活学生大脑中的原有经验以接纳、镶嵌新知，加强学生新旧知识间的联系，减少将要学习新课程的难度，强调新知在已有知识经验基础上自然而然、水到渠成的生成，扩大和加深学生的理解，促进学生探寻知识的意义。

从我国古代的孔子到国外当代认知加工学派的教育心理学家，都从不同角度认识到了“温故知新”、“新旧知识联系”、“激活相关的原有知识”等对学生学习和掌握知识的重要性。孔子在《论语·为政》中明确提出：“温故而知新，

可以为师矣。”现代认知心理学家加涅、奥苏贝尔等的研究表明:“人类在学习新知的过程中,离不开已经掌握的知识,运用已有的认知结构去同化新知,将新知纳入到已有的认知结构中,产生一种新的认知结构,达到一个新的认知水平。”人类认知学科知识的这一特点,要求我们在教学中高度重视新旧知识之间的内在联系,从学生已掌握的知识中导入新课,使得新课不新,旧课不旧,令每个学生感到自己有能力学会掌握新的内容,发展他们的“自我效能感”,激发学生学习的动机。

借旧引新导入法就是教师利用新旧知识间的内在逻辑联系和学生认知心理特点,通过复习或回顾已掌握的旧知,引导学生学习新知的程序化结构。其具体操作如下:(1)教师在教学前,应找出新旧知识之间内在逻辑关系的连接点;(2)教师引导学生复习或回顾与新知识有逻辑联系的旧知识;(3)教师在引导学生复习中,进入到新知识的学习。

二、实验导入法

学生学习开始的心理活动特征是好奇,要求解惑的心情急迫,在学习某些章节的开始,教师可以演示富有启发性、趣味性的实验,使学生在感官上接受大量色、态、声、光、电诸方面的刺激,同时提出若干思考题。通过实验巧布疑阵,设置悬念。一上课便给学生较强的、较新颖的刺激,能帮助学生收敛课前的各种其他思维活动,把注意力迅速集中到学习情境中来。演示实验再加上极强的“煽动性”语言,是化学课特有的引言。

案例 4-1

学习“钠”时,以演示相关的趣味实验——滴水生火开始,在蒸发皿中放一小块钠和少量的乙醚,然后滴入几滴水。学生马上看到了异常现象:通常用来灭火的水滴入后却引发燃烧,询问学生产生该现象的原因,由此激起学生探求新知识的欲望。随后,教师指导学生动手做钠和水反应的实验,引导学生观察和思考。

①钠可用小刀剖开(说明什么问题?)。观察切开后钠颜色的变化,思考原因。

②钠投入水中,浮游水面,熔成小球。为什么?

③产生的气体(有时会燃烧)是什么气体?为什么钠粒渐渐变小,最后消失了?

④向反应后的溶液中滴入几滴酚酞试液,溶液呈红色,说明生成了什么性

质的物质？

通过上述导入方式，引导学生得出钠是一种质软，密度比水小，熔点低，与水能剧烈反应生成氢气和氢氧化钠，在常温下易被氧化的活泼金属的结论。

三、悬念导入法

在化学教学中，有相当一部分内容缺乏趣味性，学起来枯燥，教起来干瘪。对这些内容就要求教师有意识地创设悬念，使学生产生一种探求问题奥妙所在的神秘感，从而激发起学生的学习兴趣。新课开始，教师要有创意性地编拟符合学生认知水平、富有启发性的问题，通过设疑留下悬念，吸引学生的注意力，激起学生解惑、探究的欲望。古人云："学起于思，思源于疑。"疑是学习的起点，有疑才有问、有思、有究、有得。

悬念导入中的问题既可针对新知识中出乎人们预料的迷惑点设置，也可针对与新知识紧密联系的人们熟悉的事物发问。设计的问题要富于挑战性和启发性，要符合学生的认知水平，提出的问题或故意设置的障碍应在学生原有认知的基础上，语言要求生动、简明、富于感情。

案例 4-2

江苏教育出版社化学 2"微粒间的相互作用力"一节的导课可以这样设计：人们已经发现或人工合成了上千万种物质，为什么仅仅一百余种元素的原子能够形成如此多形形色色的物质呢？原子是怎样相互结合的？为什么 2 个氧原子能自发地结合成 1 个氧分子，而 2 个氦原子或氖原子、氩原子等不能结合在一起？为什么原子之间按一定的数目比相互结合？原子结合成分子后，其性质为什么与原来的差别很大？"为了弄清楚上述问题，首先，就要在原子结构知识的基础上，进一步研究原子在形成分子时的相互作用。"上述设疑教学导语，教师引而不发，学生疑问重重，求知欲望倍增。

案例 4-3

在进行"物质的量"的教学时可采用实验导入法和悬念导入法。在上课前教师可准备一杯水，上课后教师可提问：谁能数清楚这杯水有多少个水分子？学生肯定既惊讶又好奇，会产生许多疑问：一个水分子既无法分离，又看不见摸不着，怎么数呢？难道有什么技巧和方法可数清楚？教师然后告诉学生，现在你们通过这一节课的学习，就可以做到这一点。学生会带着这样的悬念去

听课：到底如何数清楚水分子的数目？[①]

案例 4-4

在讲授原电池这一节内容，引言可以这样设计：一天，满载着精选铜矿砂的“阿那吉纳号”货轮正向日本海岸行驶。突然，货轮上响起了刺耳的警报声，船员们惊呼：漏水了！坚硬的钢制船体为什么突然会漏水呢（原因是船上的货物——精铜矿砂）？为什么精铜矿砂可使钢板出现漏洞呢？我们学习了原电池的知识就可解释这个问题。这样的引入新课使枯燥的知识变得趣味横生了。[②]

四、故事引入法

故事导入，就是教师讲述一段与所授新课有密切关系的故事，或介绍化学学科领域中与所授内容有关的科学成就，或展望化学知识的发展，或介绍知识在实际中的应用来导入新课，可避免平铺直叙之弊端，收寓教于趣之功效。

案例 4-5

“氯气”一节的化学教学时，可采用故事引入法和悬念导入法导入新课。教师在讲新课前，用 3 分钟播放第一次世界大战时德国军队首次把氯气作为化学武器在战争中使用的历史纪录片：在一战期间，德军为了实现迅速征服欧洲的梦想，他们要求当时的化学家哈伯为他们研制化学武器，哈伯领命兼任了化工厂的厂长，是他首先研制了军用毒气氯气罐。在一次德法两军对阵中，德军借助有利风速，以空袭的方式将 180 t 氯气吹放至法军阵地，致使法军死伤无数，从而掀开了人类化学战的帷幕。通过这段纪录片的播放，可激起学生的疑问：可致人于死地的黄绿色气体是什么物质？它为何可用作化学武器？如何制备它并加以合理利用？一系列的问题便出现在学生的脑海中，他们产生了急于了解、学习氯气性质的冲动和欲望，然后，教师开始进入新课的讲解。

五、情感导课

教师的情感对学生有直接的感染作用，良好的情感品质是完成教育教学任务所必需的。教师根据新课内容和学生日常生活中的体验，以生动活泼、充

---

① 李作胜.刍议化学课的导入.卫生职业教育，2006，24(8)：76～77

② 刘立志.化学教学的导课原则和方法.师范教育，2003(7～8)：36～37

满激情的语调来拨动学生的心弦，会使学生自然地进入学习意境。

案例 4-6

“氧气”一节的教学导语：“人不吃不喝还能维持生命 6～7 天，然而人如果处在没有氧气的环境中却只能活 1～2 分钟。人自从获得生命时，就与氧气结下了不解之缘，成年人吸入氧气的体积约 2 000 L/天。同学们对氧气了解吗？你知道它的化学组成和‘脾气’（性质）吗？”学生在教师这充满情感的叙述中，产生了对十分熟悉而又很陌生的氧气问题的求知热情。

六、实例导课

列举与新课相关的、典型的、新颖的事例进行导课，能使学生产生一种亲切感，拉近学生与学习新课知识的距离，体会化学与生活实际的关系，起到触类旁通的功效。

案例 4-7

“氯气”的学习可以这样导入：2004 年 4 月 15 日，位于重庆市江北区的重庆天原化工总厂 15 日晚发生氯气泄漏事件，16 日凌晨发生局部爆炸，截至记者发稿时，已造成 9 人失踪死亡，3 人受伤。目前已有 15 万名群众被疏散。化工总厂按照原来的事故处理方案进行了紧急处理。（展示几张疏散、营救群众的图片）从图片展示的对事故的处理方法中，你能否猜测氯气具有哪些性质？

七、史料导课

在新课导语中对学生渗透化学史教育，尤其是介绍我国古代的化学成就，宣传我国化学工作者的杰出贡献等，能提高学生的民族自豪感和自信心，激发学生的爱国热情和学习化学知识的积极性。以学生已有的生活经验、已知的素材为出发点，教师通过生动而有感染力的讲解、谈话或提问，以引起联想，自然地导入新课。

案例 4-8

在学习“钠、镁及其化合物”时，可设计如下引言：金属钠是由英国化学家戴维发现的。戴维电解氢氧化钾后，将分解得到的生成物倒入的大玻璃杯中时，“轰”的一声发生了猛烈的燃烧和爆炸，戴维从此失去了一只眼睛，但这丝毫没有动摇他酷爱科学、勇攀高峰的决心，他十分风趣地说：“幸好只瞎了一只

眼睛,还有一只眼睛,还可以继续为化学事业工作。"后来戴维加倍努力工作,成功地用电解法制得了钾和钠,还成功地制得了钡、钙、锶、镁等金属。我们跨世纪的新一代青年,要好好向戴维学习,将全部精力用于学习,为中华民族的伟大复兴做出应有的贡献。[①]

八、谜语导课

寓化学谜语于新课的导入中,学生学习兴趣浓厚,不仅丰富了教学内容,而且还增强了课堂的知识性、趣味性,教学效果颇为显著。

案例 4-9

"电镀"一节的教学导语:"同学们,这节课先请大家猜个谜,看谁猜得最准、最快。'通电洗澡,穿上外套,金光闪烁,合身牢靠。'"学生纷纷举手回答:电镀。教师借此发挥:"猜对了。电镀就是利用电解的方法,在某些金属表面镀上一薄层其他金属或合金的过程。本节课,我们就来学习电镀的有关知识。"导语虽短,但激起了学生学习"电镀"的情趣。

案例 4-10

"催化剂"教学导语可以这样设计:"加上一点点,作用大无边,功成不自居,量质没有变。""生石灰"教学导语:"全身洁白又硬强,洗起澡来吵嚷嚷,热气腾腾液乳白,粉身碎骨才安详。"实践证明,通过引入形象、逼真、富有趣味的谜语来进行的新课导入,对促进学生尽快进入新课学习情境、活跃课堂气氛和促进教学是大有裨益的。

九、对比导课

有些化学概念,表面看起来很相近,但实际上是有区别的,有的学生易把它们混淆起来。在教学过程中,教师利用对比等方法将事物之间或事物内部之间的矛盾揭示出来,创设问题情景,使学生认知产生矛盾,不仅能诱发学生积极思维,促使学生主动活泼地学习,而且便于学生把新旧概念区分开来,在解决问题的过程中培养学生的各种能力。

---

① 刘立志.化学教学的导课原则和方法.师范教育,2003(7~8):36~37

案例 4-11

讲电解时，可以先让同学回忆电离的知识，然后再提出电解与电离是否相同，如果不同，它们又有何区别与联系。我们学习了电解的知识，这个问题就不难解答了。下面我们就来学习电解的有关知识。

十、直接导课

这是直接阐明学习目的和要求、重要部分的内容及教学程序的导入方法。

案例 4-12

在讲授“物质的量”时可这样设计导课内容：物质的量的单位——摩尔是七个基本单位之一，是中学化学计算的核心，它贯穿于中学化学教材的始终。只有学好它才能学好化学。

案例 4-13

苏教版“原子结构模型的演变”的导课：大家熟悉“原子”吗？人类对原子的认识和探索已经历了 2 500 多年的漫长历史，科学家为了使微观粒子形象化、具体化，用原子模型来表示原子。在初中大家已经了解到构建模型常常能帮助人们认识和理解一些不能直接观察到的事物。科学家研究原子也是先建立原子模型，并且做了大量的实验，不断来完善、修正模型。今天这节课我们就一起来讨论原子结构模型的演变。

十一、多媒体导课

多媒体导入新课则是利用现代化的声、光、色彩、多维动画等形式导入新课。运用多媒体技术的优势，可以将声音、图像或动画同时呈现给学生，能够迅速调动学生学习的情绪，集中注意力。

案例 4-14

有机化学乙醇这一节的导课可以设计为：播放背景音乐——祝酒歌。展示画面——各种酒类和变化的酒字，与酒有关的古诗。插入旁白——同学们喝过酒吗？酒是一种奇特而富有魅力的饮料，中国的酒文化源远流长，我国是最早掌握酿酒技术的国家之一。那么你知道酒的主要成分是什么吗？为什么有的人“千杯万盏皆不醉”，而有的人闻酒则脸红呢？我们将从本堂课开始慢

慢解开其“神秘的面纱”![1]

十二、习题导课

习题导课是教师通过编制有趣味或有新问题的习题导入新课。

案例 4-15

“共价键”的新课导入:我们已经学过离子键的知识,知道使阴、阳离子相互结合的静电作用叫离子键,离子键是原子间通过电子得失形成的。请大家判断下列物质中是否含有离子键:KCl、$MgBr_2$、HCl、H_2。若不含离子键,它又是如何形成的?

十三、散文式导入

现代心理学认为,课堂教学的实质是师生双方情感的交流,心灵的碰撞,只有当师生双方的感情产生共鸣,思维产生共振时,心灵的碰撞才会迸发出智慧的火花。在化学教学中,完全可以用优美的语言去打动学生的心灵。

案例 4-16

讲授“物质结构元素周期律”一章时,引言为:大千世界无奇不有,有姹紫嫣红之色,有虚无缥缈之态。有些物质性格开朗,活泼异常;有些物质却是任凭你如何处置,它都是岿然不动;有些物质一拍即合(如 H_2 与 F_2),而有些物质却老死不相往来(如 H_2 与 Ne)。为何同在一片蓝天下的它们,会呈现如此的千姿百态呢?这一切都是由于不同的物质具有不同的结构所导致的。当然它们的差异,也是有规律可循,这就需要我们来学习和探究。如此这般导入,足以拨动学生的心弦,让他们不知不觉便产生获取知识的愿望。[2]

总之,化学教学导入新课是艺术,是能力,是科学,要求我们善于利用、善于创新、善于开发。它有助于教师紧紧抓住学生的心弦,引起学生的注意和兴趣,充分调动学生学习的积极性和主动性,学生在轻松愉快的氛围中获得知识,并且成为知识的主人。

---

① 刘立志.化学教学的导课原则和方法.师范教育,2003(7~8):36~37

② 年丰.化学教学“课堂引言”的设计.甘肃教育,2005(11):61

第三节　化学导课技能的应用

一、导课的基本原则

（一）要有明确的目的性和针对性

具有针对性的导课才能满足学生的听课需要。导课应当针对的教学实际，表现在两方面：其一是指要针对教学内容而设计，使之建立在充分考虑了与所授教材内容的有机内在联系的基础上，而不能游离于教学内容之外，使之成为课堂教学的赘疣。其二是指要针对学生的年龄特点、心理状态、知识能力基础、兴趣爱好的差异程度。如果课堂教学导课时，教师的态度、语言和蔼可亲，所讲内容是学生喜闻乐见的日常事理，学生听起来一定能如入胜地而流连忘返。可见，要针对教材内容和学生实际，采用适当的导入方法。要有助于学生初步明确将学什么、怎么学、为什么要学。具有针对性的导课才能满足学生的听课需要，实现课堂教学的教育性。

（二）要有关联性和简明性

导语设计如同桥梁，联系着旧课和新课，如同序幕，预示着后面的高潮和结局。所以导课的语言贵在方法之妙，而不在数量之多，否则就是喧宾夺主，画蛇添足。导入的内容要与新课重点紧密相关，能揭示新旧知识相联系的结点。教师开讲时复习的旧知识、提出的问题、设置的悬念、演示的实验、引用的化学史事、讲述的生活事例等，必须与新课的内容密切相关，要让已有的知识成为新知识的基础和前提，使新知识成为旧知识合乎逻辑的发展，也就是说课堂导入所用的材料必须能合理地过渡到教学内容上来。

作为课堂教学前奏曲的课堂导入，虽然是教学过程的一个重要环节，但不是中心环节，它只为中心环节作铺垫。课堂导入的时间不宜过长，教师引入新课时应言简意赅，一般在3～5分钟迅速缩短学生与教师之间的距离及学生与教材之间的距离，将学生的注意力集中到课程内容上来，完成向新课教学的过渡。如导入时间过长就会使导入显得冗长，从而影响本节课的进程。

（三）要有直观性和启发性

苏霍姆林斯基说："如果教师不想办法使学生产生情绪高昂和智力振奋的内心状态，就急于传授知识，那么这种知识只能使人产生冷漠的态度，而使不动感情的脑力劳动带来疲劳。"因为积极的思维活动是课堂教学成功的关键，

所以教师在上课伊始就尽量以生动、具体的事例或实验为基础，引入新知识、新观念。善于激疑启思，通过巧妙地设置问题、情景、悬念，激发学生矛盾、困惑、好奇、思考的心理，运用启发性教学来激发学生的思维活动，从而巧妙地架起通向新课学习的桥梁。

启发性的导课设计应注意给学生留下适当的想象余地，让学生能由此想到彼、由因想到果、由表想到里、由个别想到一般，收到启发思维的教学效果。

(四)要有趣味性和艺术性

戏曲人人会唱，各有巧妙不同。导课要有一定艺术魅力，即能引人注目，颇有风趣，造成悬念，引人入胜。这个魅力很大程度上依赖于教师生动的语言和炽热的感情。苏霍姆林斯基认为，“教学的起点，首先在于激发学生学习的兴趣和愿望”。我国古代教育家孔子也曾说过：“知之者不如好之者，好之者不如乐之者。”从心理学角度讲，兴趣是认识事物过程中产生的良好情绪。这种心理会促使学习者积极寻求认识和了解事物的途径和方法，并表现出一种强烈的责任感和旺盛的探究精神。可见，如果课堂导入充满趣味性，学生便会把学习看作是一种精神享受，因而能更加自觉积极地学习。因此，课堂导入应针对学生的年龄特征、兴趣倾向、知识结构，选取新颖的材料，精心设计有趣的开场白，以引起他们对新知识的注意，产生渴望、追求的心理状态，激发学生的认知兴趣和积极情感，启发和引导学生思维，让学生用最短的时间进入课堂教学的最佳状态。但不能一味追求趣味性而忽视思想性，甚至把课堂导入庸俗化。①

二、导课应注意的几个问题

因为每节课的内容、重点不同，导课内容的设计也就不一样，所以设计导课没有固定的模式。但我们在设计时要注意：

(一)要精炼，力求做到概括性

尽管导课非常重要，但它只是引导语，并非授课的主要内容，因此要切中要点，语言要精炼概括，不能繁琐冗长，一般以 3～5 分钟为宜。那些复习上节课内容拖占时间过长，联系实际随意发挥、没完没了的做法，都是不可取的。

(二)设疑布障，体现导课的启发性

不管是设疑布障还是设置情境，导课的设计都要有针对性、启发性、可接受性，要根据教学目的确定，围绕教学重点、难点来设疑。设置悬念应恰到好

① 李作胜. 刍议化学课的导入. 卫生职业教育，2006，24(8)：76～77

处，不可过分渲染，不可离题太远，一定要把握好“悬”的度。不“悬”会使学生一眼看穿，则无“念”可思；太“悬”会使学生无从下手，也就无趣可激。只有“悬”中寓实，才能使学生开动脑筋，反复琢磨、思考，兴趣盎然地去探索未知的世界。

（三）讲求准确，体现导课的严密性

设计导课不能模棱两可、含糊其辞，导课从语言到形式都应力求做到恰当、准确，无论是设疑引证还是说明比喻，都力求明确，不使学生产生误解。

（四）讲究巧妙，增加教学的趣味性

赞科夫认为，“不管你花费多少力气给学生解释掌握知识的意义，如果教学工作安排得不能激起学生对知识的渴求，那么这些解释仍然落空”。一般说来，导课所用的材料与课文的类比点越少、越精，便越能留下疑窦，越能吸引人。因为心理学研究表明，令学生耳目一新的“新异刺激”，可以有效地强化学生的感知态度，吸引学生的注意指向。

导课在内容上要求精炼概括，但它不妨碍形式的多样性，所以即使是几句话的导课，教师都可以从形式的变化中寻找巧妙有趣的办法。如设置悬念，增加一个小实验，讲述日常小知识、化学典故等，都可引起学生的学习兴趣，而唤起学生的求知欲。这里所说的“巧”应体现在导课形式的恰当、内容的恰到好处上，而不是为巧而巧，故弄玄虚，否则会冲淡课堂气氛，影响教学效果，弄巧成拙。

一堂好的化学课，能给学生以美的熏陶，是艺术的展现、情感的交流，而好的导语是美妙音乐的前奏，是艺术创造的原动力，是情感交流的纽带，所以化学教师千万不能忽视这小小的导课的设计。“导”无定法，切忌生搬硬套，对不同的教材和不同的教学内容要有不同的导入方法。从系统论的观点看，教学过程的结构也是一个系统，导入—呈现—理解—巩固—结尾是一个整体，缺一不可。如果只重视课堂导入，而轻视其他环节，再精彩的课堂导入亦不能取得预想的教学效果，不能达到课堂教学目标。

第四节　化学导课技能的评价

作为一节课的开始，导课要求做到：目的明确，紧扣主题；激发兴趣，启迪思维；选材新颖，内容具体；衔接自然，方法新颖；语言精练，时间适当；情感充沛，心理融洽；面向全体，自然入题。见表 4-1。

表 4-1　导课技能评价表

评　价　项　目	评价等级			权重
	好	中	差	
1.正确地建立符合新知识教学所需要的问题情境				0.2
2.新旧知识联系紧密,衔接适当,引入自然				0.2
3.选用的内容和方法得当,能激发学生的兴趣和求知欲				0.2
4.面向全体学生,有效地促进学生积极地参与教学				0.2
5.富有感染力,能引导学生进入新的学习情境				0.1
6.时间掌握紧凑、得当				0.1
补充意见:				

思考与练习

1. 导课有哪些作用?导课应遵循什么原则?
2. 导课技能的构成要素是什么?
3. 导课技能有哪些常用类型?
4. 设计两则导课微型教案,并进行微格教学训练,时间一般5~8分钟。
5. 根据导课技能评价指标,就某一同学的导课技能训练进行评价。

第五章

提问技能

提问的教学方法由来已久，古有孔子的“愤悱”提问启发，现在提问成为课堂教学中普遍采用的教学方法，可见提问技能在教学技能中的重要地位。

第一节　提问技能的含义

一、什么是提问技能

提问技能是教师运用提出问题以及对学生的回答作出反应的方式，促进学生参与学习，了解他们的学习状态，启发思维，使学生理解和掌握知识、发展能力的一类教师行为。[①]

现代教育家在建构各自的教学理论框架时，特别是针对单纯传授知识的传统教学的弊端，为了实施适应时代与社会发展的素质教育，在研究教学方法的思路时，对学生学习的自主性与能动性的发挥，对教学在促进学生能力的发展等方面的影响，给予了更多的关注。他们把在教学中提问的运用，提高到实现教学目标、促进学生全面和谐发展的高度加以强调。

二、提问的目的与功能

（一）目的

（1）在课堂上教师针对学生的思维特点有计划地提出问题，激发学生积极思维、主动求知的学习动机。

（2）提问过程是提示矛盾和解决矛盾的过程。通过矛盾的解决，使学生逐步认识事物，抓住问题的本质。

---

① 朱嘉泰．中学化学微格教学教程．北京：科学出版社，1999，133

(3)问题的设计一般是以旧知识为基础的,它可督促学生及时复习巩固旧知识,并把新知识联系起来,系统地掌握知识。

(4)通过提问可集中学生的注意力,激发学习兴趣,活跃课堂气氛,并从中培养他们的表达能力和思维能力。

(5)对化学教师来说,能及时了解学生情况,获得调控教学进程的反馈信息。

(二)功能

(1)定向作用。有效地运用提问技能,可以使学生的兴趣和注意力集中到某一特定的研究专题或概念上,并产生解决问题的自觉意向。

(2)提示矛盾和解决矛盾,帮助学生理解掌握知识。教学过程是包含许多矛盾的极其复杂的过程。构成教学过程动力的是学生面临的学习课题和实践课题与他们的知识和能力的现有水平之间的矛盾,这就是教学中的基本矛盾。在教学开始时,这种主、客观的矛盾往往是潜在的,学生并未能充分意识到它的存在。为此教师应该从学生已有知识和能力的水平出发,提出要解决的一个或一系列新的问题,使潜在的主客观矛盾表面化,使学生充分意识到矛盾的存在,从而产生学习的动机。

(3)促进学生能力的发展。提问是师生信息双向交流的过程。学生听取教师提出的问题,接受与领会提出问题的内容和意图,有助于学生发展获取有效信息的能力。学生对教师提出问题的思考解答,则是信息加工的过程,包括把问题内部的信息加以组织,或者再联系原有的有关知识信息。往往还需要对各种信息在解决问题中的作用、相互关系做出评价等,这样能够帮助学生发展组织和评价信息的能力。

(4)改善和加强师生的双边活动。在课堂教学中,学生对知识的掌握,技能的习得,能力与情感的发展,只有在学生主动参与的条件下才能真正达成。教学技能是在教学中教师促进学生学习的一系列行为。其中,提问技能对于促进学生参与具有特别大的作用。教师结合教学内容适时、适度地运用提问技能,给全体学生较充分的研究问题的机会,使他们运用已有的知识和能力,对教师提出的每一个问题积极思考、准备作答、发表看法,再结合教师作出的反应(肯定、否定、引导等)进一步思考,使学生经常地处于主动学习的状态,形成探求和交流的良好课堂氛围,从而促进学生的学习和教学目标的实现。①

---

① 朱嘉泰.中学化学微格教学教程.北京:科学出版社,1999,134~136

三、提问技能的构成要素

提问技能是一项基本教学技能，广泛应用于教学的各个环节，并大量运用于导入、讲解、结束和演示等综合教学技能的设计与实施之中。为了实现知识的迁移、系统化和巩固的目的，往往要设计若干个具有内在联系或逻辑关系的问题组成的问题系列，即教师还需要有综合运用各种类型的提问引导学生解决复杂问题的能力。

（一）引入提问

提问的开始，教师往往用简单明了的语言指出即将提出的问题以及提出该问题的目的，这种类型一般包括以引入新课为目的的提问及以总结知识为目的的提问。

对于为了实现某一较复杂的教学任务而设计的问题系列，教师在说明了提问总目的后，对每个具体问题是否都要引入，或者只选择其中几个问题说明提问的意图，应该根据教学的实际需要灵活掌握。

（二）提出问题

提问技能的教学行为方式是教师提出问题和对学生回答作出反应。因此，提出问题，即教师陈述问题并作必要的说明，应该是提问技能的关键要素之一。

陈述问题——这是提出问题的主要部分。要用清晰、准确的语言把问题表述出来。问题的措词要适合学生的理解水平，表述要简练，措词的字面意义应与要表述的意义完全一致。句子不宜过长。重点内容或关键字词应通过改变语速、音量或重复等方式加以强调。

提示说明——这是提出问题的辅助部分。在学生回答问题前，教师可以根据需要提示运用什么知识去解决问题，引导学生承上启下地把旧知识联系起来，找出解答问题的依据。教师还可以预先提示学生有关答案的组织结构，包括提示采取什么样的回答顺序（时间、空间或过程），以及回答形式等。

（三）停顿

学生对教师提出的问题需要有接受、思考和准备表述的时间。因此，教师提出问题后，应该安排适当的停顿。停顿，也是提问技能的体现。

停顿应该从学生整体水平出发安排，通常以多数学生抓紧时间能够初步完成思考过程为度。

停顿对学生和教师都具有一定的意义，他们可以从停顿中获得相应的信息。一般来说，问题陈述速度过快，停顿时间较短，表述问题简单，学生应该尽

快判断作答。问题陈述慢且停顿时间较长，表明问题复杂，或涉及的知识多，或一些知识在问题中较微妙，提示学生利用较充裕的时间周密慎重地思考，防止判断错误。

（四）分布

在任何一个班集体中，学生对问题的理解程度及他们的性格特征不尽相同，具体表现为：对问题持不同态度的；善于发表自己的见解，积极回答问题的；能够理解问题，但不愿当众发表意见的；学习成绩差，又不善于表达，不想回答的，等等。为了调动每一个学生学习的积极性，让他们主动参与教学过程，教师必须对提问进行适当的分布。

教师的提问应该面向全体学生，使学生感到研究问题、寻求答案人人有责，每个都有被指定回答问题的机会。切忌事先指定谁回答问题，然后再提出问题。对不愿意参加交流的学生，可在提问时将注意力适当地对准他们，即有所指向地望着某个或某些学生，但并不一定让他或他们回答问题，主要是促使其对问题进行思考。同时，不要随便接受喊出来的回答，假如教师经常从若干个学生中寻找喊出来的正确答案，等于鼓励他们的喊叫，使提问无法控制，且制约了多数学生的参与。

（五）探查指引

教师提出问题后，学生的思考、回答大致有两种困难情况：回答不准确、不完整；思维受阻，无法回答。前一种情况，教师往往要针对学生的回答，通过直接表述或者给予提示，帮助学生发现发现回答中的不足及其产生的原因，从而改进回答。后一种情况往往是问题跨度较大，学生在最初提问中未能建立起已有知识或方法与问题的间接联系，教师往往要以有序的系列化的问题设置认知阶梯，通过一系列问题帮助学生发现困难所在，最终实现整个问题的解决。

（六）反应评价

教师对学生回答的反应和评价，将对学生进一步参与起到重要的作用。当学生对问题作出回答后，教师要处理学生的回答，对学生的回答作出反应评价。①

四、提问技能的类型

对于提问技能有多种分类的方法。首先，依据提出问题的认知情况可以

---

① 朱嘉泰．中学化学微格教学教程．北京：科学出版社，1999，136～141

对提问进行分类。在教学中，教学目标对学生学习的内容和学习水平有具体明确的要求。为实现指定教学目标而提出的问题，应该精心设计安排，既在内容上体现重点、难点和知识间内在联系，又要恰当地控制问题的难度。这主要体现在认知能力方面，在解决问题需要的思维形式和水平方面存在不同层次的要求，有的只需要记忆，有的需要理解，有的需要分析、综合等。可以将提问分为以检查知识为主要目的的低级认知提问和以创造知识为主要目的的高级认知提问。回忆提问、理解提问和运用提问都属于低级认知提问。分析提问、综合提问和评价提问都属于高级认知提问。掌握不同认知水平提问的含义与特点，并通过实例帮助学生逐步掌握思考、回答这些问题的思维形式与方法，对于教师有效地运用提问技能以促进教学目标的实现至关重要。①

下面依照认知水平由低到高的顺序来讨论五种类型的提问。

（一）回忆提问

回忆要求学生能够再现知识，是低层次的、记忆水平的问题。化学教学中的回忆提问的问题主要包括：复述化学基本概念的定义、定律和原理；复述物质的性质与用途；再现化学用语、常用的计量单位及必要常数；再现化学仪器的名称、使用方法和基本操作；复述化学实验现象等。回答这些问题不需要进行深入的思考，所回答的内容学生只要记得就应该答得出来。

教学中适当安排回忆问题是必要的。为了减少或防止遗忘，在复习中应该适当运用回忆提问。为了学习新知识，教师往往也要运用回忆提问，帮助学生从已有的认知结构中提取记忆相关知识，作为探讨新内容的依据或出发点。

（二）理解提问

理解通常是指把握学过的知识的能力，包括对知识含义的领会、解释或引申（作某些推断）。化学教学中理解提问的问题主要包括：领会化学的基本概念、原理和化学反应规律的含义、表达方式和适用范围的问题；从物质发生的化学变化解释化学现象的问题；领会化学计算的原理与方法的问题；领会化学实验的原理、方法、操作过程和依据实验现象或数据推断出正确结论的问题等。

例如，蜡烛燃烧是否是氧化反应？是否是化合反应？这种问题称为对比理解提问。②

---

① 朱嘉泰．中学化学微格教学教程．北京：科学出版社，1999，141～149

② 胡志刚的博客，eblog.cersp.com/userlog19/47637/index.shtml，微格教学技能训练之二：提问技能

又如，在复习了置换反应概念之后，可以出一道选择题：下列反应不属于置换反应的是(　　)。

(A)$CuO+CO=Cu+CO_2$

(B)$2Al+2NaOH+2H_2O=2NaAlO_2+3H_2\uparrow$

(C)$3Fe+4H_2O\xlongequal{高温}Fe_3O_4+4H_2$

(D)$4NH_3+3O_2=2N_2+6H_2O$

(三)运用提问

简单运用是指将学过的知识运用于新的情境的能力，包括解决实际问题和解决新知识学习的问题。化学教学中运用提问的问题主要包括：运用化学概念、原理解决一些具体化学问题；运用元素化合物及有机化学知识解决物质简单制备、分离、提纯和检验的问题；化学计算解决化学中的定量问题；把化学知识运用于日常生活和社会主义现代化建设具体事例的问题。

指导运用提问，关键要抓住已有知识与新问题的关系。为此，教师要引导学生研究并筛选出解决新问题所涉及的知识或知识点，将原有知识具体化为解决实际问题或探讨新知识的方法或步骤，从而达到解决新情境下新问题的目的。

(四)分析提问

分析是辨认整体中各个局部及其相互关系(现象与本质、原因与结果)的能力。分析提问的对象事物是多因素构成的复杂事物或问题，学生仅仅记住学过的知识或单纯地领会和能运用各个有关知识是不够的。解答这类问题要求学生能够从复杂的事物或问题中识别各个条件与原因，或者找出条件之间、原因与结果之间的关系，为问题的解决寻找依据，进行解释，确定方法。因此，分析提问是一种高级认知提问。化学教学中的分析提问主要包括：分析概念、原理、规律的构成要素(要素分析)；分析物质或事物的共性(关系分析)；分析产生复杂化学现象或事实的原因(原理分析)等。

○ 案例 5-1[①]

$FeCl_3$ 性质的分析提问。在 $FeCl_3$ 溶液中加入难溶于水的碳酸钙粉末，可以观察到碳酸钙逐渐溶解，并产生气泡和红棕色沉淀，请用电解质理论简要

---

① 胡志刚的博客，eblog. cersp. com/userlog19/47637/index. shtml，微格教学技能训练之二：提问技能

分析其原因。

说明：这是利用电解质理论介绍 $FeCl_3$ 溶液跟难溶碳酸钙反应的较复杂现象的分析提问。为了把握基本事实，首先要对产生的现象进行宏观分析，初步判定：碳酸钙跟 $FeCl_3$ 溶液发生反应（碳酸钙逐渐溶解），产生 CO_2（产生气体），产生 $Fe(OH)_3$（红棕色沉淀）。然后，从电解质电离产生的离子间的相互作用对宏观事实进行微观分析。

（1）$FeCl_3$ 水溶液中含有哪几种离子？$FeCl_3$ 溶液呈何性质（中性、酸性、碱性）？为什么？写出有关电离方程式和盐水解离子方程式。

（2）碳酸钙溶解并产生气体，是发生什么反应？写出有关离子方程式。

（3）碳酸钙的上述反应对 $FeCl_3$ 水解有何影响？为什么？

（五）综合提问

综合是把零散的信息、资料组织为新整体以得出新结论的能力。综合提问，首先要尽可能充分地占有、筛选和发掘所提供的各条有用信息，整理、归类、判断它们在整体中的地位、作用，还要从已有的认识中迅速地检索有关的知识加以补充，再经过组织加工，形成整体上认识事物或解决问题的模式与方法，以得出崭新的结论。可见，综合提问也是一种高级认知提问。化学教学中的综合提问主要包括：对概念、原理错误运用或错误表述的判断与纠正；运用已有的若干个概念、原理或规律于新的情景以推导出新的结论；设计化学实验方案；实验装置的组合与剖析；依据几个部分化学知识的内在关系，融会贯通，解决多因素的化学问题等。

案例 5-2[①]

同分异构体的综合提问。分子式 C_9H_{20} 的有机物，如果它的一卤代物只有两种，试确定这种有机物可能的结构简式。

说明：回答此题首先要占有问题直接提供的已知条件和问题指向的三条信息：分子组成 C_9H_{20}；一卤代物只有两种；要求确定可能的结构简式。为了解决结构问题，还要检索出有关的知识：C_9H_{20} 符合通式 C_nH_{2n+2}，是饱和链烃；分子中含 9 个碳原子的烷烃其一卤代物只有两种，表明分子空间结构对称性很强，它的分子中只有两种不同的、与氢原子结合的碳原子。因此，解答此综合题的关键是寻找具有这样结构特点的 C_9H_{20}。为了启发思路，教师可以

① 胡志刚的博客，eblog. cersp. com/userlog19/47637/index. shtml，微格教学技能训练之二：提问技能

综合以下问题探查指引：

(1)C_9H_{20}最长碳链和最短碳链各含有几个碳原子？

(2)是长链的C_9H_{20}还是短链C_9H_{20}含不同位置的碳原子数相对较少？

(3)主链含有五个碳原子的C_9H_{20}有哪几种高度对称的结构？这些结构中，是否只有两种不同的、与氢原子结合的碳原子？

(4)主链含有六个碳原子的C_9H_{20}的一卤代物可能只有两种么？

通过以上提问的指引，确定本题合理答案的思考方向为短链的、对称性最强的C_9H_{20}，得出的结构简式为两种：

$$
\begin{array}{ccccc}
 & & C_2H_5 & & \\
 & & | & & \\
C_2H_5 & — & C & — & C_2H_5 \\
 & & | & & \\
 & & C_2H_5 & &
\end{array}
\quad 和 \quad
\begin{array}{ccccccccc}
 & & CH_3 & & & & CH_3 & & \\
 & & | & & & & | & & \\
CH_3 & — & C & — & CH_2 & — & C & — & CH_3 \\
 & & | & & & & | & & \\
 & & CH_3 & & & & CH_3 & &
\end{array}
$$

第二节　提问技能的设计

一般说来，我们可以在以下几个环节设计提问。

一、于导课伊始时提问

课堂的导入环节对于一节课的成功与否是至关重要的。若想在一开始就抓住学生的兴趣点，引导学生尽快进入教学情境，提问则不失为一种有效的方法。如在铝的性质这堂课，教师以“你们知道日常生活中有哪些铝制品”导入课堂，课堂气氛被调动起来，学生都争先恐后说出自己的答案，这种提问式的导入可以说为本课的教学开了一个好头，同时也促进了教学环节的展开。

二、于重点难点处提问

当要强调某一知识点时，可以通过提问引起学生的重视。如教师在讲解氧化反应的知识前，提高音量向学生发问“我们初中学习过的氧化反应是怎么定义的”，以引起学生对这个知识点的注意。对于教学的难点，可将其分成多个较易理解的问题，逐个提出，一一解决，从而使学生在解决问题的过程中更加深透地理解知识。

三、于教材的衔接处提问

初、高中的化学教材，构成了完整的知识系统。必修、选修模块、各专题之间往往体现了知识的内在联系。如果不揭示这种联系，往往使学生只见树木、不见森林，影响学生知识体系的形成。因此，在衔接处设疑，既能提醒学生注意，又能自然地过渡到下一个知识点上。

四、于枯燥乏味处提问

概念、理论的讲解有时难免会让学生感到晦涩难懂、枯燥乏味。若在此处恰当的提问，一来会使学生的情绪重新高涨，注意力得到保持，学习兴趣得以重新调动；二来提问与讲解相结合的教学方式，使知识的掌握也成为愉快的事情。如教师在讲解电解质的概念时，分别演示了灯泡在通电的氯化钠溶液、醋酸和蔗糖溶液中亮度的差异，提问："灯泡为什么会亮？说明什么？""溶液中存在哪些离子？是怎么得来的？""亮度的差异是由什么引起的？"探讨中，师生共同归纳出电解质的概念。

五、于结尾处提问

一堂好课，既应有好的开头，也应有好的结尾。提问不失为结束课程的一种好方式。教师应在结课时，根据知识的系统，承上启下地提出新的问题，既使新旧知识有机紧密关联，又激发学生新的求知欲，为下次教学做好充分的准备。如在离子键的学习结课时提问："我们这节课学习了离子键，它是阴阳离子间的相互作用，那像氯气分子中的两个非金属原子之间是以什么样的作用力结合的？这种作用力又是怎么形成的呢？"既延伸了本节课的教授内容，激发学生课后继续思考，又为下节课共价键的进一步教学做好充分的课前准备。

第三节　提问技能的应用

一、提问的原则

教师在设计提问时，要遵循以下几个基本原则。

(一)目标性原则

一些为提问而提问,搞形式作秀的提问,游离于课程标准、教材内容之外,具有极大盲目性的提问,在化学教学中是要避免的。教师的提问要有明确的目的,提问内容应紧紧围绕本节课的教学重点、难点来设置,便于有效地引导学生思维,为实现教学目标服务。

(二)有趣性原则

“兴趣是最好的老师。”教师在设计问题时,尽可能从日常生活现象、社会热点、知识内在联系上提出问题,使问题“贴近”学生,激发学生回答的兴趣,促发求知欲,从而愉快地接受知识,牢固地掌握知识。

(三)有效性原则

只有获得真实信息反馈的提问才是有效提问。诸如“你们喜欢探究学习吗”、“你们觉得老师提的这个实验方案对不对”等等问题,虽然学生的齐声回答造成课堂上的热烈场面,殊不知善于揣摩教师心思、投其所好的学生的回答并非反映教学的真实效果,有时甚至掩盖了真正的无知。还有类似这种“是不是”、“对不对”、“好不好”等接答式的无效问题在教学中通常也是起不到任何效果的,应尽量少用。

(四)启发性原则

课堂提问应具有思路诱导的价值,要能真正激活学生的认知冲突,使学生处于“愤悱”状态,想通过学习、思考知道究竟。由此,问题的设计难易要适中,太易,学生嚼而无味;太难,学生百思不解,都会挫伤学生的积极性。好的提问应该布疑得法,设在学生思维的“最近发展区”,也就是说提出的问题应该是学生经过努力思考所能回答的。

(五)层次性原则

提问应遵循学生的认知发展规律,采用循序渐进的原则,由易到难,由浅入深,逐步提高。对于综合性较强或难度较大的问题,可作阶梯式分层提问,即把一个大问题分解为若干连贯的小问题,每一个小问题构成一个台阶,前一个问题的提出是后一个问题学习的基础,后一个问题的解决是前一个问题的深化和发展。

(六)全体性原则

课堂提问应追求群体效应,不能将目光仅仅盯住优等生,而置大多数学生于不顾。这就要求教师准备适应学生年龄和个人能力的多种水平的问题,使绝大多数学生都能参与回答,从而达到激发所有学生的学习动力,全面提高教学质量的目的。

（七）实践性原则

化学是一门实践性极强的学科，在课堂中运用提问技能，最好采用与生活中的实践相结合，即“做中问”的方式，才能发挥出更好的效用。

二、提问的要点

教师对为完成一定教学任务而提出的问题要精心设计，明确每个问题在教学中的作用，特别要确定并设计好对现实教学目标至关重要的关键问题的主问题。问题设计不仅要从教学内容出发，而且要仔细考查学生在认知和情感方面的需要，努力把这两个方面统一起来。

教师不仅要根据学生的年龄特征、知识基础和认识水平提出适合他们思考的问题，还要考虑不同学生个人能力的差异，设计多种认识水平的问题，努力吸引大多数学生参与回答，使教学过程得以顺利进行，使各类学生通过提问都有所收获。

教师对问题的表达应简明易懂，背景和问题的指向的表述清晰恳切，便于学生思考、回答。提问时教师的态度要和善亲切，鼓励、吸引学生进入问题情境。提问时不宜用强制回答的语气和生硬的态度。

设计提问要认真研究已学过哪些有关知识，这些内容学生掌握的程度如何，再结合教学内容，寻找出新知识的“生长点”，由此出发提出问题。要预想学生对问题可能作出的回答，安排好不同回答的处置方式。

凡是已形成的问题框架，要注意单个问题之间知识、逻辑的关系，排列出符合教学内容发展的系列问题，诱导学生循序渐进地研究解答，发挥提问在教学各个环节和知识探究各个阶段的作用。

教师应认真听取学生的回答，充分肯定回答中的正确部分，对误答的部分要帮助学生分析原因，力争让学生自己纠正。对完全错误的回答，可采取教师启发、引导或让答错的学生听取其他学生看法等方式恰当处理。①

三、提问的方法

（一）深入研究教材，从教材的实际出发

采用课堂提问这一教学方法的教师必须注重对教材的研究，并使自己达到“懂、透、化”。“懂”就是理解教材的基本结构；“透”就是掌握教材的系统性及教材的重点、难点和关键，做到透彻掌握，融会贯通；“化”就是做到“使其言

① 朱嘉泰. 中学化学微格教学教程. 北京：科学出版社，1999，151～152

皆出于吾之心”,使自己的思想感情与教材中包含的思想感情融为一体。只有做到这样,教师才能游刃有余地提出问题,引导学生思考或针对学生提出问题加以启发帮助,师生共同解疑,达到启发式教学的要求。

(二)摸清学生情况,从学生的实际出发

在教学过程中,要求教师对学生的情况了如指掌。为此,教师必须深入实际,调查研究,了解和掌握学生的思想动向、知识基础、接受能力、思维习惯、动机情绪、治学态度以及学习中的困难和问题等。有了这些方面的基础,教师方能有针对性地提问启发,既做到面对全体学生,又做到面对个别学生,恰当地把握问题的难易度,从学生的实际出发,让每个学生都成为课堂的主人、学习的主体,使得班内各层次的学生都得到发展。不少教师在总结教学经验时常说:“我们备课,不仅要备教材、备教法,而且要备学生、备学法。”

(三)精心设计提炼问题,使其更具科学性

课堂提问属于语言的方法。苏联杰出教育家苏霍姆林斯基说:“教师高度的语言修养是合理地利用时间的重要条件,极大程度上决定着学生在课堂上脑力劳动的效率。”这就给教师提出了一个高标准要求:启发性教学语言不仅要讲求科学性,还要讲究艺术性。因此,教师务必精心设计和提炼一些富有启发性、情感性、变通性、挑战性,富有价值的问题,使其具有严密的科学性,从而吸引学生的注意力,激发学生的兴趣,使其产生主动探索、尝试的积极性,蕴蓄分析问题、解决问题的强烈愿望,达到培养和锻炼他们思维能力的目的。在某种意义上说,教师所提问题的启发性是实施启发式教学的关键。

(四)鼓励学生质疑问难,发挥其主体作用

思维来自疑问。宋代张载认为读书:“于不疑处有疑,方是进矣。”他主张读书时要从没有疑问的地方发现疑问。朱熹说:“读书无疑者,须教有疑,有疑者却要无疑,到这里方是长进。”一般只看到让学生解答疑难是对学生的一种训练,其实,应答是被动的。要求学生自己提出疑问,在看似平常的内容中自己发掘出问题来,是一种更高要求的训练,要求学生有高度的自觉性和主动精神。教师在设疑时应设法让学生在疑的基础上再生疑,然后鼓励、引导他们去质疑,并通过师生的活动来解疑,从而提高学生发现问题、分析问题、解决问题的能力,并在教师的引导下充分发挥其主体作用。正确对待学生质疑问难,是实施启发式教学的核心。[①]

① 本书编委会.新课程教师课堂技能指导.北京:中国轻工业出版社,2006,161～162

四、提问的技巧

(一)创设宽松的提问环境

课堂提问最好是在宽松愉快的环境中进行,务必使学生主动参与,敢于回答提问,形成热烈争辩、生动活泼、学习气氛浓厚的局面。在这样的学习情景中,学生的思维处于开放状态,个人的见解敢于充分发表,这样学得积极,学得主动,学习效率高。有的课堂提问让学生进行自由讨论,充分发表己见,发言无序,任其争辩,这样求异思维得到发展,学生的思路开阔,思想活泼,学习效益倍增,对培养开拓型人才大有好处。

课堂提问若在紧张的环境中进行,学生害怕教师提问,回答起来词不达意,有的只好照本宣科,情绪紧张,思路闭塞,学得被动,学习效益极低,这种态度是不可取的。

(二)注重鼓励,及时肯定

在新课教学中的课堂提问是教师指导学生探究未知的过程。学生回答问题一般从不全面到全面,这是正常的,因此,学生的回答即使不够全面,对其正确部分也应给予表扬。要鼓励学生主动回答问题,积极参加讨论,敢于发言,勇于争论,坚持真理,修正错误,特别要支持那些能够发表创见的学生。鼓励学生回答问题要大胆,不要照本宣科,表述要清楚明白,不要含糊其辞。尤其是对少数胆怯的学生,要注意引导,给予锻炼的机会,问一些容易的问题,促使树立学习信心。切忌以提问的手段去迫使学生学习,或对回答错误的学生加以指责和讽刺,伤害学生的自尊心和自信心,使他们害怕提问,师生间产生对立情绪,这样做的结果必然是事与愿违。但是,对学生回答中的错误必须指正,必要时还要分析产生错误的原因。

(三)讲究提问的技巧性

提问要有情感。教师提问时应带着善意而友好的微笑,而不是用强制回答的语气和态度;当学生回答问题时,教师应专心听,并用眼神进行情感交流,鼓励他大胆说出自己的答案;在学生面临回答不出问题或答错问题的窘境时,教师应采用亲切和蔼的态度,帮他们树立学习的信心。

对课堂提问,教师要预估学生的回答可能会出现哪些错误和问题,应如何去纠正和引导。比如,学生回答时出现知识超前或离题的现象,教师不能跟随去做详细解答,也不能置之不理,应指出这是后续学习的问题。

有的课堂提问是从提高教学效果的需要出发,根据事先确定的期望结果来选择某一层次的学生作答。比如有的问题学生极易产生某种错误,期望回

答也出现类似错误,此时教师可以针对错误对学生进行提示,引导他们找到正确答案,认识产生错误原因。这样做可以使学生对问题理解得更深刻,记忆得更牢固,从而获得更好的教学效果。

提问要有重点、有层次、有顺序。根据教学重点、难点设计的问题,要分层次、分步骤去解决,不能急于求成。提问时要给予思考的时间,学生回答条理不够清晰的或是重要结论,教师一定要再准确地复述一遍,务必使全班学生弄明白清楚。

有的问题要围绕中心问题,层层深入,定向引导,目的是让学生学会分析推理判断的方法;有的提问则要求学生放开思路,以训练他们的发散思维,比如计算题的一题多解;以不同角度答问题,用不同形式表述某一结论,使学生的聪明才智有机会充分发挥。

(四)提问要把握恰当的时机①

教师要依照教学的进展和学生思考的进程在恰当的时间提问。在当问之时提问,避免无效提问。那种"满堂问"和"随意问"的提问方式不但不能开发学生的思维,相反还会造成负面效果,使学生对提问产生反感,产生"厌答"的心理,不利于思维活动的开展。

(五)提问要留给学生适宜的候答时间

有些教师提出问题后,不管问题难易,马上要学生起来回答,学生可能答不上,这样既会挫伤学生学习的积极性,也会影响教学气氛。此时教师还以为学生真的答不出,就马上自己回答,成了自问自答,长期这样下去,会使学生认为反正教师会讲,因而就懒于思考。为此,教师在提出问题后,应给予适当的停顿,便于学生思考,学生答完后再稍停数秒,给予该生或其他学生补充的机会。这样既可以得到较正确的答案,又可以使学生逐渐乐意回答教师的提问。

第四节　提问技能的评价

提问技能的评价方法见提问技能评价表(表 5-1)。

① 胡志刚.教育时机论.哈尔滨:黑龙江人民出版社,2003

表 5-1　提问技能评价

评　价　项　目	评价等级			权重
	好	中	差	
1. 提问的目的明确，问题的内容与难度符合教学目标和学生的认知水平				0.2
2. 问题表达准确、清晰，运用不同水平的问题启发学生思考				0.2
3. 提问的时机恰当，停顿掌握得当				0.1
4. 有必要、恰当的探查与提示，引导学生思考、解答				0.1
5. 面向全体学生，使不同水平的学生能参与教学				0.2
6. 对学生的回答作出适时、恰当的反应				0.1
7. 小结解决问题的思路与方法，给出明确的答案或结论				0.1
补充意见：				

案例 5-3　提问技能范例

1. 创设问题情境，把握提问的最佳时机

创设问题情境就是为了引起认知矛盾，在教材内容和学生求知心理之间制造一种不"协调"，把学生引入一个多疑好奇的境界，从而让学生产生学习的需要。创设了问题情境后教师便可根据学生的反应来捕捉提问的最佳时机。当课堂气氛活跃，学生对情境里的知识疑惑不解，心情振奋，跃跃欲试急于想弄个究竟时提出问题能激起学生思考、回答问题的积极性，促进探究的进一步实施。①

例如，在氯气这节让学生探究氯气的性质时可这样设计问题情境来创设提问的时机。用多媒体播放 2005 年 3 月 29 日发生在江苏淮安的液氯泄露事故有关报道资料的影像：泄露的液氯使人畜中毒甚至死亡，使麦地枯黄，油菜变白，在场的工作人员用浸有稀石灰水的毛巾或口罩捂住口鼻进行救援或疏散。一幕幕惨烈的镜头引起学生很大的反响，有的瞪大眼睛，有的发出惊叫

① 李勇彬，胡志刚. 化学探究学习的最佳时机. 福建教育学院学报，2007(3)：13～15

声，有的沉思，有的与周围同学交流，迫切想知道这氯气怎么会给人民生命财产造成如此巨大的危害。这时教师便可捕捉住学生处于“愤悱”状态这一最佳时机提问：“氯气究竟有何性质能带来这么大的危害？同学们想不想根据刚才提供的信息开动脑筋对氯气的性质探个究竟？”同学们异口同声地说：“想！”个个摩拳擦掌。这一问题情境不只创设了提问的时机，激起学生的探究热情，通过液氯泄露给人们带来的生命和财产损失，也增强了学生环保意识及社会责任感。如果不考虑提问的最佳时机一上课直接提问：“氯气有何性质？同学们能否开动脑筋对其进行探究？”学生势必不知所云无从下手，最后问题又抛回给教师，由教师唱独角戏，学生枯燥地听，没参与热情，索然无味，探究质量势必不高，甚至无法开展下去。可见，把握最佳时机提问对探究学习的开展至关重要。

2. 回忆：使其回忆已学的知识或生活经验

例：下列各对物质中属于同系物的是(　　)。[①]

(A) CH_3CH_2Br 与 CH_3CH_2Cl

(B) 甲酸与硬脂酸

(C) —OH（酚）与 —CH_2OH（醇）

(D) CH_3OH 与 CH_2OH—CH_2OH

正确答案应为B，但有的学生因旧知识遗忘，误选了C，而B又无法判断。此时，就应提示回顾什么是“同系物”，强调“结构相似，在分子组成上相差一个或若干个—CH_2 原子团的物质互相称为同系物”。—OH 是酚而 —CH_2OH 是苯甲醇，—OH不直接接在苯环上，尽管其分子组成相差一个—CH_2。甲酸与硬脂酸不能肯定是否归为同系物，主要是硬脂酸的分子式忘了。

3. 理解：使其理解已经学过的知识，达到“强化”的作用[②]

例：实验室用纯锌粒与稀硫酸反应制取氢气时，若反应速度很慢，可以往反应的硫酸溶液滴加一至两滴硫酸铜溶液。这时，反应的速度可以大大加快，为什么？

应先让学生理解原电池反应的原理，然后提示：滴入硫酸铜进行了什么反

---

① 毕华林，刘冰. 化学探究学习论. 济南：山东教育出版社，2004

② 同①

应，有否具备原电池形成的条件？

又如：下列物质中，属于电解质的是(　　)。

A. 三氧化硫　　　　B. 酒精

C. 铜　　　　D. 硫酸钡

错选A，漏选D(硫酸钡)。原因是硫酸钡不溶于水，水溶液不导电，请学生回忆电解质的定义。

4. 分析与综合，引导学生思考，活跃思维，产生新的想法[①]

例：当化学反应 PCl_5(气)$\rightleftharpoons$$PCl_3$(气)+$Cl_2$(气)处于平衡状态时，向其中加入一种$^{37}Cl$含量较多的氯气，平衡发生移动，在建立新平衡以前，$PCl_3$ 中所含^{37}Cl的百分含量比原平衡状态时是否会增加？请说明理由。

答：加入^{37}Cl，平衡向左移动，使 PCl_5 中^{37}Cl含量增加，虽未重新建立平衡，但这些含^{37}Cl较多的 PCl_5 的分解反应也在进行，所以 PCl_3 中含^{37}Cl的百分比也会增大。

有许多同学答错。

总而言之，教学中的课堂提问是一门艺术，课堂提问不仅要有一定的难度，而且要有预测性。对于某个问题的提出，教师必须做到"胸有成竹"，即预测学生可能怎样回答，有几种不同的解答方法，学生可能会在哪里出现困难，教师应该怎样点拨或引导，提示学生找到正确的答案。教师应重视课堂教学中提问的技巧，提高提问的有效性。

思考与练习

1. 为二氧化硫的性质这节设计一个提问片段，创设问题情境，引导学生探究二氧化硫的性质。

2. 为化学反应速率这节的导入设计一个提问片段，激发学生学习本节知识的兴趣。

3. 对"氯水有了什么性质?"这个问题如何提问能启发学生由浅入深思考，层层分析得到结论？

---

① 毕华林，刘冰. 化学探究学习论. 济南：山东教育出版社，2004

第六章

课堂调控技能

课堂教学是个复杂的过程，受很多因素影响，常常会出现难以预料的情况，需要教师掌握一定的课堂调控技能，提高驾驭课堂的能力，才能保证课堂教学有效、有序地进行。

第一节　课堂调控技能的含义

一、课堂失控与课堂调控的定义

课堂失控亦即教学失控，而所谓教学失控，是指课堂教学中由于教师主观因素的影响，使教学机制不能正常运行，导致课堂教学没能达到预期的目标。课堂教学失控大致体现在以下几个方面：

(1)量的失控。是指教师在安排课堂教学内容的数量和质量方面引起的教学不足。教学中有时因教学内容的数量安排的密度过大或过小，习题的质量超越课目的要求或太容易解答，使学生无法解答或感到乏味，这些因素的存在都会影响正常教学。

(2)度的失控。是指教师在课堂教学要求的程度(即教学速度和训练强度)方面引起的教学不足。有时因教师教学速度太快或太慢，训练的强度太大或太小，使学生无法承受或太轻松，导致学生掌握新知识不扎实，囫囵吞枣，巩固练习处处卡壳。

(3)法的失控。是指教师在课堂教学中教育、教学方法方面的因素延误教学的正常运行。教学中有时因个别学生违纪、教师教育方法不当，使学生产生消极对抗情绪，师生矛盾阻碍教学；有时因教学方法不当，该演示不演示，学生对新知识掌握不熟；有时因操作时间过长影响巩固练习；有时因传导信息的媒体单调使学生厌学。这些因素都会对正常教学产生不良影响。

(4)情的失控。是指教师在调控课堂教学情境方面的因素而出现的教学“失态”。教学中教师因教法单调、枯燥,缺乏教学艺术、技巧使学生情绪低沉;有时因教师课前心情不佳影响教学气氛,使学生情绪受到极大压抑,在“疾风暴雨”随时而来的特定环境中,提心吊胆地度过短暂却又漫长的45分钟,无心学习。

(5)知的失控。是指教师在传授知识方面的失误因素所引起的教学“脱轨”。教师在教学中对教学信息加工、处理的失误和教学演示及操作的失误,将导致课堂教学的严重失控。这类失控对教学的危害极大,后果严重。究其原因,主要是教师对教材理解不充分,课前准备不充分,导致临场应变能力较差的后果。

而课堂调控就是指教师对以上的课堂失控行为进行调控的行为。为了避免其他因素影响教学,就需要教师平时多问勤学,不断提高自身的业务素质和教学艺术技巧,不断加强教学中应变能力的培养。所以课堂调控需要教师经验的积累和自身素质的提高。①

二、课堂调控的作用

(一)调动学生积极性

诸多的研究成果表明,要使化学教学过程处于最佳状态,一个重要的问题是要充分给予学生表达他们的看法、想法的机会,增强学生的成就感和自信心,培养和不断发展他们对本学科的学习兴趣,唤起他们日益增强的求知欲;另一个重要的问题是任何一节化学课必须有适当的信息量,有活跃学生思维的教学因素,通过运用观察、操作等各种手段实现手脑并用、眼耳并用,同时要有适当的调控。这两个问题是化学课堂教学需要认真研究和实践的问题,关键是在教师的组织与调控之下使学生最大限度地参与自主的教学活动,主动接受来自多种媒体的教学信息,通过各种感官的交替使用和思维的活跃,保持高昂的情绪和浓厚的兴趣。如果简单把组织课堂管理理解为维持课堂纪律,使学生老老实实地听课,不能自主活动,其结果必然使课堂教学变成单一的教师讲述甚至是“满堂灌”,学生只能被动地接受单一形式的“灌输”,整个教学过程背离最佳状态的要求。只有深刻理解组织课堂管理的含义,才能够科学地调控教学过程,灵活运用各种教学方法和教学手段,合理变换教学形式,使教学信息的传递多样化和多向化,学生始终处于主动的学习状态。

---

① 本书编委会.新课程教师课堂技能指导.北京:中国轻工业出版社,2006,165~166

（二）维持良好课堂秩序

化学课堂教学过程是一个可控制的有序的过程。学生的主动参与和教学信息传递的多样化，不等于课堂教学杂乱无章，学生任意而为，甚至从事与本课无关的活动。无论课堂气氛怎样活跃，学生怎样讨论甚至争辩，都必须围绕教学目标展开，都必须有利于教学任务的顺利完成。因此，良好的课堂秩序和和谐的教学环境是化学课堂教学的基本保证。如前所述，维持课堂秩序决不能只靠教师的威慑甚至惩罚，建立师生和谐的教学环境依赖于师生之间和同学之间的情感交流，而组织课堂教学可以有效地解决这些问题。通过向学生提出正当合理的要求和交代课堂常规，可以唤起学生的有意注意。通过正面提醒和巧妙利用提问、演示等技能，可以交替引起学生的有意注意和无意注意，使学生将注意力集中在教学主题上。通过分析原因和启发诱导，实事求是、合情合理地纠正违反课堂纪律的现象，尤其是及时肯定学生的进步和优点，鼓励学生的自信心和进取心，有利于克服学生的不良习惯。

（三）提高教学效率

化学课堂教学过程是一个特殊的认识过程。它要求学生在规定的时间内做好意向准备，形成良好的动机，对特定的客观事物进行充分的感知，经过科学的思维理解事物的本质联系，并将获得的知识保持在记忆之中，同时在新旧知识之间建立必要的结构联系，以供随时提取应用。在一节课当中，需要有这样一个总的过程和围绕每一个知识点展开的具体过程，也就是说从意向开始到应用结束的认知过程可能要反复多次。化学课堂教学过程又是化学教学系统的组成部分。因此，化学课堂教学过程是一个由各要素相互作用的具有特殊结构和基本环节的整体，是一个有序的与外界有信息交流的开放系统，是一个能够通过畅通的反馈渠道进行调控的过程。化学课堂教学过程所具有的特殊认知规律和系统性特点最终是通过课堂教学结构的完善与否表现出来的。例如，当前化学课堂教学中存在的上课就讲，不管学生是否有了足够的意向准备和良好的动机；没有给学生提供足够的事实材料，迫使学生在尚无充分感知和必要理解的状态下直接记忆知识；在对新知识进行感知和理解的过程中，缺少与原认知结构的联系；对教学效果的检查评价周期长，获取的反馈不够及时，难以起到调控作用等等问题，无不与课堂教学结构不够完善有关。随着教育观念和教学指导思想的转变，通过合理安排教学环节，注意各环节的承转，保证学生思路通畅，加强新课引入和课堂总结，帮助学生联系新旧知识，获取学生反馈信息，及时调整教学活动来完善课堂教学结构，是对化学教师的常规要求。要使教学在这一方面达到规范化，必须依赖教师高质量的组织课堂教学来实现。

三、课堂调控的类型

(一)教法调控

课堂教学的调控机制,在很大程度上就是刺激学生集中注意力,调动学生的学习积极性。从美学的角度来讲,引起人们审美注意的一个重要因素,是客观对象的新异性和多样性。因而,课堂教学方法是否新颖、是否多样,也是决定能否有效地实施课堂教学调控的重要因素之一。

运用教学方法对课堂教学加以调控,首先,教师要克服教学方法模式化的倾向,追求教法的新颖性,以新颖的形式激发学生的求知欲,使之保持稳定的注意力。其次,教师不能总是固守某种的教学方法,而要追求教法的灵活性和多样性,以不断变化的信息去刺激学生的接受欲望,使之形成持久的注意力。总之,教学方法只有符合学生的心理特征和认识规律,才能对课堂教学具有稳固的调控功能。

(二)兴趣调控

兴趣是指人们积极探究某种事物和爱好某种活动的心理倾向,是推动学生进行学习活动的内在动力。当学生对学习产生兴趣时,学习积极主动,乐此不疲。因而,如果教师能激起学生浓厚的学习兴趣,以趣激疑,以趣激思,那么,课堂教学的主动权将牢牢地掌握在教师的有效调控范围内。

在教学中,教师要善于挖掘教材内在的吸引力,满足学生的心理需求,激发学生的学习兴趣。同时,要注意不能停留在走马观花、浮光掠影的浅表,而应引导学生对学习的内容加以分析比较,揭示其间的共性与差异,进而探索其所以然,深化学生的学习兴趣。晶体结构的学习,可通过模型或多媒体演示立体结构,引导学生发挥空间想象力,掌握不同类型晶体之间的结构差异。

(三)语言调控

语言是人们交流思想感情的工具。在教学中,知识的传播,思维的引导,认识的提高,能力的培养,处处都需要通过语言这个载体来实施。教师教学无论用什么方式和方法,都离不开教师的语言。因此,对课堂教学的有效调控,在一定程度上取决于教师的语言组织和表达能力。

教师的教学语言应当准确科学,符合逻辑,遵循语法,通俗流畅,学生才能乐于接受,易于理解,印象深刻;教师的教学语言应当简洁扼要,内容具体,生动形象,富有感情,才能集中学生的注意力,激发学生的学习兴趣,调动学生学习的积极性。教师的语言还要语音清晰,音量适度,语速适中,有节奏感,抑扬顿挫,音乐性浓,才能增强语言的吸引力和感染力,提高课堂教学效果。

（四）情绪调控

教师的情绪直接影响着学生的情绪，是影响学生注意力最敏感的因素之一。学生学习情绪的高低，课堂气氛活跃不活跃，很多时候是与教师的情绪同步的。因此，教师在课堂教学中，要注意将自己的情绪调整到最佳状态。

首先，教师在课堂上始终都应该情绪饱满，精神抖擞，目光有神，满怀激情，对上好课充满信心。这样，学生势必就会潜移默化地受到教师这种激情的感染，精神振奋，情绪高涨。如果教师上课无精打采，情绪低落，两眼无神，则学生也会情绪低落，甚至睡意朦胧，对于教师的讲授听而不闻。其次，教师在讲解不同的教材内容时，应该表现出不同的神情。这样，学生就会情不自禁地与教师的喜、怒、忧、乐发生共鸣，达到“未成曲调先有情”的境界。

（五）反馈调控

在教学中，教师要改变唱独角戏、满堂灌的做法，重视学生的主动参与意识，师生共同活动，做到有启有发、有讲有练，善于创设信息反馈的教学情境，开辟多种信息反馈的渠道。通过提问、讨论、练习等多种方式，及时从学生那里获得反馈信息，并做出简捷、精辟、深刻的分析，从中了解学生对教师输出的知识信息接受和理解的程度，哪些已达到了目标，哪些还有差距，及时调控教学进程，调整知识信息的再输出，扬长救失，亡羊补牢。同时，教师还要善于及时捕捉学生的听课情绪、神态等间接的反馈信息，透过学生的眼神、情态去识别他们那丰富的表情，透视出他们那灵活跳跃的思想火花，从中推测和判断他们对教师输出的知识信息是否理解、满意，是否有兴趣、有疑问，进而迅速调整教学措施，并将教学继续深入。

（六）机智调控

在课堂教学中，往往会发生来自自身、学生和外界的意想不到的偶发事件。对于这些偶发事件，若处理不当，就会影响正常的教学秩序，甚至会导致一堂课教学的失败。因此，教师应具备一定的教学机智，做到临“危”不乱，处变不惊，快速做出反应，当机立断，及时采取适当的处理措施，化被动为主动，有效地调控课堂教学。

有一次，上课铃响过，某教师走进教室，发现一位学生正在擦黑板，粉尘弥漫，还有不少学生仍大声吵闹。该教师正要训斥学生，忽然想到这节课是讲环境保护，便借题发挥，幽默地说：“同学们请看，这里粉尘飘飘洒洒如瑞雪，教室吵吵嚷嚷像闹市。”学生莫不做声，面面相觑。教师继续若无其事地说：“在这种环境中学习能行吗？”学生随口答道：“不行！”“那么，怎样保护好我们的环境？今天，我们就来学习环境的保护。”这样，乱糟糟的教室却成了教师借题发挥导入新课的话题，既教育了学生，维护了课堂教学秩序，又激发了学生的求知欲望。①

四、课堂调控的要素

（一）提出要求

提出要求的作用在于一方面维持课堂秩序，一方面不断集中学生的注意力，使学生了解每个教学环节和教学步骤的意义，推动课堂教学过程顺利进行。因此，提出要求并不是简单地告诉学生该干什么，而是扼要地对学生说明应该进行什么活动，为什么要进行这种活动，怎样进行这种活动，以及在时间和纪律等方面的要求。提出要求，除了要在课的起始向学生提出总体说明外，更重要的是要在各个教学环节之间或各个知识点的转换处做出交代。

（二）安排程序

在提出要求以后，有时还需要进一步向学生说明进行某项活动的详细程序，以便使学生大体上遵循相同的步骤去完成同一项任务，在同样的时间内达到一个共同的目标。在组织学生观察、讨论、自学、练习和游戏时，都需要教师事先设计好操作程序并对学生加以说明。讲解和说明这些程序时，可以在提出要求后即做出整体说明，或在学生活动过程中逐步进行解释，也可以两方面兼顾。

（三）指导与引导

在学生活动过程中，还需要教师在提出要求和安排程序的基础上，进一步进行指导和引导。指导，侧重于对学生操作方法和动作方式的肯定或矫正，可以保证学生及时了解该怎样行动，从而训练基本技能。因此，指导多用于观察、自学、练习等方面。引导，侧重于对学生思维的启迪和注意力的转移，可以保证学生的思路通畅和教学过程的连续。因此，引导多用于听讲、观察、讨论等方面。

指导的对象包括全体学生和个别学生。例如，在学生实验之前，教师可以对全体学生提出要求和指导完成某项任务的具体方法，并进行示范；在学生实验过程，教师要加强巡视，对操作有误的学生进行重点指导。

引导的对象包括全体学生、部分学生和个别学生。例如，结合导入，把全体学生的注意力引向一个共同目标；在讨论过程中，对各个小组的学生进行有针对性的引导；结合提问，对个别学生进行引导等。

---

① 本书编委会．新课程教师课堂技能指导．北京：中国轻工业出版社，2006，168～171

（四）鼓励与纠正

鼓励和纠正是教师对学生活动效果的一种反馈，是对学生期望心理的一种回应。及时的鼓励和纠正，一方面可以强化对课堂教学的组织，另一方面可以维持学生的主动性和积极性。鼓励和纠正的时机非常重要，需要在学生活动产生了一定效果之后进行。过早的鼓励或纠正，容易使学生自足或自卑，反而削弱了积极性和进取心。过迟的鼓励或纠正，又可能使学生的期望值落空，导致注意力的转移。鼓励和纠正应该密切结合，尽量避免单一的鼓励或纠正。

（五）总结

总结是对学生活动情况和取得效果的全面评述，是对教学信息的进一步强化。通过总结，可以使学生从整体上和在更高层次上巩固所学习的内容。因此，总结是组织课堂教学的不可缺少的一个要素。总结除了在全课的结尾进行外，还应在各个知识点的承转处作适当安排。总结应该简明扼要，内容应包括两方面，一是对本课内容的结构化综述，二是对学生活动状况，如态度、纪律、成绩与不足等问题的评价。

第二节　课堂调控技能的设计

一、管理性组织课堂教学

课堂是教学活动的主要场所，为了使教学过程顺利进行，必须有相应的纪律保证。但是课堂纪律的好坏，并不能以课堂上的绝对安静和学生的“循规蹈矩”为标准，而是既要使学习有序，生动活泼，又不能让学生感到压抑。

二、对课堂秩序的组织管理

课堂秩序的组织管理，需要排除外界环境和心理变化对学生的干扰，纠正学生各种背离教学过程的不良行为。要做好这些组织工作，首先需要教师关心和爱护学生，从学生的角度理解他们所存在的问题，倾听他们的心声，与他们建立友善的关系，同时明确提出学生应遵守的课堂纪律，不断提醒学生注意，强化纪律要求。这里教师的态度和所用的语言是十分重要的。

在纠正学生不良行为时，应尽力采用暗示的方式，如“好像有个别同学没有听清楚我的话”或用行动纠正，如走到学生身旁以手或眼示意。

课堂秩序的组织管理应与教学指导紧密结合，教学方法和教学手段的启发性与趣味性，都能够大大改善课堂气氛，最大限度地排除外界干扰。

三、对个别学生的组织管理

对个别组织纪律性较差的学生，除了与家长密切配合，对症下药，耐心地做工作以外，还应注意：

第一，使不良行为得不到回应而自行终止。如学生的恶作剧引起哄堂大笑，会使学生更为得意。这时教师的斥责恰恰会强化其不良意识，如果不予理睬，反会使其感到没趣而终止恶作剧，也会转移其他学生的注意力。

第二，有意识地安排替换行为并给予鼓励。如指定喜爱交头接耳或做小动作的学生思考一些问题，并作为小组讨论的发言人，给予表扬或鼓励，使其从替换行为中获得心理满足，以抵消不良行为。

四、指导性组织课堂教学

教师在课堂教学中起主导作用。学生在课堂内的活动离不开教师的组织引导，课堂教学过程要由教师来调节和控制。为了使学生都能主动地参与教学，迅速地投入学习，同时使课堂教学过程达到优化，需要教师及时发出指令或灵活运用各种教学技能，保证教学环节的顺利承转和衔接，指导学生完成教学大纲规定的教学任务。

（一）组织学生听讲

组织学生听讲的含义，不仅仅限于让学生老老实实、安安静静地听教师讲课或讲述，而是使学生及时领会教师的要求，迅速地遵照教师的安排投入各项活动，并且具有较高的积极性。组织学生听讲可以有两种方式，一是直接指令，二是间接引导，后者需要教师具有更高的技能。

(1)直接指令学生听讲。教师向学生直接宣布听讲的要求，要求学生集中注意力。直接指令又可分为两种形式：一是简单命令式，如“翻开课本第五页”、“看黑板”等；二是交代任务式，如“请同学们看我做课本的演示实验并注意观察现象”、“请同学们思考提出鉴别盐酸和浓硫酸的方案”等。

(2)间接引导学生听讲。在教学过程中，如果学生出现注意力分散，学习积极性降低等状况，教师不能通过一味发号指令来进行课堂调控，可借助故事、视频短片、诗词对联等形式引导学生，使学生注意力再次转移到教学内容上，往往能起到较好的效果。

(二)组织学生观察

观察是对研究对象的有目的的了解和察看,通过观察来感知事物和现象,是形成正确表象,进而进行科学思维的基础。根据观察对象的不同,组织学生观察又可分为组织学生观察图像媒体、组织学生观察影片媒体和组织学生观察实物媒体等。

组织观察的技能应包括明确观察目的,集中学生注意力,教授观察方法和步骤,注意全面观察与细部观察相结合,鼓励独立观察等。

(三)组织学生讨论

讨论是一种由学生积极参与的教学方式。它可以促使每个学生都有机会投入活动当中,促进他们积极地思考,相互启发,完成教学信息的多向交流,在教师的帮助和引导下,经过主动探究获得知识。根据学生参加讨论的规模和参与的程度,组织学生讨论又可分为组织全班学生讨论、组织小组讨论和组织辩论。

(1)组织全班学生讨论。这种讨论以教师为领导者,多由教师轮流请多个学生发言,各抒己见,而教师不急于作结论,主要是启发学生深入思考,使讨论走向预期的目标,待学生充分发表意见后再作总结。全班讨论还可以采用专题报告形式,即选定若干学生组成小组,经过课前准备在课上向全体同学提出报告,其他学生可就报告提出支持或反对意见。

(2)组织小组讨论。这种讨论多以学生座次划分为固定的小组,每组学生轮流担任发言人。各小组就相同的问题进行讨论,教师在教室内巡回辅导。经过一段时间讨论之后,请各小组发言人报告本组讨论结果,教师进行总结评议。

(3)组织辩论。课前由教师提出要讨论的问题,指定正方或反方,然后让学生分头查找资料,准备论据,在课堂上提出论述理由。最后由教师加以总结归纳。

讨论可以调动学生的积极性,给每个学生显示自我的机会,因此是学生乐于参加的活动。但是课堂讨论时间有限,要求教师归纳学生的发言,得出概括的结论,因此需要教师有较高的组织技能。全班讨论适于教师调控,在时间上有保证,宜于讨论简捷的有明确结论的问题;分组讨论能够鼓励每个学生都积极参与,但教师不易辅导,而且时间上有时难以控制,适宜讨论综合性较强的问题;辩论最能鼓动学生,激发学生的学习热情,但比较费时间,适宜讨论不一定有标准答案但能启迪学生发散性思维的问题。

(四)组织学生自学

自学是一种教学形式。广义的自学指学生不到学校学习,自己安排学习时间,定期接受辅导,以通过国家组织的考试为标准。这种自学目前在我国多用于成人教育或远距离教育(广播电视教育等)。狭义的自学指学生在校学习,有统一的学习时间和课程安排,严格按照教师的要求完成阅读和作业任务,接受统一考试。狭义的自学又有两种形式,一种是系统的自学,如程序教学,即学生根据各自的水平和能力,确定学习速度并独立学习经过特别编制的程序化教材;另一种是课堂教学过程中短时的自行阅读课文或学习某一节的教学内容。组织学生自学的技能主要体现在狭义自学的后一种形式,因为广义的自学基本上不属于课堂教学范畴,程序教学主要依赖于特殊的教材,而自行阅读或自学某一段教材,需要教师的精心指导。

随着化学教材改革的深入,新编化学课本普遍增设了活动与探究、资料等栏目,以加强教学的灵活性和学生学习的主动性。对于这些栏目,教师决不能简单处理,让学生看一看了事,而要体会编写意图,提出相应的指导措施。如可在寒假将至,春节临近之时,结合课程标准必修二其中的"活动与探究",要求学生调查并讨论燃烧化石燃料对环境可能造成的污染与治理途径,布置学生课后探究燃放烟花爆竹对环境的污染,让学生感受化学与生活的密切关系,增加保护环境的自觉性和责任感。

第三节　课堂调控技能的应用

一、课堂调控技能的方法和技巧

在新课程中,教师在进行课堂调控时要讲究方法和技巧。

(一)表情示意法

当教师授课时,发现某个学生讲话或做小动作,可用自己的目光或严肃的表情示意,从而使学生意识到老师已发现他没有专心听课,并警示学生把注意力集中到学习上来。

(二)走动示意法

教师上课时注意到有的同学低头在看其他书籍或什么东西,用表情示意又不能起什么作用时,可以边讲课边走到这个同学跟前突然站住,这样,学生便会发现,并迅速意识到老师在提醒自己要注意听课或积极思考问题。

(三)手动示意法

有时课堂上发现个别或几个学生昏昏欲睡,甚至自觉不自觉地睡着了,教师可以边讲课边轻轻拍拍这个同学的肩或头,提示学生进行自我控制,克服睡意并集中注意力到学习上来。

(四)变音示意法

众所周知,教师在课堂上的音量不宜过大或过小,而以全班每个同学都能听清楚最为适宜。语速的快慢和音量的高低要根据实际授课的需要来确定。当发现学生走神或看到窗外去了,或受到窗外的噪音的影响时,教师可结合表情示意,放慢或加快语速,或突然停顿1～2秒,或用提高音量压住室外噪音等方法,示意注意力"分散"的同学。

(五)提问示意法

在实际教学中,我们经常会注意到这样一些现象:有的学生看样子是在听课而心思根本就不在课堂上;有的学生没听懂或根本不懂却装出很清楚的样子;有极少数学生不耐烦,心神不安;有的"南郭先生"在集体回答问题或朗读时善于蒙混过关等。为此,教师在讲解过程中及时提出一些简单问题,让上述这些学生复述或解答教师讲过的个别简单的内容或重复教师刚提出的问题,能使学生专心听讲,提高教学效率。[①]

二、课堂调控技能的要点

(一)注意组织课堂教学的方式与时机

如前所述,组织课堂教学绝非一次性行为,围绕着不同教学内容和不同教学环节或步骤,教师要多次组织课堂教学。因此,在教学设计和编写教案时,应充分考虑组织课堂教学的恰当方式,是正面讲述还是提问启发,是运用语言还是电教媒体,怎样与导入、提问、讲解、变化、强化、演示等技能有机结合,还应充分考虑组织课堂教学的时机,何时提出要求,何时安排程序,何时指导、引导,何时鼓励纠正,何时总结,等等。这些方面都应有切实的针对性,不能流于形式,甚至对各个细节都要预先作考虑,防止课堂上的随心所欲。在实践中,也要根据学生的反应作变通处理。

(二)注意身教与示范

身教在组织课堂教学中有着特殊重要的作用。教师通过自我形象和动作行为所发出的信息,往往比语言指令有更强的引导性。例如,在仪表方面,端

① 本书编委会.新课程教师课堂技能指导.北京:中国轻工业出版社,2006,177～178

庄大方的衣着对学生情绪将起到稳定作用，浓妆艳抹则会干扰学生的注意力；在举止方面，安详稳重的姿态会使课堂气氛保持和谐，轻佻浮躁的举动会使学生失去对教师的尊重，因而造成混乱；在行为方面，规规矩矩的行动和语言自然能影响学生使有良好的秩序，坐无坐相、站无站相、语言粗俗、乱扔教具等，都会给学生以不良影响，以至于影响课堂秩序。

示范是由教师亲自把正确的行为方式显示给学生，使学生在较短时间内达到操作的规范化。在安排教学程序以后和指导、纠正的过程中，教师要经常对学生进行示范。

（三）注意严格要求与耐心说服

中小学生是生理和心理的发展时期，各方面的心理因素都存在着不稳定、易波动的特点。与幼儿相比，中小学生的自尊心明显增强，对客观事物的自觉性大大提高，需要经过思考以后再对外界事物做出反应。教师应该认识中小学生的这种心理变化，不能企望学生仅凭直觉就会产生反应，所以要讲清道理，说明原因，给学生一个自我判断和自我选择行为方式的机会，耐心也就显得必要的了。然而，中小学生毕竟还没有达到心理成熟阶段，完全凭自觉性来行动是不可能的，时间也不允许。对于一些事关集体荣誉和社会公德的问题，教师要有硬性的规定。课堂教学是一种集体活动，当然也必须有严格的统一要求，才能达到全体学生的协调一致。

对于管理性组织课堂教学，应该重视严格要求，以便取得实效，保证课堂秩序的安定。在课堂上过多地谈纪律问题，也会影响教学。对于指导性组织课堂教学，应该多进行耐心说服，因为智力的差异和能力的高低不是简单命令能够改变的。

（四）注意面向全体学生

组织课堂教学是以班级教学为根本前提的，是针对全体学生的。组织课堂教学的目的，是优化教学过程，使全体学生都能达到教学大纲所规定的基本标准。超常生和优秀生的进一步发展，应以全体学生达到基本标准为基础。因此，教师在组织课堂教学时，必须首先考虑大多数学生的实际，以大多数学生均能适应为宜。如果只注意超常生和优秀生的需要，就可能使大多数学生难以适应，跟不上教师的组织引导，不能按照教师的要求去活动，最终丧失信心。如果过分照顾基础薄弱学生，又可能使课堂教学的要求过于容易和烦琐，使大多数学生感到索然无味，失去学习兴趣。

面向全体学生不等于不照顾差异。为了满足超常生和优秀生的学习欲望，可以在提出要求时提出不同层次的目标，供学生自由选择将完成何种任

务,也就是做到"尽力而为",还可以对他们进行个别指导。对于基础薄弱的学生,可以有意识地多提问,多指定他们作讨论发言人,对于其练习多加指导和纠正等等。

第四节 课堂调控技能的评价

课堂调控技能的评价方法见课堂调控技能评价表,如表 6-1 所示。

表 6-1 课堂调控技能的评价

日期＿＿＿＿＿ 任课教师＿＿＿＿＿

请您在听课时对以下各项目进行评价,在恰当等级画√

	好	中	差	权重
1.提出要求合理且有针对性				0.1
2.安排程序科学、恰当				0.1
3.指导和引导规范、准确				0.05
4.及时的鼓励和纠正				0.15
5.总结和评述语言流畅、精炼				0.15
6.能够调动学生的积极性,使学生主动学习				0.15
7.能够维持良好的课堂秩序				0.15
8.能够完善课堂教学结构,提高教学效率				0.15
您还有什么意见或建议:				

案例 6-1 课堂调控技能范例

1.制造氛围,创设情境

例如,我们把实验设计得更有突发性,可以采用"故意意外"法——即通过精心设计教学意外来达到教学目的。如一位教师在准备氧化钠和氯化铝溶液反应实验时,产生白色沉淀后再加入盐酸,发现最后沉淀不是澄清的,而是乳白色的胶状(白色沉淀完全溶解)。通过仔细分析,找到其中原因,即:氢氧化钠和玻璃的主要成分(二氧化硅)反应生成硅酸钠($SiO_2+2NaOH=Na_2SiO_3$

$+H_2O$)，硅酸钠和盐酸反应生成硅酸沉淀($Na_2SiO_3+2HCl=H_2SiO_3\downarrow+2NaCl$)。考虑到这个意外实验具有教育性，这位教师设计在教学中采取了“故意意外”法，在故意做了一次“失败”的实验后，教师提示学生观察新配置的氢氧化钠溶液和氯化铝溶液反应，并与前一实验加以对比。事后检验，通过这种“故意意外”的设计，学生发现了实验现象的意外，从而产生极大的探究兴趣。还发现学生不但对氯化铝溶液和氢氧化钠溶液反应的知识掌握得较好，而且对“失败”实验中涉及的氢氧化钠溶液与二氧化硅反应以及硅酸钠与盐酸的反应也掌握得不错。[①]

2. 因势利导，变被动为主动

在教学过程中，由于突发事件的发生，使课堂陷入被动，这时可想办法转移学生的注意力，因势利导，把出现的事情与教学联系起来，扭转被动局面，往往收到意想不到的效果。如在做演示实验时，由于客观原因实验不成功或出现结果异常，学生议论纷纷，这时教师可马上话锋一转，叫学生回答实验为什么不成功，这样可引导学生从反应的原理、实验装置设计、试剂的选择以及条件的控制等方面进行思考和分析，同样可达到预期的教学效果。

例如，在上一堂关于钠的化学性质的课时，一位教师采用边讲边实验的模式，通过演示实验给学生感性认识，并通过对实验的观察和分析，最后得出有关钠的化学性质的知识。但在做钠与氯气的演示实验时，本来应该看到大量白烟，结果却出现了大量黑烟，学生顿时表现出惊奇不解。这位教师马上意识到这次演示实验失败了。由于这种突发教学事件，课堂也陷入被动，学生议论纷纷。这时这位教师把话锋一转，叫学生一起同老师分析实验为什么不成功。他问学生：“黑烟的产生似乎是不正确的。我们来推断钠与氯气的产物应当是什么？”学生：“应当是氯化钠。”教师又问：“这个反应应当产生什么现象？”学生：“金属钠燃烧，产生白烟。但是黑烟又是从哪儿来的？”教师提示：“分析得有道理，问题值得思考。大家想一想，金属钠是如何保存的？”学生：“金属钠保存在煤油中，噢，找到原因了！一定是煤油没有擦干净，煤油燃烧发出黑烟。”这样巧妙处理的教学突发事件，学生不仅深刻了解反应本质，而且还受到科学态度的教育，对教师的坦诚也感到钦佩。[②]

3. 明断暗收，为我所用

---

① 霍玉萍. 研究性学习实验与探索. 南宁：广西教育出版社，2001

② 李勇彬，胡志刚. 新课程背景下化学课堂的调控艺术. 厦门大学学报(化学研究与教育专辑)，2008，217～219

开放性的课堂学生思维异常活跃，常常会提出许多超越知识体系范畴或教学进度的问题。课堂上，对个别学生爱出风头提出的古怪问题，教师要用爱心和善意去理解，尊重学生的感受，肯定其长处，不记过失，并以妙语相对。

当老师正在教蛋白质一节时，讲到血渍是蛋白质，用什么方法来洗涤时，有同学讲到用"酶"，马上一学生怪腔怪调地说："唾液中也含有酶，那唾液也可以洗涤血渍？"顿时引来一阵哄堂大笑。老师没有被激怒，反而平静地说："这问题提得正好，我问大家，你们说唾液可不可以洗涤血渍，为什么？大家讨论一下。"通过讨论很快地这个问题就解决了，同时也了解了酶的特性。这位老师巧妙地把教学中的意外变为可利用的生长点，既不影响教学的顺利进行，还使学生受到了教育。①

4. 当机立断，对症下药

当学生的发问或回答出乎意料，而根据要求必须做出明确回答时，应当机立断，给予果断的肯定或否定的答复，以避免因犹豫不决而带来的课堂混乱和学生思想上的彷徨。如果在教学过程中，对关键之处学生答非所问，要及时把握学生的思维脉搏，发现问题症结，采取针对性措施。

在"钠的化合物"一节的教学中让学生讨论：如何鉴别 Na_2CO_3、$NaHCO_3$ 和 NaCl？有学生回答用石蕊试液鉴别，原因是：NaCl 溶液呈中性应为紫色；Na_2CO_3 即为纯碱，故其溶液显碱性，应使石蕊试液变蓝；$NaHCO_3$ 是酸性盐，同 $NaHSO_4$ 一样，其溶液显酸性应使紫色石蕊变红。教师如果立即指出其回答错误，这样势必让一些学生以后不敢再主动回答问题。教师首先表扬了该同学懂得将知识进行迁移，然后指出并非所有酸式盐都显酸性，纯碱显碱性同样 $NaHCO_3$ 也显碱性，他们为什么显碱性我们会在高二教材第三章中学习到，有兴趣的同学可在课后进行自学。这样的评价没有让学生因自己的回答错误而感到懊恼，并且能激励学生去主动学习，积极思考。②

思考与练习

1. 上课铃响了，坐后排的一些男生还在喧哗，如何调控让课堂安静下来进入准备上课状态？

2. 在铜与浓硫酸的反应中，加热一段时间后发现试管有白色和黑色的不溶物质，并不是课本里描述的蓝色溶液，学生议论纷纷，有的大喊"实验失败

① 许高厚. 课堂教学技术. 北京：北京师范大学出版社，1997

② 曹洪昌. 化学教学最优化研究. 北京：人民教育出版社，2003

了”，课堂开始混乱，请提出一个调控方案解决这一问题。

3. 在加热氯酸钾和二氧化锰制取氧气过程中，连接导管的木塞突然喷出，学生大声惊叫，课堂开始混乱，请提出一个调控方案解决这一问题。

第七章

强化技能

强化是一个心理学概念：使有机体在学习过程中增强某种反应重复可能性的力量称为强化。强化是塑造行为和保持行为强度不可缺少的关键。强化的理论基础，早先源于条件反射和反应性条件反射、刺激和反应理论。美国心理学家斯金纳于1953年提出了“操作性条件反射”的概念，于20世纪70年代具体运用到课堂教学实践中。斯金纳指出，学习者倾向于重复那些受到奖赏的反应，而中止那些没有受到奖赏的反应。

本章从化学课堂教学中强化技能的类型、构成要素、功能以及应用要求等方面进行阐述，帮助教师掌握这一基本教学技能，使学生形成正确行为，促进学生思维发展。

第一节　强化技能的含义

一、什么是强化技能

强化技能是教师主要依据“操作条件反射”的心理学原理，对学生的反应采用各种肯定或奖励的方式，使教学材料的刺激与希望的学生反应之间，建立稳固联系，帮助学生形成正确的行为，促进学生思维发展的一类教学行为。[①]

强化技能就是将这种“操作性条件反射”应用到教学中，一旦学生出现正确的反应，教师就给予肯定或奖励即强化，学生就会在以后的学习中重复那些受到肯定的反应，而终止没有得到肯定的反应。因此它有很强的引导作用。

---

① 汪聪.运用六项技能提高课堂效率.教学研究，2005(4)：10

二、强化技能的功能

在中学化学课堂教学过程中，强化技能具有以下功能：

(1)激发并巩固学生的学习动机，引起并保持学生的学习兴趣。课堂上适当而及时的强化，使学生在学习中所做的努力和取得的成绩得到及时的肯定和奖励，从而使学生在心理上得到满足，进而产生继续学习的热情和取得更好成绩的愿望。这不断被激发并巩固了的学习动机，使学生感到学习是有趣的，能体现自身的价值。在心理学测试上，同样基础和同等水平的学生，在教学过程中能不断得到鼓励，及时知道所犯错误，尽快了解学习成绩，其学习效果要好得多。因此强化对于学生的学习动机和兴趣有直接的效应。

(2)促使学生将注意力集中到教学活动上。在教学过程中，学生可能同时接受到多种媒体传递的信息，其中大部分信息是与教学内容和教学活动有关的。然而，那些与教学内容和教学活动无关的信息，会对学生的学习产生干扰。教师运用强化技能就是促使学生集中注意力的有效方法之一。对认真听讲的学生给予肯定或表扬，对学生的正确反应、对全班聚精会神的听课给予很好的评价等方式，都能促使学生的注意力集中到教学活动中来，指向教学主题和教学目标，并使这种注意力得到长时间的保持。所以教师正确地运用强化技能，能够引导学生不断将注意力指向正确的方向。

(3)激励学生主动参与教学过程。教师的主导作用不仅体现为是知识的传授者，更是教学活动及学生的调动者和组织者。因此教师在课堂上对学生的积极肯定，就会调动学生进一步参与教学活动的积极性。不仅如此，教师对凡是积极主动参与教学的学生都给予鼓励和表扬，尽管有的学生做出的反应不一定正确，但都肯定他们参与教学活动的行为，就会促使更多的学生学习和效仿，从而，调动全体学生积极主动参与教学。

(4)促进师生的情感交流，创造和谐的课堂气氛。教师对学生的诚挚感情和热情关怀，是开启学生心扉的一把钥匙。教师对学生的情感很大程度体现在课堂教学态度上。通过强化，教师可以对学生的点滴成绩和微小进步给予肯定和奖励，可以对学生存在的缺点和不足给予耐心细致的帮助，从而体现教师对学生的关心、爱护和尊重，促进师生之间的情感交流，使课堂气氛和谐而融洽。

三、强化技能的构成要素

(一)提供机会

教师运用强化技能是为了使教学材料的刺激与希望的学生反应之间建立稳

固联系。因此在课堂教学中,教师要向学生传递清晰的信息,给学生表现自己、做出反应的机会。这样教师才能看到学生的反应,并对其正确的因素给予强化。

在化学教学中,可以采用提问,让学生做习题、做实验,对别的同学的反应做出评价等方式给学生提供机会。在给予学生机会的同时,还要给学生一定的思考时间,询问学生想说什么想做什么,使其把自己意图表达清楚。

(二)做出判断

当学生做出反应时,教师应准确判断学生的反应是不是要求表现。要善于抓住学生反应中的每一个闪光点(即有价值的因素),以调动不同水平学生的学习积极性。当对学生的反应一时不能做出准确的判断时,不做武断的结论。

(三)表明态度

教师在对学生的反应做出判断后,要表明自己的态度,对学生的正确反应进行强化。教师的态度应当明确,要使学生知道肯定的是他的哪些行为。教师在进行强化时,要面向全体学生。

四、强化技能的类型

强化技能的方式很多。教师在教学中运用诸如激励赞扬的语言、期望称赞的目光与眼神、赞美的手势、会心的微笑,以及利用面部表情、体态和活动方式,为学生创设学习的最佳环境,增强情感的感染力,强化学生的学习情绪。强化技能主要有语言强化、活动强化、标志强化等类型。

(一)语言强化

它是教师用语言评论的方式,如表扬、鼓励、批评,对学生的反应或行为做出判断和表明态度,或引导学生相互鼓励来强化学习效果的行为。语言强化一般有三种形式:口头语言强化、书面语言强化和体态语言强化。

1. 口头语言强化

口头语言强化是教师对学生在课堂上的反应和表现以口头语言的形式做出针对性的确认——表扬或批评,以达到强化的目的。批评是指教师对学生的学习行为或结果进行否定性评价。批评不可滥用,但必要的批评、切实的指正也是教育不可缺少的手段。

2. 书面语言强化

它是通过教师在学生的作业或试卷上所写的批语,而对学生的学习行为产生强化作用的一种方式。

3. 体态语言强化

体态语言强化是指教师运用非语言因素的身体动作、表情和姿势,对学生在课堂上的表现表示教师的态度和情感。一个教师的教学魅力，往往通过他的体态语言可以和学生进行非常默契的信息交流。一个会意的微笑，一种审视的目光，都可以把教师的情感正确地传给课堂里的每一个学生。常用的体态语言有手势、目视、点头或摇头、接触、沉默等。在对学生进行语言强化时，应该坚持以表扬为主的原则。

例如，当学生实验时，教师在一旁注视他的操作，学生抬头后，用赞许的目光、微笑、点头给予肯定。

（二）活动强化

学习是一种艰苦的脑力劳动，硬逼着学生去做，就会使他们感到枯燥、厌烦，把学习看成一种苦涩的事情。如果把学生的学习本身作为强化因子，即把容易引起学生兴趣的活动放在难度较大的学习活动之后，做到先张后弛，就可以强化难度较大的学习。在教学中，学生经过一段紧张的思维活动之后，初步形成了有关理论的概念，教师就可以提出一些生动有趣的问题，让学生通过解决这些问题来深化、巩固学习，这是对所学理论的强化。还可以在经过一段紧张的学习之后，设计一些学生感兴趣的活动，让他们自我参与，相互影响，起到促进学生学习的强化作用。教师可对在教学活动中有贡献的学生安排一些特殊的个别活动进行奖励或激励，比如：让他向全班阐述自己的见解，或对其他学生的发言发表意见，或让他把自己的解答写在黑板上；分派一些“代替”教师的任务，如进行演示实验等；布置新的、高一级的学习任务。

案例 7-1　习题解答[①]

教师：请大家看题：“氨氧化制硝酸时，如果由氨制成一氧化氮的转化率是96%，由一氧化氮的转化率是92%。10吨氨可以制备多少吨50%的硝酸？”下面就开始做题。

学生：（解题）

教师：（巡视，发现一些学生分步计算，解题速度很慢；有的学生根据化学方程式列出错误的关系式“$3NH_3 \sim HNO_3$”进行计算；只有个别学生按关系式“$NH_3 \sim HNO_3$”进行计算。）我发现韦华的解法跟多数人不一样，但他算得又快又准确。请你把解题过程写在黑板上，再说说你的思路。

韦华：（板演并说明自己的思路和解题过程。）

教师：（站在一旁认真地听，并不停地点头，表示赞许。）

---

① 朱嘉泰. 中学化学微格教学教程. 北京：科学出版社，1999，75

（三）标志强化

教师用一些醒目的符号、色彩的对比来强化教学活动。例如，学生在黑板上演算、书写后，教师用彩色粉笔在黑板上打勾，或者写上评语；在讲解重点、关键的地方加彩色圆点、彩色曲线等进行板书，以引起学生的注意；在演示实验中，在观察的重点处加标志、加说明等，强化实验的目的。

案例 7-2 实验报告讲评

教师：（向全班一一展示五份实验报告，上面印有"优秀"字样的红印章）这五份实验报告格式规范、书写认真，分别是张宁、钟强、孟欣、邓杰和刘燕的。下课后请课代表贴在墙上供大家观摩学习。我希望下次大家都能写得这么好。

通过标志强化提高学生对实验报告的重视程度，结果第二次学生实验报告有半数达到了优秀。

第二节 强化技能的应用

一、强化技能教案案例

案例 7-3 强化技能教案

课题：溶液中离子共存的问题　　讲解时间：10 分钟　　年级：高一

教学目标	(1)通过习题的讲解，让学生掌握解决溶液中离子共存问题的方法 (2)记住一些有特殊性的离子			
时间分配	教师活动	体现教学技能的要素	学生活动	教学媒体
0′	同学们，我们在做习题的时候经常会碰到溶液中离子共存的问题，你们是不是觉得解这类题有一定的难度？下面我将有关溶液中离子共存所遇到的问题给大家做一补充说明。	提供机会	是，对这部分内容掌握得不好，所以做这类题时有一定的难度。	

1′	首先,我们来看一道习题。请看幻灯片,在酸性容易中能够大量共存,且溶液是无色透明的离子组是(　　)。 A. NH_4^+,Al^{3+},SO_4^{2-},CO_3^{2-} B. K^+,F^-,Mg^{2+},Cl^- C. K^+, MnO_4^-,SO_4^{2-},NH_4^+ D. Cl^-,K^+,Na^+,NH_4^+ 下面大家根据以前所学过的知识讨论一下,得出我们这道题的答案。	提供机会	学生讨论,得出结论。	幻灯片
3′	好,同学们停下来,你们能告诉我,这道题的正确答案吗?有人选D,也有人选B,还有没有其他答案?看来同学们的答案不唯一,那好,就这道题我们共同来分析一下。我请杨春霞同学回答。 很好,你选的是D,回答正确(鼓励、期望的目光),你能给大家说说你选D的理由吗? 好极了,解释得非常清楚,思路很明朗。	做出判断,表明态度	杨春霞同学回答:因为D中的4种离子都是无色透明的,且它们在酸性溶液中都不发生反应,所以选D。	
4′	那我们来分析一下,A、B、C这3个选项究竟错在什么地方。董兰同学,你能告诉大家A、B、C错在哪吗?	提供机会	A中的CO_3^{2-}在酸性溶液中不能共存,因为它是弱酸的酸根离子。	
5′	对,接着讲(肯定、鼓励的语气)。(根据学生的回答板书)	做出判断表明态度	且CO_3^{2-}和Al^{3+}离子能发生双水解反应。	
6′	板书:(1)弱酸的酸根离子既不能与H^+也不能与OH^-共存; (2)发生双水解反应的离子不能共存。			
7′	解释得非常好,请接着讲B、C错误的原因(用鼓励的目光,赞赏的语调)。 (根据学生回答板书)	提供机会表明态度	B中的F^-是弱酸的酸根离子,在酸性溶液中不能共存;C错在题目要求是无色透明的溶液,而MnO_4^-却是紫红色的。	

8′	板书:(3)若溶液是无色透明的,则应该排除有色离子的存在。	标志性强化		
9′	同学们,我们学过的离子中哪些常见的离子有颜色?	语言强化,标志性强化	+3 价 Fe 离子(棕黄色)、+2 价 Cu 离子(蓝色)、+2 价 Fe 离子(浅绿色)、−1 价 MnO_4^-(紫红色)。(板书)	
10′	好,通过我们这节课的学习大家下课后把书好好看一下,掌握好这部分内容,以后解答这类题时就会得心应手。			

教案评析:做练习的主要目的是帮助学生巩固、理解所学的知识,并培养他们的能力。这份教案的主要优点是:

在教学设计中有意识注意到,在学生解答问题时,教师对学生每一个关键的正确反应都适时地加以强化。这样,既鼓励了答题的学生,又层次清晰地把思路呈现给全班学生,对达到教学目标是非常有利的。

此外,在设计教师的教学行为时,还注意到在重点训练语言强化的技能时,从课堂实际情况出发,考虑到体态语强化的运用,这些都是应该肯定的。

二、强化技能的应用要求

教师在课堂教学中运用强化技能时,应注意以下几点要求:

(1)多样性。单调会引起学生乏味,故强化的方式要经常变化,强化的类型要根据所授课内容的特点经常变化,使用的语言也要变化,要有幽默感。

(2)个性化。强化要顾及强化对象的个性及行为程度,强化的方法要符合学生的年龄特征和学生的表现,注意以内部强化为主,促进学生主动学习,多用正面强化,不用或少用反面强化。

(3)针对性。给学生的强化应明确、具体。不同性格特点的学生用不同的强化方法,不同行为用不同方法。要特别注意鼓励较差学生的微小进步。

(4)实效性。对学生的反应要及时给予强化。强化的时间对于强化效果有很大的影响,过早易使学生慌乱,阻碍探究活动的进行,过晚易使学生失去帮助的良机,甚至可能接受不了正确的信息。

三、应用强化技能的原则

运用强化技能的原则有 5 项：

(1)目的性原则。运用强化技能时，一定要将学生的注意力引到学习上来，提高学生参与教学活动的意识，帮助学生采取正确的学习行为，并以表扬为主，促进学生学习。

(2)恰当性原则。要注意运用强化技能应合适、自然，恰到好处。如采用动作强化时，过分频繁的走动和接触学生会引起学生的反感。要适合班级、年级、学生能力及其特点。

(3)情感性原则。教师要热情真诚，对学生充满希望、关怀和信任，这样才能对学生的情感产生积极的影响。

(4)及时性原则。当所期望的行为一经出现，教师就应抓住时机给予奖赏，力求得到强化。对于学习行为或纪律行为较差的学生，要注意强化他们的微小进步。

(5)间歇性原则。当期望的某种行为已经相当巩固了，要逐渐减少强化的次数，直至最终每间隔一段时间后，偶尔给予强化。这种间歇性的强化对于保持已养成的行为，比经常强化更有效。①

第三节　强化技能的评价

强化技能的评价如表 7-1 所示。

表 7-1　强化技能评价

日期＿＿＿＿＿＿　　任课教师＿＿＿＿＿＿

请您在听课时对以下各项目评价，在恰当等级画√

	好	中	差	权重
1.及时准确获得教学反馈信息				0.10
2.通过多种方式获得反馈信息				0.10
3.利用反馈信息调节教学活动				0.12
4.对学生的反馈及时给予强化				0.10

① 朱嘉泰.化学教学艺术论.南宁：广西教育出版社，2002，82

	好	中	差	权重
5.给学生的强化反馈明确、具体				0.12
6.强化对学生注意力、课堂活动参与的作用				0.10
7.强化时教师是否热情、真诚				0.08
8.强化方法是否符合学生课堂表现				0.10
9.内部强化、正面强化为主,促进主动学习				0.10
10.教学中使用体态语,眼神、手势、微笑等强化作用				0.08
您还有什么意见或建议:				

思考与练习

1.举例说明什么是强化,它的心理学根据是什么?

2.强化技能是由哪些要素构成的?

3.强化技能在教学中有哪些作用?举例说明。

4.强化技能有哪些类型?试举出几种非语言强化方式(如手势、姿势、身体接触等)。

5.请写一个强化技能的教案,并进行练讲。

第八章

变化技能

教师有效地把教学信息传递给学生,使学生很好地接受,是课堂教学的根本任务。俗语说:“文似看山,喜不平”,课堂教学也是如此。学生在单调的环境中的时间越长,越容易感到烦闷和厌倦,学生易疲劳,分散注意力。反之,教师如不失时机地运用恰当的变化技能,则可以激发学生的好奇心和学习兴趣,引起学生的动机和求知欲望,使课堂生机勃勃,从而提高课堂效率,取得良好的教学效果。

第一节　变化技能的含义

一、什么是变化技能

变化技能是指教师运用变化的教学媒体,变化师生相互作用的形式,变化对学生的刺激方式,引起学生注意和兴趣,减轻学生学习疲劳,维持正常的学习秩序的一类教学行为。变化技能是教学技能的一个重要方面,灵活、巧妙地运用变化技能不仅可以使学生更深刻理解化学,体验化学,增强化学对学生的吸引力,而且能够使教学过程变得生动有趣,使课堂焕发出生命活力,从而真正实现教师的“教”和学生的“学”的最佳结合和优化。如果教师在课堂教学中,缺乏教态的变化,没有声音、手势、目光的变化,缺乏表情及身体位置的变化,信息传递方式单一,缺少教学媒体和教学辅助材料的变化以及教师与学生的互动形式的变化,就不能激发并保持学生对活动的注意力,不能激起学生学习化学的兴趣,不利于形成愉快、和谐的课堂气氛。因此,必须加强对变化技能的训练,全面提高教师的综合素养。

二、变化技能的功能

在实际课堂教学中变化是丰富多彩的,变化技能对提高授课艺术水平影

响极大，变化技能的功能有：

（一）激发并保持学生对教学活动的注意

教师在课堂上组织好学生的注意是教学成功的重要条件之一。学生的注意是在教学过程中形成的，为了吸引并保持学生的注意，教师必须很好地运用注意规律进行教学。在引起学生的无意注意，唤起他们的有意注意时，往往都需要运用变化技能来实现。如教师在讲课时声调抑扬顿挫，语速有快有慢富有节奏感，引起同学的无意注意，使他们的注意力集中稳定。当讲到重点、难点和关键问题时，教师要进行强调和提醒，唤起学生的有意注意，使他们的注意有明确的指向。

在课堂上，学生只靠无意注意来学习，难以完成教学任务，若过分依靠有意注意来学习，则易引起疲劳和注意力涣散。教师需要运用变化技能使学生的两种注意有节奏地交替转换。

（二）激起学生的学习兴趣

学生学习各类知识，在很多情况下是从感知开始的。在教学活动中，教师按照感知规律提高学习的感知效果是非常重要的。在教学中，教师运用变化技能适当地变换信息传输通道，可以有效、全面地向学生传递清晰而有意义的教学信息，使学生较好地领会和理解知识。

（三）为不同水平的学生创造参与教学活动的条件

教师引导学生主动参与教学，是启发式教学的特点，而前提是，教师呈现给学生的教学内容必须能引起学生的思考和反应。由于学生在认识水平和学习能力上存在着差异，教师在向学生呈现教学内容时，要运用变化技能有针对性地对不同水平的学生采取不同的表述方式，使学生比较顺利地接受信息，进行思考并做出反应。采用灵活变化的方式进行教学，可以调动更多的学生积极主动地参与课堂教学活动。

（四）有助于形成生动、愉快、和谐的课堂气氛

教师运用变化技能既能显示出教师的学识和能力，又能体现循循善诱、诲人不倦的师德，还有利于师生间的感情交流，形成愉快、和谐的课堂气氛。可以说，变化技能的运用是形成教师教学个性与风格的主要因素之一。

三、变化技能的类型

在化学课堂教学中，变化技能适用于每一个教学环节，其形式是丰富多彩的。一般说来，变化技能可以分为三种类型：教师教态的变化、教学媒体的变化以及师生相互作用的变化：

（一）教态的变化

教态的变化是教师讲话的声音，教学中运用的手势、眼神、身体动作等的变化。这些变化是教师教学热情及感染力的具体体现。教态变化的使用不需借助其他工具就可以实现，因此是最基本、最常用的变化技能。

（1）声音的变化。声音的变化是指教师讲话的语调、音量、节奏和速度的变化。些变化对吸引学生的注意力有显著效果，可使教师的讲述更加生动、富有感染力。还可以突出重点，引起重视，加深印象。课堂教学中，教师通过声音的变化，使讲解富有戏剧性或重点突出。声音的变化可用来暗示不听讲或影响其他学生听讲的学生安静下来。语速的变化可把学生分散的注意力重新集中起来。在讲解或叙述中适当加大音量，放慢速度，配合体态语言能起到强化重点的作用。"青藏地区自然环境的主要特征是高寒"，在讲解中把"高"、"寒"加大音量，放慢速度，效果极好。

（2）目光的变化。目光接触的变化这是师生情感交流的重要方式。讲课时教师要面对全班学生，运用注视全班和注视部分学生、个别学生相结合的方法，要与每个学生都有目光接触。目光接触可以表达教师对学生的期待、鼓励、唤醒、探询、肯定、赞许等情感，也可以表达对学生的暗示、警告、批评或提示等。从目光接触中教师还可以获取信息，了解学生的兴趣和理解程度。

在讲课时，教师要始终把全体学生尽收在自己的视野之中，使每个学生都感觉到教师在注意自己，以提高他们的听课效果。面对学生的时候，教师始终保持目光明亮，神采奕奕。教师目光变化运用得好，会给学生留下深刻的甚至终身难忘的印象。

（3）表情与动作的变化。表情与动作又称为体态语，它们可以传递丰富的信息。在教学中，教师的体态语变化也可起到重要的作用。要做到课堂上师生间成功的情感交流，教师要善于运用自己的面部表情传递信息、表达情感并使表情的变化适应课堂气氛的需要。在课堂上，教师应当把微笑作为面部表情的基本形态。教师的微笑会给学生一种和蔼可亲、热情开朗的印象，这对学生是一种鼓舞，能使学生保持良好的心态，使课堂上产生和谐的气氛。其次是恰如其分手势的变化。有研究表明，教师的手势常常使学生大脑兴奋中心持续活跃，记忆力增强，使学生加深对外来刺激的印象。

（4）位置的变化。教师在课堂上位置的变化大体有两种情况：一种是在讲台上适当地走动，引导学生看到黑板的各个部分；另一种是在学生活动时，在学生中间走动，缩短师生的空间距离，使学生感到在心理上和教师接近。教师身体位置的变化以不分散学生注意力为宜，走动要轻而缓，姿态大方自然。当

个别学生精力不集中时，教师可通过适当的位置变化给其暗示性批评，既不影响上课，又达到了教育学生的目的。

(5)停顿的变化。教学时，教师采用停顿是集中注意力或引起思考的一种有效方式。停顿的时间可长可短，一般以不超过 5 秒钟为宜。恰当地运用停顿并与声音变化结合起来，会使人感到讲课具有节奏感而不觉得枯燥。

(二)信息传递通道和教学媒体的变化

1. 视觉通道和媒体

视觉教学媒体是多样的，主要指挂图、图表、实物、投影片等，它能吸引学生注意力，激发其兴趣。视觉通道在各感官中效率是最高的，但教学中易疲劳，应注意科学、合理地变换。运用视觉媒体的变化配合教师的讲解、演示，对学生理解知识有很大的帮助和促进。

例如在说明离子晶体及其结构模型，就可以通过模型展示或 ppt 演示 NaCl 晶体及其结构模型，见图 8-1：

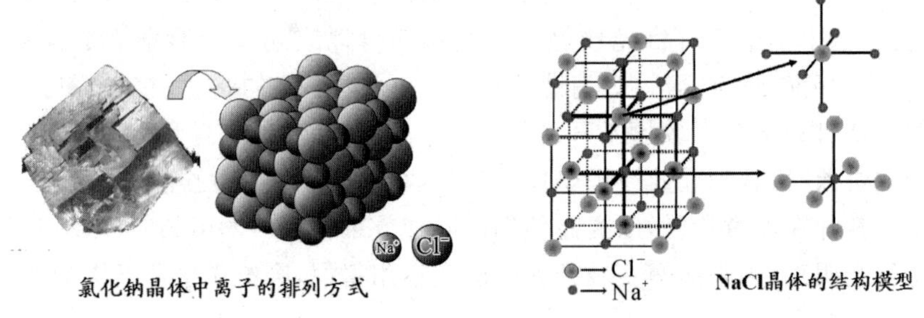

图 8-1　NaCl 晶体及其结构模型

通过图片，学生对离子晶体就有了感性的认识，理解就比较透彻。

2. 听觉通道和媒体

听觉通道传递教学信息效率虽不如视觉通道高，但学生不易疲劳，能为学生展开丰富的想象留有充分的余地，在教学中使用效率最高。当前使用的许多教学媒体，都是视听结合的，因此在教学中，将一些视听媒体与教师的讲解、提问交替使用是完成教学任务的主要方式。在化学课上，有些听觉的变化可以给学生留下难以磨灭的印象。

例如说明点燃氢气前必须验纯的道理，通过做演示实验，让学生感觉到点燃不纯气体的危险性。

演示 1：点燃纯净的氢气，氢气安静地燃烧；

演示 2：收集一试管纯净的氢气，试管口靠近酒精灯火焰，可以听到轻微

的“扑”的一声

演示 3：收集一试管不纯净的氢气，试管口靠近酒精灯火焰，可以听到尖锐的爆鸣声

演示 4：氢气与空气混合点燃爆炸实验，发出巨大响声，罐头筒被高高掀起。

几次点燃氢气产生不同声响，尤其最后一次剧烈爆炸，给学生留下深刻印象，此时强调点燃氢气前要验纯，学生记得特别牢。

3. 触觉、嗅觉通道和学生操作

触觉、嗅觉感官能获得其他感官所不能获得的信息。在教学中应尽量为学生提供动手操作机会，培养学生动手能力，结合教师的演示试验很多学生自己动手的随堂试验能够很好的吸引学生的注意力。例如，做稀释浓硫酸的实验时，让学生触摸烧杯外壁，感受溶液温度的变化，以了解浓硫酸在稀释时有大量的热放出。在讲一些物质的物理性质时，如氨气、乙醇等，让学生用正确的方法闻物质的特殊气味，使学生得到直接的感性认识。通过实践活动培养发展学生的动手能力、观察能力和思维能力。

（三）师生间相互作用的变化

在教学过程中进行的活动都可能以教师与全体学生、教师与个别学生、学生与教师、学生与教学内容、学生与学生之间相互作用的方式进行。相互作用的变化主要有师生交流方式的变化和学生活动方式的变化，相互作用的变化可以促进学生的学习。在教学中，教师应采用多种方式与学生交流，了解学生的想法。教师还应根据需要安排学生小组讨论、个别自学、实验操作等，激发学生的学习主动性，让学生练习、讨论问题和听取别人的意见，培养他们的能力。

案例 8-1　讲解铵盐与碱反应

师：（实验探究）请同学们动手做一个小实验：取少量氯化铵（NH_4Cl）与熟石灰（$Ca(OH)_2$）包在纸中用手搓，使之充分混合，而后观察发生的现象，并用湿润的红色石蕊试纸检验是否有碱性气体生成。

生：（分组实验）（观察、思考）

师：（提问）观察到什么现象？结合案例和你的实验，你能得出什么结论？

生：（回答）湿润的红色石蕊试纸变红了，铵态氮肥不能与碱性肥料混用。

师：（设问）化肥能大幅度提高粮食产量，是不是用得越多越好呢？

生：（讨论）不是。过多使用，会烧苗，会引起土壤板结、酸化等，植物不能吸收，剩余部分容易进入河流、地下水中引起水体富营养化带来环境问题。

师：（展示新闻报道）有调查表明，我国有 30% 人口的饮用水和大量的地下水受到了氮和磷不同程度的污染，61% 的湖泊富营养化。过量施肥还会使

病虫害加重，造成农药污染增加。

生：(感悟)要合理使用化肥，否则将影响人类的可持续发展。

师：(设问)你们还知道氮肥有哪些使用注意事项？

生：(讨论回答)铵盐易溶于水，保存时要注意防潮；施用时，不能直接撒在土壤表面上，应埋在土下。

四、变化技能的构成要素

(一)做好铺垫

教师要善于改变教学方式。在变化前要做好铺垫，使变化流畅自然。如在讲新课前，可用准确简练的语言把上一节课的要点或与本节有关的知识叙述出来，为学习新课作铺垫。

(二)变换方式

在特定的教学环境中，根据教学内容和学生听课情况，教师变换信息传递方式或教学活动形式进行教学，是为了引起学生的注意，充分调动学生的感官，帮助学生领会学习内容；同时也是为了活跃气氛，让学生参与等。

(三)师生交流

在进行变化时，教师要注意学生的反应，要加强师生间的交流，这样，才能使变化发挥作用，达到预期的目的。

第二节　变化技能的设计

一、目的性

在变化技能的训练中，较容易出现的问题就是变化技能的形式与教学内容的不统一，变化技能流于形式，与教学内容明显脱节。因此，教师在课前备课时，必须注意根据具体的化学教学目的和教学内容设计相应的教学技能，而且，随着教学内容的不断变化，也要适时变换各种教学技能，以适应教学的需要。这就需要教师不仅要精心研究化学教材，更重要的是要研究变化的学生和课堂。由于学生的化学知识、化学技能层次的不同以及学生认知的差异，在参与化学活动时的表现也会有所不同，因此，教师应因材施教、因人而异地选择和运用各种行之有效的变化技能。[①]

① 韩海荣，陈建军. 浅谈课堂教学中的变化技能. 教学与管理，2007(6)：4

二、有效性

在课堂教学中，应该慎重选择和应用变化技能，恰到好处地精心挑选易于掌握教学内容的变化技能，才能收到良好的教学效果。如果不加选择地随意选用和变换多种变化技能，势必造成流于形式，做毫无实效的无用功，影响整个教学过程的进行。因此，教师在进行每一种教学技能的变化之前，必须充分考虑各种变化技能能否对参与和实践化学活动产生有效性，能否使学生积极主动地参与化学、感受化学、表现化学并创造化学，从而有的放矢地选择和应用各种变化技能。①

三、灵活性

变化技能的种类较多，在进行各种变化技能的操作过程中，必须做到自然、灵活，潜移默化地引起学生的无意注意向有意注意的转变，积极引导学生参与到化学活动中来，在和谐的化学教学氛围中将各项教学内容有机联系起来。这就需要教师在课前精心设计多种变化技能，课上灵活自然地应用各种变化技能，以求在极具变化的学生面前收放自如、游刃有余地应对各种突如其来的教学难题。

第三节　变化技能的应用

案例 8-2　变化技能的应用

课题：专题 2　太阳能、生物质能和氢能的利用　　　　年级：高一

教学目标	简单了解太阳能的利用原理			
时间分配	教师活动	体现教学技能的要素	学生活动	教学媒体
01	展示：2008 奥运会的场馆、住房、灯塔等图片，介绍大部分设施在建设时，都充分考虑到了绿色能源——太阳能	铺垫	观看并得出：太阳能的四种利用方式。 1. 光—热转换 2. 光—电转换	图片

① 张廷芳. 地理课堂中的变化技能. 中学地理教学参考，2002（5）：7～8

	提出问题:1.太阳能的利用方式有哪些?2.其中最成功的转换方式是什么	变换方式 师生交流	3.光—化学能转换 4.光—生物质能转换	
	指导阅读:课本P45"直接利用太阳能的方式",联系物理生物等知识理解太阳能利用的原理	变换方式	带着问题阅读	
	提出:以小组为单位讨论、填表	变换方式	小组讨论完成	
	指导学生小结	师生交流	回顾本课所学知识	
	随堂练习:课后P49,1	变换方式	完成,交流	

本份教案,通过展示图片、提问、思考、阅读、练习等多种方式,变换信息传递通道和教学媒体,有利于学生掌握太阳能利用原理,比较好地体现了变化技能的作用。另外,教师根据教学的需要还要注意配合其他变化技能(声音变化、停顿)等。

第四节　变化技能的评价

变化技能的评价见表8-1。

表8-1　变化技能的评价

	好	中	差	权重
1.声音的语调、音量、速度及停顿等方面适时进行变化				0.06
2.面部表情根据化学课堂的需要进行恰当变化				0.06
3.与学生的目光交流的变化恰当、自然				0.06
4.手势进行恰当变化,使学生更为直观地感受化学形象				0.06
5.身体位置适当变化,以加强与学生的情感交流				0.06
6.运用听觉、视觉、视听觉化学教学媒体与辅助材料,并适时进行变化				0.15

	好	中	差	权重
7.运用触觉、操作性材料，让学生在化学实践中体验化学				0.15
8.进行师生相互作用(如师生交流方式和学生活动安排等方面)的变化				0.30
9.不同类型的变化技能之间衔接自然				0.05
10.变化技能的运用能够引起学生注意，增强记忆，并实现教学目标				0.05
您还有什么意见或建议：				

思考与练习

1.变化技能的作用主要有哪些？包括哪几种类型？

2.教态的变化主要包括哪些方面？教师应如何进行各种教态的变化？

3.信息传输通道和教学媒体及教学辅助材料的变化主要包括哪些方面？结合具体课例谈谈教师应如何运用。

4.师生相互作用的变化亦是变化技能的一种类型，它主要包括哪些方面？教师应如何实施？

5.通过本章变化技能的学习，你学到了什么？在以后的教学中，准备如何实施各种变化技能？

6.请写一个化学变化技能的教案，并练讲。

第九章

演示技能

从生动的直观教学到抽象的思维是人类认识发展的基本规律，也是课堂教学所必需的。通过直观，学生可以获得具体的感性的认识，有助于他们的学习。而化学是一门以实验为基础的自然科学，课堂上老师做的演示实验是学生获得化学知识的重要途径。为帮助学生认识一些难以直接观察到的事物，理解抽象的知识，还需要运用多种其他直观教学手段，因此演示技能是化学老师必须掌握的重要教学技能，是课堂教学必需的活动方式。

第一节　演示技能的含义

一、什么是演示技能

演示技能是教师根据教学内容特点和学生学习的需要，恰当地选择和使用实物、样品、模型、图表、幻灯片、录像等，以直观方式把事物的形态结构或变化过程等内容展示出来，指导学生进行观察、分析和归纳，为学生提供感性材料，帮助学生理解和掌握知识，训练操作技能，培养思维能力和观察能力的一种教学行为方式，其核心是直观性和形象性。

二、演示技能的功能

(1)帮助学生理解和掌握知识。学习是从感性认识开始的，学生对物质的组成、性质、变化、制取等化学知识的学习必须建立在感性认识的基础上。为此，教师在课堂上要进行实验演示，如果没有对化学现象的感性认识，学生学的就是空洞的条文，谈不上理解，更无法应用。演示实验所提供的模型直观材料还能帮助学生理解和掌握一些比较抽象的知识，如分子原子等物质的微格结构、化学的概念原理，以及在生活中难以见到的现象和事实，如化工生产设备、工艺流程,物质微粒的运动和变化等。有些靠语言讲解不易突破的难点,用演示就可以使学生理解。

(2)有利于培养学生的观察能力、思维能力、想象能力及科学态度和科学方法。演示过程中,教师可以利人为地控制实验条件或模拟某些现象,使这些现象反复出现,突出主要研究内容,排除次要因素,使学生学会由表及里、由现象到本质全面辩证地认识问题,同时运用了归纳、分析、比较、抽象、概括、判断、推理等方法研究问题,启发学生积极思考,理解化学现象的本质和规律。因此,在化学课堂运用演示技能可以培养学生的观察能力、思维能力、想象能力及科学态度和科学方法。

(3)提供正确的示范操作,有利于训练学生的实验操作技能。实验技能是中学化学教学大纲要求学生掌握的基本技能之一。在学生学习实验操作技能的过程中,教师的示范操作以及在课堂教学中进行演示实验时的规范操作都是学生进行动作模仿的原型。在学生的实验操作技能形成的各个阶段,尤其是初始阶段,需要教师提供正确的示范。通过教师的演示,学生可以学到正确的化学实验操作技术和方法。

(4)激发学生的学习兴趣,提高学习的积极性。演示所展现的新颖、生动的形象,演示的成功(主要是试验的成功)和教师操作的熟练、优美,都能唤起学生的注意,激发他们的兴趣和热情。这样,就为取得较好的教学效果奠定了基础。

三、演示技能的构成要素

(一)演示的引入

在一定的问题情境下提出要演示的内容,使学生的注意力集中到演示上来。

例如,在演示“实验室制取氢气”时,教师讲:“刚才已经介绍了工业制取氢气的方法,那么我们在实验室里所用的少量氢气是怎样制取的呢?早在16世纪,人们就知道把稀硫酸倒在某些金属上,会产生一中能够燃烧的气体。其实,这就是氢气。在实验室里我们怎样制取氢气呢?下面,我先给同学们做几个金属跟酸反应的实验,请大家注意观察……”这段话就是教师进行演示的“引子”,提出了问题,联系了化学史知识,把学生带进了教学情境之中。[①]

---

① 张雪萍.运用演示实验培养学生的能力.中学化学教学参考,2005(4):27~28

（二）出示和介绍媒体

将演示所用的媒体出示并介绍给学生，为观察做好准备。主要有：出示所用的试剂，介绍它们的性状；出示所用的仪器、设备，介绍它们的功能、使用方法和进行观察的方式等。

例如，演示“氧气的化学性质”时，向学生出示烧杯、温度计、水、硝酸铵、浓硫酸等仪器和试剂。指出用温度计测量烧杯中的水在溶解物质前后的温度变化，可以看出，物质溶解时，有的吸热，有的放热。

（三）指引观察

结合教学内容，向学生介绍演示的主要程序，提出总的和每一步的观察任务，在演示过程中引导学生的注意集中到应观察的现象上，演示后让学生确认所看到的现象。这样就能为思考问题打下基础。

例如在讲“钠的性质”时，演示时要引导让学生观察钠在水中反应，浮游水面，熔成小球，产生能燃烧的气体，溶液能使酚酞变红，从而认识钠的物理性质及钠与水反应的现象和产物。在学习元素周期律时，让学生观察钠与水的反应以及镁、钾与水的反应，是为了比较钠、镁、钾与水反应的条件、反应的速度及剧烈程度，认识钠的金属活动性强弱。

（四）操作控制

操作是教师进行演示的主要行为。在演示时，教师须有意识地控制自己的操作。应做到规范、准确、熟练，快慢适当，便于学生观察和模仿；物品的摆放、教师身体的位置都要便于学生观察；还要把握好演示的时机，及一些现象保持的时间和重复出现的次数，以利于学生对看到的现象进行思考。

例如，初中化学“氧气的实验室制法”，实验室制取氧气的装置和操作都比较复杂，学生却刚开始接触化学，学起来比较困难。教师在演示时要控制好操作。可先结合挂图对实验室制取氧气的原理和方法做简要说明，然后一步一步地进行演示：检查装置的气密性，取氯酸钾和二氧化锰混合均匀，向试管中装入反应物，安装连接仪器，加热，收集氧气，停止实验；整套实验装置要朝向学生，在演示过程中边做边介绍操作要领，讲清原理。

（五）说明和启思

在演示时，教师要对所采取的方法、步骤或呈现出的现象加以说明和解释；还要提出问题，启发学生在感知的基础上进行思考，引导他们运用已有的知识认识新事物，或者为理解概念、原理做好铺垫。

例如，演示“氢气还原氧化铜”时，教师提出问题让学生思考：“(1)盛氧化铜的试管管口为什么要稍向下倾斜？(2)为什么要向试管中通一段时间氢气后，再给试管中的氧化铜加热？(3)反应完成后为什么要先停止加热，还要继续通氢气，待试管冷却后再停止通氢气？”在学生认真观察、开动脑筋思考的基础上，进行分析说明，使学生理解这个实验时为什么必须按“通氢气—加热—停止加热—停止通氢气”的步骤去做。

又如，演示“实验室制取氯气”时，在分析了用二氧化锰和浓硫酸共热制出的氯气会混有氯化氢和水蒸气后，要对氯气的洗气装置加以说明，分析为什么让氯气先通过盛饱和食盐水的洗瓶，再通过盛浓硫酸的洗瓶就可以除去上述两种杂质；还要分析在收集氯气时，为什么要吸收多余的氯气，怎样吸收。这些问题也可让学生思考、展开讨论，但教师的分析说明是必不可少的，这样可以引导学生运用学过的知识解决一些实际问题。

在示范操作的演示中，教师不仅要介绍操作的方法和顺序，还要讲清操作的要领和原理，让学生知道应该做什么、怎么做以及为什么要这么做。

例如，在示范“配置一定摩尔浓度的溶液”的操作时，教师要演示配置溶液的每一步操作（计算、称量、溶解、转移、洗涤、加水、振荡摇匀、定容、再摇匀），说明每一步的操作要领。还要解释：如果物质溶解时放热（或吸热）较多，要等溶液的温度回复到室温后再进行后面的操作的原因；为什么必须洗涤；定容时为什么必须要用滴管小心地加水，加水过多的后果是什么等问题。这样才能对学生学习“配置一定摩尔浓度的溶液”的操作技能起到定向的作用。①

（六）整理和小结

对演示呈现的现象或得到的实验数据做必要的记录和整理是不可缺少的，这也是对学生的示范。通过演示初步得出结论并和有关知识建立联系，为进一步讲解或讨论做好准备。

例如，演示用已知浓度的酸去滴定待测碱的“中和滴定”，要记录每次滴定取用的待测碱的量、滴定管中酸溶液在滴定前的读数、酸溶液在滴定后的读数，算出酸的消耗量，再计算出待测碱的浓度。数据的记录和整理是这个演示实验的重要内容。

又如，讲“为什么有些物质的水溶液能够导电”这一课题，要演示不同种类、不同状态的物质的导电性，有必要列出表格，教师边演示（让学生确认观察的现象），边在表格中记录演示结果。这样既有利于学生有目的地观察，又有利于进行对比分析。通过实验，教师可引导学生归纳出电解质、非电解质这两个概念。在学生获得感性认识的基础上，进一步讲解“为什么电解质在水溶液或熔化下能够导电”的问题。

---

① 张志宏，高莲珍．微格教学与教师演示实验技能的培养．昌吉学院学报，2001(12)：72～73

四、演示技能的类型

(一)操作示范

在进行化学实验操作技能的教学时,学生通过观察教师的示范,把动作要领形成动作印象保存在头脑中。教师的示范为学生的模仿提供了正确的模式,并能帮助学生养成认真严谨的习惯。

学生的观察要点是教师的示范操作,并认真体会操作要领和原理。例如示范握持试管时应说明操作要领是:三指(拇指、食指和中指)握,二指(无名指和小指)拳,握管口。

(二)实验的演示

在化学课堂教学中,实验演示是最主要的演示,它使学生对教学内容有更直观、感性的认识。课堂教学演示从目的上可以分为获取新知识的演示实验和验证、巩固知识的演示实验两种。

(1)获取新知识的实验演示。这种实验演示是以学生获取新知识为目的的,教师演示的方法即通常所说的“边讲解边演示”。从逻辑上看,这是由特殊到一般的教学过程。在演示时,教师要先详细说明实验的各种条件,当学生看到一个现象或全部现象之后,要启发、引导学生对所见到的现象进行解释,并作出正确的结论。

在演示实验时,学生并没有掌握有关实验的理论知识,他们的观察往往容易忽视最关键的地方。因此,教师要努力引导学生仔细观察实验现象和详细过程,注意实验的条件和产生的主要现象,使学生看懂实验。这是演示实验中学生学习的感性认识阶段。

实验结束后,教师应当启发学生对实验结果试做结论,解释实验现象。这样可加深他们对知识的理解,有利于知识的巩固,培养思维能力。这是实验演示的理性阶段,或称归纳阶段。

最后,应当让学生用文字或图表形式把实验结果记录下来,以便巩固知识。这是演示实验的巩固阶段。另外,对于学生还没有使用过的仪器设备,演示前应当说明它的操作方法及注意事项。这对训练学生的基本技能是有意义的。

(2)巩固知识的实验演示。这种实验演示以验证和巩固知识为目的,即通常所说的先讲解后演示的方法。从逻辑上看,这是由一般到特殊的教学过程。在上课时,教师先讲述或用各种直观教学手段辅助新知识的讲解,学生掌握了以后,再进行实验演示,以验证和巩固所学的理论知识。采用这种方法,可以培养学生演绎推理的能力。在进行以验证和巩固知识为目的实验演示时,学生是在已有理论知识指导下进行观察,他们能预见到实验的结果。因此,教师可采取灵活多样的方法。在演示前,教师向学生说明要做什么实验,然后,引导学生运用刚学过的理论预测将产生什么结果,再进行实验。实验完毕后让学生说明为什么会产生这样的结果,用所学的理论来解释实验现象。

另一种方法是在实验演示之前,向学生说明要做什么实验,打算得到什么样的结果。然后,让学生讨论做这个实验需要什么样的条件,怎样做才能产生预期的结果。在讨论中,学生就会充分运用刚刚学过的知识,精心地对实验进行设计。最后,教师对学生的方案修改完善后进行实验。这样,不但学生学习的兴趣浓厚,而且能展开积极的思维,有利于巩固和运用所学过的知识。

(3)实物、标本的演示。在教学过程中,演示实物、标本的目的是使学生具体感知教学对象的有关形态和结构的特征,以便获得直接的感性认识。学生对这些直观材料往往很感兴趣。为了使学生的观察更有效,教师需要正确掌握演示的技能,同时也要用简洁的语言适时地去组织、引导和启发,使学生更好地掌握所观察的内容。例如,展示原油和几种石油制品(汽油、煤油、柴油、沥青等)让学生观察它们的颜色、状态、气味、粘稠度等。

案例 9-1　展示氯气

展示一瓶氯气,瓶后衬一张白纸。

学生观察氯气的颜色,轻轻地闻氯气的气味(教师可先示范闻氯气气体气味的操作),总结氯气的物理性质。

(三)图片、图表、模型的演示

应用图片、图表、模型等教具的作用属于模像直观,其特点是可以人为突出事物的特点,揭示事物的本质或内部结构,有利于学生对知识的理解。

例如,在讲金刚石的原子结构是可用以下图片(图 9-1、图 9-2)来形象地说明。

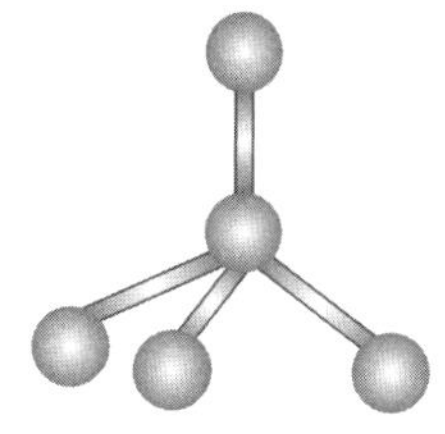

图 9-1　金刚石原子结构

图 9-2　金刚石实物照片

（四）电化教学演示

幻灯片、投影、电影、录像以及多媒体辅助教学等电化教学手段的演示是运用了现代科技的模像演示。这种演示的优点是可以突出事物的细部、结构和特征，提高学习效率，增强直观性。在化学学习中有利学生对化学微观反应的理解。

案例 9-2 讲解原电池的反应原理及其应用

【教师引导】在实验中锌片和铜片用导线连接并接上电流计有电流通过，说明导线中有电子转移，铜片上的氢离子得到电子生成了氢气。

【FLASH 演示】锌铜原电池在稀硫酸中反应，加深感性认识，如图 1 所示。

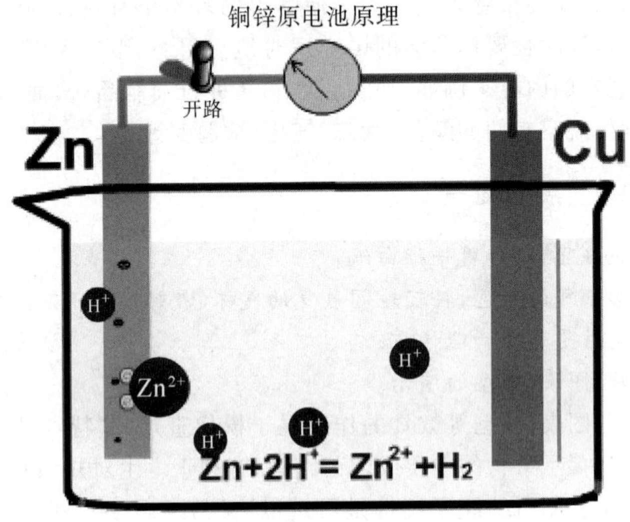

图 1 锌铜原电池在稀硫酸中反应

【师生小结】锌片：电子流出，发生氧化反应 $Zn-2e^{-}=Zn^{2+}$；

铜片：电子流入，发生还原反应 $2H^{+}+2e^{-}=H_2\uparrow$；

能量变化：化学能转变为电能。

【板书】一、原电池的概念：

析氢腐蚀和吸氧腐蚀

【用 FLASH 投影铁的腐蚀】析氢腐蚀和吸氧腐蚀（图 2）。

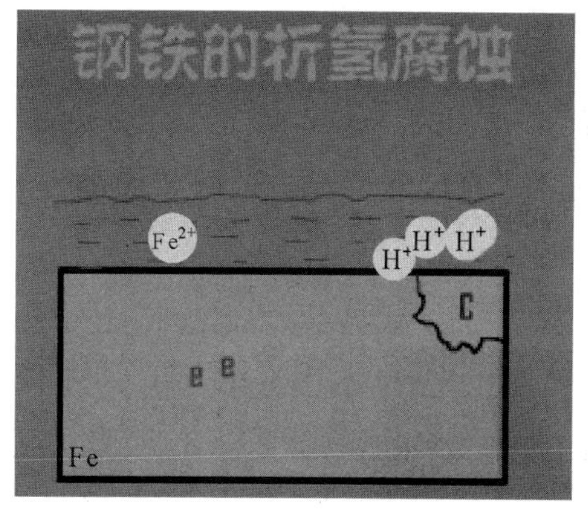

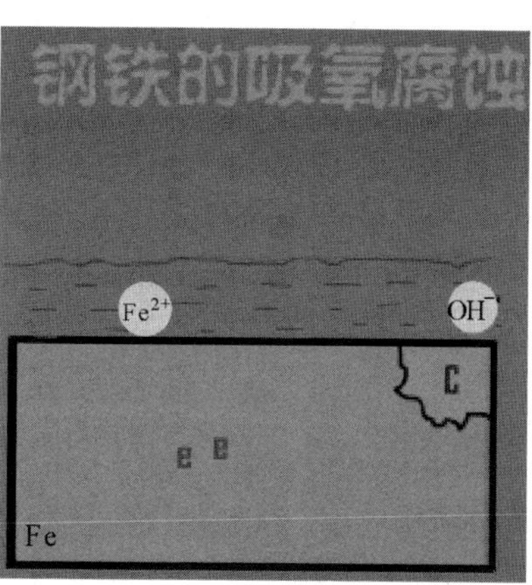

图 2　析氢腐蚀和吸氧腐蚀

【问题设疑】物质得失电子后，以何种形式存在？

（易错之处：铁失去电子数之后的化合价、氧气得电子后在溶液中的存在形式。）

【知识预设】

1. 铁在原电池中反应之后的化合价可以从 Fe-Cu-稀 HCl 形成的原电池中得到答案。

2. 若氧气得到电子，则可从 $O^0 \rightarrow O^{-2}$，而 O^{2-} 在溶液中不能稳定存在，有以下几种存在情形：（固体情形在此不讨论）

酸性溶液：$O^{2-} + 2H^+ = H_2O$

中性溶液：$O^{2-} + H_2O = 2OH^-$

碱性溶液：$O^{2-} + H_2O = 2OH^-$

（此处知识为原电池中最困难部分，理解掌握后为燃料电池的书写做铺垫。）

【电极反应式的书写】（学生讨论）

析氢腐蚀　构成的原电池类型：铁（负极）—碳（正极）—酸性电解质薄膜

负极（铁）$Fe - 2e^- = Fe^{2+}$（被氧化）

正极（碳）$2H^+ + 2e^- = H_2\uparrow$（被还原）

吸氧腐蚀　构成的原电池种类：铁（负极）—碳（正极）—电解质薄膜

负极（铁）$2Fe - 4e^- = 2Fe^{2+}$（被氧化）

正极（碳）$2H_2O + O_2 + 4e^- = 4OH^-$（被还原）

第二节　演示技能的应用

一、演示技能教案案例

案例 9-3　演示技能教案

课题：化学键与化学反应的能量变化　　讲解时间：10 分钟　　年级：高一

教学目标	(1)通过实验演示，让学生了解化学反应中存在能量的释放和吸收 (2)从能量变化角度认识化学反应过程			
时间分配	教师活动	体现教学技能的要素	学生活动	教学媒体
2′	演示实验 1：取一支试管加入少量锌粉，再加入 5 毫升盐酸，当反应进行到有大量气泡产生时，用温度计测量此时溶液的温度，并记录。	实验演示	观察	实验用品
4′	演示实验 2：$Ba(OH)_2 \cdot 8H_2O$ 晶体与 NH_4Cl 晶体的反应，并记录实验现象与结论。	实验演示	学生观察，得出结论	实验用品
5′	大家注意观察温度计上刻度的变化。	指引观察		
6′	这个实验的注意事项有两点：注意正确使用温度计；实验中生成的钡盐有毒；注意药品的回收及个人卫生。		认真听，并纪录	
7′	实验 1 中，温度升高，可见反应释放能量；实验 2 中，温度下降，是吸收能量。 化学反应中存在的能量“贮存”与“释放”问题。	小结和整理	思考	
9′	化学反应在什么情况下放出能量， 什么情况下吸收能量？	说明和启思	讨论	

10′	$\sum$ E(反应物)＞$\sum$ E(生成物),放热反应(能量释放) $\sum$ E(反应物)＜$\sum$ E(生成物),吸热反应(能量贮存) 2、E_1(破坏旧化学键吸收)＞E_2(生成新化学键释放),吸收能量 E_1(破坏旧化学键吸收)＜E_2(生成新化学键释放),放出能量	小结和整理		

教案评析：

此教案在教学设计上的优点有:选择的演示试验很有针对性,能够说明教学的目的,使学生获得感性认识,理解化学反应过程能量的变化;演示技能的构成要素得到较好的体现,设计者对演示技能进行了钻研,能清晰地展开教学。

二、演示技能的应用要点

(1)演示的目的要明确,与教学任务紧密相连。演示通常在某教学单元的起始或主体阶段,因此演示的内容要有利于吸引学生注意力,有利于突出教学的重点和讲清难点;是教学内容所必需的,学生经验所缺乏的,学生的直觉模糊的,以及易造成疑难的抽象知识等;要选择恰当的媒体进行演示;演示的方法和顺序有利于学生观察和思考。

(2)教师操作要规范、正确。正确、规范的操作是演示成功的基础,也是提高演示效率的前提,同时还直接影响学生实验技能的培养。教师进行演示时,要一丝不苟,给学生做出良好示范,使学生获得正确的知识,掌握规范的操作方法,养成严肃认真、实事求是的科学态度。

例如,在实验操作中,搅拌溶液时玻璃棒不碰器壁;振动溶液时不外溅溶液;使用滴管时用中指、无名指夹滴管,用拇指、食指捏橡皮帽。教师把正确的操作方法展现在学生面前,才能培养学生实验操作技能。

(3)形象鲜明,直观性强,保证有效。根据心理学关于感知的刺激物要有一定的强度,感知的对象与背景差别越大知觉就越清晰的规律,教师要考虑被演示物体的形体大小、颜色明暗、声音的强弱,要以全班学生都能看得清、听得见为标准。例如,制作地图、图表、挂图时,要注意使用鲜明的色彩对比,对象的颜色应鲜明些,背景的颜色暗淡些,以突出学生感知的对象,切不可把背景的颜色标得很鲜艳,这样会喧宾夺主,影响学生对主要材料的感知。在做演示实验时,要充分做好准备工作,认真检查所用药品、设备仪器。

(4)演示与讲解要紧密结合。演示要注意语言与动作的配合,使学生有准备、有目的地观察,并引导学生进行积极的思维活动。可根据情况采取先讲后演示、先演示后讲、边讲边演示的方法。只有把演示和讲解相结合才能达到演示的目的。

(5)对现象和结果的解释要实事求是。在演示时发生意外的现象或结果时,要做科学的分析和解释,一时无法解释的,要根据事实说明情况,课后再探究,不要轻易做出粗糙的结论。对没有成功的实验以后补做。

(6)确保安全。演示实验要确保安全,例如,检查一些仪器中带较高电压的接头是否牢固,仪器绝缘部分是否因损坏而带电,腐蚀性强的药品是否放置妥当等。严格按实验操作要求做,注意防毒防火,防爆炸,防触电,确保师生安全。还要有处理意外情况的准备和措施。

第三节　演示技能的评价

演示技能的评价标准见表 9-1。

表 9-1　演示技能的评价

姓名		科目		课题		时间	

请听课以后对以下各项评价,在适当等级画"√"

评　价　指　标	等级			权重
	好	中	差	
1.紧密围绕教学目的				0.1
2.演示前对仪器等交待清楚,装置简单、可靠				0.1
3.演示有启发性,并指明学生观察的方向和程序				0.2
4.演示现象明显,直观性好				0.2
5.演示步骤清楚,操作示范性好				0.2
6.演示与讲解结合恰当,能将感知转化为思维				0.1
7.演示能确保安全				0.1

你还有什么意见?

评价人:__________

思考与练习

1. 演示技能是由哪些要素构成的？

2. 选一段演示技能的录像，说出在演示过程中，教师是如何指导学生观察分析的。

3. 要求学生选择一项适宜的教学内容，设计5～10分钟的微格课程，对演示技能进行实践。在演示教学之前，应首先说明以下几个问题：

(1)为什么选择这种或这几种教学媒体，要达到什么教学目的？

(2)说明演示的条件和过程，准备让学生观察什么、如何观察。如果是实验演示，请说明仪器的名称、操作过程及实验将产生的现象和结果。

第十章

化学多媒体教学技能

在教学"电子云的概念"这一课时，有一位教师应用多媒体教学软件，先在屏幕上显示一个白色亮点，表示核外的一个电子出现的位置，然后出现另一个亮点表示电子出现的概率，接着出现第三、第四、第五个亮点，同时闪烁着这些亮点，当出现到 20 多个亮点后，学生基本对电子云有了初步的理解。接着再分别闪烁出几百甚至上千个亮点，使学生认识到电子云是一个概率分布，表示电子出现的几率。最后说明亮点表示的只是电子出现的一个可能性，无数的亮点构成电子在核外运动的总体形状，在原子核外形成像云雾一样的结构，故形象称为"电子云"。

通过这种动态显示，把原来在书本上看似静止的事物真正活动起来，化静为动，使学生获得正确、清晰的概念。在上述教学案例中，教师运用多媒体顺利地完成了教学任务，学生很好地掌握了本课的知识目标。由此看来，在教学活动中能恰当地运用多媒体，既可以帮助教师进行有效的课堂教学，同时也有利于学生对知识的掌握与理解。但是，在新课程改革中，很多关于多媒体使用的问题也大量存在，所以，对多媒体教学技术进行研究是十分必要的。

第一节　多媒体教学概述

一、多媒体教学的兴起

面对 21 世纪信息时代知识经济的崛起，无论是发达国家还是发展中国家，都在积极探索利用现代信息技术革新教育，作为高科技的计算机网络及多媒体技术已被作为新型的教育手段、教育方法引入到教育领域，现代信息技术的发展为素质教育提供了保障，对实现我国科教兴国战略有特别重要的意义。对于培养跨世纪人才的基础教育来说，引进新的教育手段势在必行。

随着经济的发展，现代信息技术的发展对教学的价值、目标、内容以及教与学的方式产生了重大的影响。教学课程的设计与实施应重视运用现代信息技术，特别要充分考虑计算机、投影仪、实物展示台、幻灯片等对教学内容和方式的重大影响，大力开发并向学生提供更为丰富的学习资源，把现代信息技术作为学习知识和解决问题的强有力的工具，并借助这些工具改善学生的学习方式，提高学生的学习兴趣和学习技巧。

此外，由于我国地域辽阔，教育水平参差不齐，大批求知若渴的孩子无法得到高质量的教育，而作为这一差距弥补的教学书籍和软件，自身存在着陈旧不变、信息可靠性差等缺陷。所以合理有效地开发多媒体课件作为中学化学教学的辅助教学手段，是推动现代信息技术在中学化学教学中应用的关键。[①]

二、多媒体的分类

随着科技的发展与进步，越来越多的教学媒体被运用到教学活动中来，教学媒体的分类也多了起来。在这里，我们将教学媒体分为传统教学媒体和现代教学媒体两大类。[②]

传统教学媒体：直观教具：仪器、实物、标本、模型、黑板、印刷材料等；
示意教具：图片、地图、表格等。
现代教学媒体：听觉媒体：录音、激光唱盘、广播等；
视听媒体：电影、电视、录像、激光视盘等；
系统媒体：语音教学系统、计算机辅助教学系统等。

根据教学媒体的载体不同，可把现代教学媒体分四大类，见表 10-1。

三、多媒体教学的作用与影响

多媒体教学工具可以提供生动逼真的教学画面，可以提供悦耳动听的音乐，这些要素都可以使原本枯燥抽象的教学内容生动化、清晰化。通过运用多种多样的多媒体手段，活跃学生的思维，使学生有兴趣参与教师的教学活动。这样有助于发挥学生的主动性，培养学生的学习能力，优化学生的学习效果，从而完成教学任务，促进学生的发展。[③]

---

① 中小学新课程教学问题探究和教师专业发展编委会. 新课程教师课堂技能指导. 北京：中国轻工业出版社，2006，179～198

② 毕广吉. 多媒体教学课件开发技术丛书：化学分册. 北京：北京理工大学出版社，2003

③ 范杰，黄垂权，毕华林. 化学教学论. 太原：山西科学技术出版社，2000

表 10-1　现代教学媒体的分类

<table>
<tr><td rowspan="2">分类</td><td colspan="3">媒体</td><td rowspan="2" colspan="2">组合软件</td></tr>
<tr><td colspan="2">设备</td><td>软件</td></tr>
<tr><td rowspan="5">电声类</td><td colspan="2">扩音、广播</td><td>录音带</td><td colspan="2">教学播音系统</td></tr>
<tr><td colspan="2" rowspan="4">录音机
唱片</td><td rowspan="4">录音带
唱片</td><td rowspan="4">语言
实验室</td><td>单听室</td></tr>
<tr><td>听答室</td></tr>
<tr><td>听答对比室</td></tr>
<tr><td>遥控听答对比室</td></tr>
<tr><td rowspan="4">光学
投影类</td><td rowspan="2">幻
灯</td><td>投射式</td><td>幻灯片</td><td rowspan="4">普通电教
教室</td><td rowspan="7">综合电教
教室</td></tr>
<tr><td>反射式</td><td>不透明图片</td></tr>
<tr><td colspan="2">投影机</td><td>投影片</td></tr>
<tr><td colspan="2">电影机</td><td>电影片</td></tr>
<tr><td rowspan="3">电视类</td><td colspan="2">电视接收机</td><td>影片</td><td rowspan="3">闭路电视
系统</td></tr>
<tr><td colspan="2">录像系统</td><td>录像片</td></tr>
<tr><td colspan="2">视盘系统</td><td>电视唱片</td></tr>
<tr><td rowspan="2">计算机类</td><td colspan="2">程序学习机</td><td colspan="2">固化程序</td><td rowspan="2">计算机网络</td></tr>
<tr><td colspan="2">计算机辅助教学系统</td><td colspan="2">外存磁盘类</td></tr>
</table>

(1)利用现代教学媒体的可控性,教会学生有目的地观察。媒体的可控性是指媒体可在人为的控制下,选择性地再现所需要的内容。学生进行观察,这是一项有目的的活动,但是由于学生年龄不同,注意力集中的时间往往不同,难以抓住事物的特征。现代教学多媒体中的录音机、计算机、投影等具有较强的可控性,教师可以利用它们来吸引学生的注意力,延长学生注意力集中的时间,从而帮助学生抓住事物的特点,进行有目的的观察。①

(2)利用现代教学媒体的趣味性,激发学生学习的兴趣。学生的生理特征决定了其对新鲜的事物能够保持较强烈的兴趣。运用声音、图像和视频媒体,创设良好的学习情境,让学生在愉快的情绪下学习,能激发学生学习的兴趣。

例如,在学习原电池原理后,让学生观看一段"请你当医生"的 Flash 动画。内容如下:一个非常年轻漂亮富有的女士为了显示自己的优越性,镶了一颗金牙,不幸的是她遭遇了一场车祸,又掉了一颗牙齿,于是又镶了一颗不锈钢的假牙,但从此之后,她经常难以入眠,头疼不已,看了不少的专家大夫,均找不到毛病在哪,令她好生苦恼……幸运的是她有一位从事化学行业的朋友,了解了她的经历后,利用化学知识帮她解决了烦恼。请问同学们,你们知道他

① 刘知新.化学教学论(第三版).北京:高等教育出版社,2004

是怎样解决该女士的烦恼的吗？

解决问题是灵活地综合运用知识的过程，是学生重要的实践活动，通过此情景的创设，激发了学生探究的兴趣和欲望，利用所学知识获得问题解答后的喜悦及学习化学也能助人为乐的快感无疑将增加学生对化学学科的热爱。[①]

(3)利用现代教学媒体的表现力，提高学生观察的效率。学生的感知较模糊，总是满足于观察事物的整体，获取对事物的综合印象，而忽视对事物的更为具体、细致的把握。在本章开始的那个案例中，教师就巧妙地运用多媒体教学技术，帮助学生观察，提高了学生观察的效率。[②]

(4)利用多媒体，拓展学生的思维空间。多媒体教学的优势在于既能提供直观形象和生动逼真的动态图像，提高学生的观察能力和空间想象力，又能通过图像的变化和动听的音乐，诱发学生学习的热情。

例如，在学习乙醇与氢卤酸的反应时如果单凭老师解释乙醇分子里的碳氢键断裂，卤原子取代了羟基的位置而生成了卤代烃，同时被取代的羟基与氢离子生成了水这些过程，学生还是懵懵懂懂，因在刚接触有机物的学习时很难建立起有机物的空间结构，更不用说具体的反应过程了。但如果以可爱的乙醇分子和氯化氢的球棍模型图在不断的运动中接触，发生旧键的断裂和新键的生成，这与传统的讲授效果就有了明显的不同，后者更有利于知识的建构，拓展学生的空间思维。

应用多媒体辅助化学教学是一种高效率的现代化教学手段，学生处于一种动眼、动耳、动脑、动口、动手尝试、探求、发现的境界之中，充分有效地发挥其主体作用。学生学得轻松愉快，接受的信息量大，获得的知识多，并且能迅速地构建自己的知识结构。这种知识结构又成为他们接受新知识的前提。[③]

四、多媒体教学中存在的误区

在新课程改革中，多媒体技术作为一种教育教学技术，在中小学各学科的教育教学领域中已被广泛应用。这种先进的现代化教育技术尽管具备着传统教学手段所无法比拟的许多优点，但应用于辅助课堂教学还处于实验探索阶

---

① 金燕. 多媒体教学课件质量与教学效果的因素探析. 电化教育研究，2007(5)：66～67

② 阮丽红. 浅论多媒体课件与化学教学. 教育与职业，2006(35)：170～171

③ 黄紫洋. 化学多媒体课件制作. 北京：化学工业出版社，2009

段,许多教育工作者在认识和应用中还存在一些“误区”,主要表现在:

(1)完全摒弃传统教学模式,盲目运用多媒体技术。在长期的教学实践中,无数教育工作者经过实践总结出了传统的教学模式,这是一种行之有效的模式。无数实践证明:传统教学模式尽管有一定的缺点,在某些方面存在不足,但仍有着顽强的生命力。

随着计算机辅助课堂教学的不断深入,有的教育工作者片面认为“传统模式”已经过时,计算机辅助课堂教学完全取代“传统模式”的时代已经到来,因而每节课一味追求多媒体,忽略其必要性,置课堂效果于不顾,一味地去追求表面“秀”。造成的结果是:

其一,表面上课堂内轰轰烈烈,热闹非凡,而实际“金玉其外,败絮其中”,中看不中用,要么分散了学生的注意力,要么使学生在课堂上顾此失彼,反而降低了课堂效率。

其二,为了使课堂充满“现代意识”,将课本上一些没必要用多媒体的知识也“秀”到计算机上来,哗众取宠,置课堂教学效果于不顾。

其三,甚至在一些地市级的评优课中,有的在评比细则中还专门将“是否采用现代多媒体教学手段”作为评比的硬杠杠,甚至采取“一票否决”方式作为衡量标准,仿佛有了计算机就是高科技,才算得上现代化的教学。[①]

(2)抛弃知识的科学性,以多媒体误导真实性。科学性、真实性是制作和开发所有课件的首要标准,我们在进行课件设计时必须要透彻地研究教材,绝对不能在课件中出现科学性错误,对学生产生误导的影响。在实验课堂教学中,实验是一个多因子过程,不管采用什么样的实验方法,实验结论必须要达到高度的统一。利用计算机模拟传统方法进行的任何实验,都有一定局限性。因此,凡是要求让学生亲自动手做的实验,必须让学生动手做,这样才能够使学生的实验能力、动手能力、观察能力和解决实际问题能力等综合素质得以提高。实际中出现的问题有:

其一,课件演示的现象漏洞百出,存在着科学性错误,与实际不符;

其二,课件演示的过程让人眼花缭乱,不如实际直观明了;

其三,课件粗糙,可操作性差,不如实际实验简单;

其四,实验结论与过程明显矛盾,缺乏真实性。[②]

---

① 曾思泉,谢丹.交互式多媒体在信息技术教育中的运用.江西教育科研,2003(6):44,46

② 董杰.课堂多媒体教学存在的问题与应对.中国成人教育,2007(2):47～48

(3)抛弃教学主体,运用多媒体技术成为变相"满堂灌"。在教学过程中,教师是课堂的主导者,是外因,学生是课堂的主体,是内因;主导者必须想方设法采取有效的措施调动主体的学习积极性,多媒体计算机作为辅助课堂教学的一种手段,是充分发挥教师的主导作用和学生的主体作用的纽带,即辅助功能。决不能简单地以多媒体来代替教师的授课,使课堂教学演变为新型填鸭式教学工具。实际中出现的现象有:

其一,喧宾夺主。满堂课一会儿大屏幕投影,一会儿大屏幕电视,各种多媒体轮番上阵,让人眼花缭乱,新鲜劲足,淡化主要任务。

其二,变相"满堂灌",教师讲台上卖力操作多媒体,学生静静地囫囵吞枣,"全盘"接受,食而不化。[①]

(4)抛弃教学重点,过度追求多媒体的运用。使用多媒体计算机辅助课堂教学的目的是:有助于本节课知识内容或与之相关的知识点的重点突出和难点突破,这也是运用多媒体辅助课堂教学的任务和魅力所在。实际中可根据学生不同年龄段的心理特点、认知规律和记忆特点,运用多媒体交互优势和视听优势,将抽象的、难以言述的概念和理论以形象的、有趣的、感官易于接受的视、听等认识方式传授给学生,若只停留于图"好看"、作表面文章等虚无缥缈的做法则是违背教育规律的。实际中出现的误区有:

其一,运用的多媒体资料要么对课堂教学用途不大,要么与本节课教学内容毫无关联。

其二,本来通过讲授学生就可以直接接受的次要内容,却非要用多媒体演示。

其三,多媒体资料的选择本来应该是有助于重点和难点的解决,但由于选择和应用不当,反而又出现了新的疑难知识点,无形中给学生增加了无谓的理解难度。

当然,计算机多媒体作为一种新兴的现代教学工具和手段,其优点是不言而喻的,其功用是不可抹杀的,关键是如何扬长避短,恰当运用,这也是摆在广大教育工作者面前必须解决好的问题;否则乱用不如不用,滥用不如少用。[②]

五、多媒体教学的原则

多媒体在教学中的作用越来越受到广大教师的重视,运用也越来越普遍。但是,接踵而来的是一个怎样恰到好处地运用有效提高教学质量和效率的问

① 李燕.多媒体教学在化学课中的应用.现代教育技术,2002(23):36～37

② 易康,范宇,李光明.多媒体课件设计与制作.北京:冶金工业出版社,2003

题，特别是根据不同年级的学生特点选择时机，使用适量的多媒体手段来适应学生，以达到最佳的教学效果，是更应该引起我们重视的问题。所以多媒体的运用不能违背下面几条原则：

(一)科学性原则

科学性无疑是课件评价的重要指标之一，尤其是模拟实验，要符合科学性，课件中显示的文字、符号、公式、图表及概念、规律的表述等应力求准确无误，配音要准确。但在科学的评判上要具体分析，如果片面地强调科学性，就会束缚手脚，不利于多媒体课件的应用发展，所以演示模拟实验或现象时应尊重客观事实，反映主要的机制，细节可以淡化，允许必要的夸张，但不能出现知识性的错误。

例如，在讲授电子云时，以氢原子为例，其实它仅有一个电子，因电子在很小的范围内又以相当高的速度运动，也就出现了我们看到许多电子的情况，表示的是电子在氢原子中出现的概率，并不是很多电子在那像云彩一样不动。特别需要注意课件中不可出现不准确、不科学的描述。[①]

(二)适量性原则

多媒体教学手段虽然能给我们带来意想不到的诸多方便和好处，但也并不是越多越好。因为它只是一种辅助性的教学手段，不能过分夸大它的作用，更不能让它替代教师应有的创造性工作，我们不能抛弃传统教学法中的合理有效的东西。例如，在化学计算方面，用多媒体课件教学就不如教师和同学们一起推算、一起板书的效果好；化学实验教学中实际演示就比应用多媒体课件更直观更具有说服力。教师在课堂教学中的主导地位是多媒体无法取代的，因此，多媒体作为一种辅助性的教学手段，不能代替一切，不能滥用，但有些教师对它缺乏足够的认识，要么整节课全然不用，要么仅靠它来帮助板书而已，这些都是不妥当的。教师应处理好使用多媒体与传统教学的关系，使多媒体课件成为课堂教学的点睛之笔。[②]

(三)适当性原则

多媒体手段好，但既不能滥用，又不能不用，那么，何时用才是恰当的呢？我们认为，一是用在调动学生积极性的时候。多媒体的使用能全方位调动起学生听课积极性，使之全身心投入，这样就既保证了学生积极参与的可能，又保证了学生的课堂主体的地位。二是用在弥补教师素质本身的不足。三是用

---

① 袁中直，肖信. 化学多媒体素材制作和应用. 北京：化学工业出版社，2004

② 刘晓亮，李大维. 边用边学多媒体教学课件. 北京：人民邮电出版社，2002

在弥补学生生活阅历不足或延伸学生思维空间处。[①]

总之，多媒体教学是一种辅助手段，不能不用，但也不能滥用，必须将它与有效的传统的教学方法结合起来，根据课堂需要，适时适量适当地运用它，以达到提高教学效率的目的。

第二节　化学复习课中的多媒体教学

在中学化学复习中，常因概念数量多，化学反应类型繁杂，微观理论不易理解，化学实验很难重做，各类测试耗时太长，化工生产难观全局等，复习的效果不理想。网络具有强大的超链接功能，可加大课堂的信息容量；课件则具有形象性、有序性、重复性和伸缩性特点，因此，制作化学复习课多媒体课件，把信息技术运用于化学复习中，可很好地提高复习效率。[②]

一、梳理化学知识

利用网络的超链接功能，把字、词、句和图标对象制成超链接，制作出“网络化知识结构”课件。根据每阶段的复习要求，实现灵活多样的有效超链接，让化学知识更富有条理性和系统性，做到点、线、面、体的有机结合。操作课件时，通过超链接实现自由的折叠和展开，也可实现有效重组，梳理好化学知识。

例如，复习基本概念时，可将“物质的分类”、“反应类型所涉及的概念”等内容制作成超链接，逐级展开。对于易混淆的概念的辨析，也可以通过超链接将概念的相同点和不同点逐步展示出来。复习“元素及其化合物”中以主要元素 Cl、O、Na、N、P、C、Si、Mg、Al、Fe 为发射源，层层显示，触类旁通，交叉复习，有益于学生快速提取信息，增强学习的灵活性和敏捷性。复习“有机物”时，以常见官能团，如—OH、C═C、C≡C、—CHO、—COOH、—CO—、$—NH_2$等的联系和衍变为线索，按上述方法进行教学。复习“化学计算”，以“物质的量”为中心，加强与物质质量、摩尔质量、标准状况下的体积、溶解度、物质的量浓度、压强、温度、反应热等的有机联系，可以实现知识网络化的呈现，帮助学生理解记忆。

---

① 何克抗.多媒体课件及网络课程在教学中的运用.中国大学教学，2007(5)：74～78

② 唐松林.信息技术在中学化学复习中的作用.中小学信息技术教育，2003(7)：39～40

二、阐释微观理论

多媒体可将抽象理论形象化、可视化。通过制作有效的动画，可以揭示微观粒子的运动状态和粒子间的转变过程，突破抽象理论理解上的困难。

例如，复习“物质结构”时，可将看不见的微观世界的粒子如分子、原子和电子的运动情况，原子间化学键的形成和强弱表示，通过制作成逼真的动态画面形象地表示出来，达到深入理解化学知识的目的。复习“化学反应速率及化学平衡”时，有关化学平衡的建立过程，可用改变不同颜色的小球的运动速度来有效表示正逆反应速度大小，小球数量多少表示反应物或生成物浓度大小。这样制作的渐变动画课件，可有效地突破化学平衡的难点。复习“电解质溶液”时，可将电解质的电离程度、导电能力大小，原电池、电解池和电镀槽中离子放电情况、移动方向、生成物质情况，制作成动画形象地表示出来，以增强复习效果。

三、巩固化学实验

化学是一门实验性很强的学科，理应受到师生的高度重视。但中学化学实验数量多，实验原理、步骤、现象和注意事项不易记忆，甚至学生不愿做有毒气体的实验，而且受药品和仪器的限制，无法重复学生实验、演示实验和改进实验，使得学生学习化学的兴趣不高。利用多媒体具有可重复性、易操作性、有序性和灵活性的特性，可以全面深刻地复习化学实验。主要有以下几方面的好处：

(1)突破实验中的难点，突出重点。如“次氯酸的见光分解实验”在光照下不易观察气泡产生，“乙醛的银镜反应实验”中银氨溶液不易配制，试管壁不干净时不易有光亮的物质出现等，用动画演示则较容易，并且多次播放，能够加深印象，提高复习效率。

(2)展现实验步骤和实验原理。动态展示实验步骤，有利于再现实验过程。对于一些实验原理较复杂的实验，可以采用化学方程式的方式进行复习。

(3)为验证物质的化学性质，对实验装置进行有效的改进。例如，实验室制取氯气时，可在发生装置后添加不同性质的实验装置，如依次连接盛浓硫酸的干燥装置、装有干燥的红色布条的装置和装有湿润的红色布条的装置来验证其漂白性，或连接溴化亚铁溶液来验证氯气的强氧化性等。

(4)强调化学仪器的使用方法、注意事项及化学药品的保存方法。当前，高考对学生能力的测试，尤其对化学实验题的要求有所提高，而化学实验题的关键在于对“化学仪器的使用和注意事项及化学药品的保存方法”基础知识的掌握，使用课件的重复性可以有效地巩固这些基础知识。

(5)巩固实验发生装置、收集装置、除杂装置、干燥装置和尾气处理装置的分类，全面比较所学的实验知识。

四、再现化工生产过程

制作化工生产过程流程的动画课件，结合一些实际生产中的问题，让学生掌握生产原理和流程，了解环境的污染问题。制作的课件可在有限的画面内纵观整个生产流程，如工业上生产硫酸、硝酸和合成氨等。硫酸生产过程中的沸腾炉、接触室、吸收塔可用实物图片展示，同时采用动画过程呈现生产的全过程，用“以硫铁矿为原料制备硫酸”复习生产过程中发生的化学反应方程式。

五、增强复习测试功能

多媒体强大的交互功能，为灵活多样、快速检测学习状况提供了方便，可根据测试后的反馈信息，及时调整教学，从而有效体现测试的功能。

在中学化学复习中，运用多媒体教学可让师生从繁杂的复习资料中解脱出来。它克服了化学实验不易再现的缺陷，增强了化学知识的条理性、系统性，揭示了微观物质的本质，再现了化工生产全过程，加大了知识检测的力度。所以，运用多媒体教学，能很好地提高化学课堂的复习效率。①

第三节　多媒体教学的方法与技巧

一、教学课件的制作

(一)懂得电脑操作的一些基本知识

毫无疑问，课件是通过电脑这个媒体展现其强大的教学功能的，不懂电脑的基本操作必定不能用好并发挥多媒体教学的优势。对从未接触过电脑的教师来说，以下几点是必须学会的：

(1)掌握 Windows 的一些基本操作，学会使用 IE 浏览器浏览和下载各种课件素材。

---

① 林众，冯瑞琴.多媒体教学中的认知机制.教育研究，2006(7)：62～66

(2)学会 Office 的基本操作,主要是 PowerPoint、Word 这两个应用程序的一些基础知识。

(3)掌握化学专业软件 Chemoffice 8.0 的基本操作。

(二)能熟练使用一种多媒体制作的编辑软件,具有一定的制作课件能力

教师在具有电脑操作基本知识的前提下,如果再掌握并熟练运用以下软件则能不断提高水平,制作出越来越好的教学课件:

(1)学会使用图像处理软件:Photoshop 8.0、Freehand 11.0。

(2)学会使用声音处理软件:Mplifier Media Play mp3 compressor、录音机、Windows Media Player 等。

(3)学会使用动画处理软件:Flash 8.0、Director 8.0、Premier 7.0。

(4)学会使用常用课件制作软件:PowerPoint、Authorware 7.0、方正奥思(Founder 6.0)、FrontPage 等。

(三)认真钻研教材,精心设计,具有创造性地撰写脚本

一般说来,课件的前期准备工作比实际制作所花费的时间还要多。教师一定要根据课程的需要,找到所需的各种素材,如图像、声音、动画、视频等,这样可节省大量时间,在比较短的时间内完成一个课件的制作。

(四)研究优秀课件、CAI 教学光盘,学习借鉴别人的经验

要善于学习并吸收别人的经验,取长补短,少走弯路,充分发挥自己的主观能动性,发掘潜力,实行"拿来主义",最终形成有自己特色的产品。目前,我们可以通过上网、使用教学光盘、观摩优质课等方式获取信息,消化吸收。

(五)发挥集体智慧

一个人的力量是有限的,尤其是在对教材的把握、课程的设计、制作的技巧等方面不可能十全十美。所以一定要发挥集体智慧和力量,广泛听取意见。只有这样,才能突出多媒体教学真正与众不同的地方,才能制作出高质量的教学课件,才能符合课堂教学的需要。①

二、多媒体的应用

(一)创设生活情境,激发学习兴趣

通过创设虚拟的生活情境,渲染课堂气氛,激发学生的求知欲,使形情兼具,境理一炉,从而让学生在最佳的学习状态中学习。

例如,借助媒体播放器播放如下新闻图像:在 2006 年的某月某日晚,台湾

① 胡立江,尤宏,郑志成.网络与化学.北京:科学出版社,2000

的一个女生吃了大量的海鲜，同时又喝了较多的啤酒，在第二天出现中毒现象，不治身亡，警察虽长期破案但对此毫无线索，最后由化学家揭开了迷离的案情，凶手竟是——啤酒中的酒精和虾米中的特殊蛋白质。这与学生的日常生活紧密相连，每个人都可能遇到，且有生命的危险，这很容易使学生进入了“愤”和“悱”的状态，有利于学生自主学习意识的培养、探究热情的提高。

(二)优化学习策略，使学生亲身经历探究过程

在教学中恰当运用多媒体技术，设计富有启发性的情境，激活学生的已有知识结构，营造自主、合作、探究的学习氛围，激发学生主动探索新知，动手操作，解决新问题。

(三)注重发散创新，培养学生个性

新课标提出让学生富有个性地学习，强调培养学生的创新意识。现代网络的快速发展与使用，为学生思维活动提供了最大限度的拓展空间，为学生提供了更为广阔的学习环境，让学生有机会充分展示自我的个性。教师在设计多媒体的使用时，要注意培养学生的发散性思维，提高学生的创新能力。

(四)开展合作交流，实现互动学习

教学中通过师生、生生间的互动讨论，资源共享，人机对话等方式为课堂的合作交流提供很好的平台。学生也在合作交流中彼此促进，共同提高，形成了多向的良性互动。

(五)利用网络优势，开发学习资源

网络进入课堂，将多姿多彩的生活情景也带入了课堂，创设了虚拟的真实情境，体现了生活教学的教学理念；将漫长的科学发展史、最新的现代科技成果带入了课堂，激发了学生积极学习的内在动机；将书本上没有介绍的信息呈现给学生，丰富了学生的学习资源，使其变成同学们宝贵的精神财富。①

多媒体教学技术是一把“双刃剑”，恰当地使用它是教育创新、教育现代化的有利工具；过分依赖，则会给教学带来新的隐患。总之，多媒体教学技术的应用，一切应以学生为本，从学生实际出发，为学生的学习服务。

案例 10-1 化学反应速率的测定

[教师活动讲述]

大家把饭菜放入冰箱中保存以防止食物的腐败，在洗锅碗瓢盆中的油污时往往用热水去清洗，还有大家都知道加酶的洗衣粉去污能力强，你能一一做

① 林福宗.多媒体技术基础.北京：清华大学出版社，2002

出解释吗？在你动手做了如下探究后，你就明白了。

请同学们观看屏幕上的工具栏，根据你以往的化学知识独立思考后进行小组讨论来探究化学反应速率与物质本身的性质、温度、浓度、催化剂的关系，填写表1。

表1　化学反应速率的测定

影响因素	实验内容	实验现象与结论
反应物性质	分别将等量的碳酸钠固体粉末和碳酸氢钠固体粉末与稀盐酸反应	$NaHCO_3$ 反应生成气泡现象明显。 结论：反应物的性质是反应速率快慢的内因。
温度	观察双氧水在常温及加热情况下的反应	温度高时冒出的气泡速率快，多。 结论：温度越高，反应速率越快，反之相反。
浓度	镁条与不同浓度的盐酸反应	与浓的盐酸反应放出的气泡速率快，多。 结论：增大反应物浓度，反应变快，反之相反。
催化剂	双氧水在催化剂作用下的分解反应	加入催化剂反应更剧烈，气泡更多。 结论：催化剂能改变反应速率。

[工具栏]

(1)方法引导：一个实验的结果会受到多种因素的影响，为了使实验结论更加具有说服力，可采取对照实验的方法，即保证其他影响因素不变，只让一个因素发生变化，对比反应前后性质、现象的变化。请同学们根据刚才提到的一些生活的常识，来探究影响化学反应速率大小的因素。

(2)实验提示：过氧化氢能发生分解反应生成水与氧气，二氧化锰可作为反应的催化剂。注意，加入量要少，否则反应物会冲出试管。

[实验药品]

过氧化氢溶液(3%)、盐酸(2.0 $mol\cdot L^{-1}$)、盐酸(0.5 $mol\cdot L^{-1}$)、碳酸氢钠(分析纯)、碳酸氢钠(分析纯)、二氧化锰粉末(分析纯)。

[仪器]

试管、试管夹、药匙、酒精灯、镊子、量筒、导管、水槽、胶头滴管。

请各小组成员独立思考后讨论出适当的验证方法，并加以实验论证。

案例10-2　水的组成

一、教学背景与定位

教学起点分析：在上节中学生已经掌握了在物理变化中分子本身没变，本节继续采用学生熟悉的水作知识载体，通过对水分解产生氢气和氧气的微观过程的描述，使学生认识到分子在化学变化中分解成原子，原子再重新组合形成新的分子，从而理解化学反应的实质。教学的起点定位于引导学生从观察宏观现象到用微观观点分析化学反应的实质。

教学主要方式：实验探究、信息技术与学科整合。

二、教学资源与设备

仪器与药品：水电解器若干套（玻璃管中注满了10%～15%的NaOH溶液）、启普发生器一套、锌、稀硫酸、火柴、烧杯、橡皮导管、尖嘴玻璃导管。

多媒体课件：(1)水的电解示意图；(2)电解水实验的指导。

文字资源：《初中化学新教案》中的"课外探究"。

三、教学实录

（一）提出问题导入

[师]我们已经知道，水在加热时变成水蒸气。水的三态变化，只是水分子间隔改变，而"每个水分子由两个氢原子和一个氧原子构成"，这一事实始终没变。那么，如果在水中插入电极，通以直流电，情形是否有所不同呢？

（二）解决方法

用实验验证。

[生]猜想同或不同。

[师]那么用什么来验证我们的猜想呢？

[生]实验！

（三）学生分组实验

分为若干个小组，每组4人，实验时学生只需插上电源即可。展示多媒体指导实验。

[师]同学们在实验中要学会运用观察法，仔细观察实验现象。

(1)两个电极、两支玻璃管内液面有什么变化？

[生]两个电极产生气泡，并且与正极连接产生的气泡慢，负极连接产生的气泡快。通电一段时间后，两极玻璃管上部汇集的气体体积比大约是$V_{正极}:V_{负极}=1:2$。

（每次学生回答实验现象后，点击多媒体课件展示答案。）

[师]水通电产生气体是什么呢？是不是水蒸气呢？我们来检验一下。

(2)用燃着的火柴接近液面下降较快的玻璃管尖嘴处，慢慢打开活塞，观察所发生的现象。

[生]管中的气体被点燃。

[师]这种气体是不是水蒸气呢？为什么？

[生]不是，因为水蒸气不能被点燃。

[师]对，这种能被点燃的气体就是氢气，也就是氢气球所填充的气体。

(3)用带火星的木条，接近液面下降较慢的玻璃管尖嘴处，慢慢打开活塞，观察所发生的现象。

[生]带火星的木条复燃。

[师]这种气体是不是水蒸气呢？

[生]不是！

[师]这种能使带火星的木条复燃的气体就是氧气，也就是我们呼吸所需要的气体。

(板书：水通电文字表达式：水→氢气+氧气)

[师]分析此反应特点，反应物一种，生成物两种，像这种由一种物质生成两种或两种以上其他物质的反应，我们叫它分解反应。分解反应首先必须是化学反应，而且要符合“一变多”的特点。

(练习：判断是否为分解反应：①蒸发食盐水；②碳酸钙→氧化钙+二氧化碳)

(四)发散思维多角度分析实验

[师]看待一个问题，我们不能局限于表面，而应从多角度分析，深入思考。下面老师提出几个角度，你们分析一下。

(1)从能量角度；

(2)从元素组成的角度；

(3)从微粒的角度(此时将很多问题展示给学生，让学生无所适从)。

(教师一一点拨，学生逐一回答)

[生](1)水吸收了电能生成了氢气和氧气。

[师](2)化学变化中伴随着能量的变化，通过化学反应，我们不仅得到了所需要的千千万万的新物质，而且也可以吸收或释放能量，从而实现能量的转换或储存。

[生](3)水由水分子构成，氢气由氢分子构成，氧气由氧分子构成。

(五)建立模型得出化学变化实质

(结合课本中的模型)

[师]想象一下，刚才看到水通电生成氢气和氧气，在微观世界里，它们的微粒经过了怎样的变化？

(小组讨论)

[生]小结：水在通电时，水分子里的氢原子跑到了一起，形成氢气。氧原子跑到了一起，形成了氧气。

[师]这位同学说得比较好,有没有同学补充一下。

[生]水通电时,水分子里面的氧原子和氢原子分开,每两个氢原子形成一个氢分子,氢分子聚集在一起形成氢气,每两个氧原子形成一个氧分子,氧分子聚集在一起形成氧气。

[师]完美的描述,道出了化学变化的实质,请同学们给点掌声。

(展示多媒体:水电解示意图)

[师]刚才所说的电解水,生成氢气和氧气与加热水变成水蒸气,它们的微粒变化有什么不同呢?

[生]水通电时分子变成了原子,原子重新组成新分子。水加热时,分子没变,变的只是分子的间隔。

[师]这就是物理变化和化学变化的本质区别。

(六)介绍分子原子构成的常见物质

[师]我们知道水、氢气、氧气都是由分子构成的,分子是构成物质的一种基本粒子。实际上,原子也是构成物质的一种基本粒子,有很多物质就是由原子直接构成的,比如(抬手看)手上的这枚戒指,就是由金原子构成的,而中间的钻石,也就是金刚石是由碳原子构成的,还有惰性气体氦气也是由氦原子构成的。因为原子也是一种微观粒子,当然也就具有微观粒子的一般性质。

(看书 P39,看图结合)

(七)反馈练习及作业

(八)小结

(小结:小组汇报,师生一起总结)

[师]通过这节课,你都学到了什么?

(生畅言)

四、教学效果与课后反思评价

本节教学,从课堂气氛来看很活跃,充分调动了学生的积极性,师生的互动及小组的师生互动进行得很好。学生分组实验,教师演示实验都很成功。采用多媒体模拟微观世界中水的分解过程,有效突破了本节教学的重点、难点。本节教学中充分体现了新课标中以学生为主的教学思想,教学过程中始终贯穿着实验探究,学生的思维创新能力等得到了培养提高。但必须注意,本节教学内容涉及面广,教师在处理教材时把握的尺度如果不够好,尤其是在第一课时中,从多角度分析电解水实验,教师对学生的情况分析如果不到位,设计问题缺乏一定的艺术性,会造成学生回答困难。从整体教学过程及学生的练习反馈来看,这是一节较成功的授课,通过本课教学再次提醒教师要做好充

分的准备，才能使课堂教学得以顺利地进行。

案例 10-3 “合成氨工业”教学

一、学习目标

1. 知识目标

(1)认识合成氨的化学原理。

(2)应用化学反应速率和化学平衡原理来选择适宜的化工生产条件的一般原则。

(3)了解合成氨生产的主要流程。

2. 能力目标

(1)通过丰富的资料及问题探讨，培养学生的抽象思维能力和分析推理能力。

(2)通过上网浏览，培养学生的自主学习能力。

3. 素质目标

(1)学生在多媒体的交互式学习环境中，充分发挥学习的主动性，培养检索、处理、获取信息的终身学习能力。

(2)培养学生用辩证唯物主义观点(对立统一的观点)看待物质、看待世界，树立环境保护的意识和爱国主义的观点。

二、重点及难点

合成氨工业生产适宜条件的选择。

三、学生活动设计

看书、浏览课件或资源库、上因特网。

四、教学模式

问题引出—学生自主学习—讨论总结。

五、教学工具

电脑、自制的网络教学课件、因特网。

六、教学过程

(直接引入)这节课我们将讨论怎样应用学过的化学反应速率和化学平衡的知识来研究有关合成氨工业的问题。

[师]假如你是新上任的某产量较低的合成氨工厂的经理，上任伊始，你将着手哪些工作?

[生]搞调查，找原因。

[师]可能会有哪些原因呢?

[生]工作人员积极性不高，设备差，反应条件没控制好……

（教师把问题引到合成氨的反应条件上）

［师］合成氨需要什么样的反应条件？选择生产条件的目的是什么？

［生］（思维被激活，积极思考，讨论后回答）选择生产条件的目的是加快反应速率，提高合成氨产率。

［师］怎样来选择反应条件？选择反应条件的依据是什么？

［生］外界条件对化学反应速率和化学平衡的影响规律。

（师生一起复习化学反应速率和化学平衡的基本知识，结合合成氨反应的特点分析讨论，从理论上得出提高合成氨产率的反应条件。）

［师、生：要提高合成氨产率，从化学反应速率角度（反应速率要快）分析所需的条件为高压、高温，加催化剂；从化学平衡角度（进行程度要大）分析所需的条件为高压、低温，增大氮气及氢气浓度，减少氨气的浓度等。］

［师］选择适宜生产条件的原则是什么？实际生产中合成氨的反应条件是怎么样的呢？如何解决高温（反应速率要快）与低温（进行程度要大）这一对矛盾呢？

（师生讨论得出选择适宜生产条件的原则：既要注意外界条件对二者影响的一致性，又要注意对二者影响的矛盾性；既要注意温度、催化剂对速率影响的一致性，又要注意催化剂对温度的限制；既要注意理论上的需要，又要注意实际可能性。）

［生］根据教科书、网络课件中的一些合成氨的实验数据分析讨论，结合生产实际（设备要求、经济效益等）得出工业合成氨的反应条件：压强为 $2\times10^{7}\sim5\times10^{7}$ Pa，温度为 500℃左右，铁触媒。

［师］（补充）实际生产中还需将生成的氨气及时从混合气中分离出来，并且不断地向循环气中补充氮气、氢气。作为一厂之主，为了更好地发展合成氨，你还需具备合成氨的哪些相关知识呢？

［生］合成氨的发展史、反应条件的改革创新、合成氨工业流程……

［师］接下来大家上因特网，输入关键词来查阅合成氨的相关知识，把看到好的内容或问题粘贴到校园网 BBS 上。

（部分学生进入 www.baidu.com，输入关键词“合成氨”搜索，部分学生进入 www.google.com.hk，cn.yahoo.com，进入网上教学栏目自主学习）

［cn.yahoo.com 中搜索到的主要是大量的合成氨的厂家网址、网页信息及一些与合成氨有关的化学研究所。学生浏览感兴趣的内容，并复制他认为较好的内容，登录到校园网化学论坛，粘贴到 BBS 上供大家阅读。例如，有的同学粘贴了“合成氨和制氢工业中一氧化碳高温变换催化剂研制及变换反应

动力学研究”，有的同学粘贴了“合成氨的吉尼斯纪录”、“合成氨的发展历程”、“合成氨教案”等文章及“合成氨工业流程”的Flash动画。有的同学还粘贴上了一些网址，如中国石化南京化学工业集团有限公司（http://www.ncic.cn），介绍化工生产的催化剂等。]

（在学生上网浏览过程中，教师巡视、指导，时间大约为20分钟。）

[师]现在我们一起来对合成氨工业知识进行小结。工业上如何得到氮气？

[生]采用物理方法或化学方法从空气中分离出氮气。

[师]工业上如何得到氢气？

[生]采用燃料和水在一定条件下反应制取。

[师]等物质的量的碳、甲烷与水在一定条件下反应，哪种物质产生的氢气多？

（学生思考、完成化学方程式，回答甲烷与水在一定条件下反应产生的氢气多。）

[师]实际生产中合成氨的原料是什么？

[生]空气、水、燃料等。

（学生回答后，转贴学生粘贴的内容到BBS上的教学栏目——合成氨化学教案。）

[师]合成氨工业生产步骤和原理是怎样的呢？

[生]原料的制备净化→氨的合成→氨的分离。

（教师转贴学生粘贴的合成氨工业流程的Flash动画。）

[师]在合成氨过程中要综合考虑哪些因素？

[生]要考虑经济效益和社会效益。

[师]所谓经济效益也就是要低投入高回报，社会效益也就是环境保护问题。因此，在生产过程中要采取循环操作过程，而合成氨厂址的选择也很有讲究。对于合成氨厂址的选择方法大家课后可进入校园网BBS的教学栏目——合成氨效益选择自学。

[师]介绍合成氨的发展史，转播“合成氨的吉尼斯纪录”、“合成氨的发展历程”等内容让学生浏览。

（教师对本堂课所学的知识进行总结，进行随堂测试了解学生掌握知识的情况。）

七、教学反馈

与传统教学班不同，网络教学班学生通过上网浏览，对合成氨的知识由传统教学的被动接收变成主动吸收，大大提高了学习效率。教师则通过抽查、提问成绩中下的学生或进行网上随堂测试来了解学生掌握知识的情况。

八、教学后记

网络技术与学科整合的目标是加强学生对学科知识和技能的理解，培养学生终身学习的态度和能力，培养学生良好的信息素养，培养学生掌握信息时代的数字化学习方式。教学活动中，学生利用计算机的交互功能，与教师、其他学生进行交流，首先在局域网（如校园网、城域网）内，若教学资源不能满足要求，则可进入 Internet 网，以寻求更多的资源或信息，增强了课堂教学的活力，优化了课堂教学的过程。

网络环境下的化学教学是新事物，它有着传统教学无法超越的优势。以"合成氨工业"为例，普通教学班的学生只能看书，听老师讲授合成氨的一些相关知识，可能较乏味枯燥；网络班的学生则大大不同，他们通过上网查阅，可以在一定程度上突破时间和空间的限制，扩大直观视野（实际厂家的工业流程、Flash 动画模拟流程等），充实直观内容（原料的制备、价格，合成氨发展史及催化剂选择改革等），强化直观效果，丰富感知材料。同时利用网络技术向学生提供声、像、图、文等综合信息，为多种感官的刺激提供了若干兴奋点，有利于学生注意力的保持。它的信息组织方式与人类长期记忆结构相似，减少了记忆信息和加工转换的过程，提高了学生的学习兴趣，丰富了学习内容，优化了学习过程，从而取得较好的学习效果。

九、点评

本教学设计创设了一个学生感兴趣的复杂问题"假如你是新上任的合成氨工厂经理"，引导学生从真实的任务去研究有关提高合成氨产率的问题，很自然地将学生领入了网络环境中的探索研究。由于教师设计和提出的问题是与生产实践相联系的，同时也是与课程教学内容相联系的复杂问题，学生不可能从教科书上找到现成的文字，也不可能从网上简单地搜索和粘贴，需要经过学生查找、分析、判断、加工网上和书本以及各种可能的渠道获取的信息，并且经过协作讨论，独立思考，才能得出自己的结论。更重要的是，班上同学们可能得出各不相同的"唯一正确"的答案。

本教学设计对于学生学习过程的评价较为简单，这在国内教师的教学设计中是一个较普遍存在的问题。需要认真研究和探索在教育信息化环境下如何改进教学评价。这应是信息化教学设计的一个重要组成部分。[①]

---

① 余惠芳."合成氨工业"教学实录.中小学信息技术教育，2002(10)：7～9

案例 10-4 “原子的构成”的教学

一、教学目标

知识目标:(1)了解原子是由质子、中子和电子构成的;

(2)知道原子不显电性的原因;

(3)初步了解相对原子质量的概念。

能力目标:(1)初步学会用想象、类比等方法去理解微观世界;

(2)学会查相对原子质量表。

情感目标:进行世界的物质性、物质的可分性的辩证唯物主义观点教育。

二、教学重点

原子的结构和相对原子质量的概念。

三、教学难点

原子的结构。

四、教法和学法

(一)教学方法

(1)问题研讨教学法;

(2)尝试教学法;

(3)小组竞赛法。

同时采用多媒体展示图片和动画辅助教学。

(二)学法指导

(1)自主学习;

(2)合作学习。

(三)教学过程

1. 问题导入

[教师活动]

(1)展示图片,并在简单回顾知识的基础上提出问题。

(2)分子在化学变化中可以分为原子,那么原子在化学变化是否可以再分呢?

(3)那原子是不是在任何情况下都是不可分割的实心小球呢?

(4)如果不是,那你想象中的原子是什么样的呢?

[学生活动]

(1)回忆旧知,对原子的结构进行猜想。

(2)倾听,思考。

[设计思路]

逐步吸引学生注意力，提出知识储备，激发学生兴趣，增强民族自豪感。

2. 传授新知（分为两个阶段）

第一阶段：对原子的结构的相关知识进行探究；第二阶段：相对原子质量的学习。

[教师活动]

第一阶段：

(1)动画展示原子结构模型，引导学生观察原子的结构，讲述原子各部分的组成。

(2)提出问题：原子中既含有带正电的质子，又含有带负电的电子，那整个原子带什么电呢？指导学生进行思考，得出结论。

(3)提出新的问题：除此以外，根据教科书中的两个表格你还能得出哪些结论？指导学生寻找规律并进行归纳小结。

第二阶段：

(1)问题切换：展示图片，由原子是一种体积和质量极小的微粒指出用常规方法衡量很不方便，让学生利用已知数据计算出一个水分子的质量。并提出问题：像这么麻烦的计算有更简单的方法吗？引出相对原子质量的概念。

(2)知识讲述：讲述相对原子质量的概念，用类比的方式帮助学生理解。

(3)指导学生进行知识应用：要求学生用课本上提供的数据计算氢原子和氧原子的质量。在学生计算后要求学生将所得结果保留整数填入表 4-2 中，问学生相对原子质量与构成原子的这些微粒有什么关系，相对原子质量是否有更简单的计算方法。引导学生得出相对原子质量的简单计算。

(4)指导学生学习查相对原子质量表。

(5)指导学生阅读。

[学生活动]

第一阶段：

(1)观察、倾听，自主阅读；

(2)分析探究原子不显电性的原因；

(3)以小组竞赛的形式分组讨论，并以小组代表的形式发表观点，或对他人观点提出自己的看法。

第二阶段：

(1)尝试计算，体会这一方法的不足；

(2)倾听；

(3)计算并寻找规律;

(4)应用规律,学习查相对原子质量表。

(5)阅读课本71页的资料。

[设计思路]

第一阶段:

(1)利用多媒体帮助学生理解微观世界;

(2)培养学生分析问题的能力;

(3)培养学生发现、总结规律的能力和表达能力,培养合作意识。

第二阶段:

(1)创设问题情景;

(2)用类比降低知识难度;

(3)培养学生处理数据的能力和逻辑思维能力;

(4)巩固知识;

(5)培养民族自豪感。

3.归纳总结

[教师活动]

引导学生对本课内容进行较系统的总结。

[学生活动]

在教师的指导下进行知识小结。

[设计思路]

了解知识结构,便于记忆,训练学生的思维逻辑性,学会总结。

4.课堂反馈

[教师活动]

指导学生练习。

[学生活动]

完成课堂练习。

[设计思路]

巩固知识,反馈学生学习情况。

5.布置课外作业

[教师活动]

课本72页的第2或第4小题任选一题完成。

[设计思路]

分层次练习,充分调动全体学生的积极性。

［课堂小结］

通过本课的学习，你掌握了哪些知识？

［课堂练习］

以下习题分为两组，请同学们根据自己情况选做。

A组：基础题

1. 下列说法中正确是的(　　)。

A. 原子是不可再分的最小粒子

B. 原子的质量主要集中在原子核上

C. 所有的原子都是由质子、中子、电子构成的

D. 原子核内的质子数和中子数一定相等

2. 碳的相对原子质量是(　　)。

A. 12 g　　　　B. 12

C. 1.66×10^{-26} kg　　　　D. 1/12 g

3. 氧原子虽然在化学反应里不能再分，但原子中心有一个由8个质子和8个中子构成的__________，由于每个质子带有一个单位的__________，中子不带电，核外有8个带一个单位负电荷的电子作高速运动，所以整个__________不显电性。

4. 填表：

原子种类	质子数	中子数	核外电子数	相对原子质量
氦		2	2	
磷		16		31
钙			20	40
铁	26	30		
铀—235	92			235

B组：拔高题

1. 与铁原子的质量或原子量均不相符合的数据是(　　)。

A. 56 g　　　B. 56　　　C. 9.288×10^{-26} kg

2. 科学上发现相对原子质量分别为1、2、3的三种氢原子，你认为这三种氢原子在构成的微粒上有什么异同？

3. 已知一个碳12原子的实际质量为M，请查相对原子质量表，试用M表示硫原子的质量。

案例 10-5 “物质性质实验方案的设计”教学设计

一、学习目标

1. 知识目标:学会设计一些基本的关于物质性质的实验方案,并能根据所设计的实验来操作完成验证物质所具有的性质或检验物质的存在。

2. 能力目标:学会分析、比较、综合、概括;培养学生自主学习、主动探索、勇于创造的能力。

3. 德育目标:培养学生独立思考、合作研究的精神,培养学生严谨科学的学习态度。

二、学习任务及要求

化学是一门以实验为基础的科学,化学实验的设计贯穿于化学科学发展的全过程。高考对化学实验的要求是掌握化学实验的记录方法和运用化学知识设计一些基本实验:(1)根据实验现象、观察记录、分析或处理数据,得出正确结论;(2)根据实验试题要求,设计基本实验方案;(3)能绘制和识别典型的实验仪器装置图。

学习任务:本节课集中了实验设计的要求、示例、自我锻炼模拟题、讨论提高题以及课后练习几部分内容,学生通过自主阅读、例题分析和自主讨论,掌握探索或检验物质性质的基本方法。

学习重点:分析例题,从中找出设计实验的基本方法和技巧及注意事项,并灵活运用于练习中。

学习难点:实验方案的原理突破、对实验方案的描述。

三、学习对象分析

(1)学习者兴趣:学习对象是高三学生,对知识的积累已达到了一定的程度,面对高考的来临,迫切需要掌握高考考点的解题技巧和能力。他们对高考要求高于普通学习兴趣。

(2)学习习惯:学生习惯被动接受式的传统教学,缺乏独立发现和自主学习、探索的能力,综合分析能力也较薄弱。

(3)技能缺陷:学生基本的计算机和网络的操作熟练程度不一,对学习资源利用和对知识信息的获取、加工、处理与综合应用的能力也各不相同。

四、学习活动的组织

(一)学习环境及资源

(1)学习环境选择:Web 教室。

(2)学习资源类型:课件(网络课件)、专题学习网站。

（二）学习情境设置

（1）交互性情境：以语言为载体，以网络为桥梁，以课堂为基础，达到三种交互：学生与网页的交互、学生与学生的交互、学生与老师的交互。

（2）问题性情境：以问题引导学生学习、思考分析、总结，最后掌握知识，提高能力。

（三）相关教学活动

[教学导入]

市面上有人用铝与某些较重的金属制假“银币”，你知道用什么方法来识破其诡计？

（Flash 课件演示鉴别过程及现象。）

简介高考对化学实验设计的要求。

简介本节课学习重点和本节课的安排。

[主体过程]

第一步：自主学习，了解要点。（创设问题情境，学生自学，教师小结）

设计实验应依据什么原则？

实验设计方案的内容包括哪几部分？

应按怎样的思考步骤设计物质性质实验方案？

第二步：研究典例，学习方法。（创设问题情境，学生自学，教师提问、小结）

[示例 1]设计实验，证明$(NH_4)_2Fe(SO_4)_2 \cdot 6H_2O$（硫酸亚铁铵晶体）的成分中含有$Fe^{2+}$、$NH_4^+$、$SO_4^{2-}$和$H_2O$。

思考：设计“物质性质检验”的实验方案，应具有怎样的思考步骤？

[示例 2]设计实验，探究乙二酸的化学性质。

思考：设计“探究物质性质”的实验方案，应具有怎样的思考步骤？

第三步：模拟练习，自我锻炼。（学生自学）

第四步：讨论交流，教师检验。（创设问题情境，学生讨论，教师提问、小结）

[讨论 1]有下列实验操作供选用：①加 NaOH 溶液；②加盐酸；③加硝酸；④加热；⑤加 $AgNO_3$ 溶液；⑥加水过滤；⑦加入 MnO_2；⑧久置于空气中。

（1）证明一种金属粉末是铁粉，操作的顺序是：②→①→⑧。

（2）证明氯酸钾中含有氯元素，操作的顺序是：⑦→④→⑥→⑤→③。

[讨论 2]请设计一个实验，探究 HNO_2 是一种强酸还是弱酸。

[讨论 3]请结合所学知识设计实验直接证实 AlO_2^- 结合 H^+ 的能力比 CO_3^{2-} 强。供选择试剂：NaOH 溶液、$AlCl_3$ 溶液、$CuSO_4$ 溶液、pH 试纸、$NaHCO_3$ 溶液、$FeCl_3$ 溶液（仪器自选）。

(1)所选试剂；

(2)写出操作要点；

(3)操作过程中出现的现象；

(4)能证明 AlO_2^- 结合 H^+ 能力强于 CO_3^{2-} 的反应原理的离子方程式为：

$$AlO_2^- + HCO_3^- + H_2O = Al(OH)_3 + CO_3^{2-}$$

案例 10-6　人教版必修第一章"物质结构元素周期表"(第 1 课时)

[教材分析]

物质结构和元素周期律是化学的重要理论知识，也是中学化学教学的重要内容。通过学习这部分知识，可以使学生对所学元素化合物等知识进行综合、归纳，从理论上进一步加深理解，同时作为理论指导，为学生继续学习打下基础。本章内容虽然是理论性知识，但教材结合元素化合物知识，相互融合，以利于学生理解和掌握。

一、教学目标

(1)能描述元素周期表的结构。

(2)了解元素原子核外电子排布。

(3)通过对原子结构的初步认识，树立对立统一的观点，知道有关元素、核素、同位素的含义及其简单的计算。

二、重点难点

元素周期表的结构及元素周期律。

三、教学过程

[导入]展示一张元素周期表。(有条件的可让学生自己查找各种元素周期表)

[过渡]我们按照元素在周期表中的顺序给元素编号，得到原子序数。可见原子序数与原子结构间存在什么关系？(结合 1～18 号元素的原子结构)

[板书]原子序数＝核电荷数＝质子数＝核外电子数

[提问]请同学们回忆初中所介绍的原子结构的知识。

(学生)原子是由居于原子中心的带正电的原子核和核外带负电的电子构成的。原子核由质子和中子构成。

(教师)下面我们对原子的结构做进一步的认识。

[板书]第一章　物质结构　元素周期律

第一节　元素周期表

一、原子结构

原子 { 原子核 { 质子、中子 }，核外电子 }

- 原子
  - 原子核
    - 质子
    - 中子
  - 核外电子

[过渡]下面我们先分析构成原子的微粒的电性及其质量情况。

(投影)

表1　构成原子的粒子及其性质

构成原子的粒子	电子	质子	中子
电性和电量	1个电子带1个单位负电荷	1个质子带1个单位正电荷	不显电性
质量/kg	9.109×10^{-31}	1.673×10^{-27}	1.675×10^{-27}
相对质量	1/1836(电子与质子质量之比)	1.007	1.008

[提问]从表格得出原子的质量主要取决于哪种微粒?

(教师)原子的质量主要集中在原子核,质子和中子的相对质量都近似为1,如果忽略电子的质量,将核内所有质子和中子的相对质量取近似值相加,所得的数值叫作质量数。

[提问]根据质量数的定义,可得质量数与质子数和中子数间的关系。

[板书]质量数(A)=质子数(Z)+中子数(N)

[过渡]在化学上,我们为了方便地表示某一原子。在元素符号的左下角标出其质子数,左上角标出质量数${}^{A}_{Z}X$。

(教师)请大家完成如下练习。

[投影练习]

粒子符号	质子数(Z)	中子数(N)	质量数(A)	用${}^{Z}_{A}X$表示为
①O	8		18	
②Al		24	27	
③Ar	18	22		
④Cl				${}^{35}_{17}Cl$
⑤H				${}^{1}_{1}H$

[答案]① N=10 $^{18}_{8}O$ ② Z=13 $^{27}_{13}Al$ ③ A=40 $^{40}_{18}Ar$

④ Z=17 N=18 A=35 ⑤ Z=1 N=0 A=1

[引导]科学研究证明,同种元素原子的原子核中,中子数不一定相同。如组成氢元素的氢原子,就有以下三种。我们把具有一定数目的质子和一定数目的中子的原子叫核素。

[投影展示]三种不同的氢原子:

原子符号	质子数	中子数	氢原子名称和简称
$^{1}_{1}H$			氕(H)
$^{2}_{1}H$			氘(D)
$^{3}_{1}H$			氚(T)

[提问]上面的$^{1}_{1}H$、$^{2}_{1}H$ 和$^{3}_{1}H$ 就是核素。那么$^{1}_{1}H$、$^{2}_{1}H$ 和$^{3}_{1}H$ 我们把它们互称为什么?

[板书]同位素:同一元素的不同核素间互称为同位素。

[阅读]同位素的特点。

(学生)天然同位素相互间保持一定的比率。

(教师)同位素在元素周期表中占据同一位置。下面我们再来讨论这张元素周期表。

(学生观察)元素周期表中有多少横行、纵行?

(教师)元素周期表有 7 个横行,每一横行称为一个周期,18 个纵行,除了 8、9、10 三个纵行称为Ⅷ外,其余的每一个纵行称为一族。

[提问]共多少族?

[提问]把不同的元素排在同一个横行即同一个周期的依据是什么?

(学生)依据为具有相同电子层数的元素按照原子序数递增的顺序排列在一个横行里。

[提问]周期序数与什么有关?

(学生)周期序数等于该周期元素具有的电子层数。

(教师)如此,我们可以得出如下结论:

[板书]周期序数=电子层数

(学生)看元素周期表。

(教师)元素周期表中,我们把 1、2、3 周期称为短周期,4、5、6 周期称为长周期，第 7 周期称为不完全周期，因为一直有未知元素被发现。

请大家根据自己绘制的元素周期表，完成下表内容(课本 P105 表 5-11)。

[投影]

表 5-11　周期表的有关知识

类别	周期序数	起止元素	包括元素种数	核外电子层数
短周期	1	H—He	2	1
	2	Li—Ne	8	2
	3	Na—Ar	8	3
长周期	4	K—Kr	18	4
	5	Rb—Xe	18	5
	6	Cs—Rn	32	6
不完全周期	7	Fr—112 号	26	7

(学生活动)让一个学生把结果写在胶片上。

(教师)从上面我们所填表的结果可知，在元素周期表的 7 个周期中，除第 1 周期只包括氢和氦，第 7 周期尚未填满外，每一周期的元素都是从最外层电子数为 1 的碱金属开始，逐步过渡到最外层电子数为 7 的卤素，最后以最外层电子数为 8 的稀有气体结束。

需说明的是：第 6 周期中，57 号元素镧(La)到 71 号元素镥(Lu)，共 15 种元素，它们原子的电子层结构和性质十分相似，总称镧系元素。第 7 周期中，89 号元素锕(Ac)到 103 号元素铹(Lr)，共 15 种元素，它们原子的电子层结构和性质也十分相似，总称锕系元素。为了使表的结构紧凑，将全体镧系元素和锕系元素分别按周期各放在同一个格内，并按原子序数递增的顺序，把它们分两行另列在表的下方。在锕系元素中 92 号元素铀(U)以后的各种元素，多数是人工进行核反应制得的元素，这些元素又叫作超铀元素。

元素周期表上列出来的元素共有 112 种，而事实上现在发现的元素还有 114 号、116 号、118 号元素。

(教师)罗马数字Ⅰ、Ⅱ、Ⅲ等表示什么意思?

(学生)族序数。

(教师)A、B 又分别表示什么呢?

(学生)A 表示主族，B 表示副族。

(教师)什么是主族? 什么是副族?

(学生)由短周期元素和长周期元素共同构成的族,叫作主族;完全由长周期元素构成的族,叫作副族。

[总结]最后我们用一句话来概括元素周期表的结构:三短三长一不全;七主七副Ⅷ和零。

[补充习题]

1. α射线是由α粒子组成的,α粒子是一种没有核外电子的粒子,它带有2个单位正电荷,质量数等于4,由此可判断,α粒子带有__________个质子,__________个中子。

2. 某微粒用 R^{n-} 表示,下列关于该微粒的叙述不正确的是(　　)。

A. 所含质子数 $=A-n$　　B. 所含中子数 $=A-Z$

C. 所含电子数 $=Z+n$　　D. 所带电荷数 $=n$

3. 某元素 M^{n+} 核外有 a 个电子,该元素的某种原子的质量数为A,则该原子的核内中子数为(　　)

A. $A-a+n$　　B. $A-a-n$

C. $A+a-n$　　D. $A+a+n$

4. 已知某主族元素的原子结构示意图如下,判断其位于第几周期,第几族?

X (+19) 2 8 8 1　　　　Y (+53) 2 8 18 18 7

5. 某元素形成气态氢化物为 H_nR,其最高价氧化物水化物的分子中有 m 个氧原子,则其最高氧化物水化物的化学式为(　　)。

A. $H_{2m-8+n}RO_m$　　B. $H_{2n-8+m}RO_m$

C. H_2RO_m　　D. $H_{2m}RO_m$

6. 元素周期表是一座开放的"元素大厦",元素大厦尚未客满。请你在元素大厦中为119号元素安排好它的房间(　　)。

A. 第八周期第ⅠA族　　B. 第七周期第ⅦA族

C. 第七周期第0族　　D. 第六周期第ⅡA族

7. 短周期主族元素A、B、C、D的原子序数依次增大,其中A、C同主族,B、C、D同周期,A原子的最外层电子数是次外层电子数的3倍,B是短周期元素中原子半径最大的主族元素。试回答下列问题:

(1)A的元素符号__________;D的原子结构示意图__________。

(2)A、B、C三种元素形成的简单离子的半径由大到小的顺序是__________。

(3)A、B、C、D 形成的化合物 B_2A_2、CD_2、D_2A、DA_2 中各原子都满足最外层 8 电子结构的是________(填写具体的化学式)。

(4)CA_2 与 D 元素的单质在水溶液中反应的化学方程式是________。

[参考答案]1.2,2　2.A　3.B　4.第四周期ⅠA族 第五周期ⅦA族　5.A　6.A

7.(1)O;(2) $S^{2-} > O^{2-} > Na^+$;(3) Na_2O_2, SCl_2, Cl_2O;(4) $SO_2 + Cl_2 + 2H_2O = 2HCl + H_2SO_4$。

案例 10-7　人教版必修第一章"物质结构元素周期表"(第 2 课时)

一、教学目标

(1)了解原子结构与元素性质的关系。

(2)初步学会总结元素递变规律，具备把元素的性质、元素在周期表的位置与元素组成微粒的结构初步联系起来并在一定条件下相互转化的能力。

(3)通过对元素性质的递变规律与元素组成微粒结构的联系，认识事物变化过程中量变引起质变的规律性，接受辩证唯物主义观点的教育。

二、重点难点

元素性质的递变规律与元素组成微粒结构的联系。

三、教学过程

[导入]我们把ⅠA称为碱金属族，为什么要把它们编在一个族呢？请同学们观察碱金属的原子结构示意图，分析碱金属原子结构的共同之处。

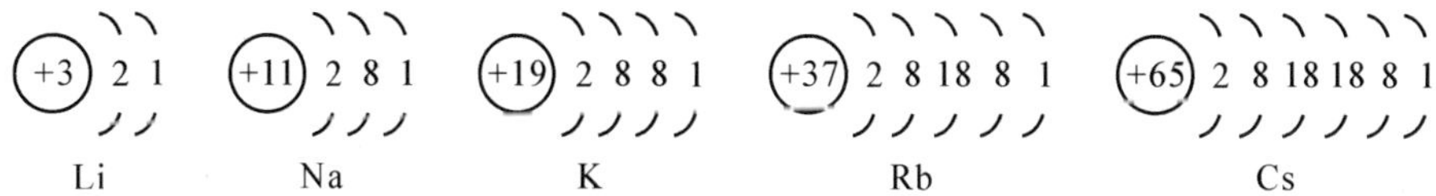

[思考]我们知道元素的性质主要取决于原子的最外层电子数，从碱金属原子的结构可推知其化学性质如何？是否完全相同？

(学生)由于元素化学性质与元素原子的最外层电子数密切相关，碱金属元素原子的最外层上都只有一个电子，因此它们应该具有相似的化学性质，由此可推知它们也应该像碱金属的代表物钠一样，在化学反应中易失去一个电子，形成+1价的阳离子，并能与氧气等非金属元素及水发生化学反应。

(教师)实验是检验真理的标准，下面我们通过实验来探讨同一族元素的

性质。

实验1:将一干燥的坩埚加热,同时取一小块钾,擦干表面的煤油后,迅速地投入到热坩埚中,观察现象。同钠与氧气的反应进行比较。

实验2:在培养皿中放入一些水,然后取绿豆大的钾,吸干表面的煤油,投入到培养皿中,观察现象。并同钠与水的反应进行比较。

碱金属	钠	钾
与氧气的反应	生成淡黄色的固体,并发出黄色火焰	比钠要剧烈
与水的反应	浮、溶、游、动、响	浮、溶、游、动、响,且反应比钠快

[学生活动]完成表格。

[思考与交流]根据实验讨论钠与钾的性质有什么相似性和不同?你认为元素的性质与它们的原子结构有关系吗?

(学生)有关系。同一主族元素化学性质相似。如

$$\xrightarrow[\text{还原性增加}]{\text{Li}\quad\text{Na}\quad\text{K}\quad\text{Rb}}$$

碱金属的物理性质的比较

性质比较		Li　Na　K　Rb　Cs
相似点	颜色	均为银白色(Cs略带金色)
	硬度	柔软
	密度	较小
	熔沸点	较低
	导电导热性	强
递变性	密度变化	逐渐增大(K特殊)
	熔沸点变化	单质的熔沸点逐渐降低

(教师)由上表可见,碱金属在物理性质上也表现出一些相似性和规律性。

[过渡]刚才我们以典型的金属ⅠA族为例进行了讨论,下面我们以典型的非金属ⅦA族为例,看看它们的性质与原子结构间是否存在联系。

[投影]卤素单质的物理性质：

元素名称	元素符号	核电荷数	单质	颜色和状态（常态）	密度	熔点/℃	沸点/℃	溶解度（100 g 水中）
氟	F	9	F_2	淡绿色的气体	1.69 g/L	−219.6	−188.1	与水反应
氯	Cl	17	Cl_2	黄绿色气体	3.124 g/L	−101	−34.6	226 cm^3
溴	Br	35	Br_2	深红棕色液体	3.119 g/ cm^3	−7.2	58.78	4.16 g
碘	I	53	I_2	紫黑色固体	4.93 g/cm^3	113.5	184.4	0.029 g

（教师）请大家根据表中数据总结出卤素单质在颜色、状态、密度、熔沸点、溶解性等各方面的递变规律。

（学生总结）

[板书]颜色：浅→深

状态：气→液→固

密度：小→大

熔沸点：低→高

在水中的溶解性：大→小

[设问]大家能否根据卤素原子的结构特点来解释一下卤素单质在性质上的相似性与递变性呢？

[投影]卤族元素的原子结构示意图。

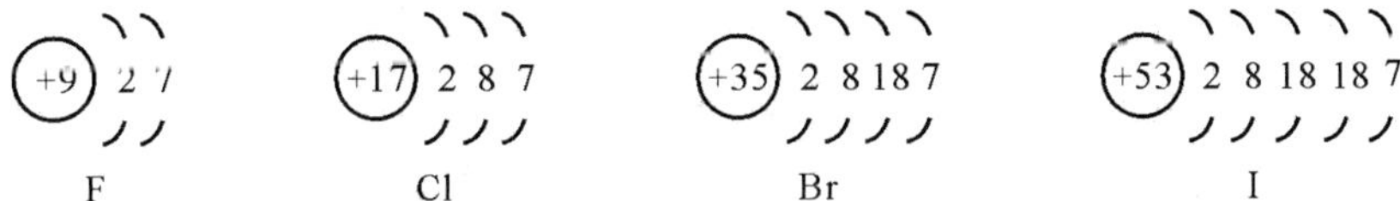

[讲解]卤素原子的最外层电子数相等，决定了它们在化学性质上的相似性（元素的化学性质主要决定于原子的最外层电子数）；原子半径的不同，又导致了它们得电子的能力不同，从而表现出氧化性的强弱不同，即结构决定性质。

下面请同学们看表格：卤素单质与氢气的反应，从中我们得出什么结论？

[投影]卤素单质与氢气的反应：

名称	反应条件	方程式	生成氢化物的稳定性
F_2	冷暗处爆炸	$H_2+F_2=2HF$	HF 很稳定
Cl_2	光照	$H_2+Cl_2\xlongequal{光}2HCl$	HCl 稳定
Br_2	高温	$H_2+Br_2\xlongequal{500℃}2HBr$	HBr 较不稳定
I_2	高温，持续加热	$H_2+I_2\underset{}{\overset{高温}{\rightleftharpoons}}2HI$	HI 很不稳定

[讲解]分析上表可知，卤素和 H_2 的反应可用通式 $H_2+X_2=2HX$ 来表示，反应时按 F_2、Cl_2、Br_2、I_2 的顺序反应条件越来越苛刻，反应程度依次减弱，形成的卤化氢的稳定性也依次减弱，与我们的推测相符。

[板书] $H_2+X_2=2HX$（X=F、Cl、Br、I）

[讲解]其中 H_2 与 I_2 的反应不同于我们以往学过的化学反应，它的特点是在同一条件下，既能向正反应方向进行，又能向逆反应方向进行，我们把这样的反应叫可逆反应。

[板书]可逆反应：同一条件下，既能向正反应方向进行，又能向逆反应方向进行的反应。

判断下列各对反应是否为可逆反应。

$$\begin{cases}2H_2O\xlongequal{通电}2H_2\uparrow+O_2\uparrow \\ 2H_2+O_2\xlongequal{点燃}2H_2O\end{cases}\quad(\times)\qquad \begin{cases}2SO_2+O_2\xlongequal[催化剂]{高温、高压}2SO_3 \\ 2SO_3\xlongequal[催化剂]{高温、高压}2SO_2+O_2\end{cases}\quad(\surd)$$

[学生活动]

$$\xrightarrow[\text{与氢气反应剧烈程度减弱}]{F_2\quad Cl_2\quad Br_2\quad I_2}$$

[设问]生成的氢化物的稳定性如何？

（教师）我们可以通过金属与盐溶液的置换反应比较金属还原性的强弱，同样可以通过卤素间的置换反应实验，比较非金属的氧化性的强弱。

实验1：将少量新制的饱和氯水分别注盛有 NaBr 溶液和 KI 溶液的试管中，用力振荡后，再注入少量四氯化碳，振荡。观察四氯化碳层和水层的颜色变化。

实验2：将少量的溴水注入盛有 KI 溶液的试管中，用力振荡后，再注入少量的四氯化碳。观察四氯化碳层和水层颜色的变化。

[学生讨论、分析]

[板书] $Cl_2+2NaBr\xlongequal{}2NaCl+Br_2$　　$Cl_2+2Br^-\xlongequal{}2Cl^-+Br_2$

$Cl_2+2KI\xlongequal{}2KCl+I_2$　　$Cl_2+2I^-\xlongequal{}2Cl^-+I_2$

[小结]卤素单质随着原子核电荷数的递增，在物理性质和化学性质方面均表现出一定的相似性和递变性。由此可见同一主族元素性质具有一定的相似性和递变性。

[补充习题]

1. 下列说法中错误的是(　　)。

A. 原子及其离子的核外电子层数等于该元素所在周期数

B. 元素周期表中从ⅢB族到ⅡB族10列元素都是金属元素

C. 除氦外的稀有气体原子的最外层电子数都是8个

D. 同一元素的各种同位素的物理性质和化学性质完全相同

2. 鉴别Cl^-、Br^-、I^-可以选用的试剂是(　　)。

A. 碘水，淀粉溶液　　B. 氯水，四氯化碳

C. 淀粉，KI溶液　　D. 硝酸银溶液，稀HNO_3

3. 砹(At)是卤族元素中位于碘后面的元素，试推测砹和砹的化合物最不可能具备的性质是(　　)。

A. 砹易溶于某些有机溶剂　　B. 砹化氢很稳定不易分解

C. 砹是有色气体　　D. 砹化银不溶于水或稀HNO_3

4. 在HI溶液中滴加淀粉溶液无明显变化，但加入某种物质后，溶液立即变蓝。该物质可能是(　　)。

A. $FeCl_3$　　B. K_2SO_3　　C. KNO_3　　D. Na_2S

5. 下列关于卤素的叙述正确的是(　　)。

A. 卤素只以化合态存在于自然界中

B. 随核电荷数增加，单质熔沸点升高

C. 随核电荷数增加，单质氧化性增强

D. 单质与水反应，均可用通式$X_2+H_2O=HX+HXO$表示

6. A、B、C、D、E、F六种短周期元素的原子序数依次增大。已知A、C、F三原子的最外层共有11个电子，且这种三元素的最高价氧化物的水化物之间两两皆能反应，均能生成盐和水。D元素原子的最外层电子数比次外层电子数少4个。E元素原子的次外层电子数比最外层电子数多3个。试回答：

(1)写出下列元素的符号A________，D________，E________。

(2)用电子式表示B、F形成的化合物________。

(3)A、C两种元素最高价氧化物的水化物之间反应的离子方程式________。

(4)D的固态氧化物是________晶体。含n mol D的氧化物的晶体中

含 D—O 共价键为__________ mol。

参考答案:1. A、D　2. B、D　3. B、C　4. A、C　5. A、B

6. (1) Na, Si, P; (2) $[:\ddot{\underset{..}{Cl}}:]^- Mg^{2+} [:\ddot{\underset{..}{Cl}}:]^-$;

(3) $Al(OH)_3 + OH^- = AlO_2^- + 2H_2O$; (4) 原子, $4n$

案例 10-8　“化学能与电能”(人教版)教案及实验设计

<table>
<tr><td colspan="2">授课题目</td><td>化学能与电能(人教版)</td><td>课时</td><td colspan="2">第一课时</td></tr>
<tr><td colspan="2">授课课型</td><td></td><td>授课时间</td><td colspan="2"></td></tr>
<tr><td colspan="2">授课教师</td><td></td><td></td><td colspan="2"></td></tr>
<tr><td rowspan="3">教学目标</td><td>知识与技能</td><td colspan="4">(1)理解原电池原理和形成条件。
(2)通过学生设计完成原电池形成条件的实验,学习实验研究的方法。</td></tr>
<tr><td>过程与方法</td><td colspan="4">通过学生经历假设与猜想、设计方案、进行实验、总结解释实验现象、得出结论、应用结论解决问题的过程,逐步探究出原电池的原理和构成条件,并学习科学探究的方法,提高学生的科学探究能力。
通过小组活动提高学生与他人交流、合作的能力。</td></tr>
<tr><td>情感态度与价值观</td><td colspan="4">通过本课的学习,发展学生学习化学的兴趣,乐于探究物质变化的奥秘。
通过化学史的介绍,使学生理解科学探究的艰辛。
培养学生勤于思考、探索求实的科学态度。</td></tr>
<tr><td colspan="2">教学重点</td><td colspan="4">原电池的原理和形成的条件。</td></tr>
<tr><td colspan="2">教学难点</td><td colspan="4">原电池的原理。</td></tr>
<tr><td colspan="2">教学方法</td><td colspan="4">实验探究式、讨论式。</td></tr>
<tr><td colspan="2">教学手段</td><td colspan="4">边讲边实验、多媒体辅助教学。</td></tr>
<tr><td colspan="2">仪器和药品</td><td colspan="4">稀硫酸、乙醇、硫酸铜溶液、铜片、锌片、镁条、石墨棒、铁钉、导线、电流表、烧杯。</td></tr>
<tr><td colspan="2">教师活动</td><td colspan="3">教学过程</td><td>学生活动</td></tr>
<tr><td colspan="2">引课

引导

启发引导</td><td colspan="3">一个意外的现象。

(1)铜片上的气泡可能是什么?为什么?
(2)如何用实验验证锌板上的电子转移到铜板上?
实验:验证锌板上的电子转移到铜板上。
实验用品:铜板、锌板、导线、稀硫酸、烧杯、电流表。
总结实验现象,得出结论。
思考与交流:</td><td>分组实验

讨论回答
分组实验

思考与回答

思考与讨论</td></tr>
</table>

教师活动	教学过程	学生活动
	(1)铜片上生成的气泡是氢气。	
	(2)氢气是怎样生成的？	
	(3)锌板上电子为什么会转移到铜板上？	观察
播放	微机模拟。	
	思考与交流：	思考与回答
启发引导	(1)锌片上发生什么反应？	板演
	(2)铜片上发生什么反应？	
	(3)电子是怎样流动的？	
启发矫正	(4)溶液中的离子是怎样运动的？	
交流引导	学与问：铜锌原电池的正、负极是什么？	
	总结：原电池原理。	
	科学探究：原电池的构成条件。	设计方案
	实验用品：稀硫酸、乙醇、硫酸铜溶液、铜片、锌片、镁条、石墨棒、铁钉、导线、电流表、烧杯。	分组实验
概括总结	总结、解释实验现象。	分组汇报
布置作业	总结：原电池构成条件。	概括总结
	化学史。	
	本课小结。	
	板书设计： 第二章　第二节　化学能与电能 一、化学能与电能的相互转化 1. 原电池的原理 装置图 A Zn　Cu H_2SO_4 电极　电极反应　反应类型 正极 Cu　$2H^+ + 2e^- = H_2\uparrow$　还原反应 负极 Zn　$Zn - 2e^- = Zn^{2+}$　氧化反应 2. 原电池的构成条件	

案例 10-9　鲁科版必修(1)《铝及其金属材料》教学设计

[温故知新]

思考题:火箭助推器里,主要运用铝的哪一个反应?

[合作探究]

1. 氧化铝

物理性质			
化学性质	反应物	现象	解释与结论

2. 氢氧化铝的制备原理

3. 氢氧化铝性质

物理性质			
化学性质	反应物	现象	解释与结论

[学以致用]

请根据铝土矿(主要成分 Al_2O_3)制备铝的工艺流程图,考虑为什么要通入过量二氧化碳?用盐酸或硫酸来代替二氧化碳酸化是否合适?

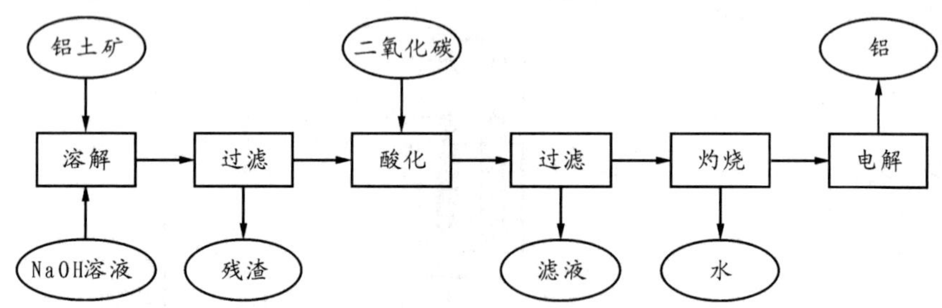

铝土矿(主要成分 Al_2O_3)制备铝的工艺流程图

[融会贯通]

上网查找氧化铝与氢氧化铝的用途。

[教学思路]

在上一节课对金属铝的性质，以及前面对钠、镁、铁的氧化物、氢氧化物知识的了解后，学生就能推出氧化铝、氢氧化铝与酸的反应。本节课的重点、难点在于氧化铝、氢氧化铝的两性，能与碱反应是它们的特性。为了突出重点、突破难点，对于氢氧化铝两性的教学，采用了实验探究的方法，在失败的实验中思考问题发现新知识。在制备氢氧化铝的实验中，让学生自主选择碱(有氨水、氢氧化钠溶液)，对没有成功制备出氢氧化铝的实验进行分析，从而得出氢氧化铝与强碱反应的事实。一方面体现了实验在化学学习中的重要性、必要性，另一方面培养学生尊重事实、认真思考的科学态度，然后再往失败的实验制备出的$Na[Al(OH)_4]$溶液中回滴盐酸，拓展Al^{3+}与$[Al(OH)_4]^-$相互转化的关系，分析相同的现象不同的本质，培养学生透过现象看本质、运用对比方法学习的能力。对于氢氧化铝与酸的反应联系生活中的胃舒平，预测并实验证明。而氧化铝与氢氧化铝的用途则利用网络让学生自主学习。

<table>
<tr><td>课题</td><td colspan="3">第二节 铝金属材料(2)</td></tr>
<tr><td rowspan="3">教学目标</td><td>知识与技能</td><td colspan="2">1. 掌握氧化铝、氢氧化铝的两性；
2. 掌握两性氧化物、两性氢氧化物的概念；
3. 学会用氧化铝、氢氧化铝的两性解决实际问题。</td></tr>
<tr><td>过程与方法</td><td colspan="2">1. 实验探究法、对比法学习氧化铝、氢氧化铝的两性；
2. 通过习题巩固知识、解决问题。
3. 化学的学习可以通过网络来自主完成。</td></tr>
<tr><td>情感、态度与价值观</td><td colspan="2">1. 通过氧化铝、氢氧化铝的两性的学习使学生学会用辩证的观点分析问题；
2. 培养学生严谨的态度；从失败的实验中思考原因，发现新知识。</td></tr>
<tr><td>教学重点</td><td colspan="3">氢氧化铝的两性。</td></tr>
<tr><td>教学难点</td><td colspan="3">氢氧化铝与氢氧化钠的反应。</td></tr>
<tr><td colspan="2">教师活动</td><td>学生活动</td><td>设计意图</td></tr>
<tr><td colspan="2">播放火箭升空的录像。
[提问]火箭助推器中铝发生哪个化学反应?</td><td>观看、倾听、思考、回忆。</td><td>激发学生的学习兴趣，复习铝的性质与用途，引入新课。</td></tr>
<tr><td colspan="2">展示Al_2O_3的实物图片。</td><td>学生结合图片与日常生活中的经验，总结Al_2O_3的物理性质：白色固体，硬度大，沸点高。</td><td>提高学生分析归纳能力，培养他们学习的主体意识，结合实际生活总结Al_2O_3的物理性质。</td></tr>
</table>

教师活动	学生活动	设计意图
回顾铝的表面是氧化铝薄膜，展示铝制品使用说明书中的注意事项。	学生从注意事项中预测 Al_2O_3 既能与酸反应，又有可能与碱反应。	结合实际，让学生了解生活中的化学。
指导学生探究 Al_2O_3 与酸、碱反应的实验，及时纠正错误的实验操作。	学生组装实验仪器，验证自己的预测。	让学生自己动手完成实验，提高他们实验能力，验证自己的预测，也提高学生的积极性。
引导学生完成实验记录，分析现象，得出结论。	学生记录实验现象，完成离子方程式。	学生自主获得知识，培养学生的化学素养。
继续探究 $Al(OH)_3$ 的性质，引导学生首先制备 $Al(OH)_3$。	学生分别用铝盐与 $NH_3 \cdot H_2O$ 或 NaOH 制备 $Al(OH)_3$。	利用学生的好奇心，部分同学选择 NaOH 溶液制 $Al(OH)_3$，所加 NaOH 的量过多最终没有得到 $Al(OH)_3$。
指导学生完成制备 $Al(OH)_3$ 实验，及时纠正错误的实验操作。 引导学生记录实验现象，并分析现象。	制备成功的同学展示试验成功，总结 $Al(OH)_3$ 的物理性质： 白色胶状固体，难溶于水。 现象是：有白色胶状沉淀。 原因是：Al^{3+} 与 $NH_3 \cdot H_2O$ 反应生成 $Al(OH)_3$。 制备不成功的同学观察到的现象是先生成沉淀，后沉淀又溶解。原因是：先沉淀说明生成了 $Al(OH)_3$，再溶解说明 $Al(OH)_3$ 与 NaOH 反应了。	既加强学生间的交流，又激发学生的学习兴趣，从失败的实验中发现新的知识，体现实验的魅力。同时培养学生认真观察、勤于思考的科学态度，也培养学生尊重事实的科学态度。
上网查询胃舒平的使用说明书。	认真观看，思考，预测 $Al(OH)_3$ 与 HCl 可以反应。	让学生认识到可以到网上获取知识，同时从生活中的化学入手，激发学生的兴趣。
指导学生完成 $Al(OH)_3$ 与盐酸、硫酸的反应实验，及时纠正错误的实验操作。	分组实验，探究 $Al(OH)_3$ 与盐酸、硫酸的反应，记录并分析实验现象。	加强同学间的合作与交流，提高实验能力、分析解决问题的能力。

教师活动	学生活动	设计意图
再引导学生分析没有成功制备 $Al(OH)_3$ 的实验原因，分析此时溶液中的溶质。	学生得出溶液中的溶质是 $Na[Al(OH)_4]$。一组同学到台上演示向其中滴加 HCl 的实验现象，其他同学认真观察并记录实验现象，分析产生现象的原因。	培养学生的创新能力。
再引导学生分析向 $Al_2(SO_4)_3$ 溶液中滴加 NaOH 溶液和向 $Na[Al(OH)_4]$ 溶液中滴加 HCl 反应的现象及本质。	学生分析得出现象相同，本质不同。	培养学生通过现象看本质的辩证唯物主义观点。
上网查询 Al_2O_3 与 $Al(OH)_3$ 在实际生活中的用途。	认真观看并领悟。	培养学生从不同的渠道获得新知识的能力。
投影习题。	认真思考。	把所学知识融会贯通。
引导学生完成实验后，整理仪器。	学生认真洗刷、整理仪器。	培养学生良好的习惯。
让学生回顾本节课的内容，讨论有什么收获。	小组讨论，总结本节课的内容。	整体回顾本节课的内容，使知识融会贯通。

板书设计

一、Al_2O_3（两性氧化物）	二、$Al(OH)_3$（两性氢氧化物）
1. 物理性质	1. 物理性质
2. 化学性质	2. 化学性质
①与碱反应	①与碱反应
$Al_2O_3+2OH^-+3H_2O=2[Al(OH)_4]^-$	$Al(OH)_3+OH^-=[Al(OH)_4]^-$
②与酸反应	②与酸反应
$Al_2O_3+6H^+=2Al^{3+}+3H_2O$	$Al(OH)_3+3H^+=Al^{3+}+3H_2O$

附：

药品：胃舒平（氢氧化铝），主要成分：氢氧化铝。

作用与用途：本品有中和胃酸、减少胃液分泌和解痉止疼作用，用于胃溃疡及胃酸过多症。

用法：成人口服：2～4 片/次，一日 3 次。

注意：本品应饭前服用或胃疼发作时嚼碎服用。

第四节　多媒体教学技能的评价

表 10-2 为多媒体教学技能评价表。

表 10-2　多媒体教学技能评价表

日期__________　　任课教师__________

请您在听课时对以下各项目评价,在恰当等级画√

	好	中	差	权重
1. 媒体选择与教学目标和教学内容的适当性				0.10
2. 媒体运用的熟练性				0.15
3. 软件设计的科学性、教学性、技术性、艺术性、实用性				0.25
4. 媒体运用时声音、画面的清晰程度和趣味性				0.15
5. 媒体选择的经济性				0.10
6. 媒体运用的教学效率和教学质量				0.15
7. 媒体运用中教学方法和教学模式的改革程度				0.10
您还有什么意见或建议：				

思考与练习

1. 你所掌握和了解的多媒体化学软件有哪些？它们各有什么特点？

2. 多媒体教学课件的制作：以一节中学化学课的内容制作 PowerPoint 课件、Flash 课件、Authorware 课件以及网络课件。

3. 以多媒体教学技能训练为主，编制一段高中“化学课教学”的教案，注意不同化学软件的恰当使用，进行教学录像并作评价。

第十一章

化学结课技能

“开好头，结好尾，中间不断似流水。”结课的好与差，也是衡量教师教学艺术水平高低的标志之一。许多优秀教师都很讲究恰到好处地“结课”。或归纳总结，强调重点；或留下悬念，引人遐想；或含蓄深远，回味无穷；或新旧联系，铺路搭桥等，显示出了精湛高超的教学艺术。但有些教师经常忽视“结课”这一课堂教学的最后环节，虎头蛇尾。或听到铃声，道一句“今天就到这了”后下课；或提前完成了教学内容在等待中听到铃声悄然离开；或兴之所至，画蛇添足，一拖数分钟仍“恋恋不舍”；更有甚者，能一节课后再上满 10 分钟“加时课”。因此，很有必要研究一下结课的艺术。

结课是一种教学艺术，也是课堂教学中的重要环节，是中学化学教师应具备的一项基本功。本章根据微格教学(Microteaching)原理，谈谈如何培养和训练化学教师教育专业的学生和化学教师的结课教学技能。

第一节　化学结课技能的含义

一、什么是化学结课技能

一般说来，结课技能就是课堂教学即将结束时，教师为总结强化知识，激发学生求知欲望，指导实现知行统一而采取适当的策略来结束教学的技术和能力。

结课技能是教师完成一项教学任务时，通过强调、概括总结、延伸扩展、实践活动等，对所教知识或技能进行及时的系统化巩固和应用，使新知识稳固地纳入学生的认知结构中去的一类教学行为。

结课技能常用于一节课的结尾。但是，课堂教学中任何相对独立的教学阶段都需要应用它，小到讲授某个概念、某个新问题的完结，大到一个单元或一章教学任务的终了。

二、化学结课技能的作用和功能

(一)结课的重要作用

把“结课”上升至一个艺术的高度去重视去研究,其重要作用主要有:梳理知识,突出重点,总结规律,画龙点睛;开阔视野,激活思维,启迪智慧;留下悬念,诱发兴趣,鼓励创造。

激发学生主动学习。常言道:“编筐编篓,全在收口”,课堂教学也是如此。良好的结课设计可再次激起学生的思维高潮,能产生画龙点睛、余味无穷、启迪智慧的效果。

(二)结课技能的功能

1. 桥梁功能

教师要抓住关键,使知识形成一个统一的整体,为后节课巧作铺垫,将本节课与下节课之间架起一座知识的桥梁。

2. 导行功能

通过教师的设计,激发学生的情感和兴趣,使之理论联系实际,将所学知识灵活运用,举一反三,创新实践。

3. 概括功能

强调重要的事实、概念和规律,概括、比较相关的知识,使新知识和学生的认知结构建立新的联系,形成知识网络,明确所学新知识的重要性和重点,使学生学到的新知识更加清晰、简明、准确、系统。

4. 反馈功能

通过对教学内容的课堂问答或作业练习、课外思考等进行小结讲评,肯定正确,纠正错误,鼓励学习,不断提高。

5. 延伸功能

良好的结课设计,可再次激起学生的思维高潮,使结课和导课脉络贯通,善始善终,引出新的悬念,收到曲终意长、课停思涌的效果。

6. 训练功能

以训练动作技能为目标的教学活动,在结束阶段,通过师生间或学生的交流与观摩,使得基本技能更加熟练和完善,或将单个动作结合成整套动作,努力达到行为自主阶段。

7. 在教师的引导下学生参与评价活动,使学生领悟所学内容的思想性,做到情理的统一,并将这些知识、体验转化为指导学生思想行为的准则。

三、化学结课技能的构成要素

导入是“起调”，结束是“终曲”，完美的教学必须做到善始善终。课堂教学的结尾，要根据本节课的教学内容，如同农民收割庄稼一样，将学生分散的知识集中起来，进行系统总结，帮助学生理清思路，由感性认识升华到理性认识。所以，结课技能和导入技能一样，也是课堂必不可少的一个环节，是衡量教师教学艺术水平的重要标志之一。结课技能可以分为以下几个要素。

（一）给出信号

在刚要进入教学结束阶段，教师通过结束性的语言，例如“好！××××的内容，我们今天就先学到这里，接下来我们来总结一下”。或者通过概括教学任务和对照教学主要内容的进展情况，给学生一个信号：教学活动已经进入总结的阶段。帮助学生将思绪带到教学活动的结束部分，为学生主动参与总结提供了一个心理准备，对整个教学内容进行简单的回忆，整理认识的思路。

（二）提示要点

在课堂教学结束部分，指出本节课教学内容的重点、难点、关键点，进行归纳、概括，对本节课的知识点进行梳理，使课堂教授的知识条理性清晰、逻辑性强、重点分明。在教学活动中，教师可以独自进行总结，也可以进行互动，带领学生总结，从而使学生掌握概括所学知识的能力。最后概括本节课的教学要点，明确结论。在必要的时候，教师可以进一步地进行说明，进行巩固和强化。

（三）检验学习结果

学生是学习的主体，离开了学生的积极主动参与，教学就没有意义。一堂课下来，学生掌握的情况如何，教师应该做到心中有数。在教学结束的部分，教师可以通过组织学生进行练习或者提出问题等方法来检验学生本堂课的学习效果，及时获得教学反馈信息。采用的检验方式多样，但注意要循序渐进，既要达到检验的目的，同时还要让学生感到获取知识的愉悦感，体会学习所带来的快乐。

（四）应用巩固

在课堂结束的时候，巧妙地进行设计和组织，可以以提问、练习、小测等方式创设情境，让学生感受到问题的存在，发现自身薄弱的部分。在解决问题时不是简单地告诉学生答案，而是引导学生把所学知识应用到新的情境中去，自己去发现、探究，探索解决的办法。通过解决实际问题，学生加深了对新知识、

新技能的理解、掌握和巩固,并且能够进一步激发学生的思维,更好地提高课堂教学效果。

(五)拓展延伸

化学课堂教学的结束不应是简单的重复罗列。在结束时不仅要总结归纳本节课所学的知识,把前后知识联系起来,帮助学生理清易混淆的知识和概念,使学生形成巩固的系统化知识,而且要与其他学科、生活现象等联系起来,让化学科与其他学科之间建立起一条广泛的知识信息纽带,形成完善的知识结构体系,这样既有利于求同,使知识深化,又有利于求异,促进思维向多方向展开。

四、化学结课技能的类型

研究结课技能的不同类型,有利于依据思维方式和教学活动方式的不同,剖析众多优秀教师在总结阶段不同的结课设计。

(一)按教学内容和课时目标分类

结课技能大致可归纳为概括总结、分析比较、巩固练习等几种不同的类型。

根据教学内容和课时目标,可将结课技能分为三个基本类型、九种表达形式,①见图 11-1。

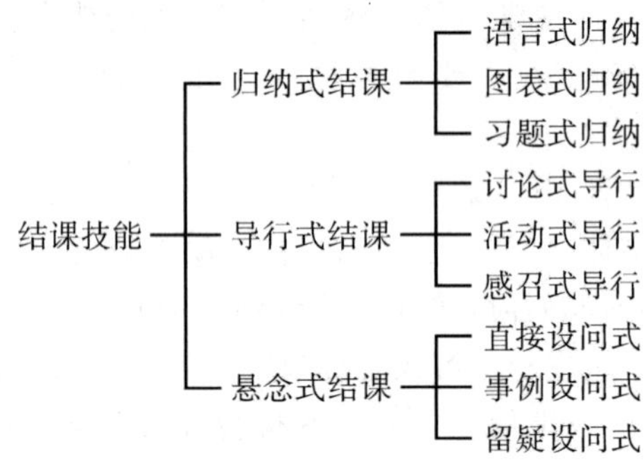

图 11-1 结课技能分为三个基本类型

1. 归纳式结课

是由教师、学生或师生共同对本节课的内容要求、知识结构和化学基础知

① ①陈东林. 结课技能微探. 化学教学,2001(5):11~12

识、基本原理、基本技能进行梳理、概括，讲重点、讲难点、讲思路、讲带有创见性问题，从而结束本节课的一种结课形式。它又可分为语言式归纳、图表(多媒体视听)式归纳等具体形式。

基本要求：(1)总结要扼要概括主要内容，明确方位重点，加深理解记忆。语言应简练、生动，措辞严谨，富有启发性和趣味性。画龙点睛，吟诗作结。(2)展示的图表，线索层次要清楚、简洁，具有自明性，一目了然。(3)设计的习题，紧扣教学内容，抓住重点、难点、热点，题型新颖，题目灵活。

案例 11-1　Al^{3+}、AlO_2^-和 $Al(OH)_3$ 互相关系的概括总结

在分别学习了氢氧化铝、铝盐和偏铝酸盐后，为了帮助学生简明、系统地掌握它们之间转化的条件及转化物质的量的关系，可概括总结为以下三角关系：

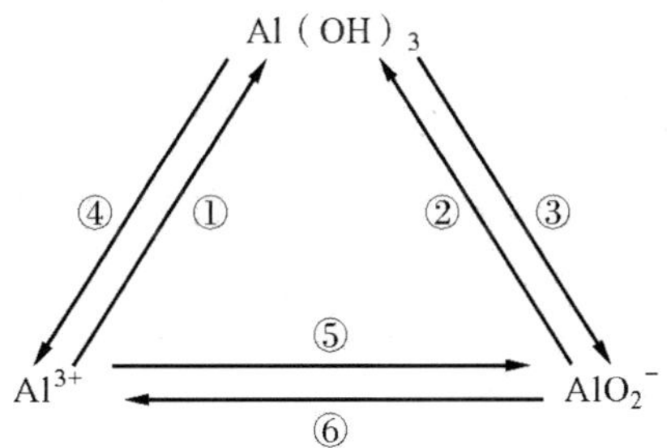

Al^{3+}、AlO_2^-和 $Al(OH)_3$ 互相关系

(1)上述关系中的 Al^{3+} 是指可溶性铝盐，例如 $Al_2(SO_4)_3$、$AlCl_3$ 等，它们是强酸弱碱所生成的盐，水解显酸性，Al^{3+} 只存在于酸性溶液中。同样地，AlO_2^-($NaAlO_2$ 等)只存在于弱碱溶液中。

(2)向 Al^{3+} 溶液中加入碱直至过量，可依次实现反应①和②，反应中：

$$n_{Al^{3+}} : n_{OH^-} : n_{Al(OH)_3} = 1 : 3 : 1$$

$$n_{Al(OH)_3} : n_{OH^-} : n_{AlO_2^-} = 1 : 1 : 1$$

(3)反应⑤是①和②的总反应，其中：

$$n_{Al^{3+}} : n_{OH^-} : n_{AlO_2^-} = 1 : 4 : 1$$

(4)向 AlO_2^-溶液中加入酸至过量，可依次实现反应③和④，反应中：

$$n_{AlO_2^-} : n_{H^+} : n_{Al(OH)_3} = 1 : 1 : 1$$

$$n_{Al(OH)_3} : n_{H^+} : n_{Al^{3+}} = 1 : 3 : 1$$

(5)反应⑥是③和④的总反应，其中：

$$n_{AlO_2^-} : n_{H^+} : n_{Al_3+} = 1:4:1$$

(6)此外，Al^{3+} 和 AlO_2^- 溶液相混，也可以转化为 $Al(OH)_3$。

案例 11-2　小结复分解反应规律

在介绍了盐的反应类型及复分解反应发生的条件后，可小结复分解反应的一般规律如下：

(1)盐＋盐→盐＋盐　一般而言。

(2)盐＋碱→盐＋碱　两种反应物皆可溶，生成物中有沉淀。

(3)盐＋酸→盐＋酸　强酸可以制取弱酸，难挥发性酸可以制取挥发性酸；
反之不能。

(4)酸＋碱→盐＋水　此类反应一般都能发生。最后强调，这是复分解反应的一般规律，但也有例外。

案例 11-3　电解和电离的分析比较

在学习“电解的原理”结束时，可将电解和电离两个概念列表比较：

电解与电离的比较

		电离	电解
概念的定义		电解质溶解于水或受热熔化时，离解成自由移动的离子的过程，叫作电离	使电流通过电解质溶液而在阴阳两极引起氧化—还原反应的过程叫电解
相同点		电解质发生的变化	电解质发生的变化
不同点	变化条件	水或热(至熔化)	
	变化实质	电解质分子或晶体中化学键变化，最终化学键断裂，离子变为自由运动状态	自由移动离子在电流作用下不断移向两极，分别在电极上发生氧化反应、还原反应
	变化产物	自由移动的离子	新物质的分子、原子或离子
联系		电离是电解的前提条件；电解不是电离的必然结果	

上述比较的结果可概括为“一同、三不同、一条联系”：变化的内因相同，都是电解质的变化；条件不同、实质不同、产物不同；电解是电离的前提下通以直流电产生的变化。

案例 11-4

如讲解高中化学“二氧化硫对环境的污染”，在临下课时，吟一首诗作结：“二氧化硫雨纷纷，环境污染愁断魂，借问寿星何处有？治理‘三废’杏花村。”这样充满情趣、耐人寻味的教学结尾，可以达到余音缭绕、回味无穷的境地，进而使一堂课得到美的升华。

2. 导行式结课

按照学以致用，理论联系实际的原则，以本节课的知识为载体，围绕教学目标，采用讨论、演示、实验及课外活动等形式，并提出具体的行为要求或指明方向、操作要点，是激发学生情感，促进知行统一的一种结课类型。它又可分为：(1)讨论式导行结课：根据教学内容及教学目标，精心设计讨论题目、内容，将学生分组展开讨论，从而明确行为要求的一种结课形式。(2)活动式导行结课：是教师引导学生紧扣教学主题，开展讲、看、做等活动，如教学实验、示范、实习等，让学生明确行为方向，培养创造性思维的一种结课形式。(3)感召式导行结课：是教师以饱满的热情，富有感染力、号召力的语言，总结本课知识，提出期望，激发学生情感，鼓动学生奋发图强，报效祖国，使认识得到升华的一种结课形式。

基本要求：(1)讨论的题目要有启发性、有一定的思维深度，能使学生通过讨论明确行为的方向和要求。开展的活动要切合学生实际，通过动脑、动手、动口，懂得应怎样将教材的行为要求落实在日常学习、生活中。(2)在教学态度上要给学生以亲切感，创造一个融洽的教学氛围，引起学生情感上的共鸣，活跃思维，使学生主动学习，勇于实践。

3. 悬念式结课

是从总结复习已学的知识出发，设置疑问、悬念，激发学生学习兴趣和求知欲，使此课的“尾”为彼课“头”做准备，以引导新课的预习、探索，为上好下节课埋下伏笔的一种结课类型。它又可分为直接设问式、事例设问式及留疑设问式等。如事例设问式结课，教师通过列举事例、讲故事等方法设置悬念，为后节课巧作铺垫。

(二)其他分类法

1. 巩固练习式结课

巩固练习类型的结束，是指教师安排学生的实践活动，例如书面练习、实验习题、问题讨论、口答或板演等，使学生通过各种练习去理解和掌握知识要点与知识间的联系，提高学生运用知识解决实际问题能力的结束方式。

2.媒体浏览式结课

常用的总结归纳式结课,要求用准确简练的语言,提纲挈领地把整个课的主要内容概括归纳,给学生以系统、完整的印象,促使学生加深对所学知识的理解和记忆,培养其综合、概括的能力。比如在初中化学"氢气的性质和用途"这节课结束时,教师利用互联网打开一家工业气体生产厂商的网站,该网站对于其产品氢气做了详尽的描述。当丰富多彩的网页呈现在学生面前,学生立刻活跃起来,于是教师要求学生浏览网页内容,搜寻并归纳有关氢气的物理性质和化学性质的信息,比较与本节课所讲内容的异同点,并关注课堂中没有讲到的更多的新知识。学生人人参与,分组协作,将氢气的物理性质和化学性质以各自的方式整理归纳好。许多学生发现网页中的氢气密度和课本中的不同,并在进一步的对比中找到了不同的原因;还有学生对网页中提到的有关氢气的新知识产生了强烈的求知欲,表示要做进一步的探究和学习。这种利用媒体信息进行结课的方式,使学生真正主动参与到自主学习中,提高了学生归纳概括能力,同时把学生从课堂上激起的学习兴趣延续到课外,鼓励学生探索更多的生产和生活中的新知识。①

3.畅谈式结课

课堂总结时,教师应该能为学生提供一个畅所欲言、展现自我的互动空间,让学生通过自主反思,回味出一堂课中究竟学到了什么。学生自然会积极思考,主动记忆,从而提高单位学习时间的效率。如教初中化学"水的组成"时,教师将自己的总结性语言适度转换:"请大家回想一下,这堂课你学到了什么?"这真是"一石激起千重浪",有的说本节课利用实验结合理论计算的方法验证了水是由氢元素和氧元素组成的;有的说本节课学习了一种重要的反应类型——分解反应;有的说本节课更重要的是学习了一种测定物质组成的科学方法。这样,学生在开放的、积极互动的课堂文化中自主探索,发表独立见解,展示个性思维的方法与过程,使自己在更高水平上的理解能力、表达能力更加丰富和全面。畅谈式结课旨在把结课的权利彻底交给学生,变静态教学过程为动态教学过程,学生主动参与,不断创新的欲望和需要必会被激发,他们会争着去合作,去发现,去研究,去争取成功。

4.自设作业式结课

德国教育之父洪堡认为,"教育必须培养人的自我决断能力,而不是要培

① 王庆成.浅议"结课".当代教育科学,2006(22):58

养人去适应传统的世界，不是首先要去传授知识和技能，而是要去唤醒学生的力量，培养他们自我学习的主动性”。在结课时，教师如果让学生带着知识、经验思考，甚至实际参与到作业的设计中，就能满足不同层次的学生对知识的需求，并能开发他们的学习潜能。如在学习“酸的性质”后，教师引导学生自己设计作业，学生设计的作业五花八门：有的想动手实验看看盐酸能否使家中的月季花改变颜色；有的想醋酸也是酸，食醋是否跟盐酸一样和很多物质发生反应，并尝试写出反应方程式；有的想探究酸、碱和盐的复分解反应到底存在怎样的规律。这种自设作业式结课，不但照顾了学生的个性差异，便于因材施教，还培养了学生的创新性。

5. 连环式结课

下课是一节课的结束，但最忌的是真的结束了。要给学生留下一个待探索的未知数，激起学生学习新知识的强烈欲望，使“且听下回分解”成为学生的学习期待，使结课既是旧知识的暂时终止，又是探索新知识的重新开始，使其起到前后相连的衔接作用和新旧联系的纽带作用。例如，在讲完“二氧化碳性质”后，考虑到下节讲“一氧化碳的性质”，就在结束时提出：“同学们，与二氧化碳元素组成相同，分子少一个氧原子的一氧化碳的性质是否与二氧化碳的性质相同呢?”并告诉学生一氧化碳是家用煤气的主要成分。这样，学生会边回顾二氧化碳的性质，边对比联想家用煤气的性质。学生既总结复习了二氧化碳的性质，又一定很想知道一氧化碳的奥秘，急切地等待下一节课，并愿意在课下预习，为上好下节课做好铺垫。

6. 解疑式结课

子曰：“学而不思则罔，思而不学则殆。”一节成功的课必定是学中有思，学中有问。在课堂上，总有一些学生因为对课堂知识存有疑问而表现得较为沉默，他们的疑问往往就是课堂知识的重点和难点，教师在结课时请学生将这些疑问展示出来并由师生共同思考，引起更多学生的共鸣。让学生发质疑，述己理，以深化对所学内容的理解，凸现教学的要点，同时培养了学生的质疑精神。①

① 王庆成. 浅议“结课”. 当代教育科学，2006(22)：58

第二节　化学结课技能的设计

根据教学内容，将教学过程分解为若干单项技能或小目次、简化的微观教学，其程序：(1)明确目标：明确某一课时的结课技能目标，并使结课内容与教学目标的相关性、自然性一致。(2)教学设计：主要是认定本节课的教学目标达成度；采用何种教学技能(方式、方法、影像图表)；拟定所需时间(5～10分钟)；使可操作性强。(3)教学实践或试教：教师要认真备课，亲自讲课或试教，不断提高教学技能。(4)反馈评价：一是征求学生意见或放映教学过程的录像。二是课后思考，自我分析存在问题。三是师生讨论评价发现的问题。(5)修改教案：将反馈评价提出的问题认真研究，修改教案，调整教学技能，然后重教(试教)、再反馈评价，如此反复循环以提高教学技能和效果。对结课技能设计的具体运用见案例11-5。

案例11-5　"盐类水解"一课

(一)梳理知识，明确重点、难点及时间

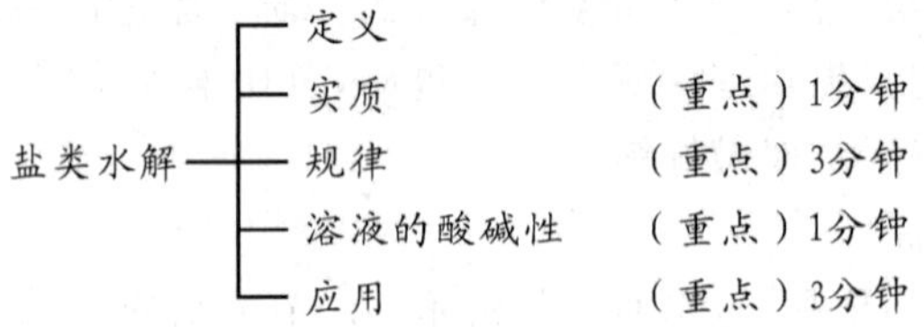

梳理知识，明确重点、难点及时间

(二)科学划分结课技能的类型和优化方法

如对盐水解的规律及溶液的酸碱性，可采用不同类型的结课技能，如归纳式类型。常用语言归纳式，概括为：(1)强碱弱酸盐水解，溶液呈碱性，pH＞7。(2)强酸弱碱盐水解，溶液呈酸性，pH＜7。(3)强酸强碱盐不水解，溶液呈中性，pH＝7。(4)弱酸弱碱盐双水解，溶液的酸、碱性，由对应酸、碱的相对强弱来定。为便于记忆可概括为六句话：有弱才水解，越弱越水解，都弱双水解，无弱不水解，谁强显谁性，同强显中性。如用表图式归纳结课，见表。

用表图式归纳结课

名称	能否水解	溶液酸碱性
强碱弱酸盐	能	碱性，pH>7
强酸弱碱性	能	酸性，pH<7
强酸强碱性	不能	中性，pH=7
弱酸弱碱盐	双水解	相应酸碱的强弱而定

第三节　结课技能的应用

一、结课技能教学案例

案例 11-6　食品中的有机化合物——乙醇

<table>
<tr><td colspan="5">微格教学设计</td></tr>
<tr><td colspan="3">课题：食品中的有机化合物——乙醇</td><td colspan="2">训练技能：结课技能</td></tr>
<tr><td colspan="3">教学目标：掌握乙醇的主要化学性质</td><td colspan="2">教学时间：7 分钟</td></tr>
<tr><td colspan="5">教学过程：</td></tr>
<tr><td>分配时间</td><td>授课行为</td><td>结课技能的要素</td><td>学习行为</td><td>教学媒体</td></tr>
<tr><td>0</td><td>好！我们今天就先学到这里，接下来我们来总结一下。</td><td>给出信号</td><td>集中精力
准备思考</td><td></td></tr>
<tr><td>2.5</td><td>本节课重点学习了乙醇的化学性质。在乙醇的化学性质中，各反应的断键方式可概括如下：
$$\begin{array}{ccccc} & H & & H & \\ & \vert & & \vert \text{④} & \\ H— & C & — & C & —H \\ & \text{①}\vert & & \vert \text{②} & \\ & H & & O & ——H \\ & & & & \text{③} \end{array}$$
与金属反应——③断裂；
发生燃烧反应——全部断裂；
发生催化氧化——③④断裂。</td><td>提示重点</td><td>思考记笔记</td><td>板书</td></tr>
</table>

3.5	接下来我们做两道练习巩固一下：下列醇可脱水发生消去反应生成烯烃的是(　　)。 A. $(CH_3)_3CCH_2OH$ B. $CH_3CH(OH)CH_2CH_3$ C. $CH_3CH_2C(OH)(CH_3)_2$ D. $C_6H_5CH_2OH$	应用巩固	练习	幻灯片
4.5	2. 能证明乙醇分子中有一个羟基的事实是(　　)。 A. 乙醇完全燃烧生成 CO_2 和 H_2O B. 乙醇能溶于水 C. 0.1 mol 乙醇与足量钠反应生成 0.05 mol H_2 D. 乙醇能脱水	应用巩固	练习	幻灯片
5.5	通过这堂课我们对酒这种神奇的饮料有了全新的认识，不过同学们正处于身体发育的关键阶段，千万不可饮酒。	拓展延伸	注意听讲	
7	李白，唐代大诗人，传说他非常爱喝酒，且酒后常诗兴大发，故有“李白斗酒诗百篇”之说。就是说，李白酒喝得越多，诗写得越多。其实喝酒，特别是大量饮酒，能刺激人的神经，使人处于一种不能自已的状态，往往表现为头昏脑胀、醉语连篇，严重者甚至会昏迷、损伤大脑神经，哪里还能写诗！青少年正处于生长发育期，酒精的刺激会影响大脑发育，所以同学们一定不要饮酒，也应该劝告大人少饮酒。	拓展延伸	注意听讲	幻灯片

点评：本节课较好地体现了结课技能在课堂的运用。教师先通过语言给学生一个进入总结阶段的信号，把学生注意力充分地集中到将要进行总结的知识重点之中。将乙醇的化学性质用键的断裂形式组织串联起来，把一堂课分散的知识结构化。然后用练习加深对知识的理解和应用。最后用“李白斗酒诗百篇”的故事使知识与生活相联系，激发学生对化学学习的兴趣。

二、化学结课技能的方式和方法

结课的方式和方法有多种，这里只介绍常用的六种“结课”方式和四种结课方法。

(一)化学结课的常用的结课方式

1.延伸式

有些课讲完后，不应是学生学习的结束，而应把课尾作为联系课堂内外的纽带，引导学生向课外延伸、扩展，开辟第二课堂，引导学生去观察、思索，加深对所学知识的理解和联系。如在“硝酸”一节教学中，知道了亚硝酸钠的用途和对人体的危害。如，“如果误食亚硝酸钠，人会有什么症状”问题一出，学生纷纷抢答。趁学生兴趣浓厚之际，又提出一个问题：假如你是工地上的厨师，你用什么方法可以把 $NaNO_2$ 与食盐区别开来？要求学生积极寻找知识应用。这样就把学生从课堂上激起的学习热情延续到课外，鼓励学生走出课本探索生活中的知识。

2.悬念式

讲究教学艺术的教师一般都深知“下课是一节课的结束，但最忌的是真的结束了”，所以，他们在“结课”时常常使用设立悬念的方法，使学生在“欲知后事如何”时，戛然而止，从而给学生留下一个有待探索的未知数，激起学生学习新知识的强烈欲望，使“且听下回分解”成为学生的学习期待。尤其对上下两节课的内容和形式均有密切联系时，更适用于悬念式结课。如，在“葡萄糖”一节的教学中对葡萄糖的性质进行解析后，提出“葡萄糖的结构式中有醛基的存在，那么蔗糖、麦芽糖结构中有无醛基，用什么实验来证明呢？留待下节课学习”。学生一定想知道这里的奥秘，急切地等待下一节课，并在课下预习，研究验证实验，为上好下节课做好铺垫。

3.实验验证式

在教学中，有些内容难于理解，若能设计一些演示实验，作为课的结尾，这样的小结既可以突出重点，克服难点，又有利于加深学生对教学内容的理解和记忆。如“原电池”教学的难度较大，学生不易理解。在结尾时可演示这样的一个实验：利用原电池带动音乐卡，开始只能使音乐卡响起，而小灯泡不亮，最后引导学生利用学过的物理知识将两个原电池串联起来，从而使声、光效果同时产生。这样的结尾，学生觉得生动和直观，便于对“原电池的原理及其应用”的理解和记忆。

4. 总结回味式

在一堂课结课时，用准确简洁的语言，以浓郁的色彩、艺术的含蓄，提纲挈领地把整节课的主要内容概括归纳，给学生以系统、完整的印象，可促使学生加深对所学知识的理解和记忆，培养其综合概括能力。用于总结的语言不是对所讲述的内容的简单重复，而是应有所创新，总结可由教师做，也先启发学生做，教师再加以补充修正。前苏联教育家达尼洛夫和叶希波夫认为，通过总结学生在课上听到的主要事实和基本思想来结束一节课是有帮助的。因为在他们看来，一节课的结束工作做得认真，合理而灵活，就会使学生感到一节课的完整性。总结回味的方式，可视具体情况灵活变化。

5. 图表对比式

运用图表对比可以把知识内容叙述得简化、精练、醒目。相关知识的共性与个性写在表格上，可提高学生的逻辑思维能力，增强理解记忆。氧化反应和还原反应、电离与水解、乙烯和乙炔的性质比较等均可运用此方法。例如在讲过乙炔的性质以后，可与甲烷、乙烯进行比较，如表 11-1 所示。

表 11-1　甲烷、乙烯、乙炔的比较

		甲烷	乙烯	乙炔
化合物名称				
结构简式				
所属烃类通式				
与溴反应	反应类型			
	反应产物			
重要用途				

6. 自由复习式

课堂教学，重在 45 分钟的效益，为追求效益，许多教师首先便从讲课内容上进行扩加，想着让学生在这一节课上接受高容量的知识，基于这个目的，课堂上必然分秒必争，更不用说在课尾留一点时间让学生自由复习或总结了。实践证明，在学生基础、情感适合的情况下，适当加大容量，课堂效益的确会有较大的提高，而那些不考虑学生和教学内容实际情况的大容量方式只会起到负效应。在结课这一环节中，从知识的理解、识记的规律上来说，应当安排一点时间让学生自主整理这节课的内容，并且在理解的基础上加以记忆。需要强调的是，理科忌死记硬背，但理解也离不开记忆，与其抢着在最后几分钟讲一个例题，毋宁将这几分钟留给学生，让学习的主体——学生针对自己这一节的学习情况去活动、调整，让建立在大脑皮层的知识表象更清晰深刻，以尽量减少在接下来其他学科的学习中淡忘本节所学的知识。

（二）结课方法

结课，顾名思义就是对一节课的总结发言。大多数教师在导课方面十分下工夫，掌握了很多技巧，而对结课却不十分重视。往往是一堂课前 40 分钟分分精彩，而最后五分钟平淡无奇，草草结尾。我们必须静下心来仔细琢磨结课的方法和技巧，才能使我们的教学更加完美。结课的好坏也是衡量教师教学水平的高低的手段，许多优秀教师很讲究恰到好处的结课。

1. 画龙点睛，总结回味

这种方法要求教师带领学生一起回顾一节课的内容，提出要求，划出重难点。可采用列表、画图、写提纲、串关键词等形式。这样结课，使学生对所学知识有一个系统、理性的认识，便于学生记忆及课下的复习。教师要言简意赅、画龙点睛地指出该掌握的知识点，切忌拖沓冗长，过于重复，这样不利于学生对重点知识的把握。例如：在“质量守恒定律”一节的最后结课，可这样设计（图 11-2）：

用投影仪逐步叠加的形式打出复习小节：

图 11-2 “质量守恒定律”一节的结课

这样通过图表的形式将本节课的重要知识点都穿在一起，简洁明了，系统性鲜明，便于学生记忆和复习。

2. 巧设悬念，欲擒故纵

教师以本节课所学的知识为出发点，通过做趣味小实验或对学生反馈练习中出现的问题提出与下节课有关的某些问题，既巩固了本节的知识，又激起了学生的学习兴趣。这时教师却戛然而止，颇有“欲知详情，且听下回分解”的意味。学生带着悬疑，对下节课有了期盼，也就为下节课教学顺利进行奠定了情感基础。学生急于打开心中的谜团，会带着浓厚的兴趣进行预习。同学之间也免不了谈论一番，搜集或查找课外资料也是必然的。所有这些都是教师期望学生做的，这样在不知不觉中既培养了他们良好的学习习惯，又避免了教师硬性布置而造成的逆反心理。更为重要的是为下节课的顺利完成奠定了良好的知识和心理准备。例如，讲“分子”一节设计的结语是：今天，我们学习了

分子的知识，认识了分子的存在，了解了分子的性质，理解了分子的概念，学会了用分子的观点区别物理变化和化学变化。那么请大家思考一下：分子是不是构成物质的唯一微粒呢？分子很小，它能不能再分呢？为什么分子在化学变化中会发生变化，它是怎样变成新的分子的呢？这些问题的解答尽在下节课——原子。学生立刻就对原子产生了极大的兴趣，这种兴趣会促使他们认真地预习，同学之间热烈地讨论，无形中减轻了教师的教学压力，使师生之间的知识传输顺畅。这种悬疑式结课形式切不可泛泛而用，教师一定要具体章节具体分析，制定悬疑点，方可起到事半功倍的效果。

3. 扩展延伸，学以致用

教学实践证明：很多学生在课内接受教师传授的化学知识并未出现太大的困难，但在独立运用化学知识解决千变万化的实际问题，特别是实际生活中的化学问题时却感到无从下手，茫然不知所措。这就要求教师在每堂课中指导学生理论联系实际，多用化学知识解释生产生活中的实际问题，使他们真正做到学以致用。在结语中将知识扩展延伸，增加广度和深度，培养学生的能力，是非常必要的，也不失为一个有效的方法。例如，讲“空气”一节可设计结语：空气是一种无色无味的气体，你如何收集仓库里的空气呢？这个问题一提出就引起学生的极大兴趣，纷纷举手发言。在他们的回答过程中适时加以纠正、引导，最后以一名学生完整准确的回答结束了这堂课。又如，在讲解完二氧化碳的性质和用途后，设计了带领同学们“走进”农民的蔬菜大棚去认识二氧化碳温室效应的利与弊的结课形式；讲“碳酸钙”结束后，带领学生吟诵于谦的“石灰吟”来体会氧化钙、氢氧化钙与碳酸钙之间的转化。

这样的形式使学生自己不再只局限于课本的知识，开阔了视野，激发了学习的热情，增强了他们理论密切联系实际的意识。

4. 自主复习，形成知识

把一节课的最后几分钟留给学生，让学生自主针对自己这节课的学习情况去活动，调整一节课在大脑皮层储存的知识表象，使它们更加清晰深刻，以尽量减少在接下来的其他学科的学习中淡化本节所学的知识。

三、把握结课时机

化学教学最佳时机可认为是“在化学教学中针对特定的教育者与教学对象的客观存在，可以获得最佳教学效能的一段时间中的一种机遇”。化学教学中的结课时机是化学教学最佳时机的一个重要组成部分，最佳结课时机包括结课时机的创设、结课时机的捕捉、结课时机的利用、结课时机的升华。如果说“良好的开端是成功的一半”，那也就可以说“完美的结尾是成功的另一半”，因此，精心设计最佳结课时机，对于良好教学效果的巩固有着举足轻重的作用。①

（一）结课时机的创设

居里夫人说过：“智者创造时机，弱者等待时机。”教学中的时机不是等来的，等待时机如同守株待兔。因此在教学中，要主动地创造、寻找、设计、运筹、预测教育教学的时机。结课时机创设就是创造结课的时机、设计结课的时机、运筹结课的时机、预测结课的时机等。

1. 在引趣时结课

引趣就是提出一些有趣的问题，培养学生对学习的兴趣。

2. 在游戏时结课

游戏就是在课堂结束时，安排一些与该课有关的游戏，使学生在游戏中进一步加深对所学知识的认识。如学习“碳的化学性质”后，可以用碳在氧气中燃烧谜语：“说‘冰’不是冰，雪状半透明，灼伤还制冷，升华影无踪”来结课。

（二）结课时机的捕捉

结课时机的捕捉就是在教学中时机没出现时能够有意识主动地寻找或出现时能够及时地发现，并迅速作出选择和决策，付诸行动。

1. 在设疑时结课

设疑就是提出有一定难度的问题，这个问题常常是在下节课（或后学知识）还要探讨的，让学生带着疑问结束一节课的学习。如鲁科版《化学2》“元素周期表和元素周期律”结课的时机：请同学们发挥自己的想象力和智慧，自己编写一张不同于课本的元素周期表。这样既深化了课堂所学的知识，又留给学生继续探究和发挥兴趣的空间。

2. 在呼应时结课

呼应就是在一堂课将结束时，解决课前提出的问题，前后呼应，使学生豁然开朗。如鲁科版化学1第一章第一节“走进化学科学”的结课，为了呼应课前提出的问题“你能否用简短的几句话或几个词语描述一下你心中的化学”，可以这样结课：通过今天的学习，我们深深地感到生活中化学无处不在，无时不有。化学已发展成为材料科学、生命科学、环境科学和能源科学的重要基础，成为推进现代社会文明和科学技术进步的重要力量，并且在为解决人类面

---

① 胡志刚．教育时机论．哈尔滨：黑龙江人民出版社，2003

临的一系列危机，如能源危机、环境危机和粮食危机等做出积极的贡献。相信同学们一定特别想学好化学，也一定能学好化学，实现你的心中的梦想。让我们一起来感受“化学在人类进步中的关键作用”。

（三）结课时机的利用

苏格拉底说过：“最有希望成功的，不是才华出众的人，而是善于利用每一次时机，并全力以赴的人。”结课时机的利用就是选择具有可行性、可操作性的结课方法。

1. 在总结时结课

总结就是对一堂课的内容、知识结构、技能技巧或用提纲，或画表格，或写图式等方法加以概括总结，强调要点，使学生对整堂课有一个清晰的印象。如学习鲁科版《化学1》“铁及其化合物的氧化性和还原性”的结课，可用图示的方法（即铁三角）总结不同价态的铁（铁、氯化亚铁和氯化铁）之间的相互转化，写出相互转化的化学方程式，并指出每一个反应中的氧化剂和还原剂。

2. 在启导时结课

启导就是在一堂课结尾时，对作业的解题格式、完成时间提出一些要求，对有一定难度的作业给予一定的启发，对新课的预习给予指导等。这是常见的课堂结尾设计。如在鲁科版化学2第二章第二节“化学反应的快慢和限度”中，学习了化学平衡的影响因素浓度、温度和压强之后，给予学生一定的指导，再归纳出平衡移动的原理，从而结课。

（四）结课时机的升华

结课时机的升华就是对一节课进行总结和对下一节课（或后学知识）进行引申和拓展，学生站在更高的起点，学习后续知识。

1. 在引申时结课

引申，就是根据所授内容，用种种方法把问题不断引向深入。为了巩固和应用课内所学的知识，激发学生的学习兴趣和求知欲望，培养他们的各种能力，教师可采用多种多样的活动操作方式来结束课堂教学。如在学习鲁科版《化学1》第三章第四节“海水中的化学元素”后，以问题“你对海水的综合利用有了哪些认识”结课，在完成此作业的过程中，要查找相关资料，并与其他同学交流，培养了学生的探索与合作的能力。

2. 在伏笔时结课

伏笔就是在讲完知识后，要留一个“尾巴”使学生感觉到言未尽，引起他们探讨“未尽”（新知识）的好奇心，为今后教学埋下一笔。比如在鲁科版化学1第三章第一节“碳的多样性”，学习“碳及其化合物间转化”，结束教学时可以

说，一氧化碳和二氧化碳是碳的氧化物家族的一对兄弟，相信大家对它们已经有了较深的了解。现在有一个挑战性的任务请同学们完成：请用拟人化的手法写一遍短文说说它们，比一比看谁写得生动形象，文体不限。这样以布置作业的方式结课，可以激发学生的思维、想象能力，让学生在较为别致的作业中重新将二氧化碳和一氧化碳知识加以对比和吸收。

教学有法，教无定法，贵在得法。在教学中，教师应通过创造性的劳动，科学准确地把握最佳的结课时机，用最少的时间得到事半功倍的效果，从而使教学活动画上一个完美的句号。

四、化学结课技能的原则与注意事项

(一)结课的原则

好的“结课”能给人以美感和艺术上的享受，但这不是教师只凭灵机一动就能达到的，而应在平时的教学中增强对“结课”的设计意识。从“结课”这一环节的重要意义来分析，课堂教学中“结课”应遵循以下两个基本原则。

1.完整性

课的结束应当紧扣教学内容，使其成为整个课堂教学的有机组成部分，做到与导入新课相呼应，而不要游离主题太远。如果导课精心设疑布阵，而结课却无下文，则在结构或逻辑上让学生感觉不完整。特别有些课的结尾实际上就是对导课设疑的总结性回答或是导课思想内容的进一步延续和升华。其实，教师的“结课”还应注意“结”在“横断面”上，即讲授内容告一段落，或讲完了某些问题时，以使这部分内容显得系统连贯，相对完整。即结课的另一含义就是阶段知识的“小结”。

2.适度性

课程教学时间规定为45分钟或40分钟，是有其科学依据的。有些教师常常会忽视这一规律，在结课时还意犹未尽，实施“拖堂”，打疲劳战，即所谓“行于所不当行，不止于所当止”。有人对某县几所重点中学教学拖堂问题进行了调查统计，结果是：毕业班约47%，非毕业班约32%的学生同情老师的拖堂行为，认为老师是出于对工作负责，但不赞同拖堂；毕业班约26%、非毕业班约23%的学生怨恨老师拖堂，这部分学生措辞尖刻，反映强烈，特别是对放学前一节课拖堂的老师，常用一些动作声响或表情暗示老师。可见，拖堂既不符合学生生理特点，又对学生造成思想惰性、心理疲劳等负面影响，更直接对学生下面的课堂学习造成不良影响。所以作为教师，如果不是不得已，就应按时结课。艺术化的结课可收到曲终意长、言尽旨远、课停思涌的效果。依据教

学结课的艺术原则,教学“结课”的方式很多,教师可根据教学内容、学生情况或课堂临时出现的情况灵活运用,机变创新,而不可拘泥死板。①

(二)结课注意事项

我们在听化学教师的课时,时常会留下“美妙引入,草草收场”的遗憾。据多方面了解,这种“头重脚轻”、“虎头蛇尾”现象司空见惯:拖堂者有之,匆匆走出课堂者有之,最后十来分钟闲在教室里走来走去“空度时光”有之,演砸了哭鼻子的也有之。这些现象告诉我们“结课”不可小视,应在下面几个方面要认真对待。②

1.“草草收场”的原因与对策

一是师生互动时间没有把握好,就某个问题讨论时间过长或过分简短;二是某几个设问对学生估计不足或冷场或过分热烈;三是自己借题临场发挥太多;四是某个实验失败或有关设备“卡壳”,发生故障;五是身体、情绪等方面原因或其他突发事件等。

思想不重视,平时较随意,在“结课”前无法有效调整,缺乏灵活性,表面上反映的是时间调控、安排的问题,事实上却可以从一个侧面反映出一位老师的教育机智素养和点拨功底,及处理偶发事件的水平等。教学过程中出现这样或那样的问题在所难免,但关键是如何巧妙调整,有效把握,恰当弥补。

2.“结课”欠缺完善的设计

不同类型的结课有不同的特点和功能作用。在教学中,要根据每堂课知识、学生的特点重视“结课”设计,做到有的放矢,灵活运用。

一般来说,教师在备课时都会考虑结课环节,但是教学中的偶发事件不可预料,把握不好很容易造成“拖堂”或“冷场”,这就需要我们临场应变,巧妙“救急”,稳妥“急刹”或适当补充。可采用如下方式:

(1)当时间来不及时

第一,采用归类式。点出提纲让学生自己去完成归类小结,或列表让学生去填表整理,或留一部分让学生自己去补充完整,不要拖堂,也不必非要讲完不可,这样做的效果或许比坚持讲完要好。

案例 11-7

氧化还原反应配平第1课时,后10多分钟安排学生练习,老师讲评,最后

① 朱俊峰.谈化学教学中的结课艺术.化学教学,2006(1):22~23

② 张向东.结课的安排与处理.化学教学,2006(5):11~13

师生回顾配平步骤、方法、原则。本来要归纳配平注意点，可是时间已差不多了，就说：请同学们自己去体味配平注意点并归纳。

第二，采用续解式。"结课"常有随堂练习和讲评，时间来不及了，可让学生课后再解或请学生一题多解或确定哪种最佳，完善解题步骤或方法，让学生自己体会。

案例 11-8

"酯"学完后，可比较羧酸与酯，书写有关同分异构体，但有时需考虑羟基醛，可让学生去续解。

第三，采用思考式。来不及讲完课了，灵机一变，马上将有关内容转化成思考题，让学生去思索、拓展、深化，这不失为一种好方式。

案例 11-9

"硝酸"这一节，新教材没有介绍硝酸工业制法，有一位老师作为知识介绍了一道计算题，但内容多，时间紧，她即把该题以思考题的形式留给学生，快速"结课"：NH_3 催化氧化制取 HNO_3，理论上为什么 NH_3 与 HNO_3 是 1∶1(物质的量之比)？

第四，采用悬念式。钟声一响，紧急"刹车"，马上"结课"：这个问题究竟如何且听"下回"分解。即设计悬念，让学生回味无穷。

案例 11-10

金属冶炼方法，讲了"电解法"后铃声响了，即可设置悬念：还有还原法、加热法，且听下节课分析。问：钨冶炼为何宜用 H_2，铁轨焊接为什么常用铝，古代辰砂炼汞又是怎么回事？

第五，采用动手式。有时某个实验还未完成或来不及做或失败了，可以告知学生课后去实验室试验，或留下有关实物、模型让学生自己去观察、分析。

案例 11-11

"氯气"这一节上完，可引导学生回家动手试试：将两种不同类型的家用消毒剂混合有什么现象和危害？

(2)时间还有多余时

第一，采取讨论式。学生配合较好，上课顺畅，时间多余，安排学生练习是一种方式，但也可以临时想出某个问题与学生一起讨论利用好多余的时间。

案例 11-12

浓 H_2SO_4 特性讲完后，“可用浓 H_2SO_4 干燥、制取的气体”的小结一般在整理 H_2SO_4 用途时归纳，时间多余即可提前让学生讨论，然后书写有关方程式。

第二，采取预习式。安排学生阅读课本中下节课内容，适当点拨指导，或在教室网络中调出有关科普知识或相关内容让学生阅读。(这种方法要早做些准备，下载有关资料备用。)

案例 11-13

“氮族”预习：氮的氧化物有多少种？氮的价键结构(离子键及单、双、叁键)有哪些？对盐粒炸弹 N_5^+(34 个电子)，你怎样认识它的结构？

第三，采用联系式。引导学生联系生产、生活实际，或某个特例，或增加、补充有关实验、模型等。

案例 11-14

对 Na_2O 与 Na_2O_2 在分析对比有关结构、性质，讨论相互转化、制取及有关问题后，还有时间，临时联想到医院急救时用 KO_2，于是向学生发问：医院急救为何用 KO_2(超氧化钾)更好？(即让学生比较 Na_2O_2 与 CO_2、KO_2 与 CO_2 反应的系数)

总之，丰富多彩、形式多样的“结课”方式，同样能唤起学生学习的浓厚兴趣。由于偶发事件或时间把握不好时，老师应灵活机智，有效弥补，随时应变，仍会收到预想不到的良好效果。这不仅仅需老师从容不惊，而且更重要的是端正认识，切不可马虎，更不能草率。对教材、对方法、对学生要有更深的研究，重在平时积累，丰富自己的知识，掌握“救急”的方式，以提高教学效果。

第四节　化学结课技能的评价

结课技能评价(表 11-2)包括评价因素和评价等级，它是对受训师范生或教师在结束教学中的教学行为准确、客观记录和评价的依据，以便从中发现问题，找出原因，进一步修改教案，以至达到逐步提高、完善结课技能训练。

表 11-2　结课技能评价表

评价项目	评价等级			权重
	好	中	差	
1.准确地概括知识要点，并使知识系统化				0.2
2.通过适当的方式，进一步强调教学重点、难点和关键				0.2
3.有效地反馈教学效果，使学生对所学内容得到巩固、深化或运用，并能激发学生进一步学习的热情				0.1
4.有效地组织和调动学生积极参与总结或练习				0.2
5.结束的方式与教学内容相适应				0.2
6.时间紧凑，效率高，不拖沓				0.1
补充意见：				

思考与练习

1.结课技能主要有那些类型？

2.结课技能训练有哪些要求？请结合具体化学教材内容写 3～5 个结课技能训练教案，并进行试讲。

3.把握化学结课时机应注意哪几点？

第十二章

化学板书板画技能

化学板书板画技能是微格教学的最基本技能之一,也是化学教师不可缺少的一项教学基本功。化学板书板画的运用体现出教学的艺术性,显示了教师的风格,起到吸引学生的注意力、激发学习的兴趣、给学生美的熏陶和规范化学符号系统书写的示范作用,有利于提高学生学习的效率和乐趣。在电化教学不断发展的今天,化学板书板画这一传统的教学手段仍然发挥其应有的、不可代替的功能。因此,化学板书板画对学生的学习有着全方位的影响。

本章就化学板书板画技能的含义、化学板书板画技能的设计、化学板书板画技能的应用、化学板书板画技能的评价几个方面进行阐述。

第一节 化学板书板画技能的含义

化学板书板画技能的含义包括什么是化学板书板画技能,化学板书板画的作用、特点和功能,化学板书板画的原理等。

一、什么是化学板书板画技能

化学板书板画是化学教师书写在黑板或投影片上的文字、符号、表格、实际仪器、图形和色彩的总称。在课堂教学中,化学板书板画与教学语言结合,视听兼容,有利于学生对知识的感知、理解与记忆。化学板书板画与实践操作结合,与实物对照,有利于学生由形象思维向抽象思维的转化,解决教学的难点。化学板书板画贯穿教学过程的始终,提纲挈领形成体系,有利于学生更好地掌握知识结构,形成记忆线索。

化学板书板画还是课堂教学的重要辅助手段,它可以弥补口头语言的不足,使学生的视觉与听觉配合,更好地感知教师讲授的内容。精心设计的化学板书板画是知识凝练的结晶，浓缩着教师备课的精华；有利于叩开学生的智慧门户，在课内利于学生听好课、记好笔记，在课后利于学生复习巩固，进一步理解和记忆；能给学生美的享受，产生潜移默化的影响；也便于教师熟记教学的内容和程序。设计化学板书板画是教师备课工作的重要组成部分，是教师的基本功之一。好的教师应该善于把课堂教学语言和化学板书板画完美地融为一体。

深入钻研教材和了解学生，把握教材的整体和主干，明确重点和难点，精心地选择教学方法和设计教学过程，是设计好化学板书板画的前提。要以此为基础，明确化学板书板画的目的，确定化学板书板画的内容和形式，避免盲目性。了解化学板书板画的规律，在实践中不断地运用、总结和发展，有助于教师逐步提高自己的化学板书板画水平。

二、化学板书板画技能的作用、特点、功能和原理

(一)化学板书板画的作用

化学板书板画技能是教师运用黑板以凝练的文字语言和图表等传递教学信息的教学行为方式。人们把精心设计的化学板书板画称为形式优美、重点突出、高度概括的微型教科书。

在教学过程中，科学、正确地利用化学板书板画能起到如下作用：

(1)化学板书板画能将所学的内容，尤其是较复杂的教材内容分成层次与段落，主次分明，便于学生理解和掌握。

(2)好的板书板画能使学生明确和突出每一节课所授知识的重点、难点，有利于学生掌握老师讲授知识的内容。

(3)化学板书板画可以扩大、巩固学生的感知量。有关研究资料表明，在人所获得的全部信息中，其中听觉占 11%，而视觉占 83%，其他(触觉、嗅觉等)只占 6%。因此教学过程中，虽然是学生“听课”，但不能单纯使学生听，更重要的还是应充分发挥视觉作用，去感知新信息、新材料，调动多种器官了解一节课的知识内容和逻辑系统，使学生获得清晰的概念，并在大脑中留下深刻的印象。

(4)有了化学板书板画，在教学中省时、省力。化学板书板画的运用，会使教学的信息量在单位时间内增多，并能将教师的一部分语言以化学板书板画的形式表现出来。化学板书板画上的一个图表符号往往能表述大量的语言信息。教师运用化学板书板画进行信息的转换，学生获得的就不只是知识，而是获得转换信息的方法和能力。有了化学板书板画，教师就可利用化学板书板

画设疑、提问、分析、归纳，十分方便。整个教学就能在学生积极的思维活动中进行，从而达到预期的教学效果。

(5)化学板书板画便于学生课后复习。化学板书板画不是教材标题的重复或是课文内容的摘录，而是教学目的、教学内容及知识结构、教学手段的艺术概括。它作为符号，可以贮存信息。学生课内根据化学板书板画进行记录和记忆，节省笔墨，节约时间，无需花更大的精力去对老师讲解的内容进行概括和取舍，省时又省力。

(6)化学板书板画是课堂教学内容的逻辑主线，是学生记学习笔记的主要依据。

(7)教师化学板书板画的工整情况、讲解例题的思路和过程等对学生都有示范作用。

(8)化学板书板画有利于启发学生思维，培养学生能力；有利于发挥教师的主导作用，调动学生学习积极性。

(二)化学板书板画的特点

化学板书板画主要有如下特点：直观性、简洁性、启发性、趣味性、示范性、审美性。

如化学板书板画具有很强的示范性，表现在好的化学板书板画对学生是一种艺术熏陶，起到潜移默化的作用。教师在化学板书板画时的字形字迹、书写笔顺、演算步骤、解题方法、制图技巧、化学板书板画态度与作风、习惯动作与语言等，往往成为学生模仿的对象，留下深刻入微的影响。化学板书板画还具有美学的特点：内容的完善美、语言的精练美、构图的造型美、字体的俊秀美。

(三)化学教学中板书板画的功能

化学教学中板书板画有五大功能。

1. 概括功能

化学板书板画就其形式而言，包括文字、板演、板画三种形式。三种形式在本质上是相同的，都在化学教学中发挥重要的作用。好的化学板书板画就是一篇微型教案，就如一篇文章的提纲，它对学生理解教学内容，启发学生思维，发展智力，指引学生思路起到重要的点化作用。

案例 12-1

在"氯气"一节的教学中，板书板画的内容可以包括：

(一)氯气的物理性质(包括颜色、状态、气味、密度、水溶性等)

（二）氯气的化学性质

1. 氯原子的结构特点

2. 氯气的化学反应：(1)与金属反应；(2)与非金属反应；(3)与水反应；(4)与氢氧化钙反应。

（三）氯气的用途

这样，该堂课的主要内容及教师的教学思维就通过化学板书板画表达出来，让学生直观上感受到有一条从结构到性质，再到用途明确而精简的知识链在形成和发展，体现出教学要点。

2. 美育功能

化学板书板画是一门独特的艺术，化学板书板画设计是一种创造性的劳动，是课堂艺术反映的一个方面。化学板书板画除字迹工整外，应做到构思巧妙，布局合理，激发思维，有时还要注意图文并茂，通过各色粉笔的搭配，使整个板面成为一幅精致完美的课堂教学的艺术缩影，从而使学生从中得到美的享受和美的鉴赏，使教学富有艺术性。

3. 互动功能

在课堂教学中，师生的双边互动始终是教学的根本要求。不少学生反映，他们更愿意亲近教师的粉笔字板书板画，因为随着教学的进行，随手写下的板书板画是带有感情的，是具有人性化的，面对教师的当堂化学板书板画，学生的注意力也会更加集中。教师边写边望着学生，用嘴、用眼神以及其他躯体语言同学生进行交流，同时，也进行着思想交流和感情交流。而用电脑打出的化学板书板画则整齐划一，缺乏灵气，电脑演示的课件总给人冰冷、疏远的感觉，比起鼠标点击，看教师一边讲解一边写化学板书板画，更容易理解。在教学过程中，学生还常常会提出一些教学设计以外的问题，这就需要化学板书板画进行及时的"反馈"，这是事先完全设计好的课件所不能实现的，而且形式主义的多媒体教学也不符合因材施教、因人施教的教育思想。

4. "演示"功能

此处的演示是通过绘制板画来做"实验"，目的是用直观的方式帮助学生形成概念。例如，在"离子反应"的教学中，可以绘出下列板图：先绘图一，把 NaCl 溶解在烧杯的水中，完全电离出 Na^+、Cl^-，说明 Na^+ 与 Cl^- 在水中不结合。再绘图二，同理完全电离出 Ag^+、NO_3^-，说明 Ag^+、NO_3^- 在水中不结合。然后再把图一中的烧杯倒入图二的烧杯中，此时绘出图三，烧杯的水中有大量的四种离子。由于带同种电荷的离子互相排斥，不可能结合，只能是带异种电荷的离子才能结合，而 Na^+ 与 Cl^-、Ag^+ 与 NO_3^- 前述是不结合的，那么

Cl^-与Ag^+会结合吗？根据初中已有的知识，不难得出结论，现在水中有大量的这两种离子，它们就会结合成难溶的 AgCl 而从溶液中析出，即图四。由于上述两种溶液中的四种离子中，真正相结合的是Cl^-与Ag^+，故实际参加反应的离子为Cl^-与Ag^+，另外两种离子没有参加反应。通过板图的“演示”，就从直观上帮助学生建立了离子反应的概念。

5.示范功能

化学课堂的教学，不仅要求学生掌握一定的基本知识和技能，同时要求学生养成积极主动、严谨求实的学习习惯，教师在化学板书板画中，准确地运用化学用语，规范化、格式化的解题举例，及形象、正确、线条分明、比例恰当的实验装置图都是对学生很好的指示和规范。好的化学板书板画被学生抄作笔记后，能够帮助学生快速忆起课堂内容；相反，倘若教师在化学板书板画上不作精心安排，书写随意，板面杂乱无章，字迹潦草，必然会让学生作笔记时无所适从，对学生的学习习惯和学习态度产生极坏的负面影响。同时，随着电脑的普及，学生用手写字的功能在退化，教师用粉笔字化学板书板画会给学生做出榜样，会对学生的写字练习起到推动的作用。

(四)化学板书板画的教学原理

1.双边活动原理

教学活动是师生的双边活动，化学板书板画则能促使双方更好地沟通和结合。教学中，或让学生发表意见由化学教师板书板画，或启发思考让学生板书板画，都有利于体现教师主导作用和学生主体作用的结合。其步骤如下：

(1)边教学边板书板画或教师板书板画学生看书；

(2)学生笔录板书板画，对照板书板画自学；

(3)师生围绕板书板画组织讨论；

(4)借助板书板画复习、巩固并回答老师提的问题。

2.参与过程原理

化学板书板画的过程是引导学生参与和总结自己的学习过程，并且着重总结从形象思维到抽象思维的转化过程，总结由已知到未知的转移活动过程，总结由认识到实践的转化活动过程，总结由理解到记忆的转化活动过程等，从而有效地提高学生的学习能力。化学板书板画的过程正是揭示和组织学习过程的动态过程，它有利于学生主动参与认知过程。

3.注重结构原理

布鲁纳认为，教学应有效地教授基本结构或者提供形成结构的学习条件。化学板书板画则能有效地显示教材的重点、难点，既注重教材的内容范围，又注重教材的结构体系。在引导学生把知识“串珠成线，结线成网，套环成链”时，化学板书板画能够起到良好的结构教学的积极作用。

4.直观教学原理

教学需要利用实物直观、模像直观和语言直观，化学板书板画正可以通过黑板、投影、录像中的文字、图像演示对学生进行直接教学，发展学生的观察力、思考力和语言表达能力。

5.促进发展原理

化学板书板画有利于多种任务的完成。利用化学板书板画不但能更好地传授知识技能，而且能更好发展学生智力，培养思维能力和自学能力，使他们掌握科学的学习方法，同时发展他们的审美能力，促使良好的思想品德和个性的形成。

6.突出感知原理

化学板书板画有利于突出感知对象。课堂上把口头讲述与形象的化学板书板画示意结合起来，用化学板书板画图示突出重点，重要部分用线条、不同色彩、不同字体标示出来，就显得醒目，有利于突出感知对象，收到较好的教学效果。

7.加强记忆原理

化学板书板画使用的经过精心选择的词，配之以符号和图表，就更能在记忆活动中起指导和调节作用，使学生能够自觉地有目的地进行记忆活动，不但有助于形象记忆，而且有助于逻辑记忆。

化学板书板画有助于无意识记和有意识记相结合、机械识记和意义识记相结合。化学板书板画既照顾到学生的兴趣、需要、情绪和活动目的，又要求学生以明显意识参加智慧活动，并配合高度的注意力、积极的思维活动，从而有助于记忆和掌握系统的科学知识和技能。

8.集中注意原理

注意是人的心理活动对一定对象的指向和集中。化学板书板画可以利用不同颜色、符号、图表和字体等作为刺激物，借助变化引起学生的有意注意，并逐步引起兴趣，培养从事创造性劳动必要的有意识注意。

9.把握时机原理

是先书后讲还是先讲后书，或者是边书边讲，或是在重点、难题、关键点、

易被学生忽视易出错的地方板书板画都需要把握好时机。时机把握得好就能提高板书板画的效果，事半功倍。

三、化学板书板画技能的类型

对于化学板书板画的类型的划分，从不同的角度可以有多种不同的分类方式。

(一)根据化学板书板画的范围分类

化学板书板画的范围主要有：(1)课题名称；(2)授课提纲。包括研究问题的思路、方法和程序，知识的系统结构等。(3)教学要点和重点。包括重要的定义、原理、规律、化学符号、性质、制法、用途、步骤、过程、结论、注意点和学习要求等。(4)补充材料和其他内容。包括图表、例证，为帮助学生听好课和解决疑难而作出的文字解释、说明、提示、图示以及生僻字、词等等。其重点和详略常常因教学内容、教学方法、教师的教学风格和学生的接受水平而异。

可以把化学板书板画区分为主化学板书板画和副化学板书板画。主化学板书板画包括上述第(1)、第(2)项和第(3)项中的重要内容，它们能形成比较完整的体系，通常写在黑板的显著位置并尽量保留，不轻易擦去。副化学板书板画是主化学板书板画的辅助内容，或者是为帮助学生听清教师讲授、提醒学生注意的字、词、句等，它们一般不需要长时间保留，书写位置不需要按照某种顺序。具体有下面一些类型：

1.提纲式

这是最经常使用的形式。它以文字表述为主，归纳概念、理论要点，概括本节课的主要内容，体现教学的重点和关键。它简单明了，条理清晰，便于记录和复习。元素化合物知识课、理论课应用提纲式化学板书板画比较多。提纲式化学板书板画，根据其特点可分为下列四种类型：

(1)要点型

新课内容的传授，板面一般设计为纲目型，它是将讲授内容按一定的顺序列成若干条简明扼要的纲目，以便清楚地反映所授内容的属性，从而概括本堂课所属知识内容的范围，突出中心和重点。初中化学第三章“氢气的性质和用途”一节的板书板画可设计为下述纲目型的板书板画，可使学生的注意力集中到教材的基本内容上，使其能对所学内容上下贯通。

案例 12-2 "氢气的性质和用途"的板书板画

第四节 氢气的性质和用途

一、氢气的性质		二、氢气的用途
1. 物理性质	2. 化学性质	(1)据密度小——填充气球
(1)色、味、态	(1)可燃性	(2)据可燃性——高能燃料
(2)密度	①纯净的氢气燃料	(3)据还原性——作还原剂
(3)溶解性	②不纯的氢气燃料	(4)据其他性质——化工产品原料
(4)"三态"变化	(2)还原性	
	木炭还原氧化铜	

案例 12-3 "气体摩尔体积"概念的板书板画

①对象——只适用于气体。

②条件——标准状态(0℃,1 标准大气压)。

③物质的量——1 摩。

④体积——具备前三点,体积才是 22.4 升。

(2)递进型

案例 12-4 "核外电子排布的初步知识"的板书板画

一、核外电子是分层排布的

电子层序:K、L、M、N、O、P、Q

　　　　　1　2　3　4　5　6　7

(3)并列型

案例 12-5 "金刚石和石墨性质"的板书板画

一、性质

金刚石	石墨(纯)
无色透明	深灰色不透明
正八面体固体	鳞片状固体
无光泽(加工后璀璨夺目)	有金属光泽
最硬	质软滑腻
不导电	良导体
熔点高	熔点高

(4)从属型

例如,"空气的成分"教学板书板画。

2.图解式

这种化学板书板画形式适用于比较复杂或抽象的化学知识的教学以及复习课。它的特点是思路清楚,系统性强,使比较复杂或分散的问题变得简练、明确,直观形象。图解式化学板书板画有下列几种类型:

(1)集中型

例如,有机化合物分子式和结构式确定方法的综合整理。

(2)发散型

例如,"氧气的用途"教学化学板书板画。

(3)示意型

例如,水分子分解示意图化学板书板画(图略),氧化钠的形成示化学板书板画(图略)

3.表格式

是运用设计的表格,对有关概念、物质、实验等进行归类和比较的化学板书板画。它简练明了,有利于将一些相近的概念、性质或相似结构的知识点、易混淆的内容等归于一表进行比较、区别,有助于掌握有关知识和培养分析概括的能力。如对初中化学中 O_2、H_2、CO_2 3 种气体的知识内容,综合复习时可设计表格式板书,见表 12-1。

表 12-1 O_2、H_2、CO_2 3 种气体比较

气体	制取原理	收集方法	物理性质	化学性质	检验方法	主要用途
O_2						
H_2						
CO_2						

列表可把教学内容分门别类填入,复习内容量大,占版面小,能将连篇累牍的文字解释难以表述清楚地方表达清楚,有利于学生对比记忆所学的知识。

4.计算式

是运用化学用语和数学运算进行化学计算的板书板画。主要用于化学计算的范例和习题课。

5.综合式

是上述各种形式中任意两种或多种形式的合理搭配。综合式化学板书板画多用于综合课和复习课。

6. 脉络式

展现事物之间可转变的态势；以某知识点为核心，多方位联系相关知识的辐射；揭示概念与规律间的内在关系的递进网；表明物质衍生的关系等，都可用文字形式对其进行网络梳理，或用化学式对物质间的相互转化进行网络串联。单元小结、章后小结、总复习等课堂教学中多采用脉络型板书板画，如初中化学第三章的章后小结可设计为下述脉络：

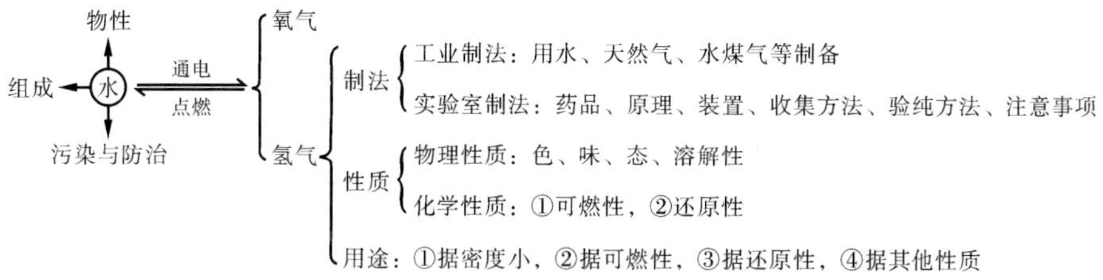

图 12-1　脉络式板书板画案例

脉络型的板书板画可以使前后知识形成脉络体系，使之立体化、网状化、规律化，便于学生系统地、全方位地去理解、掌握和应用化学知识，也有利于培养学生的逻辑思维能力。

7. 分层式

根据所授内容的层次，总是从左到右，从上到下一层接一层布满整个黑板。

8. 布阵式板书板画

教师提前在黑板的某一(或几)处，以提问、引导等方式板书板画出知识要点，当新课讲授到要点时，刚好与此内容相衔接。这种板书板画设计要做到恰如其分，必须有较好的基本功才能运用自如。

9. 填空式板书板画

考虑到课堂结构的紧凑，为节省时间，提高效率，教师将某些授课内容或图形课前写画在纸上，用到时，在黑板上贴出，占用的位置与整个板书板画布局相吻合。①

① 张满军. 板书技能评析. 西北成人教育学报，2006(2)：76～77

(二)根据教学中化学板书板画的形成和呈现方式分类

1.静态示现

静态示现化学板书板画是教师为了节省课堂教学时间而事先设计并书写在备用黑板上,以在课堂教学中配合讲授、适时示现的化学板书板画。此类化学板书板画可节省时间,减少失误,但往往缺乏灵活性。使用此类板书板画,教师要注意示现的最佳时机,示现时要注意说明化学板书板画设计意图、揭示需要关注的重点,按照逻辑顺序解释化学板书板画内容等。静态示现化学板书板画可留在教室较长时间,供学生课外学习之用。图 12-2 就可以静态示现的方式呈现给学生。

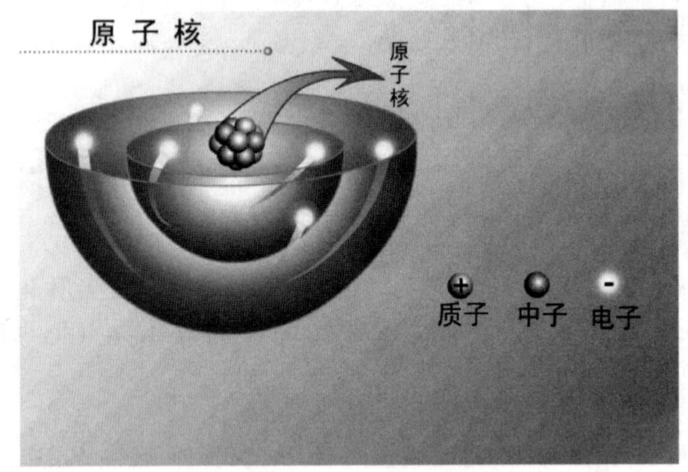

图 12-2　静态示现图示

2.动态渐成化学板书板画

动态渐成化学板书板画是教师在教学中配合讲解和总结、学生的答问和讨论,边教学边形成的板书板画,此类板书板画灵活性强,要求教师必须具备扎实的教学基本功。使用时教师要在化学板书板画程序上做多层次的设计。如教师在指导学生初学教材时,在黑板上留下几个括号;在指导学生深入理解教材时,再填写这些话号;在指导学生把握教材重点时,又在某些部位添加着重号,或用彩笔加以强调;在总结全文时,又画上必要的线条、箭头,以连接化学板书板画的各部分,点明其相互关系等。这样,动态渐成化学板书板画的全过程能给学生以有益的启发。

四、化学板书板画技能的要素

板书板画技能由板书板画的设计和板书板画的运用两个方面构成。设计侧重于内隐的技能，运用侧重于外显的技能。设计是基础，没有好的设计，课堂上临时发挥，很难写出好的板书或画出好的板画。这和盖房子一样，没有好的设计，盖不出好房子。和建筑不同的是，在建筑过程中，设计师负责设计，施工部门负责施工；而在教学过程中，教师既是板书板画的设计者，又是板书板画的实施者。所以，化学教师必须既会设计板书板画，又会运用板书板画。

板书板画设计既是科学，又是艺术，它是两者的结合。化学课的板书板画既要讲究科学性，体现教学内容的严密性和确定性；又要讲究艺术性，体现教学形式的形象性。板书板画一旦体现了逻辑性和形象性的统一，就有可能促进学生左右脑同时发展。

板书板画的设计和运用主要有以下几个构成要素：

（一）板书板画内容

课堂教学的板书板画内容要与讲授的内容大体一致，要详略得当，主次分明，突出重点和关键，分散难点。这样才能使板书板画真正起到便于学生理解教学内容，促进学生思维和记忆的作用。板书板画不宜过繁或过简，因为过于详细，则使重点不够突出，不利于学生集中注意力，同时也会因教师的繁杂书写板书板画而影响主要内容的讲解和其他教学手段、技能的运用；过于简略，则不能起到提纲挈领、揭示新知识等主要内容的作用，对学生理解、掌握化学思维方法也不利。应力求以尽可能简约精当的文字、符号、线条和图表反映尽可能丰富的教学内容，在尽可能大的程度上增强课堂教学的吸引力、启发性和感染作用，以提高课堂教学的效率。例如，用分析法解复合应用题，每一个复合应用题都是由几个简单应用题组合而成的，解答复合应用题就是要通过分析把一个复合应用题分解为几个简单应用题。因此，板书板画就应该突出这个分析过程。

（二）结构布局

结构是指板书板画的内容安排，包括标题的设计，板书板画类型的选择，板书板画内容出现的先后次序以及各部分之间的呼应和联系，文字的详略大小和去留，符号的运用等。布局是指各部分板书板画在黑板上的空间排列，以及与教学挂图、投影屏幕的合理配置。教师在设计和运用板书板画时，不但要考虑板书板画的内容，而且要注意板书板画的结构与布局。

(三)美观艺术

一幅新颖别致、富有美感的板书板画往往可以给学生留下难以磨灭的印象。教师在设计板书板画的过程中,不但要考虑借助板书板画使学生理解、掌握、深化教学内容,而且要考虑板书板画的美观性和艺术性。而美观、艺术性强的板书板画,能使学生在欣赏、享受优美形象的同时,进一步理解、掌握和深化教学内容。教师的板书板画应根据学生对新异事物敏感、好奇的心理特征,做到形式多样化、内容系列化、结构整体化,使板书板画既庄重端正、整齐划一、错落有致,又布局得当、色彩鲜明、科学合理。

(1)图形的美。图形的功能在于它能将教材的抽象的文字变为形象的直观物,能给人以恍然大悟的美感。有些教学内容学生难以理解,用图形把它们标示、对比、陈列出来,能收到很好的效果;有些教学概念的建立、分析问题的思路、推理过程的阐述都必须借助图形。为此,化学课的板书板画必须注意图形美。

(2)色彩的美。心理学研究证明,色彩容易使人产生联想,诱发情感,鲜明的色彩对学生更具有情感诱发的效应。在板书板画的某些关键之处,点缀鲜明的色彩,能引起学生的注意,激发探求的好奇心。鲜明色彩的标示在板书板画中具有鹤立鸡群的地位,能产生主次分明、一目了然的美感。板书板画造形要处理好底色与显色的关系,使底色衬托显色,使显色变成整幅板书板画的"点睛之笔"。

(3)指示线条的美感。线条有实线、虚线、曲线等等,用得恰如其分,不但能收到指示明确、条理清楚的效果,而且给人一种虚实相应、变化多端的美感。

一幅优美的板书板画之所以能给学生带来美的享受,是设计者对美的艰苦探索的结果。教师应力求避免因板书板画单调死板而给学生造成厌倦的情绪,换以多姿多彩的板书板画来增强学生学习化学的兴趣,以达到形式和内容完美的统一。

(四)板书的书写

1.粉笔执笔方法与写字姿势

(1)粉笔执笔方法:粉笔执笔法与钢笔执笔法有区别。执笔时,拇指、食指与中指前端三面相对捏住笔头约一厘米处;无名指和小拇指靠住中指,起辅助作用,使手腕的力量平衡。粉笔字写得好不好关键在于手腕。书写时也应注意指实掌虚,所有关节应向外突出,不要用指肚执笔,而要靠近指尖执笔,以便于指端用力,劲注笔端。粉笔与黑板的倾斜角度,可依笔画粗细而定,一般约为70°~80°。由于粉笔的构造特殊,如果执笔不当,容易折断。因此执笔部位不可过高，也不可过松或过紧。

(2)写字姿势：粉笔字主要用于板书，姿势多用立式。因为是当众书写，因此要求写字姿势既要正确，又要端庄大方。具体要求是：

头平：就是头部保持平正，眼睛距板面40厘米左右，头部不要左歪右斜，这样才能保证视线平正，书写横平竖直，行款整齐，否则写出的字可能变形，行也可能上斜。书写时如高于头部，面可略仰，低于头部，面可略俯，但基本上应保持平正。

身正：就是身体要保持正直，不要左右偏斜。当然，在书写过程中，身体要随着文字的书写不断平移，不要将身体挡住学生的视线。

臂曲：右手手臂应弯曲向上，使臂、肘、腕、指的力量均衡地到达笔端，但不能弯曲无度，以致造成手臂乏力。左手或持书拿本，或轻按黑板，或微曲下垂。

足稳：两脚要分开站稳。若两脚平行，可同肩宽；若两脚前后分开，步幅大小要看能否站稳而定。也可踮脚，也可屈膝，但都要保持身体平直，不可弯腰、驼背、撅臀。板书横行一般不宜太长，脚步移动太多，直接影响速度，又显得手忙脚乱。

2. 文字、符号的书写

板书主要是由文字、符号和图形组成。文字的书写要规范。具体要求是：笔画清楚，笔顺正确，字体工整，无错别字，正确使用标点符号，行款格式符合要求，条目安排得当，注意整体效果。化学符号的书写更要规范，既要格式正确，又要章法匀整。

(五)把握时机

板书板画作为书面语言，是对教学口头语言的补充。因此，它必须与讲解统一，与其他教学活动相配合。板书板画内容的写与画，投影片的展示要把握好时机，力求恰当、合理，顺理成章，水到渠成。避免随心所欲，茫无头绪，扰乱教学的进程。

五、化学板书板画的使用形式

(一)挂板式

上课前教师将有关内容写画在投影片或制成电子幻灯，教学时挂出或放映运用即可。这种形式可节省课堂上书写的时间，特别是对大信息量的化学板书板画和复杂费时的板图的使用有独到的优势。其缺点是化学板书板画整体呈现，不利于与教学配合逐层深化有序启发思维，并容易分散学生的注意力。图12-3就可作为挂板式图呈现给学生。

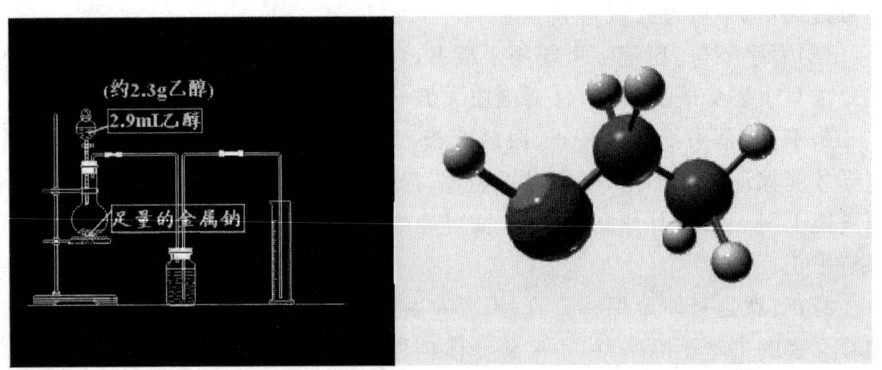

图 12-3　挂板式图示

(二)随堂式

这是通常使用的一种方式,根据教学过程有步骤地在黑板上现场书画。它给学生直观的示范和亲切感,并能适应课堂情况的变化,有利于启发学生思维,特别是可吸收学生的发言内容加以化学板书板画。

教师在运用化学板书板画特别是边讲边写时,要尽量避免自己的身体或教具等遮挡学生看化学板书板画的视线。化学板书板画与其他教学方式配合时应注意给学生记笔记和思考化学板书板画的时间。主体化学板书板画一经展示一般保持到课终,要巧妙反复利用化学板书板画,强化化学板书板画,提高化学板书板画的利用率。

第二节　化学板书板画的设计

一、化学板书板画的设计

一节化学课的化学板书板画设计主要涉及以下三个方面:

(1)内容的设计。基本方法是"浓缩",在深入钻研教材内容的基础上提炼、补充后进行有机组合。内容设计的基本要求是准确、精炼、完整,克服随意性。

(2)形式的设计。在内容设计好后,要根据内容选择适当和构思巧妙的化学板书板画形式。

(3)版面的设计。版面的布局要根据黑板的长度、有效高度和化学板书板画内容多少，以化学板书板画的分段为划分依据，可分为一段、两段、三段或四段，黑板两端则留作副化学板书板画。

二、化学板书板画的书写

现场式化学板书板画可根据需要采用先讲后书、先书后讲或边讲边书的形式。一般以讲解顺序板书板画，有时也可预先留好空位，在以后的适当时候“倒插”、补书。流畅、快速的化学板书板画可增加课堂密度，增强课堂教学的节奏感。

三、板书板画的设计原则

（一）设计原则

(1)科学性原则。板书板画要能客观、准确地反映所教课程章节的内容，科学地突出重点，破译难点，解释疑点，使内容的再现结构严谨、体系完整，达到书之有理。

(2)适用性原则。板书板画既要利于学生概括、理解所学知识及在工农业生产中的实际应用，逐步提高综合技能，又要便于教师施教，实现预定的教学目标，完成大纲要求的教学任务，达到书之“有的”。

(3)简明性原则。板书板画繁杂啰嗦，会浪费宝贵的课堂时间，因此，在45分钟的课堂教学中，最适宜用抓实质、抓核心、抓重点的简要式板书板画，如配制一定质量分数的溶液，其操作步骤可简单设计为：计算、称量、溶解、搅拌、装瓶、贴签。板书板画过程以“画龙点睛”为佳，最忌“画蛇添足”，达到书画之有度。

(4)条理性原则。板书板画是教师对所授教材内容经过加工、精炼后的再现，中学化学教材中的每节内容都是一篇即承上启下，又具有独立性的说明文，有其论点、论据和结论，因此，设计应符合教材内容的体系程序，达到书之有律。

(5)艺术性原则。板书板画设计不但内容要科学，而且形式要活泼，突出个性，富有启发性和美感，达到书之有艺。

(6)创新性原则。板书板画设计应从培养学生求异创新的角度出发，在传统板书板画模式的基础上，向多媒体等现代教育技术扩展，使板书板画形式丰富多彩、不断创新，能集新颖性、趣味性、多样性、灵活性于一体，达到书之有新。

（二）设计依据

(1)依据教学目的。教学过程是一种有计划、有目的的操作行为，一切教学方法、措施都应为教学目的服务，板书板画是其中的一种最常用的教学手段，因此，它的设计必须围绕教学目的进行。

(2)依据教学背景。教学过程往往会受到教学时间、教学地点以及教学环境等因素的影响和限制，所以，在板书板画设计中应根据实际情况，计划性和灵活性相结合。

(3)依据教学内容。板书板画常常因为教材中章节内容的不同而采取文字提示、图表展示等不同的设计形式。

(4)依据教学对象。学生因为年龄、民族、地域、受教育程度不同，导致其爱好、心理、性格、思维方式等差距较大，因此，板书板画设计应考虑这些客观因素。如初中学生好奇性强，上课多喜欢直观形象的图、表等板书板画，高中学生由于思维能力增强则喜欢概括简练的文字式板书。

(5)依据教师的特长。教师的年龄有别，性格各异，爱好不同，特长各有千秋，有的擅长美术，爱用图和表展示，有的爱好书法，喜欢用文字表述。因此，板书板画设计应尽量发挥教师自身的特长。

四、化学板书板画的设计要求

（一）计划性

事先要对化学板书板画内容、形式、布局、大小标题、图文位置、字体疏密等作周密考虑。黑板要分段使用，主化学板书板画通常放在黑板的左边或中间部位，要留有足够的主化学板书板画空间并便于学生记录。主化学板书板画要做到条理清楚，逻辑严密，书写工整，笔画清晰，大小适宜，图文相符，前后照应，内容完整，体现全部教学过程，并一直保留到下课。这样做不仅能给学生完整的印象，而且也便于课内小结和练习。副化学板书板画通常占有黑板两侧的适当位置，而且可以随写随擦。

（二）准确性

化学板书板画设计的准确性应体现在：

第一，能准确揭示一堂课的教学重点、难点和关键，能使新知识的教学和学生能力的培养成为学生上课时的注意中心。

第二，教师的书写、绘画必须正确无误。要避免写错别字、不规范的简化汉字和字迹潦草。

(三)简洁性

好的化学板书板画是一份“微型教案”,能勾画出本节课内容的结构体系和知识要点,切忌杂乱无章,信手随意,密密麻麻。为了突出中心和关键,化学板书板画必须运用简洁明了的文字和图形。化学用语和化学仪器装置图、各种流程图、示意图等都是化学课化学板书板画的常用工具,也是化学课化学板书板画最鲜明的标志。

(四)启发性

化学板书板画的设计要符合学生的认识规律。教师要通过化学板书板画设疑解难,步步深入,启发学生由此及彼、由表及里地进行积极思维。在教学过程中,除了复杂的图表或补充作业等可以在课前写或画在小黑板上外,一般是在课堂上边讲边写或边讲边画,这样能使化学板书板画更有启发性。

(五)示范性

实践证明,如果教师化学板书板画端正清楚,整齐美观,则学生的作业本也常像教师的化学板书板画一样整齐美观。如果教师上课化学板书板画零乱,字迹潦草,那么,学生的作业本上也常会“龙飞凤舞”。可见教师化学板书板画对学生有很大的影响。

板画是教师必须掌握的基本功之一。为了培养学生绘制化学仪器和实验装置图等方面的技能,教师在作板画时必须注意示范性,要力求图形正确、线条分明。画单个仪器平面图,如试管、烧杯、烧瓶、漏斗、集气瓶、酒精灯等,要按仪器各部分大小比例,依一定顺序分步绘制。画成套实验装置图,要先画出主体部分,后画配件部分,并注意各种仪器大小合乎比例,位置摆放适当,整个装置符合科学原理。

(六)艺术性

好的化学板书板画,在实用的前提下还必须“中看”,讲究形式美。它主要包括:第一,化学板书板画的规范美。这是指文字的大小及书写、绘图的规范、端正。第二,化学板书板画的结构美。这是指各种形式的化学板书板画都应该结构匀称。字与字、行与行之间都应有适当的距离,不能挤在一起,更不能字上叠字。如果绘图作为主化学板书板画的一部分,则应考虑文字叙述与板画的协调美。

(七)主次要分明

板书板画一般分为主体板书板画和辅助板书板画,板面一般分为左、中、右三栏,左、中栏作为主体板面用于书写概念、定义、定律、性质、计算公式、结论等重点知识内容,右栏作为辅助板面,一般用来板演强调某些重要术语,解

释某些概念及原理,推导一些计算过程及画示意图等。主板一般保留到下课,以便学生完善课堂笔记。

(八)一课一板

板书板画的功能之一就是使知识系统化、简明化,所以,整个板面要保留的内容最好一节课一板面内容,使本节课的核心内容能够完整再现,一目了然。

五、把握好多媒体课件与化学板书板画的关系

由于电化教学不断发展,有些教师把化学板书板画设计在多媒体课件中,一节课只写很少的字,甚至一个字都没写。我们认为这是一堂不完美的课。化学学科的特点决定化学知识的层次性、阶段性。没有化学板书板画或者仅仅只是展示一下化学板书板画,知识的全面性或者层次性不能在学生头脑中形成整体。一堂课下来,学生对多媒体课件中的图片、声音、动画有较强的记忆,而他们所记忆的知识点是零散的、不完整的、不系统的。这可能是课堂上多媒体课件代替化学板书板画的结果,也是我们不愿意见到的。我们认为多媒体与板书板画的比例一般应控制在各50%为宜。

六、教学化学板书板画的心理影响

化学板书板画作为一种重要的教学手段,在教学中所起的作用是多方面的。化学板书板画既能帮助教师突出教学重点,突破教材中的难点,又能帮助学生掌握教学思路,提高逻辑思维能力,还能加强教学的直观性,集中学生的注意力,增强学生的记忆力和理解力。

(一)化学板书板画的系统性

化学板书板画的系统性是由三方面因素决定的。首先,取决于课本的系统性。其次,取决于知识规律。第三,遵循着生理原则。

心理学研究表明,系统的材料和零乱的材料相比,在对学生记忆的作用上,前者优于后者有数倍之多。教学实践也表明,教师要减少学生学习的困难,则把复杂的知识系统化尤为重要。有经验的教师总是引导学生把教材内容组成一定的系统,使之处在有机联系之中,脉络清楚,条理分明。而化学板书板画就可以从不同角度,用不同的方法,把知识加以系统化,从而使学生形成正确合理的知识结构,加深对教材内容的理解。

一堂课要尽量少擦黑板,力求讲解的连贯性。

(二)化学板书板画的概括性

心理学研究表明,在同一时间内材料数量增加则识记所需的平均时间随

之增加，而识记的效果将会大为降低。化学板书板画内容并不是由课本内容各部分机械组成的，而是有主次、轻重之分，要抓住重点加以提炼，概括成为标题式的语言，再组成一个有机的整体。化学板书板画不是讲课内容的简单重复，而是画龙点睛的启示，要用在节骨眼上，力求引起学生的重视。有的优秀教师就善于通过分析综合、抽象概括、演绎归纳，使化学板书板画概括化、提纲化，从而有效地帮助学生记忆。

（三）化学板书板画的多样性、灵活性

化学板书板画作为教学活动的一种手段，不应该囿于一个程式，千篇一律，而要根据不同的教学内容、不同年级学生的实际，采取灵活多样、直观形象的方式。如果化学板书板画采用凝固不变的模式，那么，久而久之，非但无助于学生概括水平的提高，反而会使学生思想僵化。好的化学板书板画是一种“艺术品”，它没有死板固定的格式，而是各式各样，不拘一格的。

心理学研究表明，教学内容的新异性比教学形式的新异性对学习有着更大的吸引力。当然，在教学内容相同的情况下，教学形式的新异性又起着很大的作用。如果化学板书板画的模式固定，对学生自然没有新异感，引不起兴趣，学习效率便会降低。

教师在备课时，自己先设计好化学板书板画，做到胸有成竹，施教有序，这是完全必要的，但不是绝对的。有时学生概括出来的化学板书板画与教师事前拟好的化学板书板画会不一致。在这种情况下，教师的化学板书板画必须具有灵活性，应采取随机应变的措施，而不必要求学生一字一句完全按照自己设计的化学板书板画一样照抄，不许略有变动。那种牵牛式的化学板书板画，非但对提高教学质量无益，反而对启发学生思维活动、发展智力、培养能力有害。

（四）化学板书板画与讲授的统一性

美国心理学家布鲁纳认为，图示材料呈现与指导语的结合要适当，这是直接影响教学效率的。同样，系统化学板书板画的呈现要与讲授语言配合好。有人进行过实验研究，在图表结合讲解中，复杂的图表分解为几个部分逐渐呈现比全部一次呈现为好，这就说明了一个整体设计的化学板书板画不能一下子全部端出来，而应该随着教学的进程按教学步骤边讲边写，讲什么，化学板书板画什么，逐渐形成一个整体的化学板书板画。即使一节课化学板书板画没有完成，下一节课再接着化学板书板画，直到课教完为止。有的教师不了解讲解与图表呈现要适当的道理，往往把事先在小黑板上写好的整体设计化学板书板画一挂了事，讲归讲，化学板书板画归化学板书板画，两者脱节，这就失

去了化学板书板画的意义，达不到预期的教学效果。

（五）化学板书板画图示法的教学效率

学生接受信息的渠道最主要的是听和看两个方面。现代心理学的实验数据表明，人脑接收的外界信息，90%以上来自眼睛，看一遍比听一遍的信息接受量要多1.66倍。由此可见，学生接受和感知信息的两条主要渠道中，看比听更重要。化学板书板画图示教学法正是符合这个感知原理的。

有关研究资料表明，在人所获得的全部信息中，其中听觉占11%，而视觉占83%，其他（触觉、嗅觉等）只占6%。因此教学过程中，虽然是学生"听课"，但不能单纯使学生听，更重要的还是应充分发挥视觉作用，去感知新信息、新材料，调动多种器官了解一节课的知识内容和逻辑系统，使学生获得清晰的概念，并在大脑中留下深刻的印象。

第三节　化学板书板画技能的应用

一、化学板书板画的书写

现场式化学板书板画可根据需要采用先讲后书、先书后讲或边讲边书的形式。一般依讲解顺序进行化学板书板画，有时也可预先留好空位，在以后的适当时候"倒插"、补书。流畅、快速的化学板书板画，可增加课堂密度，增强课堂教学的节奏感。

案例 12-6　"硝酸"板书板画设计

一、硝酸的物理性质

色、态、味、挥发性、密度、熔沸点

二、硝酸的化学性质

1. 酸的通性

2. 硝酸的不稳定性

$$4HNO_3 \xlongequal{\triangle\text{或光照}} 4NO_2\uparrow + O_2\uparrow + 2H_2O$$

3. 硝酸的强氧化性

(1)与金属的反应

$$Cu + 4HNO_3(\text{浓}) \xlongequal{} Cu(NO_3)_2 + 2NO_2\uparrow + 2H_2O$$

$$3Cu+8HNO_3(稀)═══3Cu(NO_3)_2+2NO\uparrow+4H_2O$$

浓 HNO_3 可使 Fe、Al 钝化

(2)与非金属的反应

$$4HNO_3(浓)+C═══2H_2O+4NO_2\uparrow+CO_2\uparrow$$

三、硝酸的制法

1. 实验室制法

$$NaNO_3(s)+H_2SO_4(浓)\overset{微热}{═══}NaHSO_4+HNO_3$$

2. 工业制法

(1) $4NH_3+5O_2═══4NO+6H_2O$

(2) $2NO+O_2═══2NO_2$

(3) $3NO_2+H_2O═══2HNO_3+NO$

案例 12-7　“乙醇”板书板画设计

一、乙醇

1. 分子式：C_2H_6O

2. 结构式：

```
     |    |
   — C —— C —— O —— H
     |    |
          H
```

3. 结构简式：CH_3CH_2OH 或 C_2H_5OH

二、化学性质

1. $2CH_3CH_2OH+2Na\rightarrow2CH_3CH_3ONa+H_2\uparrow$　（置换反应）

2. 氧化反应

$$2CH_3CH_2OH+O_2\xrightarrow{Cu}2CH_3CHO+2H_2O$$

案例 12-8　“苯酚”板书板画设计

酚：羟基跟苯环上的碳原子直接相连的化合物。

第四节　苯酚

一、苯酚的分子结构

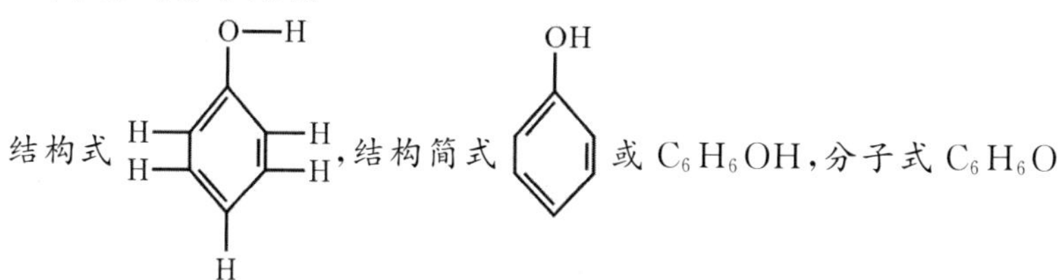

结构式 ，结构简式 或 C_6H_6OH，分子式 C_6H_6O

二、苯酚的物理性质

三、苯酚的化学性质

1. 酸性

(1)和 NaOH 反应

$$C_6H_5OH+NaOH \longrightarrow C_6H_5ONa+H_2O$$

$$C_6H_5ONa+CH_3COOH \longrightarrow C_6H_5OH+CH_3COONa$$

$$C_6H_5ONa+CO_2+H_2O \longrightarrow C_6H_5OH+NaHCO_3$$

(2)和 Na 反应

$$2C_6H_5OH++2Na \longrightarrow 2C_6H_5ONa+H_2\uparrow$$

2. 苯环上的取代反应

$$C_6H_5OH+3Br_2 \longrightarrow C_6H_2Br_3OH\downarrow+3HBr$$

(产物：2,4,6-三溴苯酚，OH 对位与两个邻位各连 Br)

3. 显色反应

苯酚遇 $FeCl_3$ 溶液显紫色

案例 12-9 “苯、芳香烃”板书板画设计

一、苯的物理性质和用途

二、苯的结构

1. 分子式　　2. 结构式　　3. 结构简式

三、苯的化学性质

1. 稳定性

2. 可燃性

3. 取代反应：(1)与溴的反应　(2)硝化反应

4. 加成反应

四、苯的用途

二、化学板书板画技能

(一)熟悉课程标准,统筹兼顾

化学板书板画设计精巧与否是化学板书板画艺术的一个重要内涵,也是教师传授能力的如实反映。教师在构思化学板书板画计划中,必须熟悉课程标准,了解教学内容的重点、难点,胸中要有整体规划、大概的轮廓及粗线条框架,形成一个"纲式"系统,这也叫系统化学板书板画。见图 12-4、图 12-5。

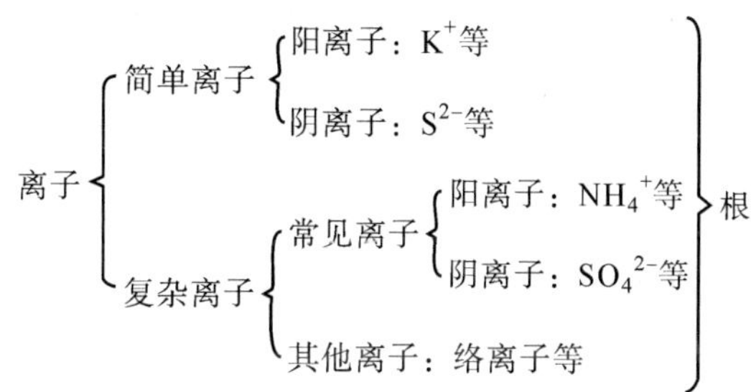

图 12-4　系统化学板书板画图示 1

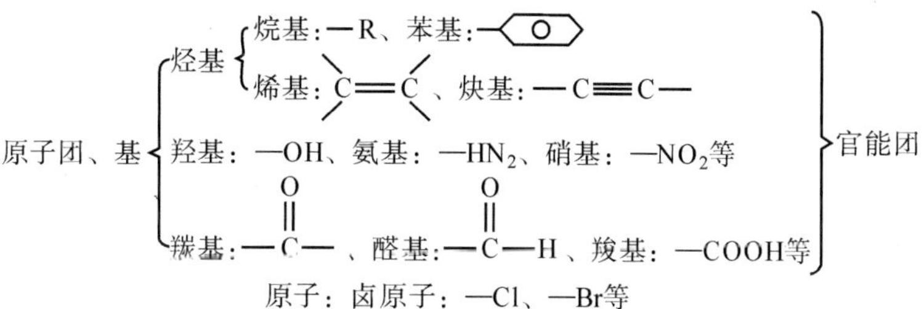

图 12-5　系统化学板书板画图示 2

上述框架可以直观地描述各种概念的内涵及外延。包容关系、从属关系、交叉关系等一目了然,有利于调整思路,抓住重点,强化记忆,克服信手写来、随手抹去的盲目性。

(二)吃透教材,精雕细刻

教师在化学板书板画过程中,必须依据教学目的要求,吃透教材,细致推敲课型特点,全面分析学生情况,恰到好处地对"纲式"的粗线条框架实施"精加工",在合理布局的基础上,纲举目张,从多方位给枯燥的知识来一些渲染。当然这不是画蛇添足,而是画龙点睛式的辅助化学板书板画。例如,对电解质和非电解质两概念的化学板书板画处理,不是将原话简单搬家,而

是剖析概念，抓住关键性词句，归纳出特征、要点。其化学板书板画如图 12-6 所示。

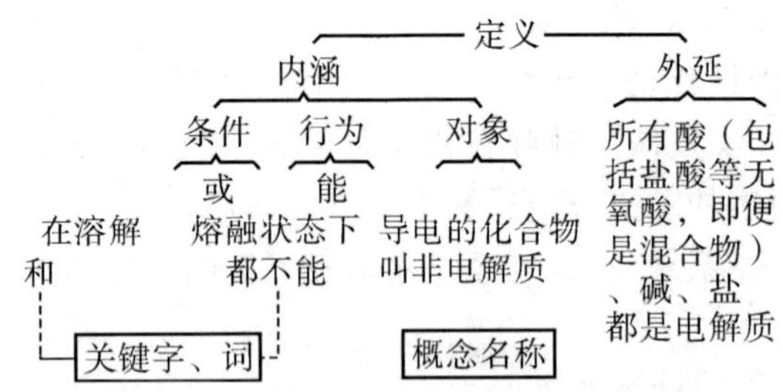

12-6　电解质和非电解质概念化学板书板画图示

这样处理，粗与精兼而有之，整个版面关键醒目，重点突出，疏密得当，清晰有条理，不仅便于学生笔记和复习，而且也加深了学生对概念的理解。

（三）形式灵活，变化相宜

化学板书板画如同绘画，要给人一种视觉上的享受，必须常变常新，不落俗套。不能千孔一面，呆板乏味，要形式灵活多样，才有助于创设课堂情绪，调动学生的注意力，增强化学板书板画的可视性。常见的化学板书板画形式有如下几种：

1. 提纲式

用简明扼要的文字，提纲挈领地反映教学内容。这种形式的化学板书板画条理清楚，便于学生抓住要领，是常用的化学板书板画形式。

案例 12-10　高中“钠”的主、副板书板画

第一节　钠

一、钠的性质

1. 物理性质

银白色固体、质软、比水轻、熔点低

2. 化学性质

(1)跟氧气反应：$2Na+O_2 \xlongequal{点燃} Na_2O_2$

(2)跟水反应：$2Na+2H_2O=2NaOH+H_2\uparrow$

浮在水面、熔成小球、四处游动、发出响声、变小消失、酚酞变红

存放：在煤油里

二、钠的存在

以化合态存在

NaCl、Na_2SO_4、Na_2CO_3、$NaNO_3$

三、钠的用途

导热剂、还原剂、电光源

2. 表格式

根据教学内容可明显分项的特点而设计的化学板书板画。其优点是类目清楚、对照鲜明，便于学生进行对比或建立联系，也是化学课上常用的化学板书板画形式。

案例 12-11　元素化合价的确定

化合价的确定	离子化合物	共价化合物
数值	一个原子得失电子的数目	一个原子共用电子对的数目
正价	失去电子的原子(阳离子)为正价	电子对偏离的原子为正价
负价	得到电子的原子(阴离子)为负价	电子对偏向的原子为负价

3. 联系式(网络式)

指把文字或化学用语用线条、箭头、框图等联系起来的化学板书板画。此类化学板书板画能简明地反应事物间的关系，便于学生掌握较复杂的内容，也是化学课上常用的化学板书板画形式。

案例 12-12　高中“氯气及氯的重要化合物之间的关系”

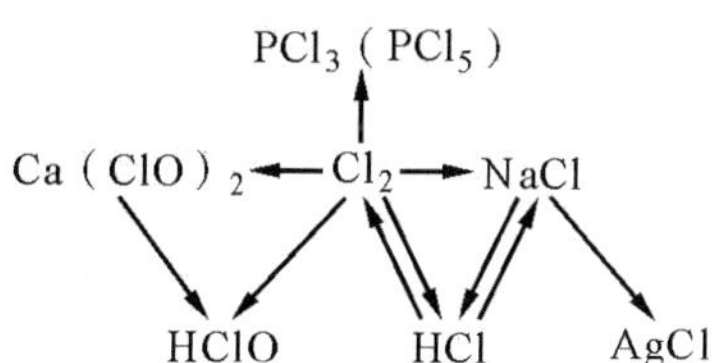

氯气及氯的重要化合物之间的关系

案例 12-13 “二氧化硫”一节小结

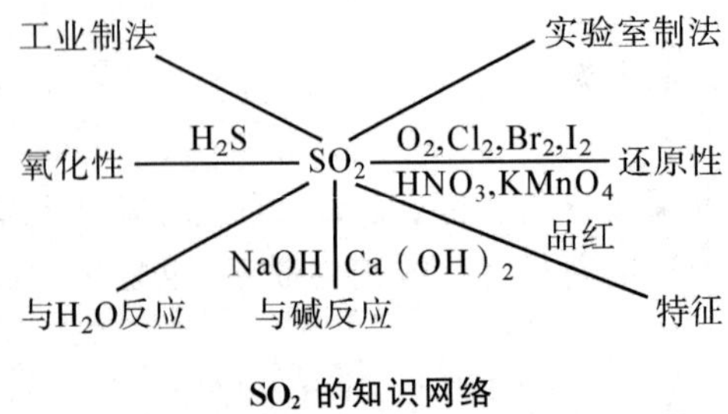

SO_2 的知识网络

案例 12-14 解题思路分析

习题：有一亚硫酸钠样品，有一部分已经变质，已知该样品中还含有5.3%的碳酸钠。现称取 20 克样品，加入足量盐酸，产生的气体经干燥后体积为 2 464 mL(标准状况)。问此样品中亚硫酸钠的百分含量是多少？

化学板书板画(边分析边写，分析略)：

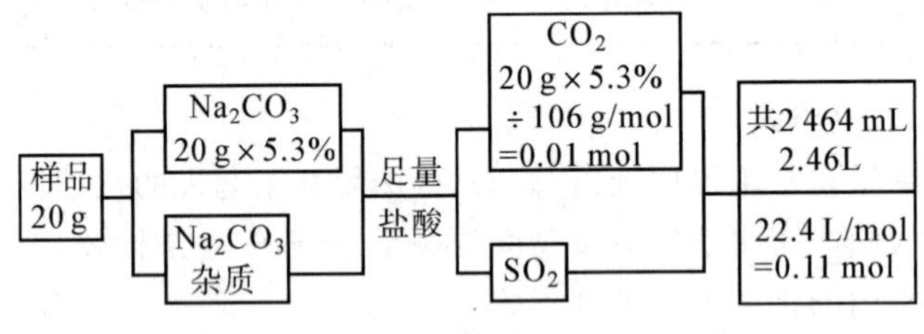

解题思路分析

4. 化学计算格式

在化学计算教学中教师用规范的解题格式可以清楚地体现学科知识的逻辑关系和教学运算的逻辑关系。既有利于学生掌握解题的思路和方法，又为学生提供了示范。

5. 图示式

指用简笔画、示意图或图像体现教学内容的化学板书板画。这种形式的化学板书板画可以把某些物质变化的过程或物质间的数量关系简明、直观地表达出来，有助于学生对知识的理解。

案例 12-15 氮气与二氧化氮的混合气体跟水反应后体积变化

习题：在一试管中充满等体积混合的氮气和二氧化氮，将试管倒扣在水槽中，最终进入试管中的水的体积是试管容积的多少？

分析：混合气中氮气不跟水反应，只有二氧化氮跟水反应。

化学板书板画：

$3NO_2 + H_2O = 2HNO_3 + NO$ 体积变化

3V V ΔV 2V

N_2 NO_2

NO $\left(\frac{1}{2}\times\frac{1}{3}\right)$ $\frac{1}{2}\times\frac{2}{3}$

结论：从示意图可看出，试管中气体体积减少 $1/2\times2/3=1/3$。因此，进入试管的水占试管容积的 1/3。

案例 12-16 向 H_2S 饱和溶液中通入 SO_2，溶液 pH 值的变化

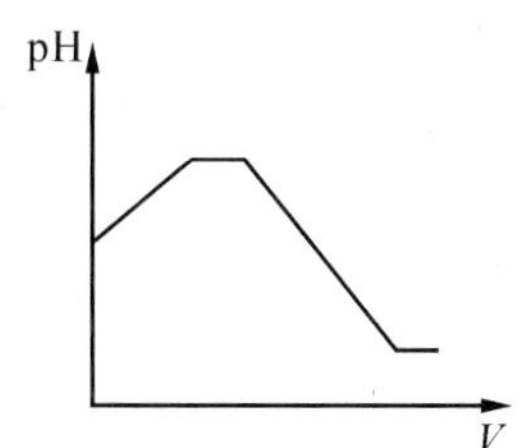

向 H_2S 饱和溶液中通入 SO_2，溶液 pH 值的变化

由图像可看出，在 H_2S 饱和溶液中，随着 SO_2（用 V 表示）的通入，溶液 pH 值的变化情况。

在课堂教学中，教师往往要根据实际情况综合地使用几种形式的化学板书板画，以达到尽可能好的教学效果。

四、化学板书板画板技能的训练

（一）按硬笔书法字帖和简笔画画册进行临摹练习

通过练习逐步做到笔画规范、结构合理、布局得体、速度适宜。然后根据自己教学的需要逐步脱手进行相关内容的粉笔字和粉笔简笔画的练习，运用

自我评价逐步提高练习水平。练习一定要持之以恒，切忌一日曝十日寒。

（二）训练与平时的教学工作紧密结合

备课时，将教学化学板书板画的设计作为重要内容之一，舍得下工夫。课堂教学中，将化学板书板画的书写与运用作为一大任务和一次锻炼，认真操作，及时反馈评价与改进矫正。对化学板书板画要逐课研究，认真探索实验，从选材、布局、书写、运用各方面进行精心练习，一点一滴地提高。在此基础上，要认真积累资料、总结经验，逐步形成自己化学板书板画的套路和风格。

（三）加强教师之间的听课评课活动

通过互相学习，共同研讨，集思广益，取长补短，利用集体的智慧提高化学板书板画水平和艺术造诣。

五、化学板书板画技能的应用要点

(1)书写文字和化学用语要正确，字迹工整、清晰，笔顺规范，大小适当。一行字要写平直，书写时身体不要挡住学生的视线。画仪器装置图要尽量美观，注意比例恰当。平时应进行书法和基本绘图技法的练习。

(2)化学板书板画的内容应体现教材的核心内容和知识结构。应从教学目标出发，选择利于学生接受、利于启发学生思维的化学板书板画形式。

(3)要注意内容的科学性。化学板书板画保留的时间较长、给学生留的印象较深，如果出现错误，对学生产生的不利影响也较大。因此，必须保证化学板书板画内容的正确。

(4)系统性和概括性相结合。在备课设计化学板书板画时，既要考虑到如何有条理、系统地反映教学内容，还要对教材加工、提炼，高度概括地表达教学内容，这样才能充分发挥化学板书板画的作用。

(5)应注意化学板书板画的简洁。词语、图示等要简练、直观；在用特殊颜色做标记时，要注意适度，不可色彩斑斓，以免分散学生的注意。

六、化学板书板画技巧

（一）注意文字锤炼

化学板书板画被喻为微型教案，它要求以简驭繁，浓缩信息。教师必须在钻研教材的基础上提炼出教材中能牵一发而动全身的关键词语，组成化学板书板画的基本内容。

(二)注意概括点拨

在化学板书板画设计中，除了正化学板书板画外，有时也需要加上揭示语，它将起到开拓思路，画龙点睛的作用。

(三)注意线条的运用

在化学板书板画中要善于运用各种线条的连接，表示各部分之间的关系，借助不同线条可以表达各种不同含意，不仅可以节省语言表达，而且使人一目了然。

(四)注意符号的沟通

化学板书板画主要以符号为主，这种教学符号以它那一目了然的通用性和代替语言表达的经济性，在化学板书板画设计中发挥着重要的作用。

(五)注意图像的辅助

在化学板书板画中如能运用简图，则可以开拓空间，刺激形象思维，特别是解复杂应用题时效果最佳。

(六)注意排列技巧

在化学板书板画设计里，版面的排列相当重要，同一内容排列不同，效果两样。

(七)注意放大效应

化学板书板画设计在“缩微”中还可以根据需要将其中一部分放大，放大的目的在于突出重点。

(八)注意排列组合

化学板书板画设计既要注意排列美(外观美)，更要注意组合美。好的化学板书板画设计，要根据教学的思路、学生的学习思路、教材意图，对原教材的顺序进行调整，重新组合，产生一种暗示效应，使信息得到浓缩。

七、化学教师课堂板书板画常见错误分类

教师在课堂上的板书板画是信息传输和示范定型的重要渠道，然而在考查、调研现行中学化学新教材课程教学时发现，中学化学教师的板书板画表述方式不正确、不规范的情况屡见不鲜，有的是长期习惯性错误的沿袭的结果，有的是旧教材已废弃名称、量和单位表示法在教师大脑中已根深蒂固，还有的是平时态度不严谨、不规范造成的失误。依据 GB3100-3102-93(量和单位)强制性国家标准及现行人民教育出版社全日制普通高级中学教科书《化学》(三册)为指导，对化学教师板书板画中使用量和单位名称、符号、化学用语书写等方面存在的问题做一概略分析，见表 12-2。

表 12-2　化学教师课堂板书板画常见错误

错误归类	错误或不规范的板书板画（例释）	正确的板书板画（例释）
1. 旧教材习惯性的迁移	惰性气体 氧化—还原反应 pH 值 漂白粉 化学反应速度	稀有气体 氧化还原反应 pH 漂粉精 化学反应速率
2. 使用已废气的旧名称	重量 比重 比热 原子量 分子量，式量 摩尔数 质量百分比浓度 体积百分含量 摩尔浓度	质量（m） 密度（ρ），相对密度（D） 质量热容，比热容（c） 相对原子质量（A_r） 相对分子质量（M_r） 物质的量（n） B 的质量分数[w(B)] B 的体积分数[φ(B)] B 的物质的量浓度[c(B)]
3. 不恰当的简缩	标况，标志	标准状况
4. 使用非法定计量单位	气体在 1 atm 时 CO 体积含量 3 ppm	气体在 1.01×10^5 Pa 时 $\varphi(CO)=3\times10^{-5}$
5. 计量单位使用不正确、不规范	s(路程)、S(面积)、S(西)	s(秒)（注：同一符号大小写、正斜体表示的意义不同）
6. 量符号使用了正体字母	$\mathrm{v_{NH_3}}=0.1$ mol/(L·s) $\mathrm{V}(O_2)=2$ L $\mathrm{p}=2\times10^5$ Pa $\mathrm{M_{H_2SO_4}}=1$ mol/L	$v(NH_3)=0.1$ mol/(L·s) $V(O_2)=2$ L $p=2\times10^5$ Pa $c(H_2SO4)=1$ mol/L
7. 没有使用国际规定的符号	质量：W 阿伏伽德罗常熟：$\mathrm{N_O}$，N 温度：$t=230$ K 或 $T=98$℃ 压强：P、P、p	m $\mathrm{N_A}$ $T=230$ K 或 $t=98$℃ p
8. 把化学元素符号当作量符号使用	体积比：O_2 ∶ $H_2=1$ ∶ 2 体积分数：$H_2S\%=20\%$ 质量分数：$MnO_2\%=51\%$	$V(O_2)$∶$V(H_2)=1$∶2 $\varphi(H_2S)=20\%$ $w(MnO_2)=51\%$
9. 把量符号当作纯数来使用	物质的量为 n mol (t—10)℃	物质的量为 n t—10℃
10. 把中文名称当作中文符号使用（表达量值时，数值后面的单位必须用符号）	1 摩尔 2.0×10^{-9}库仑 600 焦耳 800 帕斯卡	1 摩：1 mol 2.0×10^{-9}库，2.0×10^{-9}C 600 焦，600 J 800 帕，800 Pa

错误归类	错误或不规范的板书板画（例释）	正确的板书板画（例释）
11. 热化学方程式新、旧教材表示方法有差异	$N_2(g)+3H_2(g) \rightleftharpoons 2NH_3(g)+Q$ $2H_2(g)+O_2(g)=2H_2O(l)+571.6\ kJ$	$N_2(g)+3H_2(g) \rightleftharpoons 2NH_3(g)$（正反应为放热反应） $2H_2(g)+O_2(g)=2H_2O(l)$，$\Delta H=-571.6\ kJ/mol$
12. 与电子有关的化学用语新、旧教材表示方法有差异	$O_2+2H_2O+4e=4OH^-$ 2e $H_2+CuO \overset{\triangle}{=\!=} Cu+H_2O$	$O_2+2H_2O+4e^-=4OH^-$ $2e^-$ $H_2+CuO \overset{\triangle}{=\!=} Cu+H_2O$
13. 键线长短表示不当	$CH_3-CH=CH_2$	$CH_3—CH=CH_2$
14. 有机物命名不规范	1—戊炔 1,2—二溴乙烯	1-戊炔 1,2-二溴乙烯
15. 有机物结构简式键线连接、原子连接错误	NO_2— —NO_2	O_2N— —NO_2
16. 错别字	硫磺 胆矾为兰色 木碳、活性碳 氨根、铵基	硫黄 胆矾为蓝色 木炭、活性炭 铵根、氨基
17. 忽视了计算中单位的作用（即单位应参与运算）	计算标准状况下 0.2 mol NH_3 的体积 $V(NH_3)=0.2\times22.4=4.48(L)$	$V(NH_3)=n(NH_3)\cdot V_m=0.2\ mol\times22.4\ L/mol=4.48\ L$
18. 单位重叠、混乱	设 CO 的体积为 V L …… 解得：V=2 L	设 CO 的体积为 V …… 解得：V=2 L

教师的课堂板书板画对学生的解题、答题起到示范性的潜移默化的作用，板书板画是否规范应作为评价教师课堂教学是否严谨、科学的重要量化指标。王后雄一文的案例对化学教师的教育科研论文的写作很有参考价值。[①]

八、化学板书板画的原则

（一）书写规范，有示范性

化学板书板画要工整，必须遵循汉字的书写规律，做到书写规范、准确。要把握汉字的基本笔画和笔顺规则，不倒插笔，不写自造简化字。字的大小以后排学生能看清为宜。教师化学板书板画时，一定要一笔一笔地写字，一笔一

① 王后雄. 化学教师课堂板书常见错误分类例释. 化学教育，2003(46)：7～8

笔地画图,让学生看清楚,对一字一句,甚至标点符号都要有所推敲。教师的化学板书板画除了传授知识外还有一个引导和训练学生养成良好的书写习惯的重要任务。化学板书板画规范,书写准确,有示范性,是教师在教学中应时刻信守的一条原则。

(二)语言准确,有科学性

这是从内容上对教师的化学板书板画语言提出的更高要求,虽然化学板书板画在教学上是间隔地出现的,但是最后总要形成一个整体。化学板书板画要让学生看得懂,引人深思,不能由于疏忽而造成意思混乱或错误。因此,化学板书板画用词要恰当,造句准确,图表规范,线条整齐,这是化学板书板画设计中不容忽视的一个方面。

(三)层次分明,有条理性

各学科的教学内容都有较强的层次性、逻辑性和连贯性,所以化学板书板画也要层次分明有条理。在课堂教学中,化学板书板画和口头讲述是同步进行的两种教学手段,而化学板书板画的优势是直观、形象、条理、概括。要使化学板书板画发挥这个优势,要求教师必须做到层次清楚、条理分明、主线清晰、枝蔓有序,用化学板书板画体现和加强讲解中语言的这些特点。

(四)重点突出,有鲜明性

在教学中化学板书板画运用得好可以引导学生把握教学重点,全面系统地理解教学内容,要做到这一点,教师的化学板书板画必须重点突出、详略得当,这与语言说明的要求是一致的,也是衡量一个教师教学水平的重要标志。在课堂有限的时间内,能详略得当地处理教材,抓住重点化学板书板画有关内容,一堂课后,通过化学板书板画就能纵观全课,了解全貌,抓住要领,给人以清晰的印象。

(五)合理布局,有计划性

教师要能把讲授的内容迅速而利落、合理而清晰地分布在黑板上,并使学生在讲解中能跟上节拍,全部理解。课后又能使学生通过化学板书板画一目了然,通晓理解,这是化学板书板画的艺术。但是,没有课前认真的研究和精心的设计是办不到的。因此,课前教师要根据教学要求,从实际出发,进行周密的计划和精心的设计,确定好化学板书板画的内容,规划好化学板书板画的格式,预定好化学板书板画的位置,在教学时才能有条不紊地按计划进行,准确而灵活地加以运用。

(六)形式多样,有趣味性

好的化学板书板画设计会给学生留下鲜明深刻的印象,形成理解、回忆知识的线索。充满情趣的化学板书板画设计，好像一幅美丽的图画，给学生以美的享受，拨动着他们的心弦，引起浓厚的学习兴趣，加深理解和记忆，增强思维的积极性和持续性。在课堂教学中，教师应该根据教学的具体内容和学生思维的特点，运用好化学板书板画这种书写形式的教学语言。

第四节　化学板书板画技能的评价

化学板书板画技能的评价表见表 12-3。

表 12-3　板书板画技能评价量表

项目	评价内容	赋分值			权重
		好	中	差	
1	板书板画设计与教学内容紧密联系，结构合理				0.10
2	板书有条理、简洁，文字书写规范整齐				0.20
3	板书板画有足够大小，直观，便于观看				0.15
4	板书板画与讲解结合恰当，速度适宜				0.15
5	板书板画加强了口语教学，富有表达力				0.10
6	板书板画要做到简、快、准，激发兴趣和思考				0.10
7	应用了强化信息的板书，使重点、关键醒目，强化记忆				0.10
8	板书板画的时机及与多媒体的比例				0.10
补充意见					

思考与练习

1. 设计一个板书板画技能的片段。
2. 如何处理好化学板书板画与多媒体的关系？
3. 简述化学板书板画如何体现审美功能？
4. 为学生制定“三笔字”、简笔画练习计划，要有检查有考核。

第十三章

说课技能

第一节　说课技能的含义

一、什么是说课

说课是教师以教育教学理论为指导,在精心备课的基础上,面对同行、领导或教学研究人员,利用口头语言和有关的辅助手段阐述某一学科课程或某一具体课题的教学设计或教学得失,并就课程目标的达成、教学流程的安排、重点难点的把握及教学效果与质量的评价等方面与听课人员相互交流、共同研讨,进一步改进和优化教学设计的教学研究过程。①

说课是教师对自己所讲授的课的剖析。讲课是依据教学大纲规定的教学目的、要求和进度,依据教材的内容,学生的基础、条件,选择一定的方法、手段,向学生传授教学内容。讲课的对象是学生,内容是教学信息,目的是培养、教育学生,使学生在听课教学中接受到新的知识、技能,得到学习方法的启迪、思想品质的教育、情操的优化和智能的开发。说课要针对讲课的这些要素,对一节课的准备、设计和讲授实际情况进行从理论到实践的全面阐述,让教学同行、教学研究和管理评价人员,了解教学准备、设计和实施的依据、意图和实施状况。

通俗地说,说课讲的是"怎样教"、"为什么这样教",向听者解剖自己的教学准备过程和教学实际过程。而讲课只讲授教学内容,"怎样教"是不直接讲出的,是表现在教的过程里的。"为什么这样教"不仅不讲,一般也难以从讲课中直接表现出来的。同行和研究者要"知其然,知其所以然",全面地了解、评价一节课和一位教师,要听课,也要听相关课的说课。

---

① 周勇,赵宪宇.新课程说课、听课与评课.北京:教育科学出版社,2004

二、说课的特点和作用

说课活动的形式可以不拘一格，但不论是何种类型的说课，一般都具有以下特点：

（一）方便易行

说课不受时间、空间和人数的限制，简便易行。从说课活动所需的媒体或手段来看，它可以仅以教师口头表达方式，也可以利用实物、实验、现代教学媒体等手段辅助说课，具有简单易操作的特点，非常有利于在教学研究中推广。

（二）理论与实践相结合

教师说课不仅要说“怎样教”，还要说明“为什么这样教”的理论依据和实践需求。把课说清、说透需要教师积极主动地学习教育教学理论，认真反思教学实践活动，确立运用理论指导教学实践的意识，将教学理论和教学实践有机结合。此外，虽然教师在日常的备课和上课中，已对课程标准和教材等进行了分析、处理，形成了初步的教学设计，但这些分析和处理往往是浅显感性的，在此基础上的教学设计也常常是依据教师的经验判断。而通过教师在说课中对教学的全面阐述，教师和教学专家就有可能从教学理论的高度来审视和评价教学。可见，说课活动体现了较强的理论与实践相结合的特点。

（三）智慧互补

说课是一种集体参与、集思广益的教学研究活动方式，通过相互交流，每一位参与者都容易迸发出思想的火花。无论是教师同行还是教研人员，他们的每一种想法、每一个观点乃至一个小小的补充或提示，都是一种教学智慧。教师们在相互评议与切磋中分享经验，在合作中共同提高，达到智慧互补。

说课能展现教师对大纲、教材的理解和把握程度，对学情的了解程度；展现教师备课的思维过程，显示教师的教育教学水平和能力，显示教师的教学基本功的扎实程度；能从中了解教师的教育观、教学观和学生观，及对现代教育教学理论和教学手段的掌握情况，因而能较全面地了解评价教师。

说课是一种重要的教学研讨形式，是教学研究过程中的一项常规性内容，对于教师教学理念的更新与教学方法的转变具有重要意义。通过课前说课，能够发现教学设计中的不足之处，以便及时进行修改，从而使课堂教学更加科学、合理、有效；通过课后说课，对课堂教学中好的做法进行提炼和升华，以推广应用。说课能够在课堂之外解决课堂教学中的低效、无效和负效问题，避免学生在课堂学习中成为教学设计失误的实验品和牺牲品。

说课给讲课教师提供了向听课、评课人员解说自己备课思维过程的机会，

使讲课教师能处于和听课、评课人员平等的地位来研究讨论问题，能更主动地参与教学研究。可见，说课的目的在于更好地研究教学、评价教学过程和教师的水平、能力，促进教学质量和教师水平的提高，提高教学研究人员的水平，促进教学、教研的紧密结合。

三、说课的类型

说课的类型有很多，依据说课与上课的时间先后关系，有课前说课与课后说课；根据说课活动的目的、要求的不同，又有评比型说课、主题型说课、示范型说课等类型。

（一）课前说课

课前说课是一次预测性和预设性说课活动。课前说课是教师在认真研读教材、领会教学目标、分析教学资源、初步完成教学设计的基础上的一种说课形式，是教师充分备课后进行的一种教学预演活动。通过课前说课，可以借助集体的智慧来预测课堂教学的效果，进而改进和优化教学设计。

（二）课后说课

课后说课也可以被认为是一种反思性和验证性的说课活动。它是教师按照既定的教学设计进行上课，在上课后由授课教师将自己在教学活动中的得失感受、体会、想法与听课教师、教学研究人员相互交流的一种说课形式。课后说课是建立在教师个体教学活动基础上的一种集体反思与研讨活动。通过课后说课讨论课堂教学中存在的问题，分析其产生的原因，并提出实质性的改进意见，可以使说课者和参与研讨的教师对教学的成败得失有更加清晰的认识，也为进一步改进和优化教学设计提供了可能。

（三）评比型说课

评比型说课是把说课作为教师教学业务评比的内容或一个项目，对教师运用教育教学理论的能力、理解课程标准和教材的实际水平、教学流程设计的科学性和合理性等做出客观公正的评判的活动方式。[①] 评比型说课可以是课前说课（预测性说课），也可以是课后说课（反思型说课）。评比型说课可以发现优秀教师，是带动教师队伍建设、促进教师专业发展的有效途径。

（四）主题型说课

主题型说课是教师在教学实践的基础上，把实际工作中遇到的重点、难点或热点问题作为研究主题进行探索，以说课的形式向其他教师、专家和领导汇

① 周勇，赵宪宇. 说课、听课与评课. 北京：教育科学出版社，2004

报研究成果的教育教学研究活动。主题型说课是一种更深入的问题研究活动，更有助于教育教学重点、难点的解决，有利于新的教学模式、教学理念等在教学中的应用。

（五）示范型说课

示范型说课是在教学能手和学科带头人等优秀教师做示范说课的基础上，并按照说课内容进行上课，然后组织教师对该课进行评议的教学研究方式。示范型说课也是培养教学骨干的有效方式和重要途径。听课教师在这种形式的教研活动中，可以从听说课、看上课、参评课中增长见识，开阔视野，不断提高自己的教学实践能力。示范型说课适于在校内开展，也可以扩大规模在区内或市内开展，每学期一般可以进行1～2次。[①]

第二节　说课的设计

说课的内容及侧重点随说课类型的不同而有所差别，一般来说，完整的说课至少应包括以下四方面的内容，时间一般为15分钟左右。

一、说教材

说教材，就是说课者在认真研读课程标准和教材的基础上，系统地阐述所选定课题的教学内容，本节内容在教学单元乃至整个教材中的地位和作用，以及它与其他单元或课题乃至其他学科的联系等。说教材应该围绕着课程标准对本课题内容的要求，将知识与技能、过程与方法、情感态度与价值观等方面的目标化解到具体的教学环节中，以确定教学的重点、难点和教学实施的安排等等。

说课者在说教材时，应尽量阐明自己对教材的理解和感悟，以此展示自己对教材的宏观把握能力和对教材的驾驭分配能力。说教材应力求做到既“说”得准确又具有特色；既要“说”出共性，也要“说”出个性。“说”出所选内容包含哪些知识点，教学重点和教学难点分别是什么，以及确定这些重点、难点的依据是什么等等。其具体内容有：

（1）说教材的体系及结构。指授课的章、节及本课时教材在整体教材体系中的地位和作用，说出本课时教材所在该章节、单元教学结构中的性质及其与其他相关知识的纵横联系等等。

① 周勇，赵宪宇.说课、听课与评课.北京：教育科学出版社，2004

(2)说课程标准。说出课程标准对本章节和本课内容教学的要求。课程标准是教学的依据,也是说课的依据,因此,必须说明课程标准对教学的总要求,以及所授的课如何体现课程标准的要求,教师就必须通过认真深入钻研课程标准及教材,才能掌握课程标准及教材编写的思路和内涵,并把它变成自己的教学思路。

(3)说教材处理。由于教材是教学的依据,说教材处理是指对教材内容的取舍和重点的选择。教材处理是否恰当,是教师教学能力水平的综合反映。教材处理包括本课基础知识的基本技能、重点、难点及突破的关键。这些都依据本课在教学大纲和教材知识中所占位置来确定,同时结合本班学生知识水平和能力来考虑。

(4)说教学目标。教学目标是教学的出发点和归宿,也是检查教学效果的标准和尺度。要求说得正确、具体、全面,并结合实际。"正确"是指要根据课程标准和教材的要求来说,同时,要结合所授教材在整个教材体系中所占的位置来说。"具体"是指在教育、教养和发展等方面,明确规定出具体教育指标,便于在教学实践中实施和课后检查。"全面"是指教学实践中要全面落实素质教育。(课堂落实素质教育四要点:切实抓好双基,强调学法指导,注重培养能力、加强思想教育。)

教学目标是对学生学习终结行为的具体描述。说目标将具体学习内容与各项目标有机地整合,应注意避免千篇一律地说"通过教学,使学生能……"一类的套话,而是将教学目标从认知性学习目标、技能性学习目标和体验性学习目标等方面进行分层化解,阐述实现这些目标的途径与方法。

说教材能够使教师依据教学内容确定教学的重点、难点,使教学活动主次分明、难点分散,解决"教什么"的问题;还能促使教师依据课程标准对学习内容的要求,将三维目标化解到具体内容的教学过程中,有利于解决"怎样教"的问题;更能够使教师从整体把握教材,根据学生已有的学习经验和认知特点,循序渐进地设计教学活动,阐明"为什么这样教"。

二、说教法

说教法是根据学科特点、教学内容的特点、教学目标和学生学业情况,说出选用的教学方法和教学手段,以及选用的理论依据。教学有法,教无定法。教师通常需要在教育教学理论的指导下,对常用的直观教学、启发式、掌握式、探究式、讨论式、合作式等教学方法进行合理选择,优化组合;根据教材内容、学生特点、教学媒体、授课时间和自身的教学风格等,采用适宜的教学方法。

在说课中，教师应当说出采用的方法及相关的理论依据。

三、说学法

一般来说，说学法应重点关注以下两方面的内容。

（一）学生已有的知识和经验

学生已有的知识和生活经验是学生学习新知识和技能的基础。把学生已有的知识和经验说出来，把打算如何利用这些知识和经验说清楚，有利于实现学生“旧知”向“新知”的迁移，解决教师“怎样教”的问题。

（二）学习方法和技巧

所谓学习方法，其实就是如何掌握知识的知识，它具有传递性、交互性的特点。在进行新知识教学时，认真分析并把握学生已有的学习方法和技巧，可以有针对性地指导学生从已有的学习方法和技巧体系中检索有用信息，用于当前知识的学习和问题的解决。说学习方法和技巧，就是要说出学生从已有学习方法向新的学习方法转化的切入点或途径，阐明学习新知识所适用的学习方法，有助于解决“怎样学”的问题。

四、说教学程序

教学程序是教学活动的系统展开过程，它表现为教学随时间推移的活动序列，描述了教学活动是如何发起，怎样展开，最终又是怎样结束的。说教学程序是说课教师组织实施一节课的方案，是说课的一个重要环节。

说教学程序包括说出设计的教学思路、教学流程、教学媒体的运用、实验设计、板书设计等，体现了教师的教学安排是否合理、科学和艺术，反映了教师的教学思想、教学个性与教学风格。说教学程序应关注以下几个环节：

（　）教学媒体准备

教学媒体准备是指教师为了提高教育教学活动的质量，根据授课内容或优化教学的需要，选择使用诸如挂图、幻灯、投影、录音机、电视、计算机等教学媒体的安排。在说课中，这部分内容通常在具体教学环节中阐述，也可单独介绍。

（二）设计思路

设计思路是对教学流程主要环节的概括。说设计思路，有助于听者更清晰地了解和把握说课者关于教学活动的整体安排，既可以单独作为一个“说课”部分，也可以隐含在教学流程中。

（三）教学流程

说教学流程，就是围绕教学设计思路，说具体的教与学活动安排及这样安

排的理论依据。说教学流程不能像给学生上课那样详细讲解，而要力求详略得当，重点、难点详细说，理论依据简单说，使听者明白这节课要“教什么”、“怎样教”、“为什么这样教”就可以了。

第三节　说课技能的应用

一、说课的技巧[①]

（一）如何分析教材的地位和作用

说课内容之一是说教材的地位和作用。这一内容说得如何，能很好地体现教师对教材理解的程度。那如何分析教材的地位和作用呢？先看下面一个老师的说稿：

> “实验室里研究不同价态硫元素间的转化”是化学必修1中第三章《硫的转化》第二课时的内容。教材在已经介绍了“碳的多样性”、“氮的循环”之后引入该节内容。因此，学生对于研究物质性质的方法和程序已有一定的基础，可以进行简单的试验探究活动。

这样的教材地位和作用的分析够不够？显然是不够的。这种说和没说基本是一样。要明确，关于教材中的地位，并不是指说课内容处于教材的“地理位置”——处于哪一章哪一节。不可否认，说课的时候要点到这些，但将内容所处的“地理位置”作为教材的地位和作用来说，显然没有抓住要害。

应该知道，教材的地位和作用应该理解为这节内容在教材体系中意义以及该内容对学生的学习和终身发展及对科学技术和社会发展所起的作用。基于这样的理解，我们应该站在全局的角度来把握教材，然后综合分析教材的地位和作用。因此，对教材地位和作用的分析，至少包含以下两个方面：

（1）内容所处的“地理位置”以及这样安排的意义。这就要求不仅要描述出该教材安排在哪里，更要分析教材是基于怎样考虑将这一内容安排在这里。在分析教材安排时，应该包括包括：前面已经安排了哪些知识与技能等；本内容包含了哪些内容，它们与前面内容之间有何关系；对前面内容的总结、拓展或应用；该内容与后学学习的内容有怎样的联系或者在以后的学习中还有怎样的发展。

---

① 杨梓生的博客.中学化学新课程网

(2)该内容的学习需要让学生掌握哪些方面的知识、技能或者研究方法、将发展学生哪些方面的能力;这些知识为学生的学习和终生发展有何重要的作用;对学生改变学习方式有哪些重要的意义;这一知识对人类生产、科技发展、资源环境等方面有何重要意义。

只有分析清楚这些内容,才能为教学目标的制定奠定基础,否则教学目标将成为无源之水、无本之木。

(二)如何描述教学目标

在认真分析教材的地位和作用后,就可以确定教学过程中将要实现的教学目标。在说课中,如何更好地描述教学目标呢?

下列为某老师在"硝酸及其应用"说课中描述的教学目标:

> 知识目标:让学生掌握硝酸的物理性质和化学性质,特别是硝酸的强氧化性。了解硝酸的用途。
>
> 能力目标:通过对实验现象的观察、分析和推理,培养学生的实验能力、观察能力、思维能力和自学创新能力,提高学生的化学素质。
>
> 情感目标:对学生进行由现象到本质、由特殊到一般以及内因和外因的辩证关系的教育,同时增强学生的环保意识。

上述描述有什么问题呢?

我们知道,目标是教师希望学生从该学科和每堂课中应该学到的东西。换句话说,就是教师为之努力的学生学习的成果或最终行动。因此,鲜明具体的教学目标的表述必须具备以下两个特征:(1)必须详细说明目标内容——即学习或掌握什么;(2)应当用特定的属于来描述——即目标掌握到什么程度,并用能对学生的行为作出直接观察的动词来表达,如说出……的名称、用自己的话说明……、对……进行解释、陈述……之间的关系等。根据上述分析,规范的目标应该如何编写呢?必须考虑以下四个方面的要素:(1)谁?(学习者);(2)做什么(完成的行为);(3)做到什么程度(行为水平或标准);(4)在什么条件下(行为的条件)。当然,在具体描述中,为了简洁,通常(1)和(4)被省略,因为这两部分内容通常是"学生"和"在学习(实验)之后"。

分析上述目标,明显可以发现行为主体定位就已经错了。以知识教学目标为例,该目标隐含的是通过教学让学生掌握硝酸的物理性质和化学性质……那又该如何较为科学规范的描述上述目标呢?下面是另一个老师的说案中的描述:

> 知识与技能:通过观察硝酸溶液及相关实验,准确描述硝酸的物理性

质和特征化学性质——氧化性，并能从硝酸的强氧化性进行解释；通过具体实例，说明硝酸在工农业生产中的重要应用。

……

这样的目标陈述，不仅仅是描述方式上存在差异，更体现教学理念的转变：很好地扭转了“教师讲、学生听”的被动学习局面，把教学的立足点转移到学生方面来，在教学中充分发挥学生学习的主动性，使学生生动活泼主动地学习。

（三）如何确立教学重点、难点

从某个角度来说，教学过程实际上是突出重点和突破难点的过程。因此，确立教学重点、难点成为教学设计的一个关键，也是说课活动必须阐述的一个内容。要确立重点和难点，就必须搞清什么样的知识是重点以及学习过程中的难点是如何形成的。

什么是教学重点？教学的重点主要是带有共性的知识和概括性、理论性强的知识。从化学学科来看，重点知识主要包含核心知识、核心技能和核心的思想方法等。核心知识包括化学学科的基本概念、原理以及元素化合物知识，而核心技能主要包括化学实验技能和化学用语书写技能以及化学计算技能等，至于核心的思想方法则包括微粒观、运动观、分类观等化学的重要观念等内容。这些内容的学习和掌握不仅利于系统掌握相关化学知识、提高迁移应用能力等，同时对形成优化的认知结构有非常重要的地位和作用。

学习过程中难点是如何形成的呢？概括起来，主要有以下几个方面：(1)学生没有知识经验基础或者知识经验基础很薄弱；(2)学生原有的经验或者知识是错误的；(3)需要思维视角转化的内容(如从宏观到微观)；(4)内容抽象、过程复杂、综合性强的内容。这些内容都将成为教学的难点。

必须说明的是，虽然在大多数的化学教学中，重点和难点是一致的。但有时难点内容不见得就是重点内容，但教学时必须突破难点才有利于重点的解决。此外，有时难点与重点无关(这种情况很少)。

下面是一位老师初中化学“绪言”的说课内容：

由于绪言课是学生第一次接触的化学课，这节课的学习将直接影响着学生学习化学的兴趣、态度、动机等学习内驱力的形成，因此本节课的教学重点之一是激发学生学习化学兴趣，形成良好的学习动机。物理变化与化学变化、物理性质和化学性质等概念是以后学习中不可缺少的知识内容，它将直接影响学生对元素化合物知识的学习，特别是化学变化是化学研究的核心，贯穿化学学习全过程，因此这一内容又是本节可教学的另一个重点。此外，本节学习是在通过对几个演示实验的基础上进行的，学生必须认真、有序地观察化学实验。良好的观察习惯的养成将为以后学习奠定良好的基础，因此借助实验培养学生实验观察的目的性、有序性是本节课的第三个重点内容。

由于学生刚刚接触化学知识，头脑中的感性材料积累是有限的，这就使概念的形成过程——由感性经验上升为理性认识的过程有了障碍，故对学生来说，理解两种变化的区别，正确判断物理变化和化学变化具有一定的难度。所以，理解物理变化和化学变化的区别，准确判断是物理变化还是化学变化成为本节教学的难点。

（四）如何全面深入分析“学情”

深入分析课程标准和教材，目的是准确把握教学目标和内容。但仅仅把握教学目标和内容是不够的，因为学生是学习的主体，学生的基本情况制约着学习的开展和深入，影响着教学目标的达成。因此，研究学情也是说课必须关注的一个方面。那如何分析学情呢？

下面为某老师在“硝酸的性质”（苏教版《化学1》）说课中对学情的描述：

在初中，学生已经初步接触到硝酸（主要是硝酸的酸性），而且学生已掌握了氧化还原反应的相关知识，同时也具备了一定的实验观察技能和分析实验的能力。

仅仅分析学生已经具备的知识水平和能力状况够不够呢？显然是不够的。学习不仅受学生原有的知识基础和技能水平制约，而且还受学生的认知风格、能力状况等影响。因此，分析学生状况应该从多个角度来分析。一个好的说课方案，应尽可能从学生的“已知”、“未知”、“能知”、“想知”和“怎么知”等五个方面全面分析学生情况。

（1）学生的“已知”。这里的已知是指学生已经具备的与本节内容学习相关的知识经验和能力水平等，明确这点很重要，它决定着学习起点的定位。

（2）学生的“未知”。“未知”是相对“已知”而言的，它包括学习应该达到的终极目标中所包含的未知知识，而且还包括实现终极目标之前，涉及学生所没有掌握的知识。

（3）学生的“能知”。“能知”就是通过这节课教学，所任教班级的学生能达到怎么样的目标，它决定了学习终点（即学习目标）的定位。这是因材施教的基础。

（4）学生的“想知”。所谓“想知”，是指除教学目标规定的要求外，学生还希望知道哪些目标以外的东西。（注：学生学习中，往往会通过提出疑问来体

现“想知”。当然，学生的“想知”可能会超出教学目标或者学生认知水平。如果真是如此，课堂教学可不与拓展，但建议给学生一个提示性的交待。)

(5)学生的“怎么知”。“怎么知”反映学生是如何进行化学学习的，它体现学生的认知风格和学习方法、习惯等。

下面内容是另一位老师的学情分析。这一学情分析是不是更加深入、更加全面呢？

> 在初中化学学习中，学生已经初步接触硝酸，并知道硝酸是一种常见的酸，具有酸的共同性质。在《化学1》的学习中，学生已经掌握有关氧化还原反应的实质，并知道物质的氧化还原性和构成物质中心元素的化合价有密切的关系。这些知识为硝酸的氧化性以及浓、稀硝酸氧化性差异的学习奠定了基础。此外，经过前面章节的学习，学生已经建立起从物质属类和氧化还原反应的角度来学习元素化合物的知识，而且还掌握了通过实验探究来学习元素化合物知识的方法。这也是本节所要强调的学习和研究硝酸性质的观点和方法。由于学生具有这样的知识基础、能力水平和化学观点方法，要掌握硝酸的氧化性是完全能够实现的。当然，本节内容只介绍“硝酸……发生氧化还原反应，其中+5价的氮被还原”，但没有解释为何不同浓度的硝酸与铜反应得到的还原产物不同，不同浓度的硝酸的性质为何会存在差异等，这些内容将会成为学生的疑点等。此外，由于受知识水平的限制，学生教材中提到的硝酸“常用来制备染料、塑料、炸药……”也会感到迷惑。

(五)如何阐述教学流程

教学程序是指教学过程的系统展开，它表现为教学活动推进的时间序列。换句话说，就是教学活动是如何引发，又怎样展开以及如何结束。阐述教学流程是说课的重点，因为教学内容的处理、教学方法的选择、教学目标的达成等都是通过这个环境来实现的，而且教师的教学理念也是通过它来体现。那么，如何在说课活动中阐述教学流程呢？

第一，根据学生学习活动的一般过程来规划教学流程。化学知识学习的一般过程为：感知(感知典型的化学事实)—加工(对感知结果进行分析综合)—形成(在加工的基础上形成初步的化学知识)—联系整合(将新学知识与已有经验取得联系，并纳入到认知结构中)—迁移应用(将所学知识应用于问题解决中，使知识系统得以稳固、修正和完善)。因此，可按照导入新课、新课研习、课堂小结、习题训练等程序来逐步阐述教学流程。当然，这里的新课研习包含多种内容在其中，说课时要根据不同类型的学习内容来进一步规划。

第二，必须根据学习过程的要求来阐述教学流程内容。由于学习经历定向、活动、反馈与调控阶段，而这三个阶段的任务分别为让学习者明确学习内容以及应该实现的教学目标等，根据学习目标与内容开展相应的学习活动，获取（测量）学生学习效果以及调整学生学习活动等。因此，阐述教学流程时，必须说明以下主要内容：(1)教学活动在怎样的情景下开展，怎样激发学生的学习兴趣，怎样体现新课导入和教学结尾相呼应；(2)如何呈现相关材料，如何指导学生开展信息加工活动或者操作、领悟、体验等活动，如何指导学生开展学习内容的整合和巩固活动，怎样指导学生实现知识迁移并使学习内容进一步整合与内化；(3)采用怎样的手段来测量或评定学生的学习效果，通过哪些途径收集学生的反馈信息，如何根据学生反馈信息调控学生的学习活动等。

第三，在三维目标的指引下，从教师教和学生学两个方面阐述教与学双边活动的设计。在教师活动的设计方面，包括设计怎样的情景导入新课，如何呈现教学重点和难点，设计和指导开展哪些实验活动，选择哪些教学辅助设备，如何进行讲解，设计怎样的问题或练习供学生使用，如何进行归纳小结以及怎样板书等；在学生活动方面，围绕教师引导、指导开展有效的学习活动（如阅读什么材料、观察什么实验、完成什么练习、如何进行实验、怎样开展讨论、如何进行自我学习反馈、如何实现知识迁移等）。

此外，由于教学是围绕着教学的重点来进行的，而且教学的关键在于突破难点。因此在阐述教学流程时，必须在如何突出重点和如何突破难点多花笔墨；而且，学习者学习热情和兴趣制约着学习活动的开展和学习效果的高低。因此，教学设计的阐述也要体现如何引发学生的学习热情等内容。

案例 13-1

说明：下列案例根据说课教师的录音和幻灯片整理而得（教学设计和作业布置部分整理时略去）。对应教材为人民教育出版社出版的高中化学教材《化学 1》。

教学流程：

一、引入新课

通过设置三个思考题让学生思考，让学生在充分思考的基础上，要求学生从四种基本反应类型的角度分析工业冶炼铁反应所属的类型。

铁是大家所熟悉的物质，在工农业生产和日常生活中有广泛的应用。但是，对于下列与铁有关的问题你知道多少？

1. 工业生产中是利用怎样的反应来得到铁的？请写出该反应的化学方程式。

2. 窗户上的铁栏杆常刷上油漆，这样做的目的是什么？

3. 一些容易变质食品常采用真空包装或往包装袋中装入一小包铁粉，这样做的目的又是为什么？

二、新课研习

(一)导出新课

根据冶炼铁反应无法归类的事实，告诉学生随着化学学习的深入，必须以新的视角来对化学反应进行划分。在此基础上引出新课内容——氧化还原反应。

(二)教学过渡

为使学生进一步巩固四种基本类型的概念，并为从化合价分析化学反应以及四种基本反应类型与氧化还原反应的关系，教学时，设置如下两个问题供学生思考与讨论：

1. 说出四种基本反应类型的划分依据，并各写出一个对应类型的化学反应方程式。

2. 要求学生标出所写的四个反应中各元素的化合价，并根据化合价变化情况对化学反应进行重新分类。

在上述分析的基础上，引出氧化还原反应的概念(从化合价变化的角度)。

(三)课堂练习

为进一步巩固氧化还原反应的概念以及明确氧化还原反应的判断依据，要求学生自行书写一个化学反应方程式，并判断该反应是否属于氧化还原反应。

(四)深入学习

前面从化合价升降的角度分析了氧化还原反应，然而从化合价升降的角度分析，并没有揭示氧化还原反应的本质。为此，教学时做如下设计：

1. 要求学生结合下面三个问题阅读教材第31～32页内容，最终从电子得失(或偏移)的角度认识氧化还原反应的本质。

(1)氯化钠形成过程中，钠是如何失去电子而氯又是怎样得到电子的？

(2)氯化氢的形成过程是不是也和氯化钠的形成过程一样存在电子得失？为什么？

(3)完成下列表格：

化合物形成过程		电子得失(偏移)	化合价变化情况
NaCl	Na		化合价________
	Cl		化合价________
HCl	H		化合价________
	Cl		化合价________

(4)从电子得失和转移的角度看,氧化还原反应的实质是什么?

2. 为巩固同学对氧化还原反应本质的认识,并引出氧化剂、还原剂、氧化反应和还原反应的概念,教学时设置如下的课堂练习:

(1)请同学们分析下列氧化还原反应中各物质电子转移情况(任选一组):

①$Fe+2HCl=FeCl_2+H_2\uparrow$　$S+O_2=SO_2$

②$H_2+S=H_2S$　$4HCl+MnO_2=MnCl_2+Cl_2\uparrow+2H_2O$

③$2Na+2H_2O=2NaOH+H_2\uparrow$　$N_2+3H_2=2NH_3$

(2)要求学生从电子得或失、偏离或偏向的角度对反应物进行分类,并从电子得或失、偏离或偏向的角度对氧化剂和还原剂、氧化反应和还原反应下定义。

三、归纳整合

由于氧化还原反应涉及的概念很多,而且它是从新的视角分析化学反应,为使弄清有关概念之间的关系,同时明确四种基本反应与氧化还原反应之间的关系,教学时通过提供下述两个问题供学生讨论,从而实现新旧知识的整合。

1. 氧化还原反应中涉及的概念很多。从物质的角度看,包含氧化剂和还原剂、氧化产物和还原产物;从反应的角度看,有氧化反应和还原反应。请同学们结合具体的氧化还原反应,分析上述概念之间的关系。

2. 根据前面的练习,归纳出四种基本反应类型与氧化还原反应之间的关系。

四、迁移应用

为检验学生对新知识的掌握情况,进一步提升学生对氧化还原反应的认识,教学时,将涉及如下几个练习。其中,问题1和2属于基础性试题,巩固学生对氧化还原反应概念的理解;问题3则要求学生明确氧化反应与还原反应是一对矛盾,属于拓展要求;问题4和5则要求学生运用氧化还原反应的知识来分析相关问题,提高学生应用知识分析问题解决问题的能力,同时这两个问题与导入新课相呼应,使学生提升对铁腐蚀原理的认识;问题6则在前面问题的基础上,进一步加深对氧化还原反应的理解,同时明确学习氧化还原反应的意义,激发学生学习化学兴趣以及学好化学的愿望。

1. 工业冶铁的反应中,__________元素化合价升高,被__________(填"氧化"或"还原"),发生__________(填"氧化"或"还原")反应;__________元素化合价降低,被__________(填"氧化"或"还原"),发生__________(填"氧化"或"还原")反应。

2. 各写一个有硫酸参加且分别属于氧化还原反应和非氧化还原反应的化学方程式。

3. 在一个化学反应中,能否只发生氧化反应而无还原反应或者只发生还

原反应而无氧化反应？

4.窗户上的铁栏杆常刷上油漆，这样做的目的是什么？

5.一些容易变质食品常采用真空包装或往包装袋中装入一小包铁粉，这样做的目的又是为什么？

6.讨论：通过上述问题，你是如何理解氧化还原反应的？氧化还原反应在工农业生产和日常生活之间有何应用？你还能举出哪些例子说明氧化还原反应在工农业生产和日常生活中的应用。

五、板书设计(略)

六、作业布置(略)

(六)如何进行说课活动中的“反思”

说课活动中如何进行反思呢？这是值得深入探究的问题。要搞好反思，要明确三个方面：(1)教学反思包括教学前、教学中和教学后三个阶段，不同阶段的反思具有不同的特点和内容；(2)教学反思是教师以研究者的心态和视角审视、分析教学实践的过程。它包括两个方面：教师对教学中的缺点和错误进行反省与批判，对教学中的优点和长处的肯定和坚持。(3)教学反思是教师以自己的教育实践中发生的教育现象为反思对象。综合上述三个方面以及说课的特点，说课中的反思就是以说课活动中的教材分析、学生分析以及教学设计等内容为对象，剖析这些预设内容在教学实践中的可取之处以及存在不足的过程。因此，说课的反思具有前瞻性，它与教学中的监控性反思和教学后的总结性反思存在明确的差异。值得强调的是，它虽然与教学中、教学后的反思不同，但它为教学中和教学后的反思奠定了基础，指明了方向。

因此，对于说课中的反思，应该突出以下两个方面：

(1)在教材分析、学生分析以及教学设计中的成功之处。例如，对教材分析和学生分析有哪些独到之处？根据学生学习情况对教学内容进行了哪些调整与整合？如何有效地激发学生的学习兴趣？如何落实对学生学习结果的反馈与监控？在课程资源开发中有哪些可取之处？等等。

(2)在教材分析、学生分析以及教学设计中的不足或难以把握之处。具体包括：对教学目标的定位特别是隐性目标(如过程与方法、情感态度价值观等)有哪些困惑的地方？对学生情况的分析还有哪些难以把握之处？教学设计中设计的活动中哪些可能无法达到预期的效果？

二、说课的基本原则

(1)要根据说课内容的特点，注意完整性和突出重点相结合的原则。说课必须坚持“四层”(教什么、怎么教、为什么这样教、教得如何)和“四说”(说教材、教法、学法、程序)的完整性,但不是平均使用力量,一定要根据具体情况具体分析,如教材的特点、学生的实际、办学的条件、说课的对象等来决定说课的轻重、详略,注意突出重点,因为有重点才会说出深度,说得精彩。

(2)理论性分析要与课堂教学实际操作设计相统一的原则。说课必须展示出说课者“一桶水”的质和量,就是对教师理论水平的检阅。因为没有充分的理论分析,便没有说课的价值。但是,说课的最终目的还是为了讲好课,提高课堂的教学质量,因此,必须把理论与操作设计紧密地挂上钩,把理论通过操作变为实际的基本功说清楚,显示出说课者运用理论的水平和能力。

(3)要坚持现实性与发展性相统一的原则。说课一定要从教学现实的现状出发,不可好高骛远、夸夸其谈,应根据说课者自身对教学现实的了解及对所运用的教育教学理论理解的现状,坚持实事求是,这样才会真正在教育教学改革中发挥其作用。另外,说课不要局限在眼前的需要,不要为说课而说课,应顾及发展的需要。知识的发展、学生的发展、教学改革的发展、群体教学水平的发展等等,使人们逐步认识教学过程,获得系统的全面的完整的认识,以使说课活动落到实处。

三、说课的注意事项

说课要依据体现教学和教学研究的科学性、目的性、实用性、启发性和指导性原则,要在准备和讲述中做到:

(1)先要认真准备讲课,一定要正确把握、处理教学内容,谙熟自己要讲的课(目的要求、内容、程序、方法和手段),再准备研究如何说课。讲好课是说好课的前提。防止讲(课)一套,说(课)一套。

(2)不要把说课变成讲课,也不能机械搬用教参的内容来讲,要着重讲好自己准备的“怎样教”、“为什么这样教”。依据一定的理论和实践经验,讲清自己的处理方法和理由。

(3)考虑说课的程序和重点时,要注意有面有点,详略得当。要依据教学内容的特点、教学和教育的重点,抓住教材处理、教学设计中难点、要害或突出的问题,充分剖析自己的备课、讲课的思维过程和“潜台词”,这样才有说服力、感染力,有启示和借鉴、指导作用,也能说明自己教学水平和能力。

(4)要考虑为配合说课还要展示哪些材料(如讲课的主、副板书,典型的有特色的教具),使说课中要说明的问题更易被听者所理解、接受。

(5)对说课要涉及的内容要有充分、全面的考虑、研究,要对听讲者可能提

出的种种问题做好心理和应答上的准备。

(6)要考究说课的语言,力求简练、严密、有说服力。

(7)说课的态度要谦虚,实事求是,用研究的态度来准备,用探讨的方法来说,不做作、不卖弄。

说课中应处理好以下关系:

(1)课程标准与教材的关系。说课要处理好课程标准与教材的关系。课程标准是教学的依据,具有法定的指导作用,是确定教学目标、教学内容、教学结构以及教法、学法的理论依据。教师在说课前应仔细研究课程标准中的基本理念、课程目标、内容标准等。教材是根据课程标准编写的,是教师教和学生学的主要知识载体和对象。教师说课"以教材为本",但不能"照本宣科",要充分发挥教师的创造性,理解教材、驾驭教材并超越教材。因此,说课教师应在系统掌握教材内容的前提下,准确处理课程标准和教材的关系,把课程标准和教材紧密结合起来,发挥自己的聪明才智,把课说好、说活。

(2)说课与备课的关系。说课要把握好说课与备课的区别。备课是教师在掌握课程标准、吃透教材的基础上精心写出明确的教学目标、具体的教学内容,连贯而清晰的教学流程,启发学生积极思维的教学方法、板书设计和目标测试题等内容的活动。说课则要说出在教学过程中,教师对各个环节具体操作的想法和步骤,以及采用这些想法和步骤的理论依据。简单地说,备课只要明确怎样做即可,而说课还要阐明为什么这样做,以及这样备课的原因。①

(3)说课与上课的关系。说课与上课有严格的区别,严格地说它们有以下三点的基本区别。①对象不同:说课的对象是教师或教学领导者,是在同行之间的一种教学研究活动。通过共同研究教学中的一系列问题,优化课堂教学,从而提高教师的教学水平和能力。而上课的对象是学生,是师生之间的知识、智能等方面的双边活动。通过"教"和"学"的活动,促进学生的全面发展。②内容不尽相同:说课与上课在教材内容上有一致的方面,但也有不尽相同的方面,说课侧重叙述"为什么这样做"和如何指导学生"怎样学"的科学理论依据,对课堂教学的"教"和"学"起指导作用。而上课侧重结合学生具体情况,传授给学生具体的基础知识、基本技能和形成能力发展方面的内容。③组织形式不同:说课的组织形式灵活多样,有个别形式、小组形式、群体形式等等。它不受时间、地点、人数的限制。比起上课它有较大的机动性。

因此,说课要处理好说课与上课的区别,千万不能把上课的内容和形式浓

① 周勇,赵宪宇.说课、听课与评课.北京:教育科学出版社,2004

缩后作为说课来对待。上课是教师依据自己所编制的教案,实现教学目的、完成教学任务的具体的教学实践活动,拥有动态生成的师生活动、严密的教学程序和系统的操作流程,还拥有学生这一鲜活的教学对象。说课则不同,说课面对的是领导、同行或教学研究人员,侧重于理性的阐述。说课与上课的性质是根本不同的,从某种程度上讲,说课回答了自己怎样上好这节课的问题。

(4)说课的详与略的关系。说课教师应对说课内容做出取舍,注意详略得当。说课不能面面俱到、平均用力,对于教学的重点难点、教学流程及理论依据等一定要详讲,对一般问题则要略讲。若不分详略,没有主次,会使听者感到茫然或厌烦。

说课教师在准备说课教案时应尽量自我提问,多问几个"为什么",并力争做出科学合理的解释。为使说课更准确,说课时应尽量避免使用"可能"、"大概"、"或许"等词语。为提高说课质量,对于自己还没有搞清楚的一些问题,应在准备说课之前认真学习教学理论,研读课程标准和教材,查阅相关资料或请教专家与其他教师。当然,说课质量的高低在很大程度上还取决于教师的实践经验、语言表达能力及知识面等。

说课重在"说"字,说课者不应照着说课教案读,或只字不漏地背诵说课教案。说课应紧紧围绕课程标准与课程的设计与安排,突出"说"字:找准"说"点,选准"说"法,把握"说"度,把课"说"好。

第四节 说课的评价

为了引导和把握说课的方向,保证说课的质量和水平,必然要评说课。说课技能不仅指开展说课,还包括评价说课,只有将二者有机结合,才能使教师更理性地对待说课,研究说课,说好课,才能更有效地促使教师加强教学反思,不断提高教学研究的有效性。

然而,要恰如其分地评价说课却比较困难。首先,评价的本质是一种价值判断,而教育价值判断具有很大的主观性,常常取决于评价者自身的教育理念。其次,教学活动是一个多因素参与的复杂过程,要以非常明确的评价标准来客观的衡量教师说课的好坏还有较大的困难。因此目前说课的评价技术与方法也都不够成熟,并且在基础教育学科众多,各有特点的情况下,很难形成一套适合各学科特点的说课评价体系。最后,说课不仅有多种方式,而且也有各种不同的目的指向,因而评价也会有不同的侧重点和方法。

一、评价说课的原则

尽管对不同类型的说课，评价标准不同。但是，一般来说，评价说课应该评价说课者理解和把握教材的情况，贯彻落实教学目标的意识，选择的教学方法，设计的教学程序，及选用的教学机智几方面的内容。为切实发挥说课活动在促进教师专业成长及提高课程实施水平方面的重要作用，在对说课进行评价时可以遵循以下原则。

（一）及时性原则

为了防止因遗忘而降低评价的效果，使说课评价能达到良好效果，说课评价应该采取“当场说、当场评”的方法。心理学的研究也说明，只有置身现场氛围，人的情绪才会高涨，人的新鲜思想才容易迸发，现场的氛围容易使人形成思路，易于阐述个人的观点。因此，“当场说、当场评”，可以使说、评双方都能得到有效的启发，有助于教学研究的深化。

（二）客观性原则

客观性原则就是强调要以实事求是、客观、公正的态度对说课内容进行评价，绝不能片面地、掺杂个人因素来评价说课。客观评价要求评价者既要善于发现说课中的闪光点，肯定教师成功的做法或探索，以鼓励该教师参与说课的积极性；又要实事求是地指出说课中存在的问题，针对不足提出建设性的意见以及改进和优化的方法或策略，坚持用“一分为二”的辩证观点来审视教师的说课。

（三）参与性原则

从说课活动的形式来看，说课实际是一种说听双方全体参与、共同研讨的教学研究方式。参与性原则是开展说课评价的基本原则，也是提高说课效果的重要因素。

（四）校本化原则

不论采用何种方式或途径来实施说课，其目的都是为改进和优化教学实践服务的。立足学校，以教研组或年级组为单位开展说课活动，让教师在研讨中共同提高，这是整体提高教师队伍专业素质的有效方式。因而，说课评价日益呈现出校本化的特征。建立以校为本的教学研究机制，促进教师在合作与对话中共同提高，已成为学校发展和培养教师的重要途径。

二、说课量化评价表

说课量化评价表见表13-1。

表 13-1　说课量化评价表见表

项目	评价内容	等级分数			得分
		A	B	C	
教材分析 20%	说明教学内容的地位和作用	8	6	4	
	说明教学目标、要求及成因	7	6	4	
	教学重点、难点及其成因分析	5	4	3	
教法分析 20%	阐述教法设计的理论依据和对激发兴趣、建构知识、培养能力、提高素质等方面的积极意义	8	6	4	
	说明化学实验或现代教育手段在突出重点、突破难点上的作用和优势	7	6	4	
	说明教学反馈、控制与调节的措施及设计思想	5	4	3	
学法指导 15%	能恰当分析学生的基础、能力、特点和素质	8	6	4	
	说明指导学生自我建构知识的措施、方法及成因	7	6	4	
过程分析 35%	说明课堂引入的方式及其优越性	5	4	3	
	重点说明教学过程中的关键环节对启发思维、建构知识、培养能力、提高素质等方面的作用	20	15	10	
	说明教学过程对体现新课程理念、实现教学目标的作用和意义	10	8	6	
教师素养 10%	教态端庄自然，语言简练生动，普通话准确且具感染力；板书设计精炼、有条理，辅助教学操作熟练	10	8	6	
满分	100 分	得分			
特色加分	教学设计有创新可加 1～3 分，但总分不得超过 100 分				

三、说课评价案例

案例 13-2　“金属钠的性质和应用”说课①

一、说教材

1. 教材分析

“金属钠的性质和应用”是苏教版高一化学必修 1 专题 2 第二单元“钠、镁

① 根据中学化学资料网 http://www.e-huaxue.com/file9/30239532.htm 修改。

及其化合物”中的一节内容，通过对钠这种代表性元素的学习，旨在向学生介绍金属元素的学习方法。对元素化合物的学习主要学习其物理性质、化学性质、保存方式及用途。

本节教材介绍钠的物理性质和化学性质，在叙述钠的活泼性后，再根据性质介绍钠在自然界中的存在和制法，最后介绍钠的用途。教材内容由表及里，由浅入深，循序渐进，符合学生的认知心理和认知规律。本节重点讨论钠的化学性质，引导学生从现象入手，去分析钠的活泼性，为此，教材通过实验让学生观察，然后解释现象，作出结论。

2. 教学目标

根据课程标准的要求和编写教材的意图及本节教材的特点，本课时确定了以下教学目标：

(1)知识目标

认识钠是一种很活泼的金属，了解钠的物理性质，掌握钠的化学性质，了解钠的保存、存在和用途。

(2)能力目标

培养学生通过观察、分析、推理、归纳、对比等获取新知识的能力，初步学会学习元素化合物知识的有关方法；培养学生全面观察、分析和描述实验现象的能力；同时，培养学生合作学习的精神。

(3)情感目标

重视实验的规范操作，培养学生良好的实验习惯，增强环保意识；认识事物的现象与本质，让学生建立实事求是的良好科学观念。

3. 重点、难点

(1)重点是钠的化学性质，尤其是钠与水反应。

(2)难点是探究性实验的观察和分析，尤其是钠与水反应的探究学习。

二、说教法

本节课教学主要体现“学教并重”的教学理念，教师的主导作用与学生的主体作用相结合，同时根据本课的教学目标、教材特点以及学生的认知心理和认知规律，采用目标教学模式，运用讲授、引导、探索、实物展示、实验、多媒体辅助教学等形式的教学方法。首先，以滴水点燃酒精灯的趣味实验入题，使“水火不相容”与“滴水生火”形成强烈反差，引导学生迅速进入浓厚的化学氛围，激发学生学习化学的兴趣和热情。

三、说学法

学习方法是课堂教学内容之一。对学生而言，一定的学习方法实际上是能力与素质的表现形态，掌握科学的学习方法就是具有对知识的学习能力、选择能力和创造能力。从更深层次看，这是一种素质。作为教师，我们不能仅仅授人以鱼，更重要的是授人以渔。因此学法指导是课堂教学进入素质教育领域的重要方面，根据教材特点和学生特点，本节课进行以下学法指导：

1. 引导学生掌握观察实验现象的方法。例如，在讲到金属钠与水的反应时，让学生观察实验现象，并对现象进行解释，由现象推断实验产物。由溶液变红的现象，推断有碱生成，得出一种产物为氢氧化钠。同时根据金属钠四处游动推测有气体生成，然后再由教师做演示实验，收集并点燃气体，证明该气体为氢气。

2. 让学生自己做实验，目的是强化学生实验的基本操作，锻炼学生的心理素质，提高学生的观察兴趣，增加实验现象的能见度。同时，培养学生的实验能力，提高学生的化学实验素质，增强合作的精神。

3. 帮助学生抓住关键，掌握重点。新课程中学习元素化合物知识要抓住观察现象，分析原因，得出性质，再深入到结构的方法。

四、说教学程序

（一）创设情境，提出问题

首先，教师演示“滴水生火”的实验，打破学生原有的认知，让“水火不相容”与“滴水生火”形成强烈反差，然后提问：俗语说“水火不相容”，为什么刚才的实验中却用水点着了火呢？并告诉学生那是钠的功劳，使学生迅速进入浓厚的化学氛围，激发起学习金属钠性质的欲望。

（二）自主实验，观察现象

在这个教学过程中有三个学生分组实验探究：

1. 观察钠表面的颜色以及表面颜色的变化。

2. 将金属钠加热，观察实验现象。

3. 将钠投入水中观察现象。

同时，为体现环保意识，将钠和氯气的反应用录像的形式展现。通过这些实验，由几位学生叙述实验现象，并说明原因。其他学生补充。

在此期间，教师适时点拨，学生自学、互学、分析、讨论、发言，利用屏幕和板书对学生的讨论结果进行归纳小结，使分散的知识条理化，如钠的物理性质小结、钠与水反应现象小结。将实验中的各个结论提取出来，学生感到清晰、明确。

（三）由表及里，学以致用

通过学习钠的化学性质，让学生分析钠在反应中的化学价变化，得出钠在反应中得失电子的情况。并让学生用刚学的知识解释钠为什么要保存在煤油

中,着火的钠不能用水来扑灭。同时解释"滴水生火"的原因。最后介绍钠的存在形式、工业制法和钠的用途。

(四)突显重点,突破难点

钠与水反应是本节重点和难点,需用多种形式、多角度对该反应进行分析。

1. 首先是学生亲自操作钠与水在烧杯中的反应,这样体现实验真实性、可靠性,使学生亲身观察实验现象、描述实验现象,分享和体验实验成功的喜悦。教师适时提问,说明钠的性质。在此期间,用谐音"芙蓉又想红"来巧记钠和水反应的现象。

2. 其次,在该实验中可以用滴加了酚酞的溶液变红来检验NaOH,但是不能检验另一种产物氢气,故将钠和水的反应进行了改进。用U型管(两端分别是分液漏斗和带活塞的尖嘴玻璃管)为实验仪器,加入用红墨水染红的水,再在有尖嘴玻璃管的一端加入少量煤油,放入钠,塞上尖嘴玻璃管。反应一段时间后打开活塞,点燃气体,由此可以验证该气体为氢气。

五、板书展示

金属钠的性质及应用

一、钠的物理性质

银白色　质软　熔点低　$\rho_{水}>\rho_{Na}>\rho_{煤油}$

二、化学性质

1. 与氧气反应

常温:$4Na+O_2=2Na_2O$　加热:$2Na+O_2\xlongequal{点燃}Na_2O_2$

2. 与氯气反应

$2Na+Cl_2=2NaCl$

3. 与水反应

$2Na+2H_2O=2NaOH+H_2$

三、应用

$TiCl_4+4Na\xlongequal{700℃\sim800℃}Ti+4NaCl$

案例13-3　"原子结构"说课教案

一、课题

鲁科版《化学2(必修)》第一章第一节"原子结构"第一课时。

二、在教材中的地位和作用

1. 在《化学1(必修)》中学生对许多元素及其化合物知识已有感性认识的

基础上，本节将继续深入探讨原子核的结构以及核外电子排布规律，并运用原子结构知识解释某些元素部分性质。这无疑遵循了由具体到抽象由现象到本质的认知规律。

2. 同时，原子结构也是认识元素周期律、元素周期表和分子结构（离子键、共价键）的基础，因此本节教材在必修模块中起着承上启下的作用。

三、教学目的及确立依据

按照"高中化学新课程标准"的要求，同时为贯彻实施"诱思探究教学法"，结合本校学生实际学情，确立如下教学目的：

1. 知识技能：引导学生认识原子核结构，理解质量数和$^{A}_{Z}X$的含义，掌握构成原子的微粒间的关系；知道元素、核素、同位素概念的含义。

2. 能力目标：通过对构成原子的微粒间的关系和氢元素核素等问题的探讨，培养学生分析、处理数据的能力以及尝试运用比较、归纳等方法对信息进行加工的能力。

3. 情感目标：通过人类探索原子结构历史的介绍，使学生了解假说、模型等科学研究方法和科学研究历程，培养他们的科学态度和科学精神。

四、重点、难点及确立依据

重点：构成原子的微粒间的关系。

难点：元素、核素、同位素概念的理解与区分。

确立依据：原子结构的核心内容就是原子构成及构成原子各微粒间的数目关系。而元素、核素、同位素三概念之间彼此既有区别又有密切联系，如何将三者把握好理解透彻对初学者来说有一定难度。

五、教材处理

1. 借助 Flash 动画使静止的图片鲜活起来：教材开篇卢瑟福的 α 粒子散射实验具有引出本节核心知识和科学研究方法（模型、假说）教学的双重功效。因此，有必要通过 Flash 动画重现卢瑟福实验。让学生根据实验现象提出原子结构模型，初步体会假说、模型在科学研究中的作用。

2. 补充练习，强化重点：构成原子各微粒间的关系是本节内容的重点，补充关于原子和阴阳离子的质子数、中子数、电子数、质量数、核电荷数的关系并辅以课堂随练将有助于强化核心知识点。

六、学情分析

原子结构相关知识学生在初中已了解到"原子是由原子核和核外电子构成"，但不知道原子核的细微结构及电子的运动状态和排布方式。通过 α 粒子散射实验和对构成原子各微粒相关数据比较分析的处理过程，深化了学生对原子结构和元素、核素、同位素等概念的认知。

七、教学方法

采用诱思探究教学法，通过联想质疑实验探究，学生分组讨论，对表中数据分析，促进学生学习能力的全面发展。

电教手段：Flash 动画设计、PowerPoint 多媒体课件。

八、教学内容及过程

教学设想："高中化学新课程标准"要求"学习重要的化学概念，形成基本的化学观念和科学探究能力"。本节内容以卢瑟福 α 粒子散射实验引入正题，同时借助表中数据进行分析比较、总结归纳，以便于学生对原子结构及相关抽象概念的深入理解。

1. 导入：(1)学生首先回忆初中"原子的构成(原子核、核外电子)"，然后展示卢瑟福 α 粒子散射实验 Flash 动画：α 粒子(He 核，带正电)自发射源高速轰击金箔，观察 α 粒子运动轨迹的变化。(2)与葡萄干蛋糕模型进行的预测对比。

学生分组讨论、对比分析二者不同的原因(分组代表回答)。结论：(1)原子存在原子核和核外电子；(2)原子核体积很小；(3)但原子核质量很大；(4)原子核带正电。

2. 多媒体课件分析

(1)卢瑟福的 α 粒子散射实验 Flash 动画展示(如上"导入")。

(2)展示组成原子各微粒质量、相对质量、电量、电荷等数据，学生分组讨论，代表发言总结结论：核电荷数＝质子数＝核外电子数(中性原子)。

(3)补充练习：若为离子呢？

Na^{+}、O^{2-}、S^{2-}、Mg^{2+}，总结它们的核电荷数、质子数、电子数、质量数的关系。

(4)学生结合定义总结的基础上展示元素、核素、同位素关系图。

3. 课堂小节：总结内容，指出重点，指导学生学法以提高学生认知能力。

4. 巩固练习：花岗岩会产生氡($^{222}_{86}Rn$)，从而对人体产生危害。回答：(1)该原子质量数是________，质子数是________，中子数是________。(2)$^{222}_{86}Rn$、$^{220}_{86}Rn$、$^{219}_{86}Rn$ 是：A 同种元素　B 同位素　C 同种核素　D 同种原子

5. 布置作业。

九、板书设计

第一节　原子结构

一、原子核核素

1. 原子的构成

(1)原子 { 核外电子(负电)；原子核 { 质子(正电)；中子(不带电) } }

(2)质量数:原子核中质子数和中子数之和。

(3)组成原子各微粒数的关系:

①质量数(A)=质子数(Z)+中子数(N);

②核电荷数=质子数=核外电子数(中性原子)。

2.核素

概念:

(1)元素:具有相同质子数(核电荷数)的同一类原子的总称。

(2)核素:把具有一定数目质子和一定数目中子的一种原子称为核素。

(3)同位素:质子数相同而中子数不同的同一元素的不同核素互为同位素。

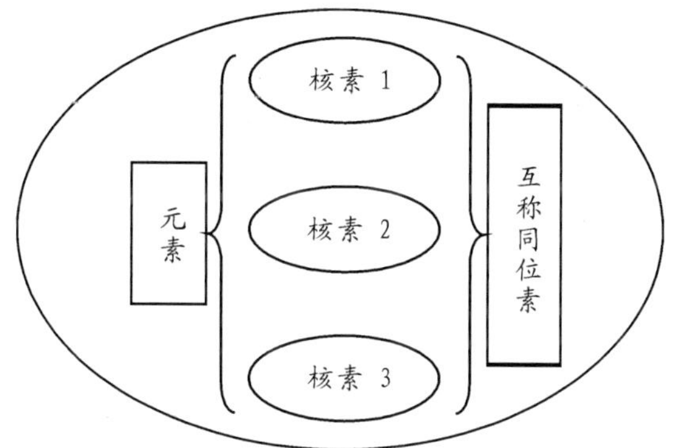

案例 13-4　"化学反应速率和限度"说课稿

今天,我参加说课的内容是人教版《普通高中课程标准实验教科书化学(必修 2)》第二章第三节"化学反应速率和限度"。新课标中将本节分为两课时:

第一课时:化学反应的速率

第二课时:化学反应的限度

下面我将从教材、教学方法、学法、教学程序、设计体会五个方面谈一谈关于"化学反应速率和限度"第一课时的设计。

一、说教材

1.教材分析

在前面两节中,教材着重探讨化学能向其他形式的能量(如热能和电能)的转化,并指出化学反应中的物质变化及伴随发生的能量变化是化学反应的两大基本特征。本节教材则从另一个角度研究化学反应,探讨人类面对具体的化学反应要考虑的两个基本问题:外界条件对化学反应速率和反应的限度

的影响。人类利用和控制化学反应,必须了解这些问题。

本节内容是对前两节内容的拓展和完善。通过学习使学生对化学反应特征的认识更深入、更全面,在头脑中建立起一个有关化学反应与能量的完整而又合理的知识体系。

从日常生活中学生熟悉的大量化学现象和化学实验入手,引出反应速率的概念。在此基础上又通过实验探究,总结影响化学反应速率的因素。这部分内容是后面学习化学反应限度概念的基础。

2. 目标分析

目标内容的选择依据:化学反应速率是在研究浓度、温度、催化剂的基础上归纳出来的,是对浓度、温度、催化剂研究的必然结果,后者是对前者的经验事实作出高度的理论总结,比前者有更深刻的内涵和应用价值。

目标的层次——理解:这是由于本节教材在全章和整个高中化学的地位作用决定的,确定为"理解"层次有利于学生认知结构和认知能力的发展,为以后的学习打下坚实基础。

根据新大纲人才培养的素质要求和学生的实际,我确定了以下三维教学目标。

(1)知识与技能

①理解基本的化学反应速率的概念和影响化学反应速率的外界条件。

②学习实验研究的方法,能设计完成一些化学实验。

(2)过程与方法

①重视培养学生科学探究的基本方法,提高科学探究能力。

②通过实验探究分析影响化学反应速率的外界条件。

(3)情感、态度、价值观

有参与化学科技活动的热情,及将化学知识应用于生产、生活实践的意识,能够对与化学有关的社会和生活问题做出合理的判断。

3. 教学重、难点:(含学情分析)

重点:化学反应速率的概念,了解影响化学反应速率的因素。

难点:影响化学反应速率的因素

在实际生活生产中,很多方面都涉及化学反应速率问题,所以把化学反应速率的概念,了解影响化学反应速率的因素定为本节重点。而学习的目的在于应用,对影响化学反应速率的因素的学习显得尤其重要,通过实验分析比较外界条件的变化如何造成反应速率变化便成为突破难点的关键。

二、说教学方法

本节课以培养学生自主获取新知识的能力为目的来设计教学，采用发现、探究的教学模式，其设计的教学指导思想，是由浅入深，从学生日常生活中的化学现象和实验中抽象出有关的概念和原理，形成一个由宏观到微观、由感性到理性、由简单到复杂的科学探究过程。其主要过程设计为：

创设情景、引导发现、探索问题→提出新的概念→提出研究题目→组织探究学习活动、收集信息→概括→实际应用→完善体系。

巧妙引入正题，设置学生探究的“空白点”。通过生生互动，自主学习，合作探究，发现问题；再通过师生互动，教师点拨，发现规律，解决问题；并引导学生自主归纳、总结，进行创造性的应用，培养了学生观察能力、思维能力、实验能力、自学能力，体现新课标理念。

三、说学法

化学是一门以实验为基础的科学，学生通过直观生动的实验来学习，才能留下深刻的印象，也最具有说服力。教学时，我注意及时创设问题情景，引导学生对实验现象进行分析，同时利用一些富于启发性的问题，活跃学生思维，学会或增强分析总结问题的能力。

在学习化学反应速率时，使学生认识浓度、温度和催化剂对化学反应速率的影响，引导学生寻找知识间的相互联系，掌握科学有效的记忆方法，提高识记的效果。

四、说教学程序

教学环节	教学过程	学生活动	设计意图
创设情景	情景设计：(播放录像)中国解放军在2001年在东山岛进行大规模的军事演习。 (投影)50年前，故宫太和殿台阶的栏杆上雕刻的各式各样精美浮雕花纹还清晰可见，而现在却大多模糊不清，部分已成光板……造成这些灾难的元凶是什么呢？为什么几百年腐蚀很慢，而近几十年腐蚀却变快了呢？ 这就涉及化学反应速率问题。	强烈的视觉刺激吸引了所有学生的注意力，让学生知道化学反应速率有快慢之分。	“兴趣是最好的老师”，只有学生对化学世界有着强烈的探索欲望和对化学知识及规律的拥有欲，以及将所知化学知识应用于日常生活造福人类的动机，才可能激发创新潜能。

教学环节	教学过程	学生活动	设计意图
出示目标	学习目标： (1)理解基本的化学反应速率的概念和影响化学反应速率的外界条件。 (2)学习实验研究的方法，能设计完成一些化学实验。	学生根据老师提出的学习目标明确自己的学习任务。	确定学习主题，并制定主题学习计划。
引导发现	让学生列举出日常生活中或化学实验中的一些化学反应速率有快有慢的实例。	回忆与联系举出实例，如爆炸、钢铁的生锈、食物变质、溶洞的形成……	以日常生活中的实例拉近生活与化学知识的距离。
提出新的概念	【讨论】在物理上用单位时间内物体运动的距离来表示物体运动的快慢，那么在化学上怎样定量地表示化学反应进行的快慢呢？ 1. 概念：化学反应速率是用来衡量化学反应进行快慢程度的物理量。	学生通过概念的对比引出化学反应的速率的概念。	运用物理知识引出化学反应的速率的概念，加强化学与其他学科之间的联系。
自学总结	2. 表示方法：化学反应速率通常用单位时间内反应物浓度的减少量或生成物浓度的增加量(均取正值)来表示。 (1)表达式：$v(\mathrm{B})=\Delta c(\mathrm{B})/t$ (2)单位：mol/(L·s)或mol/(L·min)	学生阅读课本P41至P42，归纳出化学反应速率的概念、表示方法、表达式及单位。	通过自学对3个要点进行总结，对学生掌握知识起到了一个循序渐进的作用，培养了学生自学和总结的能力。
巩固概念	【习题】在 $N_2+3H_2 \rightleftharpoons NH_3$ 反应中，从开始至2秒，氨的浓度由0变为0.6 mol/L，则以氨气表示的化学反应速率是多少？ 【讨论】上述计算题的结果，你会得出什么结论？ 【明确】理解化学反应速率的表示方法时应注意的几个问题： 1. 上述化学反应速率是平均速率，而不是瞬时速率。 2. 无论浓度的变化是增加还是减少，一般都取正值，所以化学反应速率一般为正值。	解答习题，巩固化学反应速率的概念，理解化学反应速率的表示方法时应注意的几个问题。	通过习题培养学生解决问题的能力，也突破了本节课的第一个难点。

<table>
<tr><th>教学环节</th><th>教学过程</th><th>学生活动</th><th>设计意图</th></tr>
<tr>
<td rowspan="2">提出研究题目

组织探究学习活动

收集信息</td>
<td>【设问】哪些条件能够影响反应的速率呢？
【复习提问】金属钠与镁分别和水反应，哪个反应进行得快？
【演示补充实验】参加反应的物质本身的性质对化学反应速率的影响：
<table>
<tr><td>实验步骤</td><td colspan="2">将表面积相同的镁条和铝片装于2支试管中，同时分别加入2 mL 2 mol/L的盐酸。</td></tr>
<tr><td>反应物</td><td>镁条</td><td>铝片</td></tr>
<tr><td>实验现象</td><td></td><td></td></tr>
<tr><td>反应速率大小</td><td></td><td></td></tr>
<tr><td>得出结论</td><td colspan="2"></td></tr>
</table>
1. 内因：参加反应的物质本身的性质</td>
<td>学生实验探究活动1：设计实验步骤并进行演示。
归纳总结：反应物的化学性质越活泼，化学反应速率越快。</td>
<td rowspan="2">让学生根据已有的知识，并结合日常生活中所积累的经验大胆推测影响化学反应速率的因素可能有哪些，然后给学生提供适当的仪器和药品，让学生自己设计实验来验证自己刚才的推测是否正确。通过四个实验探究活动让学生经历猜想—操作—验证的过程，使学生对影响化学反应速率的因素的理解进一步深化。同时，通过自主探究，培养学生的观察能力、思维能力、实验能力，让学生感受探究成功的喜悦，激发学习化学的兴趣。此环节通过互动交流的学习方式突破了本节课的第二个难点，也使学生真正成为了学习的主体。</td>
</tr>
<tr>
<td>【实验2-5】温度对化学反应速率的影响
<table>
<tr><td>实验步骤</td><td colspan="3">在两支试管中，装入2～3 mL 5%的 H_2O_2 溶液，分别滴入1～2滴1 mol/L $FeCl_3$ 溶液。待有气泡出现时，将一支试管放入5℃的冷水中，另一支放入40℃的热水中。</td></tr>
<tr><td>反应条件</td><td>热水中</td><td>常温</td><td>冷水中</td></tr>
<tr><td>实验现象</td><td></td><td></td><td></td></tr>
<tr><td>反应速率大小</td><td></td><td></td><td></td></tr>
<tr><td>得出结论</td><td colspan="3"></td></tr>
</table></td>
<td>学生实验探究活动2：设计实验步骤并进行演示。
归纳总结：在其他条件不变情况下，温度升高，化学反应速率加快。</td>
</tr>
</table>

<table>
<tr><th>教学环节</th><th>教学过程</th><th>学生活动</th><th>设计意图</th></tr>
<tr><td></td><td>【实验 2-6】催化剂对化学反应速率的影响
<table>
<tr><td>实验步骤</td><td colspan="3">在 3 支试管中各装入 2～3 mL 5％的 H_2O_2 溶液，再向其中 2 支试管中分别加入少量 MnO_2 粉末，滴入 1～2 滴 1 mol/L $FeCl_3$ 溶液。</td></tr>
<tr><td>反应条件</td><td>加入 MnO_2</td><td>加入 $FeCl_3$</td><td>不加其他试剂</td></tr>
<tr><td>实验现象</td><td></td><td></td><td></td></tr>
<tr><td>反应速率大小</td><td></td><td></td><td></td></tr>
<tr><td>得出结论</td><td colspan="3"></td></tr>
</table></td><td>学生实验探究活动 3：设计实验步骤并进行演示。
归纳总结：催化剂加快化学反应的速率。</td><td></td></tr>
<tr><td></td><td>【补充实验】浓度对化学反应速率的影响
<table>
<tr><td>实验步骤</td><td colspan="2">在两支放有相同镁带的试管里，分别加入适量的 1 mol/L 盐酸和 0.1 mol/L盐酸，观察反应现象。</td></tr>
<tr><td>反应条件</td><td>1 mol/L 盐酸</td><td>0.1 mol/L 盐酸</td></tr>
<tr><td>实验现象</td><td></td><td></td></tr>
<tr><td>反应速率大小</td><td></td><td></td></tr>
<tr><td>得出结论</td><td colspan="2"></td></tr>
</table>
2. 外因
(1)温度的影响；
(2)催化剂的影响；
(3)浓度的影响。</td><td>学生实验探究活动 4：设计实验步骤并进行演示。
学生归纳总结：在其他条件不变的情况下，浓度增大化学反应速率增快。</td><td></td></tr>
</table>

教学环节	教学过程	学生活动	设计意图
实际应用	【思考与交流】 1. 人们为什么用电冰箱储藏食物? 2. 实验室通常要将两种块状或颗粒状的固体药品研细,混合后再进行反应。原因是什么? 3. 实验室进行化学反应时,通常把要一些固体物质溶于水配成溶液再进行反应。原因是什么? 4. 稀硫酸和锌粒的反应,反应一段时间后气体会减少(锌粒有剩余)。当我们重新加入稀硫酸时又会产生较多量的气体,为什么呢? 5. 为什么用棕色试剂瓶保存见光易分解的物质?	学生分组讨论,得出化学反应速率不但受到温度、浓度、催化剂的影响,还受到固体表面积、反应物的状态等因素的影响。	学生分组讨论,培养学生合作交流的能力,让学生懂得如何控制反应条件,提高那些对人类有利的反应速率,降低那些对人类不利的反应速率。
知识巩固	【课堂练习】 1. 在2 L密闭容器内,某气体反应物在2 s内由8 mol变为7.2 mol,则用此反应物来表示的该反应的平均反应速率为(　　)。 A. 0.4 $mol\cdot(L\cdot s)^{-1}$　　B. 0.3 $mol\cdot(L\cdot s)^{-1}$ C. 0.2 $mol\cdot(L\cdot s)^{-1}$　　D. 0.1 $mol\cdot(L\cdot s)^{-1}$ 2. 对于反应 NO_2(气)+SO_2(气)══NO(气)+SO_3(气)+Q,下列叙述正确的是(　　)。 A. 使用催化剂不能改变反应速率 B. 改变压强对反应速率没有影响 C. 升高温度能加快反应速率 D. 减小压强会降低反应速率 3. 用铁片与稀硫酸反应制取氢气时,下列措施不能使氢气生成速率加大的是(　　)。 A. 加热 B. 不用稀硫酸,改用98%的浓硫酸 C. 滴加少量 $CuSO_4$ 溶液 D. 不用铁片,改用铁粉 4. NO和CO都是汽车尾气中的有害物质,它们能缓慢地起反应,生成 N_2 和 CO_2。对此反应下列叙述中正确的是(　　)。 A. 使用催化剂能加快反应的速率 B. 使一种反应物过量能提高反应的速率 C. 改变压强对反应速率没有影响 D. 降低温度能加快反应速	请个别学生回答,其他同学给予评价,讨论后经教师点评最终得出正确答案。	这一环节是学生巩固学习成果,形成技能,发展智力的重要环节。 (1)通过练习强化两个知识点,进一步达到学习目,增强学生的解题能力。 (2)通过点评、归纳、纠正错误,揭示解题规律,充分发挥学生的主观能动性,体现了教师是学习活动中的组织者、引导者与合作者的角色。

教学环节	教学过程	学生活动	设计意图
概括完善体系	【课堂小结】 1. 了解化学反应速率的概念，掌握关于化学反应速率的计算方法。 2. 理解浓度、压强、温度、催化剂、固体表面积、反应物的状态等条件对化学反应速率的影响。	学生先自我总结	使知识在学生头脑中得到升华，从而突出重点，把握关键、分散解决难点。培养学生的化学严谨性和归纳总结的能力。
布置作业	【布置作业】教材 P47 1、2、3		巩固本节课知识，加强学生的分析能力。

【板书设计】

第三节　化学反应速率和限度

一、化学反应速率

1. 概念：

2. 表示方法：

3. 表达式：$v(B)=\Delta c(B)/t$

4. 单位：mol/(L · s)或 mol/(L · min)

二、影响化学反应速率的因素

1. 内因：参加反应的物质本身的性质

2. 外因：

(1)温度的影响

(2)催化剂的影响

(3)浓度的影响

补充：还固体表面积、反应物的状态、气体的压强等因素的影响

五、设计体会(含创新点)

1. 充分培养了学生实验能力

这是能力结构的较高层次，是培养学生探索大自然最基本的手段，是学生综合能力培养的重要方法。本节主要突出以下内容：

(1)实验方法

①对比实验方法：通过设置比较标准，比较反应速率。

②实验条件控制方法：即在研究一个条件对反应速率的影响时，固定其他条件，只改变一个条件来探索其影响规律。

(2)实验的功能

通过对探究实验的观察、分析、推理，归纳出浓度、温度、催化剂对化学反应速率的影响。

2. 变规律的传授过程为规律的探究过程，培养了学生思维能力(分析、推理、归纳)

3. 采用CAI辅助教学法：运用先进的教学手段，将抽象知识形象化，有助于学生分析规律的本质。

案例13-5 “金属”说课稿

一、教材分析

金属作为一种性能优越，应用广泛的材料，早在4 000年前就开始被人类所认识。随着科学技术的发展，金属以特有的光泽度、导电性、导热性、延展性、机械加工性等性能被广泛应用到生活、科学及各个领域。挖掘金属新的性能，发现新的金属材料替代传统钢材，实现金属材料的可持续发展，不断满足社会发展的需求，已成为摆在人类面前的课题。

“金属”安排在八年级科学(上)第五章第3节，主要分析金属的物理性质、常见金属的用途及未来金属的发展趋向，与第4节金属的化学性质融会一体，形成对金属的总体认识。

本节教材的编排特点是从观察常见金属的色泽、状态入手，通过学生活动，归纳出金属的物理性质，最后介绍常见金属的性质、用途及金属的未来走向。显然编者选择教材内容的契入点是社会对金属的需求，以用途串起了整节内容，符合性质决定物质用途的思维规律。

二、学情分析

1. 学生的认知基础

(1)金属与学生生活实际密切相连，所以学生有一定的生活经验；

(2)学生已学习过水、氧气、二氧化碳等物质的性质，对如何学习物质的性质有一定的认识。

2. 学生的技能基础

(1)八年级学生已具备基本的观察分析能力，初步具有提出问题、分析问题、解决简单问题的能力；

(2)学生已经不同程度地训练过科学探究的基本步骤,已具备设计一些简单实验的能力。

3. 学生的思维特点

八年级学生已逐步由具体的形象思维慢慢过渡到抽象思维,但尚不稳定,仍需感性材料来辅助。

三、教学目标

根据新课标的理念,结合本节教材特点和学生实际,确定通过本节的教学应达成如下目标:

1. 认知目标

(1)能区别金属与非金属;(2)了解常见金属的性质和用途;(3)理解合金的概念;(4)了解物质性质与用途的关系。

2. 技能目的

(1)培养学生观察分析能力;(2)在金属与非金属的比较中,培养学生设计实验、动手操作、比较分析、归纳能力;(3)在学生分组实验中培养团队合作精神。

3. 情感目标

(1)通过对我国钢铁工业发展的教学,对学生进行科教兴国、节能观的教学;(2)通过对金属与人类关系、金属未来发展趋向的教学,进行事物是发展的辩证唯物主义思想教学;(3)通过金属物理性质的教学,使学生了解从现象到本质、从个别到一般的认识事物的方法。

四、本节教材的重、难点

重点为:(1)金属的物理性质;(2)金属的用途。

难点为:因为金属的延展性,概念比较抽象,学生缺乏生活常识,一下子很难接受,所以确定为难点。

五、教法与学法的选择

在教法的选择上,教师始终要有这样一个角色意识:即教师仅只是教学的组织者、引导者、点拨者,应让学生全程参与教学活动。教师应努力从学生已有的知识、已有的生活经验入手,搭设一个又一个平台,逐步引导,让学生得到新知,提高能力。本节内容以陈述性内容为主,所以应在教师引导下,以师生共同分析、讨论、归纳为主。

提高学生的科学素养是教师的出发点与最终目的,所以在学法的选择上,教师始终要有这么一个认识:不是灌输给学生多少知识,而是教会学生如何学习,是“授人以渔”。本节教材知识难度不大,应重在指导学生学法的学习。教师应创设情景,不断引导学生自主探究,引导学生大胆猜测,设计实验,观察,分析比较，获得结论，从而提高学生发现问题、分析问题、解决问题的能力。

六、教具准备

学生分组实验：铜丝、铝条、灯泡、学生电源、石蜡、铁条、塑料匙、沸水。

教师演示实验：铜丝、铝条、铁条、水银、水银温度计等。

七、教学过程设计

本节分三个方面的内容进行教学。

（一）金属的物理性质教学

通过设问、讨论、实验演示，以与学生自主实验相结合的手段来展开教学。

活动一

1.向学生展示事先准备好的用铜、铝、铁等金属制成的成品。

设问：这些物质用什么材料制成的？（学生一般根据生活常识能回答）

设问：大家是根据金属的什么性质来判定这些制品是由铜、铁或铝制成的？

（学生的回答可能是多元的，如颜色、软硬度等。）此时学生学习金属的兴趣开始启动。教师可以引入新课的教学。设问：金属还有哪些物理性质呢？从学生比较熟悉的生活用品引入新课，贴近学生实际，学生有认同感，符合学生的认知规律。

2.演示实验：将蜡分别粘在铁匙和塑料匙一端，同时将铁匙和塑料匙的另一端放入煮沸的水中，观察蜡的变化。

从中获得铁能传热这个结论。设问：铁能传热，能不能说明大多数金属能传热呢？

学生验证实验：启发学生用铜丝、铝丝替代铁匙重复教师的演示实验。

学生通过亲身体验，很快就能获得金属能传热这一个性质，同时培养学生认识事物的一般规律：即从个别到一般。

活动二

1.金属的导电性学生比较熟悉。教师可以启发学生应用桌上的器材，如学生电源、小灯泡、铜、铝、铁、干燥木条等设计实验方案，探究金属是否会导电。

2.学生在讨论的基础上确定探究方法，在教师认可的基础上分组进行操作，观察小灯的亮度。要求学生根据观察结果→分析、对比→获得结论：金属能导电，木头不导电。教师来回巡视，指导学生养成好的实验习惯。

活动三

金属的延展性教学。教师采用现场敲打铝块的方法，然后用投影的方法以金属延展的动态课件来辅助教学，以此加强学生对延展性的理解。

活动四

通过师生共同努力，发现金属尽管外表不一样，但它们具有共同的特征。人们已把它们广泛应用于生产和生活中。

向学生展示灯泡、电池、等金属物品。设问：这些金属用到了金属的那些性质？师生共同分析这些物品用到了金属的哪些性质。

(二)几种常见金属材料的教学

通过教师引导，学生自主学习来展开。

1. 打开因特网，引导学生搜索常见金属材料的性质、用途。

2. 自主阅读、下载网上资料，并完成下表：

	熔点	密度	延展性	导电性	导热性	硬度	特殊性质	用途
铁								
铜								
铝								
钛								

3. 师生共同分析上述金属的性质及用途。

(三)合金的教学

引言：展示春秋时期的青铜剑，向学生讲述剑的小故事，引入合金教学。

以教师讲述为主来展开：

1. 合金的概念。由于初中学生所学金属知识相对较少，目前很难理解，不能过高要求，所以在学生自主阅读的基础上，讲清合金的两点即可，即(1)合金具有金属的性质；(2)由两种以上金属(金属和非金属)熔合而成.

2. 介绍常见的几种合金及其应用，使学生认识金属材料在社会主义建设与现代科技发展中的特殊地位，激发学生热爱科学、学习知识的积极性。

3. 猜想。留下几分钟时间，请同学们畅想金属的未来。这样做的目的，一可以培养学生的思维的发散性，二把学生从狭隘的学科领域带到大科学的背景下。

思考与练习

1. 说课一般应包含哪些基本内容？说课中应依据哪些基本原则？

2. 说课与上课有何区别与联系？

3. 选取中学化学课程标准教科书的课时内容，设计一份说课教案，并进行微格训练，说课时间一般 15～20 分钟。

4. 以同学说课微格训练录像为案例，根据说课评价表开展说课评价活动。

第十四章

评课技能

在当前的教研活动中，学校经常要求教师对所听的课作出一些课后点评与评论。然而，要对自己和别人的教学做好评价，说出个子丑寅卯来，却不那么容易。有的老师在点评时束手无策，语言苍白无力，缺乏理论上的支撑；有的则泛泛而谈，不着边际；有的碍于同事情面，一味吹捧……种种不良现象，不一而足，影响了评课的质量，削弱了评课对改进教学所起的作用。出现这种乱象，或者是教师评课的态度有问题，或者是缺乏教育教学理论知识储备，或者是经验积累不足，而对评课应遵循的原则及评课的方法、技巧知之甚少也是影响教师评课质量的一大原因。当前，评课作为一种特殊形式的教学交流与评价活动，是提高教师从教能力，促进教学反思，提高课堂教学质量的有效途径，也是衡量教师教学水平的重要方式，是教师必须具备的一项教学技能。因此，本书专门列出一章，对微格教学中的最后环节——评课技能进行阐述，向大家介绍评课技能的含义、评课的内容、评课的程序和方法以及评课技能的评价，并根据化学教学的特点，列出不同的课型评课案例供大家参考。

第一节　评课技能的含义

一、什么是评课

评课是一项常规的教学研究活动，一般指评课者在随堂听课后对授课教师这节课的教学行为和结果进行的一系列评价活动。科学化的评课可以客观地评判教师课堂教学水平以及不同的教学方法和内容所产生的教学效果，并以此为教师提供反馈信息，利于教师改进教学。评课作为一种特殊形式的教学交流与评价活动，是提高教师从教能力，促进教学反思，提高课堂教学质量的有效途径，也是衡量教师教学水平的重要方式，是教师必须具备的一项教学

技能。

二、评课的作用

评课是教学、教研工作过程中一项非常有意义的活动，通过评课，同事之间可以相互学习，相互促进；领导可以发现不足，推介经验；专家可以了解动态，发展教学理论。

(一)导向作用

评课本身就具有方向性和目标性，通过好的课标准评价目标和评价体系的指引，可以为教师的“教”和学生的“学”以及应达到的程度指明方向。这样，通过评课过程的不断反馈和调节，可以使教师了解学生达到目标的程度，发现教学中存在的问题，使教师的教学不断改进，学生的学习不断强化和提高。因此，评课对课堂教学起着导向和指挥的作用。

(二)激励作用

上课者通过评课可以看到自己的成绩和不足，找到成功和失败的原因，促使他们发扬优点，克服缺点，不断改进教与学，启动他们的内驱力，调动教与学的积极性。这是评课功能的重点。

(三)改进作用

运用反馈原理，通过评课及时获得有关教与学的反馈信息，判断教学过程是否有效。好的地方得到强化，缺点和不足得到改正，使课堂教学不断改进、提高和优化，达到大面积提高教学质量的目的。

(四)鉴定作用

评课能对教学行为、学习行为和教学结果进行价值判断。通过评课来比较、区分教师的教学能力和学生的学习能力，获得确定学生水平和教学有效性的证据，以便制定周密的计划，有利于今后的指导和培养。

(五)教研作用

评课作为教学研究和教学实践的工具，通过评价不断地明确为达到一定教学目标所应选择的方法和程序，为教学研究和教学实践提供必要的信息，同时也为教师专业成长拓展了一条有效途径。

三、评课的类型

从不同的角度评课可以划分为不同的类型，不同类型的评课其特点和要求都有所不同。

(一)依据评课的目的划分

评课的类型很多,依据评课的目的,可分为对教学经验丰富的优秀教师的示范性课堂教学所做的观摩式评课;旨在诊断课堂教学存在的问题和不足,提高授课教师和青年教师授课水平的培训式评课;旨在发挥集体优势,取长补短,共同提高评课参与者的教研水平的研究式评课;旨在衡量课堂教学水平,评价授课教师教学素质的考核性评课。①

1. 观摩性评课

观摩性评课通常是选择教学经验丰富的优秀教师授课,组织专家与其他教师对授课教师的示范性课堂教学作点评,交流、总结其教学经验,从而使参与评课的青年教师从中受益。

2. 培训性评课

培训性评课一般以年级组或教研组为单位,骨干教师与青年教师共同参与。在随堂听课的基础上,可先由授课教师自我评课,再由青年教师充分评课,最后由骨干教师进行有针对性的总结评课。培训性评课旨在诊断课堂教学存在的问题和不足,提高授课教师和青年教师的授课水平。

3. 研究性评课

研究性评课一般以课题组或学科组为单位,通常采取集体备课的形式,相互切磋,共同探讨,写出教案,然后指定几位教师分别讲课,课后逐一进行集体评课,不断完善教学方案。研究性评课旨在发挥集体优势,取长补短,共同提高评课参与者的教研水平。另外,在教学改革的尝试阶段通常也采用这种评课形式。

4. 考核性评课

考核性评课一般由学校领导或上级教育部门组织评课专家组,在随堂听课的基础上,对授课教师的课堂教学行为和效果做出一系列综合评价,侧重对授课教师的教学质量进行专项测评。考核性评课旨在衡量课堂教学水平,评价授课教师的教学素质。

(二)根据组织形式划分

根据组织形式,评课也可划分为个别面谈式、小组评议式、书面材料式、调查问卷式、陈述答辩式、点名评议式、师生评议式、专家会诊式和自我剖析式等形式。②

---

① 王洪录. 现代教学技能. http://broadcase.chsnenu.cn/edu/chapter/ch 06_4_2.asp

② 杨九俊. 新课程说课、听课与评课. 北京:教育科学出版社,2004,85~86

1.个别面谈式

听课者与执教者面对面地单独交流，更容易进行双向沟通。既可以保护执教者的自尊心，探讨问题也更容易深入。当然，这只限于听课人数只有一两个人的情况下采取。

2.小组评议式

人数较多往往采取小组评议的方式进行，特别是学校举行一些示范课、研究课等。程序主要为：一是执教者说课。二是听者评议。三是领导、专家总评。

3.书面材料式

评课要受时间、空间、人员、场所等多种因素的影响，有些不便在公共场合交谈的问题可以通过书面传达自己的见解，还可以填写举办者设计的评课表。

4.调查问卷式

主要有三种形式，其一是学生学习效果调查表，二是听课者对课堂教学情况的评价表，三是教师自评表。这要根据评课者或组织的需要来决定。

5.陈述答辩式

先由执教者陈述自己的上课设想、教学思路、教学方法、教学理念、教学特色、教学成败等问题，可有侧重地讲述。接着就像辩论比赛一样，评课者提问，双方再各自阐述自己的观点，然后进行总结。最后，权威专家点评。

6.点名评议式

这种评议方式有点像考试，由评课组织者或负责人采取点名的方式请参加评课者进行现场点评。

7.师生评议式

这是体现教学民主的一种评议方式。执教者评议学生学习态度、学习效果、学习方式、合作情况和技能掌握情况等，多肯定积极因素，少批评。学生则主要评议教师上课的精神面貌、自己学的情况，有没有没搞懂的知识等方面。

8.专家会诊式

邀请专家对执教者的课进行会诊，更容易帮助青年教师扬长避短，尽快迈上课堂教学的轨道，尽快成长起来。由于专家看问题比较准确，比较深入，能够有理有据，所以专家会诊更有说服力。

9.自我剖析式

这是重要的一环。在听取了别人的评价后，执教者要及时进行反省性的修改、优化，进行二度设计。特别是在反思时要根据自己的不足，探究失误的原因并及时记录，以防止类似问题的出现。

另外，依据评课主体不同可分为同事之间互相学习、共同研讨评课，学校领导诊断、检查的评课，及上级专家鉴定或评判的评课等。

（三）微格教学评课

以上评课都是在真实的教育情境中进行的，而微格教学是一个运用教育技术的手段有控制的教学实践系统，带有实验室情境的性质。微格教学中的评课，主要任务是让实习生或年轻教师掌握教学评价的原则和技能，在自我评价和评价他人的过程中，进一步加深对教育教学理论的理解，对教学策略的应用进行研究和反思，逐步提高教学评价能力。在微格教学这种实验室情境下的评课，依据评价主体的不同，可采用自我剖析式、小组评议式、师生评议式三种形式。也可以将三种形式结合起来使用，先由授课教师自我评课，再由小组成员充分评课，最后由指导教师进行有针对性的总结评课，以提高评课质量。

第二节　评课的内容和要求

课堂教学是评课的主要对象，而看似平常，实不平常的课堂教学，涉及教学思想、教材处理、教学内容的组织、教学方法和手段的选用、学生活动的组织等多个方面。构成教学的各个要素就成为我们评课的内容。

一、评教学思想①

教学思想是教学行为的灵魂，是教学实践和教学价值观的体现。教学思想的优劣，不仅决定着教学行为的方向，也影响着教学效果的好坏。所以，针对课堂教学的成功与失败，首先应从教师教学思想方面做出肯定与否定的评析。具体来说，从教学的宏观模式来看，是素质教育的模式，还是“应试教育”的模式；是对社会需求和学生终生发展负责，还是对学生一己一时（升学）负责。从教学的微观过程来看，主要评价教授与反馈是否注意到教育对象的全体性，教学是否面向全体学生，突出个性，体现差异性；教与学的组织是否体现教师“主导”与学生“主体”的角色作用，是否突出了学生的主体地位，树立了以学生为本的理念，师生关系和课堂气氛是否融洽和谐；教学活动是否体现了情感意识，教师在教学中是否引导学生独立自主地学习，体现知识的形成过程；是否注重了精讲精练，体现以思维训练为教学重点；知识传授、能力培养、德育

① 吴仲平.评课评什么.教学与管理，2002(5)：23～24

渗透等是否有所偏废或顾此失彼的现象，是否注重了对学生创新能力和学习动机、兴趣、习惯、信心等非智力因素的培养。

二、评教学态度

如果说教学思想决定着教学行为的方向，那么教学态度就决定着教学行为的努力程度。教学态度是否严谨认真，主要从以下三个方面看：

一是教师在教学设计时，对教材、课程标准等相关资料及学情是否研究透彻、把握准确。教学目标不够明确、具体或过高过低，重、难点把握不准，教学内容的内在逻辑结构不清楚，出现知识性错误等，首先就是一个教学态度的问题，是教师课外的功夫下得不够造成的。之所以不将其归因为教学水平问题，是因为目前教师队伍基本是“科班”出身，且各类配套“教参”齐全。

二是课前准备是否充分。教案不熟，教具不全；演示实验课前不试做，课堂上出现问题；课堂表现慌乱以至丢三落四，出现明显的教学遗漏等现象，就属于课前准备不充分。

三是课堂表现是否严肃。偏离课题夸夸其谈，浪费有限的教学时间；不注意留心学生的反馈和情绪反应，表现目中无人；遇到偶发事件，采取不负责的处置方法等现象，就属于课堂表现不严肃。

评教学态度，一是要结合教学常规、工作要求，以体现教学管理的严肃性；二是要结合教师本人的成长进步，动之以情，晓之以理，帮助确立正确的教学态度和人生态度。评教学态度，要注意就事论事，不可笼统直言“教学态度”好坏，不可夸大其辞，更不可就事论人。①

三、评教学目标

教学目标是课堂教学评价的重要指标。在教学之初，教师要明确陈述目标，在教学过程中还要经常提醒学生关注教学目标，把注意力集中到如何使自己达标的内容及其活动上。这是提高课堂教学质量和效率的一条重要措施。评价教学目标要注意：(1)目标的表述是否准确、合理、明确具体，是否有明确的知识、能力、情感三维目标，便于学生理解和把握，并且便于检测。(2)预定的教学目标是否达成。这可以通过观察教学过程(三维学习目标是否贯穿于教学过程的始终)，检测教学效果(课堂结束时教学目标的达成情况)来确定。

① 吴仲平.评课评什么.教学与管理，2002(5)：23～24

四、评教材处理

处理好教材是上好一节课的关键。教学效果如何，主要就看教师在课堂教学中处理教材的能力。评析对教材的处理，一是看教师对教材理解是否深刻、正确。如，对所教内容的地位作用的理解是否正确，能否看出教材编写的思路和深意，深入理解知识内容的内在联系，是否准确地把握住教材的重点、难点和关键等。二是看教师对教材的处理是否合理、得当。如，是否能根据教学目标、学生的知识基础、认知规律以及心理特点，对教材进行合理的调整充实与处理，科学安排教学程序；选择合理的教学方法，使教材系统转化为教学系统，形成明晰的教学思路；能否结合教学内容的特点，捕捉教材中的或与教材有关联的甚至是各种迁移性质的能训练学生语言和思维能力的材料，用活教材，在探究、讨论与练习的实践中使学生活学活用，把能力提高；还要看教学内容分量安排是否适当，重点是否突出，难点是否突破；理论联系实际的事例材料是否准确、科学、典型，是否贴近社会和学生现实生活，是否有说服力；作业布置是否难易适度、分量适中，具有启发性、开放性，等等。

五、评教学程序

教学目标要在教学程序中完成，教学目标能不能实现要看教师教学程序的设计和运作。因此，评课就必须要对教学程序做出评析。教学程序评析包括以下几个主要方面。

（一）看教学思路设计

教学思路是教师上课的脉络和主线，它是根据教学内容和学生水平两个方面的实际情况设计出来的。它能反映出教者教学措施的编排组合、衔接过渡、教学内容的详略和讲练是怎样安排的。

教师课堂上的教学思路设计是多种多样的。为此，我们评教学思路，一是要看教学思路设计，符合不符合教学内容实际，符合不符合学生实际；二是要看教学思路的设计，是不是有一定的独创性，能不能给学生以新鲜的感受；三是看教学思路的层次，脉络是不是清晰；四是看教师在课堂上教学思路实际运作的效果。

（二）看课堂结构安排

教学思路与课堂结构既有区别又有联系。教学思路，侧重教材处理，反映教师课堂教学纵向教学脉络；而课堂结构，则侧重教法设计，反映教学横向的层次和环节。它是指一节课的教学过程各部分的确立，以及它们之间的联系、

顺序和时间分配。课堂结构也称为教学环节或步骤。课堂结构不同，会产生不同的课堂效果。可见课堂结构设计是十分重要的。通常，一节好课的结构应做到结构严谨，环环相扣，时间安排恰当，过渡自然，预习、质疑、实验探究、讨论总结、练习提高等环节有机结合。我们还要看在课堂教学中教师能否围绕教学目标，注意学生的学习纪律和信息反馈，根据学生学习现状实时调整教学计划，实现了教学信息多向交流，反馈及时，矫正奏效。

六、评教学方法和手段

评价教法运用主要评价教学方式手段是否恰当，是否符合认知规律，是否灵活且有实效；是否激发学生兴趣，是否启迪学生思维；是否注重学法指导及培养学生学会学习的能力；是否正确、有效地使用现代电化教学手段。所谓教学方法，就是指教师在教学过程中，为完成教学目的、任务而采取的活动方式的总称。但它不是教师孤立的单一活动方式，既包括教师"教学活动方式"，也包括学生在教师指导下"学"的方式，是"教"的方法与"学"的方法的统一。评析教学方法与手段，包括以下几个主要内容。

（一）看是不是量体裁衣，灵活运用

我们知道，教学有法，但无定法，贵在得法。教学是一种复杂多变的系统工程，不可能有一种固定不变的万能方法。一种好的教学方法总是相对而言的，它总是因课程、因学生、因教师自身特点而相应变化的。因此，教学方式、方法必须根据教学内容的特点、本班学生的实际状况，以及教师个人的教学风格，量体裁衣，灵活运用。

（二）看教学方法的多样化

教学方法最忌单调死板，再好的方法天天照搬，也会令人生厌。教学活动的复杂性决定了教学方法的多样性。因此，评课既要看教师是否能够面向实际，恰当地选择教学方法，同时还要看教师能否在教学方法多样化上下一番功夫，使课堂教学超凡脱俗，常教常新，富有艺术性。

（三）看教学方法的改革与创新

评析教师的教学方法既要评常规，还要看改革与创新。尤其是评析一些素质好的骨干教师的课，更要看课堂上的思维训练的设计，看创新能力的培养，看主体活动的发挥，看新的课堂教学模式的构建，看教学艺术风格的形成等。

（四）看现代化教学手段的运用

评课时，要看教师对现代化教学手段的运用，能否从教学的实际需要出发，做到适用、适时、适当，而不是搞花架子，赶时髦。

七、评学法指导

在教学中渗透学法指导，让学生掌握一定的学习方法，达到自己学习的目的，这是评课的又一重要内容。评学法指导要评价课堂教学中是否渗透了学科思想方法的传授；是否对学生进行了有针对性的学法指导；学生是否掌握了解决疑难问题的一般思路与方法；教师的学法指导是否科学合理，是否面向全体，注重差异；学生能否积极地提出问题，并主动地探求解决问题的方法，等等。①

八、评教学实效

评教学实效，要从教学效果和教学效率两方面分析。

（一）评教学效果

教学效果如何，一是看学生学到多少东西，受到哪些教育，二是看学生获得了多少激励和满足。前者主要体现在学生知识的增长、学习方法的获得、技能的训练、智力的发展、情感的陶冶、意志的锻炼，以及思想方法、政治观点、道德信念和价值观的形成等方面，它是当堂教学效果的实质所在；后者主要体现在学生学习兴趣和信心的培养上。

评教学效果，要结合预定的教学目标、具体的教学内容、现实的教学设备、设施条件以及学生的学力状况、班级性格等进行。一般来说，没有明显的遗漏或遗憾，达到既定的教学目标，就可以视为教学效果好。

（二）评教学效率

评教学效率，则不仅要评出教学效果的好坏，还要算一算时间账。教学效果好，但容量小，属于整体教学效率不高；弄简成繁，枝节问题纠缠不休，表现明显的徒劳无功，属于局部教学效率不高。

九、评教师教学基本功

教学基本功，是教师上好课的一个重要方面，所以我们评课，还要看教师的教学基本功。通常教师的教学基本功包括以下几个方面的内容。

（一）看板书

好的板书布局合理，格式规范，设计层次分明，条理清晰，无笔误和错别字，书写流利，字体工整美观，板画娴熟规范。

---

① 王洪录.现代教学技能.http://broadcase.chsnenu.cn/edu/chapter/ch06_4_3.asp

(二)看教态

据心理学研究表明:人的表达靠55%的面部表情+38%的声音+7%的言词。教师课堂上的教态应该是精神饱满,态度热情,仪表端庄,举止从容,表情配合讲解变化生动,富有感染力;身体尽量面向全体学生;与学生的眼神交流广泛。

(三)看语言

教学也是一种语言的艺术。教师的语言,有时关系到一节课的成败。教师的课堂语言,应做到声音洪亮,普通话标准流利,语速快慢适度,语调高低适宜,抑扬顿挫,富于变化。讲解使用学科专业术语,准确清楚,无知识性错误;语言精当简练,生动形象,有启发性;过渡自然,无废话和口误。

(四)看操作

看教师能否恰当运用各种教具以及运用教具的熟练程度;实验操作是否规范、熟练。有的还要看在课堂上,教师对实验的演示时机、位置把握是否得当,是否照顾到全体学生,并达到良好效果。

根据上述评价的内容和要求,可以构建评课的指标体系,划分评价的不同等级,为当前开展评课活动提供可资借鉴的价值标准,来测评授课教师的教学行为和实际效果。

第三节　评课的程序和方法

任何评价都是在信息搜集与整理的基础上所做的价值判断,信息搜集与处理的方法是否科学合理,将极大影响评价的客观公正性。评课的信息一般来自于课堂观察,因此,随堂听课或观看教学录像是进行教师课堂教学评价的最重要方法,也是课堂教学评价最常用最基本的方法。

一、准备阶段

(一)熟悉课标,掌握教材

在评课中获得发言权,关键在于精通业务,掌握课标精神,熟悉教材。因此,我们平时要善于学习,使自己具有较厚实的教学理论,了解教学改革的最新形势,吃透课标精神,这是其一。其二,还应在听课前认真阅读教材,了解这一课的教学目的,教学重点、难点及练习内容等,同时自己设想一下,假如让我教这样的课,准备怎样教,以便听课时有个对比。如果听课不做准备,匆忙走进教室，不理解上课教师的教学意图，不熟悉教材，就不会有较大的收获。只有做到评课前有准备，才能在听课中看到教师的经验，找出闪光点，才能在评课中意见提得准确且具有指导意义。

（二）了解执教者的基本情况

上好一节课的决定因素在教师，教师的教学水平取决于教师的素养、能力。我们应对教者的基本情况有所了解，这样才能根据教师的具体情况进行具体分析，对不同层次的教师的课做出有针对性的评价。如：对业务能力差的教师，用骨干教师评课标准去评议他，那他的课毛病会很多，这会挫伤了他的积极性和自尊心；对业务能力较强的教师，用低水平的标准评议，对他的再提高就没有帮助。

（三）确定听课重点①

教学评价的内容广泛，如果要对课堂教学的方方面面进行观察和评价，不仅对评价者而言不太现实的，而且容易使评价流于宽泛，缺乏针对性，无论是对听课教师还是对授课教师而言，帮助都不大。因此，教师在听课前必须确定观察的重点，以便听课时能有目的、有重点地观察记录，而不是不分主次地观察所有的教学活动。只有这样，评课时才能以详尽的事实作为依据，有重点地进行评价。一般每次听课最多确定两个到三个听课重点，因为无论评价者的经验有多丰富，要求他注意太多的听课重点都是不现实的。

那么怎样确定听课的重点呢？

首先，可以根据评价对象的意见确定重点。有些评价对象认为自己的教学语言不够精练，听课者就应该如实地记录教师的语言，特别是教师的过渡语。有的评价对象认为自己课堂教学结构安排不够合理，不能很好地控制教学时间，评价者就应该记录教师在各项教学活动中的用时，在听课后的反馈中与该教师讨论哪些地方讲得不够，哪些地方过于拖泥带水，哪些是可以省去的不必要的环节。

还可以根据评价者的意见确定听课的重点。例如评价者在对评价对象作了一定的了解后，认为该教师的课堂提问没有启发性，或者评价者根据最近一段时间的课堂观察经验，认为目前教师普遍存在着提问方式不当的问题，那么就可以把对提问技能的观察作为观察的重点。听课者应该如实地记录教师提出的问题以及学生回答，然后在听课后的反馈与讨论中，与教师探讨一下提问的技巧和效果。例如，可以把教师的提问分为：识记和再认问题（只需找到书

---

① 唐晓杰等．课堂教学与学习成效评价．南宁：广西教育出版社，2000，47～48

上的词语即可回答，或者只需回答“是”、“不是”、“对”、“不对”的问题）、归纳和推理性问题（需要用自己的语言进行归纳和推理的问题）、创造性问题（答案不唯一，需要学生提出自己独特见解的问题）等，指出教师各类提问的多少。提问应该难易交叉，既考虑到基础知识教学的需要，也考虑到创造力培养的需要。

（四）设计观察记录表和评价表

1. 课堂记录表

听课前如果能够根据听课重点设计一份记录表，会提醒自己观察的方向、注意的要点，并能防止记录不全或记录混杂。一般的课堂记录表的表头包括学校、班级、教师姓名、课题、听课时间等。记录用的课堂记录表可以分为两栏，一栏为课堂教学实录，另一栏为评析，如表 14-1 所示。

表 14-1　听课记录表

学校	班级	授课人	时间
教学科目	章节	课题	课型
课堂实录（板书、投影、教学过程）			评析

课堂教学实录一般包括教学环节和教学内容，以及教学时采用的方法（多以记板书为主）、各个教学环节的时间安排、学生活动情况、教学效果等。但是一堂课教学设计的内容很丰富，要非常详细地记录每一细节是很难办到的，因此，应该有选择地做好记录，在设计记录表时，不妨采用分类法，根据听课重点设置几个栏目。例如，对于新手教师或实习生，在教学时间的分配以及提问和过渡语上通常存在较大问题，这时可以将课堂实录栏再细分出三栏：第一栏记录“教学环节和时间”，第二栏记录主要提问和过渡语，第三栏记录板书和投影。如果听课重点是看“学生怎么学”，那么就有必要专门列出一栏记录学生的提问、回答和活动。通过分栏，可以对授课教师的表现进行有类别的记录，听课更有方向，评课更能重点突出。课堂记录也可以根据个人习惯，不采用表格的方式，而采用综合描述或对话记录的方式。这种方式比较适合有经验的评价人员。

评析一栏主要记录自己当时听课时产生的随感和评价，包括对教学方法选用、教学环节的优化、教学语言的特点、教学思想的体现等的思考和评价。一般来讲引起听课者思考的多为如下方面：一为施教者亮点即成功之处，比如一种好的教学方法，一个巧妙的教学设计，一种新的思维方式，对某一问题的独特的处理技巧，一个意外事件巧妙处理，一个巧妙的引入过渡承转，独具匠心的留白，甚至是一句实用的话，一个贴切的词语；二为施教者瑕点即不足之处，回顾、梳理和剖析这些“败笔”之处，重新思考设计，在以后自己教学时得以改进和提高，同时以此为鉴，也可以使我们在以后的教学中少犯或不犯同类错误，减少失误，提高教学水平；三为学生的困惑和独特见解发现，可以使我们了解学生的思维，对教学设计的疏漏的进行补充和完善；四为听课者受启发闪现出来的灵感，马上记录下来可供评价交流探讨。

2. 观察量表

在确定了观察重点后，对于可以量化的部分也可以设计课堂观察量表以帮助观察记录。采用课堂观察量表进行听评课是一种定量研究课堂的方法，科学编制的课堂观察量表不仅可以指引观察重点，节省记录时间，也可以为分析教学行为和策略提供较为客观准确的评价依据。例如，利用学生回答问题数量情况统计表，观察课堂上回答问题的学生的数量与分布情况，看教师是否关注每个学生，从中也可看出学生的座位编排是否合理；而对教师提问以及学生回答情况的记录可以反映教师设计问题的水平（包括问题的难度和数量是否适当）、学生回答问题的质量以及学生主动提问的情况，还可以反映整个课堂的开放与封闭、预设与生成情况等。

虽然课堂观察量表具有很多优点，但是编制较为困难；又因为课堂教学是生成性、情境性的，量化的过程中往往会丢失宝贵的信息，并难以概括课堂的全貌，因此在听课记录中较少采用。

3. 评价表

对于一些考核性的评课，听课前往往还会为评课者准备一份课堂教学评价表（表 14-2）。这些评价表是在评价指标和评价标准的基础之上设计的表格或问卷，听课者可根据其中所列项目确定观察要点，以便将观察到的表现与表中选项对应打勾。[①]

---

① 唐晓杰等. 课堂教学与学习成效评价. 南宁：广西教育出版社，2000，52～53

表 14-2　基层课堂教学评价表

表现指标	表现好的例证	A	B	C	D	E	表现差的例证
教学设计	教学目标合理,内容选择适当 教学有明确重点,符合课程标准的要求						教学内容散乱 没有重点 重点明显偏离课标
	解决难点问题						回避难点
	符合学生的知识基础和能力水平 面向全体学生						内容明显低于学生的认知水平 多数学生难以理解
教学方法	教师能根据实际学习情况调整授课速度及内容						节奏过快或拖沓
	注意直观,讲演结合,指导观察与思考 教学方法配合体现重点 灵活运用多种教学方法						照本宣科 不利用教材和教具 教学方法单一
	将概念和技能充分应用于日常情况 联系学过的材料						没有启发性 不注意知识的迁移
教学表达	教师的解释和指导均清楚并有系统 语言规范、简练、流畅 板书简要、工整、清晰、美观						教师的语言逻辑混乱 口齿不清、语速过快 板书杂乱
	抑扬顿挫,有激情						语调平板、不吸引学生
教师的学科知识	内容与科目相关且正确 教师掌握正确的应用技能 教师对学科的内容、应用及教学趋势有透彻的认识						出现科学性错误
教师态度及管理方式	教师教学投入、热情 关心学生、有耐心						对学生冷淡、不耐烦
	师生关系融洽 教师是指导者 用建议的方式解决纪律问题						教师是权威 用指责的方式解决纪律问题
学生情绪和课堂气氛	课堂气氛轻松活泼 学生情绪高涨,兴趣盎然						学生无精打采 气氛沉闷 师生缺乏交流
	活动的转换井然有序						课堂秩序混乱

在一些基层的课堂教学评价活动中，常常采用评价表的方式，把指标分为优秀、良好、合格、不合格几等，或者让评价者给每个指标按5分制的标准打分。为了避免不同评价者对每个等第的标准理解不一，评价表中应该列出对不同等第表现的描述作为参考。这种评价表指标以及标准一目了然，对于评价经验不够丰富的人员较有帮助。但是这类评价只给出结论，对教师教学水平的提高难以有切实的帮助。着眼于教师发展的评价应避免采用这种简单的方式。发展性评价是对教师个人的教学水平和个人的进步所作的评价，而不是与他人作比较。所以，在使用评价表的同时，"质"的描述也是必不可少的。此外，课堂教学评价的标准不是一成不变的，好课的标准不是绝对而是相对的，探究教学法也不是适用于任何教学内容、任何课型的。因此，课堂教学评价还要根据学科特点和教学阶段选择适当的指标，而不是用划一的指标来评价不同类型的课。评价表应当在充分考虑评课的目的、类型以及评价的对象基础上来编制或选用。

二、听课阶段①

(一)进入课堂

评价人员应该在上课开始前就进入教室，坐在教室的后面或角落里。这样既能看清学生和教师的活动，又能避开任课教师的视线，从而尽可能减少对任课教师的压力和对学生视线的干扰，消除课堂听课带来的负面影响。

(二)听课记录

课一开始，评价人员就进入记录状态，将教师和学生的语言、行为、活动转换的时间记录下来。记录时尽量避免与教师和学生的目光接触，以免干扰教学过程。

听课过程中可以观察的内容很多，包括教学内容、教学方法、教学效果、课堂环境和课堂教学条件、课堂气氛等。要完整地记录教师和学生的一言一行是不可能的，记录内容必须根据评价的重点有所侧重和选择。还应及时把自己对教者某一教学环节的感受写在听课笔记相对应的地方，为评课准备好第一手材料。

经验丰富的评价人员比较重视记录教师的导入和过渡语、教师的提问、教师独特见解、教师对学生回答问题或完成情况的反馈、学生的提问、学生独特的见解、典型错误、学生在听课时的表现、学生在小组活动中的表现、各项教学

① 唐晓杰等.课堂教学与学习成效评价.南宁:广西教育出版社,2000,50～51

活动所用时间等。对这些内容的记录,可以分析教师的教学设计、教学方法和教学效果。例如,教师的导入和过渡语体现了教师对教学的设计和构思,经验丰富的教师都非常重视课的导入以及不同教学活动之间的过渡和衔接,力求流畅、自然,吸引学生的注意力和兴趣。再如,记录教师对学生回答问题或完成情况的反馈,可以看出教师是否贯彻了有效教学的一些原则:采取积极的态度肯定学生,理解和关注学生是如何学习的,以及他们学到了什么。

记录学生的回答和表现可以了解学生的学习效果。记录上课开始的时间和各项活动实际占用的时间则有助于了解教学结构和时间分配以及授课者的授课重点。这包括:(1)计算教学环节的时间分配。要看教学环节时间分配和衔接是否恰当,看有没有"前松后紧"或"前紧后松"的现象,看讲与练的时间搭配是否合理等。(2)计算教师活动与学生活动时间分配。在课堂教学中,教师应努力为学生的主动学习提供足够的自主学习的时间。一堂课必须有二分之一以上的时间让每个学生都能进入读书、思考、练习、交流等学习活动。在评课时就要看有没有教师占用时间过多,学生活动时间过少的现象。(3)计算学生的个人活动时间与学生集体活动时间的分配。要看学生个人活动、小组活动和全班活动时间分配是否合理,有没有集体活动过多,学生个人自学、独立思考和独立完成作业时间太少的现象。(4)计算优差生活动时间分配。要看不同层次学生活动时间分配是否合理,有没有优等生占用时间过多,后进生占用时间太少的现象。(5)计算非教学时间。要看教师在课堂上有没有脱离教学内容,做别的事情,及浪费宝贵的课堂教学时间的现象。

(三)记录方法

为了尽可能记录丰富的内容,课堂记录可以根据个人的习惯采用一些速记的方法,记一些关键词,起到提示作用,在课后整理时再及时补充使之完整。也可以采用符号作评论,如用"√"、"×"、"☆"分别表示学生回答正确、错误、有创意、鼓励等。对于一些实验课、技能课等也可采用图表记录法,将操作程序用流程图表示出来。

三、课后调研、整理阶段

(一)搜集学生的反映

课堂教学效果如何,学生是最有发言权的。因此要评价一节课,除了听取教师讲课的过程和观察学生在课堂上的反应外,最好还要搜集学生的反映,特别是在诊断性评价或研究性评价中。听课教师在课后可选择几名不同层次的学生进行调研,了解他们的体验和感受,这样,教师在评课时就会更加客观、科学。一是在课后发放问卷和调查表让学生填写，也可以借助于测试手段，也就是当上完课时，评课者出题对学生对知识的掌握情况当场做测试，而后通过统计分析，对课堂效果做出评价。在大样本的比较研究中用这种方法的比较多。二是课后与一些学生个别交谈，了解他们对所教内容的掌握程度，以及对教师教学方法的意见。例如，可以将教师提出的问题改变方式来问学生，或者针对学生课堂上的回答或练习的答案进行反问：真的是这样吗？你能肯定是这样回答吗？或者举一个反例让学生辨析等等，主要目的是看学生是不是真的掌握了。

（二）整理听课记录

整理听课记录的主要任务有两个：一是理清课堂教学的结构和思路。听课记录是评价者领会教师的设计思路和教学活动安排的过程，听课结束后，虽然作为评价人员，说出课堂教学的基本结构和基本思路不成问题，但是重新看一遍课堂记录，对课堂教学的过程和思路进行再次梳理仍然是必要的，有利于对教师的教学设计和结构安排做出统筹考虑和评价。二是把重要的细节补充完整。听课时，由于来不及把细节记录下来，只是大概地记一两个提示性的关键词，所以听课结束后要及时整理，时间一长就回忆不起来了，就会损失很多有意义的内容。三是针对听课重点对课堂记录表进行整理分类统计，得出结论。例如为了查明教师提问所涉及的学习水平，可将记录下来的教师的提问进行分类：识记和再认问题、归纳和推理性问题、创造性问题等，并统计各类提问的多少，从而看出教师提问存在的问题，做出合理的令人信服的评价。[①]

（三）拟好提纲，确定评价重点

写提纲之前，应先对所听的课进行较全面的回顾，再看看教材，翻翻听课笔记，在认真分析的基础上，拟出评课的提纲，如本节课的优点或经验、主要特点、不足和需要探讨的问题、建议等。

四、评课阶段

如果不借助录像设备，仅仅依靠眼看、耳听、手记的信息，很难做到定量的评价，所以课堂听课评价以定性描述为主，必要时辅以量表评价。定性描述的评课主要从教学目标、教学内容、教学方法和手段、教学结构、学生参与情况和学习效果等几方面阐明这节课的得失，既要有观点又要有依据，要体现这节课的“质”。为了突出重点，一般不作面面俱到的评价，而是选择比较有意义的、

① 唐晓杰等．课堂教学与学习成效评价．南宁：广西教育出版社，2000，51～52

有典型性的方面作点评。评价还要从建议的角度,指出可供选择的改进做法。评课要想评出观点,评出水平,评出实效,必须遵循如下原则。

(一)评课遵循的原则①

1. 客观公正原则

评课应尊重事实,本着实事求是、客观公正的原则评价课堂教学。通过听课仔细观察授课教师的课堂教学行为,这是评课的主要事实依据。评课过程中采用的一些测评数据,必须是真实可靠的,没有任何情感因素和虚假成分。评课结论必须真实反映授课教师现有的教学业务水平,不能人为拔高或随意贬低。另外,评课人必须具备一定的教学理论与实践功底及评课经验,才能够科学、客观地分析评议他人的课堂教学。

2. 重点突出原则

尽管我们在前面谈到了评课可以从九个方面去进行,但这并不意味着评课要面面俱到。评课要体现主次分明、重点突出的原则。评课时切忌面面俱到,平均用力,主次不分。无论是教学中体现出特色的地方还是需要改进的地方,都应抓住问题的主要方面,结合实际教学过程,详细地进行分析评点;而次要的则宜简略地讲,点到为止,如本章所附案例三和四。评课还应做到语言简洁,观点鲜明,条理清楚,重点突出。

3. 理论联系实际原则

评课要坚持理论联系实际的原则。评课既不是生硬的、泛泛的理论说教,也不是简单的、细琐的教学行为描述,而是一项理论性很强的实践活动。评课要注意理论联系实际,将教育教学理论与课堂教学环节紧密结合,围绕着"如何教"来阐明观点,切忌泛泛而谈和平铺直叙。例如有些评价者只给出"优秀"、"合格"、"不合格"这种简单的结论,或只说"不错"、"讲得比较熟练",这种笼统的反馈意见,这些模糊的评语,对被评价者并没有多大的帮助。所以,评课不仅要有教育教学理论的科学铺垫,而且要有教学例子的有力论证,说"好"要指出好在什么地方,说"不好"也要指出不好在什么地方,做到夹叙夹议,这样的评课才具有说服力和感染力。例如,一位教师在评点一节化学课时说:"这节课有采用探究教学方法的意图,但教师没有调控好,表现在学生讨论时没有让学生充分发表意见,暗示太多,对学生回答中的错误也没有解释清楚,可能是因为课堂时间不够的原因。关键是在教学时间结构上安排还可以更合理一些。教学重点没有抓准,作为高一化学必修课,化学反应速率的计算只要

---

① 王洪录.现代教学技能. http://broadcase.chsnenu.cn/edu/chapter/ch06_4.asp

求简单应用，然而你在教学中花了一半的时间进行化学反应速率的计算讲解和练习。这里只需要举一两个简单计算的例子和练习就可以了，重点应放在影响化学反应速率的因素及其在生活中的应用上。”

4.激励性、指导性原则

评课要坚持激励性和指导性原则。评课者要以帮助、促进者的身份，站在授课教师的角度来考虑、分析问题，用诚恳的态度提出中肯的意见，充分肯定闪光点，以激励为主，对教学中出现的问题，从建议的角度，指出可供选择的改进做法。

5.差异性原则

差异性原则要求评价时根据不同的课型、不同的受评对象，做到“因课制宜”，因人而异。如前所述，教学过程是极其复杂的系统过程，任何一种因素都会对上课产生影响，用一个标准或少数几个标准是无法进行教学评价的，而任何一个标准也都不能对所有的教学进行评价。因此，评课时要具体问题具体分析，针对不同的课型，采用适宜的评价标准。而对于不同水平的授课教师，评课的重点也要因人而异。例如对能力较弱的教师，评课的侧重点宜放在备课、上课等教学基本功是否扎实方面，评课的目的重在鼓励和引导他们尽快入门；而对教学能力较强的教师，评课的目的则是在充分挖掘、总结优秀教学经验的同时，全面深入地提出教学中仍存在的问题，使教学精益求精。甚至面对个性不同的授课教师，评价人采取的语气和评价策略也要相应改变，这就涉及评价的艺术性原则了。

6.艺术性原则

评课要讲究说话技巧，掌握谈话的方法与策略。评课的语言要做到简明、易懂，避免晦涩、生僻，语气要平和谦虚，避免说教的口吻。评课还要注意人的心理变化，掌握评议的尺度。例如，对性格内向、自尊心强的，评课者宜采用委婉含蓄的语言指出问题所在，或者保留部分问题在私下交谈时再议。此外，评课者提出问题宜委婉含蓄；提出教学建议时，尽量使用商量的语气。评课者要以帮助、促进者的身份，站在授课教师的角度来考虑、分析问题，用诚恳的态度提出中肯的意见，这样的评课才能使授课者和听课者都乐于接受。

（二）注意事项

在掌握上述评价原则的基础上，评课时还应注意如下要点：

1.及时反馈

通过评课及时获得有关教与学的反馈信息，判断教学过程是否有效，从而提高教学水平，这是评课利用反馈原理而起到的改进作用。因此听课结束后

要“趁热打铁”,及时反馈。特别是需要使用评价表评分的评课,评课人的评分应当及时,如果评课时间拖延较长,就会对评课印象淡化,这样就会造成评分误差,因此,评课最好当堂打分,或课后30分钟以内。如果需要集体讨论后才能给予反馈,或者采用录像滞后评价方法,也必须抓紧时间,否则不仅会使接受评价的教师感到不安,也会因为不了了之、没有回音,时间一长,连教师也忘了是针对他哪一节课、哪一个问题来说的,从而丧失了评课的意义。

2.发扬民主

评课要发扬民主,调动每一个参与者的积极性,尊重每一个人的问题与建议,做到人人敢讲,畅所欲言。评课不能把授课教师排除在外,也不能仅仅由专家评,应该让所有参与听课的人都来评价,包括听课的学生。针对听课中出现的问题,评课者与授课教师通过充分的沟通与交流,民主讨论,可以使评课在不同层次、不同角度得到升华,让参与教师能博采众家之长形成一己之技。

3.统一认识,统一标准

这一点是针对使用课堂评价量表进行评课而言的。因为评课是以评课人的主观感觉为评判依据的,由于评课人知识水平、教学能力、教学观念等不同,在评课中对某些问题会产生不同认识、理解,在评课时会造成认识上的误差,因此评课人在评课前应先学习评课要求,统一认识,统一思想,统一标准,将“量化”过程中的误差降到最低。

第四节　评课技能的评价

如前所言,评课可采用定性描述与定量统计两种方式,同样,对评课技能的评价既可依据评课应遵循的原则进行“质”性点评,也可采用量表形式统计得分,或者将这两者结合起来使用。

一、评课技能评价量表

表14-3“评课技能评价量表”就是以评课应遵循的原则作为评价标准编制的,其中一级指标中的量表设计可以省略,原因就在于评课可以只是“质”性的。因此,此表只作为评课技能评价时参考使用。

表 14-3　评课技能评价量表

<table>
<tr><td colspan="3">评价指标</td><td colspan="3">评价等级</td><td rowspan="2">得分</td></tr>
<tr><td>一级指标</td><td colspan="2">二级指标</td><td>好</td><td>中</td><td>差</td></tr>
<tr><td rowspan="5">评课原则的掌握</td><td colspan="2">客观公正,实事求是</td><td></td><td></td><td></td><td></td></tr>
<tr><td colspan="2">兼顾整体,把握重点</td><td></td><td></td><td></td><td></td></tr>
<tr><td colspan="2">理论联系实际,有理有据</td><td></td><td></td><td></td><td></td></tr>
<tr><td colspan="2">语言精当,评议尺度适当</td><td></td><td></td><td></td><td></td></tr>
<tr><td colspan="2">发现问题并提出解决方法或建议,指导性强</td><td></td><td></td><td></td><td></td></tr>
<tr><td rowspan="3">评课量表的设计</td><td colspan="2">指标体现评价目的</td><td></td><td></td><td></td><td></td></tr>
<tr><td colspan="2">指标明确具体</td><td></td><td></td><td></td><td></td></tr>
<tr><td colspan="2">分数权重分配合理</td><td></td><td></td><td></td><td></td></tr>
<tr><td>满分</td><td>100 分</td><td>得分</td><td colspan="4"></td></tr>
<tr><td colspan="7">其他建议</td></tr>
</table>

二、评课案例

案例 14-1　“质量守恒定律”——化学原理教学[①]

“质量守恒定律”是自然科学基本定律之一,是初中学生在化学科学习中第一次接触严密规范的自然科学的基本原理。教材编写内容也是学生在化学学科首次学习定量实验方法。本课的学习对后续化学原理和定量研究的学习具有重要的示范指导意义。下面谈谈本人对林老师执教本课的看法。

一、教学思想符合新课程理念

从本节课教学设计、课堂教学过程来看,教师是教学活动的组织者、参与者,学生是学习的主人。教学活动以学生的学习活动为中心,让学生有更多的机会主动体验、经历探究活动,真正的将教学的重心和立足点从教师的教转移到学生的学上,将学习的主动权交给学生,使学生最大限度地参与了学习的全

① 蔡国兴. 林素治老师观摩课评课. http://teacher. tajyw. com/jiaoan/jiaoan_down. asp? sid=770

过程,体现了一切为了学生的发展的新课程理念,教师具有良好的课改意识。

二、教学设计、教材处理较好地突出重点、突破难点

质量守恒定律是自然科学的基本规律,它的学习对学生科学素养的提高有很大帮助,它是本节课的学习重点;质量守恒定律的学习既是推出化学方程式的前提,反过来又有助于加深对化学反应本质的认识。但有一些化学反应的现象表面上似乎不符合质量守恒定律,所以,质量守恒定律在具体情景中的应用,以及如何从微观上认识质量守恒定律的本质,是本节课的教学难点。教师认真挖掘、组织课程资源,通过精心设计一系列实验探究活动,包括白磷燃烧的演示实验、铁丝与硫酸铜溶液反应、氢氧化钠与硫酸铜溶液反应的分组探究实验,推导出质量守恒定律,教学活动目的明确,重点突出,体现出教师是在"用教材"而不是在"教教材"。接着又通过蜡烛燃烧、碳酸钙与盐酸溶液反应的探究实验,引发学生的思维冲突:这两个反应似乎与质量守恒定律存在矛盾?学生通过猜想、思考、讨论、表达与交流,认识到它们与质量守恒定律没有矛盾,加深对质量守恒定律及其应用的认识;通过多媒体动画演示水分解的微观过程,让学生主动建构质量守恒定律的较完整意义,这些教学活动有助于学生较好地突破教学难点。

三、教学过程较好体现三维目标

本节课教师通过演示、分组实验,以及讨论、归纳等手段,较好地完成了本节课教学的知识目标——质量守恒定律及其应用。在探究实验活动中,学生提高了实验操作技能,如通过多次实际操作也能比较熟练地使用托盘天平。本节课在推导质量守恒定律、应用质量守恒定律的同时,自始至终注意让学生体会科学探究的一般方法,特别注重在定量实验的过程中培养严谨求实的科学态度。在探究活动过程中,教师放心放手,学生自主合作,在民主的氛围中与同伴合作,认真研究探究实验的方法、步骤,认真进行实验操作,认真进行记录与分析、讨论与交流、归纳与总结,较完整地学习了科学探究的一种重要方法——定量实验研究的方法,在"做科学"中学科学,提高科学素养。另外,教师通过多媒体播放质量守恒定律的发现史,及相关科学家努力探索的经历,让学生体会知识的发生发展过程,也激发学生学好化学的自信心和责任感,比较自然地达成教学的情感目标。总之,本节课很好地体现了课程三维目标的整合,让学生在过程与方法目标上得益匪浅。

四、课堂教学结构条理清楚

整节课围绕质量守恒定律的推出及应用开展教学活动,条理清楚,层次分明,虽然教学活动形式多样,探究实验内容多,但一点都不显得零乱,整个课堂教学有序有线,丰富多彩,使学生自始至终保持很好的注意力和兴奋度,学习效果好。

五、师生配合好，较好地完成教学目标

本节课中，教师采用的教学方法主要是引导探究和学生合作探究的教学方法，教师是课堂教学的组织者、引领者、参与者，学生是学习的主人。教师教学语言清晰亲切，处处体现对学生的爱护和鼓励，学生积极主动参与探究活动，动手操作能力和科学素养得到提高。如在演示实验中教师边调天平边介绍天平使用方法，师生同步动手，配合默契，感情融洽，在探究过程中多次渗透观察、比较、归纳等方面的学法指导。由于师生的良好互动和共同参与，本节课较好地完成了预定的教学目标，教学效果好。

六、三点建议

(1)多媒体的使用在创设教学情景、展示微观动态过程、提高课堂效益等方面有良好作用。本节课多媒体的使用大多恰到好处，制作也独具匠心，但播放的幻灯片数量过多，可能造成学生视觉疲劳，而且会影响学生探究活动的连续性，干扰学生的思维活动。建议把表达式书写、实验现象总结等幻灯片删除。

(2)学生在铁丝与硫酸铜溶液反应及氢氧化钠与硫酸铜溶液反应的分组探究实验中，有同学测得的数据“不遵守质量守恒定律”，教师不能忽略过去，应帮助分析原因，或让这些同学表达出来，进行交流，师生共同评价，这样更有利于保护、培养学生的积极性。

(3)学生实验完成后，应留下一定时间，引导学生完成实验报告，并及时了解、反馈学生实验完成情况及疑问。

案例 14-2 “酸和碱之间会发生什么反应”——实验探究教学①

今天听了荆秀红老师“酸和碱之间会发生什么反应”的这节课，令我印象尤为深刻的主要特点是：自主、探究、合作、互动。

一、精心设计，调动了学生自主学习的兴趣

荆老师在氢氧化钠溶液滴入盐酸无现象的情况下，提出问题：氢氧化钠与盐酸是否反应？猜想一下用什么方法证明？让学生设计实验证明。对中和反应在实际中的应用，以及溶液酸碱度的表示方法——pH 老师没有泛泛地讲，而是让学生快速阅读课本，自学完成相关的题目。通过这种方式，改变了传统的教师高高在上，学生呆板受教的状况，一开始就拉近了学生与教师、学生与

① 高文华.“酸和碱之间会发生什么反应”评课. http://5ykj.com/info/238.htm

书本的距离，学生带着渴求知识的状态自主学习。

二、别具一格的引导过程，突出了自主、探究的学习方式

传统课堂教学，教师喜欢逐条讲深讲透，把自己所知道的内容一字不漏地传给学生，使学生学得被动、枯燥，这正是过去我们在教学过程中过于强调接受学习，灌输知识，导致教学效率不高的主要原因，也是我们当前所进行的化学课改必须摒弃的。荆秀红老师的这节课，突出体现了新课标所提出的一个新的理念：积极倡导自主、合作、探究的学习方式。实验方案的设计、实验过程，以及实验结论的得出，都由学生完成。在氢氧化钠与盐酸是否反应，由学生说出实验方案后，由学生实验，出现的现象由学生分析解释；化学方程式的书写，及盐和中和反应定义的得出都大胆放给学生，这样做，给了学生很大的自主探究的空间，学生在课堂上不再是被动地接受知识，而是积极参与学习，让他们在"过程"中学会了学习，获得了知识。

三、师生、生生互动，较好地处理了传授知识与培养能力的关系

教师的课堂教学不单是让学生学习知识，更为重要的是培养学生的能力。这节课问题的设计较好地体现出传授知识与培养能力的关系。如，在学完中和反应后，让学生讨论：做完化学实验后形成的酸性或碱性的废液，能否直接倒入下水道中，应怎样处理？学生在回答这个问题的同时，自然地将中和反应知识迁移为解决相关问题的能力。再如在学生自学完溶液 pH 的测定方法后，由学生测定了十几种溶液 pH，并且在学完本节课内容后，让学生总结这节课学到的知识，这样同学们兴趣高涨，整堂课学生处于积极的思维状态中，组内相互合作，同学们从团结合作中学到了知识，学会了交流。教师不再是单纯的知识传授者了，而是学生学习活动的组织者和引导者，学生的积极参与，教师的适时、适当的点拨和评价等师生互动、生生互动的形式，体现了重过程和方法的教育。

我认为，本节课在开始时，设计氢氧化铜、氢氧化铁跟酸反应的实验有点不妥。因为学生对氢氧化铜、氢氧化铁这两种碱不是很熟悉。若将该实验放在探究完氢氧化钠与盐酸反应，正确书写化学方程式后来进行，用它明显的实验现象来巩固所学知识，在此基础上，得出盐和中和反应的定义，就更加完美了。

○ 案例 14-3 "金属的化学性质"——分组实验教学[①]

洪老师年轻好学。本节课大致分成三大部分，即钠的性质、铝的性质、镁

---

① 吴益平. 听洪绵路、侯作海两位老师课后感. http://chem.cersp.com/ZJSYQ/ZJXX/200612/2241.html

铝锌铜分别与酸的反应。让我们来回顾一下学生们的反应。(生:本节课,我很高兴,很开心,增强了我学习化学的兴趣,体会了化学与我们生活的联系。老师与我们的对话,让我对学习疑点有了更深的认识。)看得出,课堂上,学生的心情是愉悦的,学习是投入的,学习效果也不错。我将其归纳为三点。其一,有趣。能亲自动手做实验,观察到神奇的实验现象,学生觉得很有趣味。但不止于此,我认为不能忽视的原因还有,教师的指导很到位,实验效果很好。这是我们特别需要关注的。其二,有用。将化学知识与生活紧密联系,如鉴别真假黄金、用铝锅做酸菜鲜鱼汤等生活现象,让学生感觉化学就在身边。可贵之处还在于,洪老师在学生关注生活之中有化学的基础上,还引导学生用化学科学的知识去认识生活、解释生活之中的问题,可谓源于生活,又高于生活。其三,洪老师很善于及时给学生以鼓励,课堂气氛很热烈。师生互动、生生互动效果较好,学生在这种氛围中受到感染,学习热情较高。当然,需要防止追求表面热闹。

两点建议:

(1)分组实验中生成性的问题较多,还需要增强捕捉生成性教育资源的意识。

(2)与实验室中的实验相比,生活中的化学现象往往要复杂得多,受多方面因素影响,如何处理这个问题?我想,既要引导学生认识事物的复杂性,又要告诉学生认识复杂的事物需要抓住主要矛盾。这里面应该有情感态度价值观的培养了。

案例 14-4　“盐类的水解”复习课[①]

刚才,大家听了侯作海老师上“盐类的水解”复习课。这位老师对此次展示课活动高度重视,课前做了大量的准备工作,教学方案数易其稿,相信在这个“打磨”的过程中,老师本人也获得了长足的进步。侯老师勇于挑战复习课,其精神值得大家学习。

侯老师的课,学生从刚开始上课心情紧张,到后来慢慢放松,渐入学习佳境,在这节课上,学习的主动性很强,不易走神,学习效率很高。原因何在?这是我们需要深入思考的问题。只有正确归因,才能取回真经。我认为,原因有三:其一,侯老师讲课时语言比较幽默,这是让学生心情放松的主要原因;其二,侯老师的教学设计符合学生的认知规律,节奏把握得好,问题环环相扣,层

① 吴益平.听洪绵路、侯作海两位老师课后感.http://chem.cersp.com/ZJSYQ/ZJXX/200612/2241.html

层推进，学生被牢牢吸引而不易走神；其三，课前布置学生做好了准备工作，事先复习了盐类的水解。因此，课堂教学推进比较顺利，侯老师在充分了解学情的基础上开展教学，是新课程提倡"备学生"的具体体现，提高了课堂教学的效率。

两点建议：

(1)多关注学习基础薄弱的学生。如某一同学很顺利地回答了问题之后，并不代表所有学生都已经明白了(当然，我们不可能达到全班每一个学生都明白的境界，但是，需要让多数学生能跟上教学的节奏)，可以将节奏放慢一些，关注基础较差的同学。

(2)教学内容还可以进一步精致。我始终坚持教学如同作战，地毯式轰炸可能导致广种薄收，而重点进攻往往能克敌制胜。但是，重点进攻能否取胜，关键在于摸清敌情。因此，任何时候，充分了解我们的教育对象——学生均不过分。

○ 案例 14-5 "化学反应速率"试讲片段——微格教学

(本案例根据陈燕老师 2007 年微格教学评课记录整理，学生李双双为化名。)

李双双同学在"化学反应速率"片段教学中，教态自然，普通话标准、流畅，语言简洁，语速适中，在速率表达式教学中(将录像拉至 09:01 时刻回放)，通过难度递增的两个习题引导学生得出速率表达式中隐含的几个信息和注意事项，讲解清晰、准确、到位；能做到边讲边板书，书写工整、流利、清晰，布局合理，以图形表示 3 组探究实验，非常直观、简洁。大家再来看看她的 PowerPoint 幻灯片(打开 ppt)，跟你们大多数同学有什么不同吗？(小组同学观看、议论，教师倾听、总结)对，你们的 ppt 一般是板书的重复，有的同学甚至把自己所有要说的话全部写入 ppt 中，把 ppt 当作电子文稿了，而双双同学的 ppt 里只有图片、例题、练习题目和实验方案，主板书都在黑板上，ppt 只作为辅助工具，与黑板板书互为补充，相得益彰。对 ppt 的设计和使用表明了双双同学对课件等教学辅助工具的认识很到位，特别值得表扬。此外，我统计了同学们这个片段教学的时间，90%的同学花费 25 分钟左右，个别同学讲了 37 分钟。大家想一想，这节课里有学生的实验探究，包括实验方案的设计、讨论、操作、汇报和总结，时间是很紧迫的，而通过实验得出影响反应速率的几大因素是本节课的教学重难点，也是实现过程与方法目标的主要环节，这些都必须要有时间的保证，因此，本节课应当留出充裕的时间让学生探究。双双同学的讲解只花了 17 分 14 秒，但是该讲的都讲了，而且清晰、明了，这要归功于她的语言干净利落，没有废话，习题例题数量难度适中且有代表性，能很好地说明问题，同时也得益于她的板书设计科学合理，教学手段使用恰当。这些都值得大家学习和借鉴。

但是，双双同学上课也有些需要改进的地方。

一是音量偏小，并且语调单一，让人感觉教学平淡、无激情。如果加大音量，语调抑扬顿挫，随着讲解内容的变化表情和语调都能随之变化，加上你在语言上的其他突出优点，你的讲解一定会更吸引人！我想，你可以找一个相声剧本或话剧剧本(《老舍文集》中就有)，再找个不妨碍他人的地方，每天大声地、变换角色地朗读其中的片段，也可以多收听一下中央广播电台的情景剧节目，多加模仿和学习，一定可以得到提高的！

双双同学的第二个问题在于教学姿态，你看(放映录像 06:50—07:05)在习题讲解时，你始终侧着身子，在你左边的学生只能看到你的背影，被冷落。如果稍稍再侧过来一些，让背部贴着黑板，这样你就可以完全面向学生，眼神就可以关注到所有的学生，注意面就大多了。

第三个问题是，从速率概念过渡到影响因素(放映录像 10:08)，虽然结合教学导课中所举生活实例告诉了学生存在影响因素，并准备用实验探究法找出这些因素，但是没有明确进行实验探究的意义。而本节课的情感目标就是要学生通过实验了解控制反应条件在生产和科学研究中的作用。因此我想，如果在你的过渡语“……事实证明，反应速率是可以控制的”的后面再加上一句话“只要我们找到影响它们反应快慢的因素，就可以有针对性的采取措施去控制它们。下面就让我们来通过实验将这些影响因素找出来吧”，学生可能会更明白实验的意义，参与探究的热情会更大一些。

最后一个问题是“问题解决”环节的教学顺序有待商榷。大家看，“问题解决”这一板块在教材(苏教版化学必修 2)中的位置是放在几大影响因素的总结之后，之所以如此设置，就是想让学生能应用以上所学的知识去解决新问题，前提是这几个因素学生都已经知道了。双双同学是先不介绍“反应物接触面大小、反应物颗粒大小”这一影响因素(放录像 15:33—)，直接呈现问题解决中与之关联的问题，让学生讨论，似乎想用探究法让学生得出结论。(双双解释说：我是看到教参上这么写的，还没有想到他有这个意图)同学们用教参，没问题，但是一定要用心思考别人这么设计，他的意图是什么，有没有道理，对于你教的班级学生是否合适。按我个人的意见，如果课堂时间允许，学生学习水平和能力较高，教师的善于启发引导，采用探究式未尝不可；而对于新手教师，由于对课堂的掌控还不能做到游刃有余，启发不好，学生将在这个问题上纠缠不清，讨论无果。因此，建议大家第一步还是按照教材设计的思路走，先

介绍知识点再去应用巩固。另外，并不是所有的教学内容都适合用探究法来教学，要考虑学生、教师和学校的具体情况，要算算教学效率。关于这一点，教学论课程中可以找到选择的依据，希望大家学了理论也要用理论，用理论指引教学行为，可使大家免走很多弯路。

总的来讲，双双同学试讲态度非常认真，教学基本素质较好，可以说颇具潜力，好好努力改进，将是个不错的老师！

思考与练习

1. 观看教学录像或小组微格听课后，写出评课意见，并对评课意见进行小组评价交流。

2. 设计一份课堂观察记录表及评价表，带入中学课堂教学见习中使用，见习后，整理听课记录，撰写评价意见，加入课堂交流评价意见及讨论记录表、评价表的使用效果及改进意见。

参考文献

1.朱嘉泰.中学化学微格教学教程.北京:科学出版社,1999

2.朱嘉泰.化学教学艺术论.南宁:广西教育出版社,2002

3.胡志刚.教育时机论.哈尔滨:黑龙江人民出版社,2003

4.中小学新课程教学问题探究和教师专业发展编委会.新课程教师课堂技能指导.北京:中国轻工业出版社,2006

5.毕广吉.多媒体教学课件开发技术丛书:化学分册.北京:北京理工大学出版社,2003

6.范杰,黄垂权,毕华林.化学教学论.太原:山西科学技术出版社,2000

7.刘知新.化学教学论(第三版).北京:高等教育出版社,1997

8.杨九俊.新课程说课、听课与评课.北京:教育科学出版社,2004

9.叶禹卿.新课程听课评课与优秀案例解析.北京:中国轻工业出版社,2006

10.易康,范宇,李光明.多媒体课件设计与制作.北京:冶金工业出版社,2003

11.袁中直,肖信.化学多媒体素材制作和应用.北京:化学工业出版社,2004

12.刘晓亮,李大维.边用边学多媒体教学课件.北京:人民邮电出版社,2002

13.胡立江,尤宏,郑志成.网络与化学.北京:科学出版社,2000

14.林福宗.多媒体技术基础.北京:清华大学出版社,2002

15.本书编委会.新课程教师课堂技能指导.北京:中国轻工业出版社,2006

16.[美]德瓦埃特·爱伦著,王维平译.微格教学.北京:新华出版社,1996

17.朱家生,施珏.中学数学课堂教学技能训练.上海:华北师范大学出版社,1999

18.陈浩元.科技出版物使用量和单位存在问题浅析.科技与出版,1996(3):17~19

19. 唐晓杰等. 课堂教学与学习成效评价. 南宁：广西教育出版社，2000

20. 吴仲平. 评课评什么. 教学与管理，2002(5)：23～24

21. 金燕. 多媒体教学课件质量与教学效果的因素探析. 电化教育研究，2007(5)：66～67

22. 阮丽红. 浅论多媒体课件与化学教学. 教育与职业，2006(35)：170～171

23. 黄紫洋.《化学多媒体课件制作》课堂教学课件的研制. 福建师范大学学报(自然科学版)，2006，22(增刊)：109～112

24. 曾思泉，谢丹. 交互式多媒体在信息技术教育中的运用. 江西教育科研，2003(6)：44，46

25. 董杰. 课堂多媒体教学存在的问题与应对. 中国成人教育，2007(2)：47～48

26. 李燕. 多媒体教学在化学课中的应用. 现代教育技术，2002(23)：36～37

27. 何克抗. 多媒体课件及网络课程在教学中的运用. 中国大学教学，2007(5)：74～78

28. 唐松林. 信息技术在中学化学复习中的作用. 中小学信息技术教育，2003(7)：39～40

29. 林众，冯瑞琴. 多媒体教学中的认知机制. 教育研究，2006(7)：62～66

30. 黄紫洋. 运用 Authorware 开发《中学化学课件制作》课堂教学软件. 中国教育新理论，2004(11B)：81

31. 余惠芳. "合成氨工业"教学实录. 中小学信息技术教育，2002(10)：7～9

32. 文庆城. 化学课堂教学技能训练教程. 桂林：广西师范大学出版社，2002

33. 马百文. 化学导课艺术. 甘肃联合大学学报(自然科学版)，2007(20)：79～80

34. 张廷芳. 地理课堂中的变化技能. 中学地理教学参考，2002 (6)：7～8

35. 韩海荣，陈建军. 浅谈课堂教学中的变化技能. 教学与管理，2007(6)：4

36. 张满军. 板书技能评析. 西北成人教育学报，2006(2)：77～78

37. 张雪萍. 运用演示实验培养学生的能力. 中学化学教学参考，2005(4)：27～28

38. 王聪、运用六项技能提高课堂效率. 教学研究，2005(4)：10

39. 张志宏，高莲珍. 微格教学与教师演示实验技能的培养. 昌吉学院学报，2001(12)：72～73

40. 王洪录. 现代教学技能. http://broadcase. chsnenu. cn/edu/chapter/ch06_4_3. asp

41. 高文华. "酸和碱之间会发生什么反应"评课. http://5ykj. com/info/238. htm